High Frequency Trading (HFT)
em Câmera Lenta

High Frequency Trading (HFT) em Câmera Lenta

COMPREENDER PARA REGULAR

2020

Isac Silveira da Costa

***HIGH FREQUENCY TRADING* (HFT) EM CÂMERA LENTA**
COMPREENDER PARA REGULAR

© Almedina, 2020
AUTOR: Isac Silveira da Costa

DIRETOR ALMEDINA BRASIL: Rodrigo Mentz
EDITORA JURÍDICA: Manuella Santos de Castro
EDITOR DE DESENVOLVIMENTO: Aurélio Cesar Nogueira
ASSISTENTES EDITORIAIS: Isabela Leite e Larissa Nogueira

PREPARAÇÃO E REVISÃO: Denise Dognini (Kalima Editores) e Lyvia Felix
DIAGRAMAÇÃO: Almedina
DESIGN DE CAPA: Roberta Bassanetto

ISBN: 9786556271330
Dezembro, 2020

Dados Internacionais de Catalogação na Publicação (CIP)
(Câmara Brasileira do Livro, SP, Brasil)

Costa, Isac Silveira da
High frequency trading (HFT) em câmera lenta :
compreender para regular / Isac Silveira da Costa. --
1. ed. -- São Paulo : Almedina, 2020.

ISBN 978-65-5627-133-0

1. Algoritmos 2. Corretagem - Brasil 3. Direito
imobiliário - Brasil 4. Investimentos imobiliários 5.
Negócios I. Título.

20-46157   CDU-657.8

Índices para catálogo sistemático:

1. Imobiliárias : Contabilidade e tributação : Administração 657.8

Aline Graziele Benitez - Bibliotecária - CRB-1/3129

Este livro segue as regras do novo Acordo Ortográfico da Língua Portuguesa (1990).

Todos os direitos reservados. Nenhuma parte deste livro, protegido por copyright, pode ser reproduzida, armazenada ou transmitida de alguma forma ou por algum meio, seja eletrônico ou mecânico, inclusive fotocópia, gravação ou qualquer sistema de armazenagem de informações, sem a permissão expressa e por escrito da editora.

EDITORA: Almedina Brasil
Rua José Maria Lisboa, 860, Conj.131 e 132, Jardim Paulista | 01423-001 São Paulo | Brasil
editora@almedina.com.br
www.almedina.com.br

Dedico este livro a todos os programadores que diariamente escrevem seus códigos como arte, sabendo que esses algoritmos-poemas serão recitados apenas por máquinas. Lamento tê-los abandonado remando no porão do navio, mas eu, tolo, queria ver o céu. Deixo-lhes aqui o registro de histórias fantásticas que aprendi com as estrelas.

PREFÁCIO

Em seu trabalho de mestrado — em boa hora tornado livro —, Isac Silveira da Costa expõe para o público interessado no universo dos valores mobiliários o seu *High frequency trading (HFT) em câmera lenta: compreender para regular.* Isac junta três condições difíceis de se encontrar para tratar das consequências da aplicação das tecnologias de ponta no mundo dos valores mobiliários dentro do marco jurídico. Isso se explica pelo fato de o autor ser formado pelo Instituto Tecnológico de Aeronáutica, o ITA. Porém, Isac ainda é graduado em Direito pela centenária Academia do Largo de São Francisco, mestre em Direito pela Escola de Direito da Fundação Getulio Vargas, em São Paulo, e doutorando pela São Francisco. Como se não bastasse, Isac também é analista de mercado de capitais da Comissão de Valores Mobiliários. É com esse arsenal de conhecimentos que surge seu livro, juntando a necessidade de conhecimento nos campos da informática e do direito.

As transações em bolsa feitas por máquinas que decidem em fração de milésimo de segundo as compras ou as vendas de ações — o valor mobiliário por ele tratado — podem gerar um sem-número de indagações até estranho ao mundo do direito das obrigações, não só entre nós, mas principalmente nos enormes mercados secundários, ou seja, nos mercados norte-americanos. Se, de um lado, o mercado de Nova York parece distante, devemos lembrar que as transações são realizadas por meio de cliques informáticos, que as maiores companhias brasileiras lá transacionam suas ações e, por fim, que a formação de preço sucedida em Wall Street influencia diretamente a formação de preço junto à nossa B3.

Essas máquinas — pode-se dizer que atuam em tempo real, devido ao minúsculo decurso de tempo entre a ordem dada e seu cumprimento — são

HIGH FREQUENCY TRADING (HFT) EM CÂMERA LENTA

programadas para analisar dados e notícias que possam impactar o preço da ação em processo de negociação. Toda essa instantaneidade exige um alto investimento por parte das sociedades corretoras; pede que o computador esteja ligado ao computador da bolsa de valores no mesmo local físico. Com isso, evita-se a delonga entre a ordem dada e sua execução. Tudo em nome do ganho competitivo em face das outras corretoras. Certamente tem o efeito negativo de afastar as corretoras menos competitivas, bem como afastar do mercado muitos investidores que sabem previamente que suas ordens serão preteridas em face dos melhores negócios.

Da velocidade da colocação de ordens de compra seguidas quase imediatamente de ordens de venda pode se produzir um movimento não necessariamente verdadeiro na formação de preço. Na verdade, como aponta o autor, seria esse mecanismo muito mais apropriado para o surgimento dos chamados *scalpers*, tornando mais problemática uma formação de preço que reflita as variações de comportamento de lucro, prejuízo ou de suas perspectivas. É nesse ambiente que Isac discute os problemas da latência entre os computadores ligados ao computador central da bolsa de valores e os riscos sistêmicos que a análise errada feita pelo sistema de alguma corretora pode ocasionar. Nessas situações — como já ocorreu no mercado norte-americano —, as máquinas despejam uma série enorme de ordens de venda ou de compra, jogando de maneira irracional os preços para cima ou para baixo. Como essas máquinas veem só o momento presente, ocorrerá que o movimento de um computador passará a afetar as ordens dadas pelas outras máquinas – situação que já aconteceu. O disparo dessas *flash orders* tecnicamente só será interrompido pela intervenção humana, retirando-se da máquina sua capacidade de dar mais ordens de compra ou de venda. Um ponto de preocupação do autor está na existência de manipulação de preços, intencionalmente ou não, dado o volume de ordens de compra ou de venda durante o pregão que serão revertidas segundos antes de seu término.

Mas a introdução das máquinas dando ordens de compra ou de venda de maneira extremamente rápida, influenciado a formação de preço, levantaria a dúvida sobre onde fica a racionalidade do investidor humano. Isac aprofunda essa discussão sobre a existência ou não da racionalidade do investidor em face dos movimentos de manada tão característicos dos mercados de investimento. Não é preciso voltar à crise do mercado de tulipas na Holanda no final do século XVI, da bolsa no Rio de Janeiro

PREFÁCIO

no final do século XIX, da bolsa de Nova York em 1907 e novamente em 1929, etc. Exemplos não faltam para colocar em dúvida a racionalidade do investidor em certos movimentos de mercado, malgrado essa busca da racionalidade já tenha outorgado alguns prêmios Nobel de economia. Como o próprio autor escreve: "o modelo de escolha racional pressupõe agentes capazes de realizar cálculos utilitários e análises de risco-retorno ou custo-benefício para tomarem decisão de investimento. [...] Tal modelo, contudo, não indica quais são as informações relevantes para a tomada de decisão racional". Ou seja, dificilmente poderemos falar em análise racional do conjunto de investidores. Também não se discute o nível de informação adequado aos vários tipos de investidor que negociam junto ao mercado secundário. É nesse ambiente que Isac lança a pergunta, fundamentalmente dirigida aos reguladores do mercado: podemos dizer que o investidor atua *racionalmente*? Ou seja, quando há deficiência informacional, fenecem a racionalidade e, consequentemente, a eficiência alocativa.

Dessa análise, o autor aprofunda o estudo sobre o denominado investidor informado e sobre o tipo de informação de que ele necessita para concluir sua opção de comprar ou vender. Como fazer com que a informação seja vazada em linguagem apta a ser entendida pelo investidor que busca informações implícitas distintas de rumores? Será o computador algo melhor para levantar o maior número de informações disponíveis e da análise extrair conclusões de investimento de maneira mais adequada? Tais perguntas colocam-se principalmente quando se leva em consideração a discussão levantada pelo autor quanto à racionalidade do investidor. Todos esses dados são utilizados pelo mercado na formação de preço, mas dentro do ambiente altamente competitivo e no qual todos buscam se antecipar às variações de preço. É nesse ambiente que competem o homem e a máquina. Certamente, aqui não funciona de maneira adequada a autorregulação praticada pelas bolsas de valores. Estas, agora como companhias de capital aberto, buscam o lucro para seus acionistas.

Nesse sistema, quanto maior for o número de transações, maior será o ingresso de receitas para as bolsas. Principalmente se as transações no mercado secundário forem praticadas em poucas empresas oligopolizadas ou — o que é ainda mais indesejável — sob a forma de monopólio. É nesse ambiente extremamente competitivo que os reguladores governamentais têm o papel fundamental de colocar ordem no mercado, estabelecendo regras equitativas no tratamento de todos os investidores.

HIGH FREQUENCY TRADING (HFT) EM CÂMERA LENTA

Assim, ao longo de seu trabalho de mestrado, Isac coloca pontos referentes à intersecção entre conceitos estabelecidos no mundo da negociação com ações tendo como contraponto os problemas trazidos pelos enormes e rápidos avanços da informática. É a partir desse confronto que o legislador e a autoridade reguladora do mercado devem meditar para saber se os princípios que copiamos da legislação norte-americana de 1933 e 1934 ainda devem ou não permanecer como legislado em 1976, ou se podem e devem ser rediscutidos.

Ary Oswaldo Mattos Filho

Pós-doutor pela Harvard University. Doutor em Direito Tributário pela Universidade de São Paulo (USP). Mestre em Direito Comercial pela USP e em Direito pela Harvard University. Graduado em Direito pela USP. Professor fundador e primeiro Diretor da Escola de Direito de São Paulo da Fundação Getulio Vargas (FGV DIREITO SP). Foi presidente da Comissão de Valores Mobiliários (CVM), membro do Conselho Monetário Nacional (CMN) e membro da Comissão de Privatização. Professor Sênior da FGV DIREITO SP. Árbitro do Centro Brasileiro de Mediação e Arbitragem (CBMA) e da Câmara de Arbitragem do Mercado (CAM). Associado da Academia Brasileira de Direito Tributário (ABDT) e associado efetivo do Instituto dos Advogados de São Paulo (IASP).

LISTA DE SIGLAS E ABREVIATURAS

AFM	Netherlands Authority for the Financial Markets (Holanda)
AMF	Autorité des Marchés Financiers (France)
ANBIMA	Associação Brasileira das Entidades dos Mercados Financeiro e de Capitais
ANCORD	Associação Nacional das Corretoras e Distribuidoras de Títulos e Valores Mobiliários, Câmbio e Mercadorias
ASIC	Australian Securities and Investments Commission (Austrália)
ATS	Alternative Trading Systems
Bacen	Banco Central do Brasil
BaFin	Bundesanstalt für Finanzdienstleistungsaufsicht (Alemanha)
BSM	BM&FBovespa Supervisão de Mercados
CADE	Conselho Administrativo de Defesa Econômica
CAT	Consolidated Audit Tape
CFTC	Commodity Futures Trading Commission (EUA)
CLOB	Central Limit Order Book
CMN	Conselho Monetário Nacional
CMVM	Comissão do Mercado de Valores Mobiliários (Portugal)
CTVM	Corretora de Títulos e Valores Mobiliários
CVM	Comissão de Valores Mobiliários
DTVM	Distribuidora de Títulos e Valores Mobiliários
DMA	Direct Market Access
ECN	Electronic Communication Networks
ESMA	European Securities and Markets Authority (União Europeia)
ETF	Exchange Traded Fund

FIA	Futures Industry Association
FINRA	Financial Industry Regulatory Authority (EUA)
FTT	Financial Transaction Tax
ICVM	Instrução CVM
IEX	Investor's Exchange
IOSCO	International Organization of Securities Commissions
HFT	High frequency trading
HFTs	High frequency traders
MIDAS	Market Information Data Analytics System
MiFID	Markets in Financial Instruments Directive (Diretiva 2004/39/CE)
MiFID II	Markets in Financial Instruments Directive II (Diretiva 2014/65/UE)
MTF	Multilateral Trading Facility
NBBO	National Best Bid and Offer
NMS	National Market System (EUA)
PN	Participante de Negociação
PNP	Participante de Negociação Pleno
PQO	Programa de Qualificação Operacional
SAM	Sistema de Acompanhamento de Mercado
SEC	Securities and Exchange Commission (EUA)
UMDF	Unified Market Data Feed

SUMÁRIO

Prefácio 7

Lista de Siglas e Abreviaturas 11

Introdução 17

1. Rápido e devagar: duas formas de negociar 27
1.1. Como o tema entrou para a agenda regulatória? 27
    1.1.1. *Flash Crash* de 2010 29
    1.1.2. *Flash Boys* de Michael Lewis 32
1.2. Em torno do conceito de HFT 35
    1.2.1. Negociação eletrônica, algorítmica e algorítmica de alta frequência 36
    1.2.2. Os conceitos de HFT com base em suas características estruturais 45
    1.2.3. Um conceito de HFT é necessário? 53
1.3. Como os algoritmos e HFTs atuam? 55
    1.3.1. Estratégias passivas 56
    1.3.2. Arbitragem 60
    1.3.3. Estratégias direcionais 63
1.4. Afinal, HFTs são "mocinhos" ou "bandidos"? 67
1.5. *Eles estão entre nós*? A relevância do tema para o Brasil 74

2. Mercado e o *habitat* dos algoritmos 79
2.1. Mercado(s): conceitos e funções 80
    2.1.1. Intermediação financeira 83
    2.1.2. Mercado de capitais e mercado de valores mobiliários 87
    2.1.3. Mercado primário e mercado secundário 90
2.2. Pressupostos e objetivos da regulação do mercado 96
    2.2.1. O mercado é eficiente? 96

HIGH FREQUENCY TRADING (HFT) EM CÂMERA LENTA

2.2.1.1. Risco e retorno...96
2.2.1.2. Investidores informados 98
2.2.1.3. Eficiência alocativa e eficiência informacional 100
2.2.1.4. A Hipótese do Mercado Eficiente 102
2.2.1.5. Eficiência e horizonte temporal da atuação dos investidores 109
2.2.2. Investidores são racionais?...110
2.2.3. O que é um mercado equitativo e transparente?...........................115
2.2.4. Por que regular? 118
2.2.5. Como regular?...121
2.3. Estrutura do mercado secundário 124
2.3.1. Mercado de bolsa e mercado de balcão...124
2.3.2. Mercados alternativos e *dark pools* 137
2.3.3. Autorregulação e normas contratuais da B3...143
2.3.4. Deveres dos intermediários...147
2.4. Microestrutura do mercado secundário...154
2.4.1. Acesso ao Mercado...154
2.4.1.1. Acesso Direto ao Mercado (DMA) 157
2.4.1.2. *Co-location* 162
2.4.1.3. Credenciamento de HFTs e política de tarifação...165
2.4.2. Negociação 167
2.4.2.1. Ordens e ofertas...168
2.4.2.2. Livro de ofertas...171
2.4.2.3. Leilões e *calls* de abertura e fechamento...172
2.4.2.4. Risco de pré-negociação...173
2.4.2.5. Controles de volatilidade...175
2.4.3. Pós-negociação 177
2.4.3.1. Compensação e Liquidação 177
2.4.3.2. Custódia e Depositária Central 179

3. *Too fast to stop?* Formulando respostas regulatórias...185
3.1. Condutas ilícitas: manipulação de mercado 2.0 188
3.1.1. A proibição à manipulação de mercado 193
3.1.2. É proibido blefar: *layering* e *spoofing*...205
3.1.2.1. PAD BSM 5/2016 e PAS CVM N. 19957.005977/2016-18 (Caso Paiffer)215
3.1.2.2. Processo CVM nº 19957.006019/2018-26 (Caso Heitor Dezan) 221
3.1.2.3. Navinder Singh Sarao...224
3.1.2.4. Michael Coscia...227
3.1.2.5. Igor B. Oystacher...230
3.1.3. Outras práticas ilícitas...232
3.2. Equidade e transparência: *insider trading 2.0*...238

SUMÁRIO

3.2.1. *Co-location* e acesso direto ao mercado..........238
3.2.2. *Latency arbitrage*.........245
3.2.3. *Flash orders*.........249
   3.2.3.1. Efeitos no *spread* e desdobramentos anticoncorrenciais.........251
   3.2.3.2. Combinação de *latency arbitrage* e prática não equitativa.........252
   3.2.3.3. Tempo de execução e custos de negociação.........253
   3.2.3.4. *Flash orders*, equidade e transparência.........253
   3.2.3.5. Respostas regulatórias específicas.........257
3.3. HFTs, integridade do mercado e riscos operacional e sistêmico.........260
   3.3.1. Risco sistêmico e volatilidade.........261
   3.3.2. Risco operacional: *rogue algorithms* e *flash crashes*.........267
3.4. Repostas regulatórias: "freios" à atividade de HFT.........275
   3.4.1. Regime de informação para algoritmos: *"conheça seu robô"*.........276
   3.4.2. Controles de velocidade.........282
      3.4.2.1. Controle do excesso de ofertas e cancelamentos.........283
      3.4.2.2. Medidas de desestímulo.........285
      3.4.2.3. Regras relativas ao processo de formação de preços.........288
   3.4.3. Controles de risco operacional e volatilidade.........290
   3.4.4. A impossibilidade de *laissez-faire* como resposta.........293

Conclusão.........301

Referências.........311

Notícias.........329

Introdução

O presente livro é uma adaptação da minha dissertação de Mestrado em Direito de Negócios e Desenvolvimento Econômico e Social na Escola de Direito de São Paulo da Fundação Getulio Vargas (FGV DIREITO SP). A pesquisa teve por objeto a atuação dos *high frequency traders* (HFTs)[1] no mercado de capitais, as normas que lhes são aplicáveis e, diante dos riscos decorrentes de sua atividade, que outras normas podem ser criadas para garantir a integridade do mercado e coibir práticas danosas ao seu funcionamento.

Mas o que são HFTs? Por que deve haver alguma preocupação acadêmica ou regulatória sobre o tema?

Em 30 de junho de 2009 foi realizada no Brasil a última sessão de pregão viva-voz na Bolsa de Mercadorias e Futuros (BM&F). Desde que os sistemas utilizados pelas bolsas passaram a ser exclusivamente eletrônicos (ARAGÃO, 2009),[2] tornou-se possível automatizar estratégias de negociação por meio de programas de computador – ou *algoritmos* –, que tomam como insumo as informações sobre as operações realizadas e o livro de ofertas (demanda e oferta por determinado ativo) e, segundo uma lógica que lhe é emprestada pela experiência humana, enviam mensagens aos sistemas de negociação da bolsa, gerando ofertas, atualizando-as ou solicitando seu cancelamento.

---

[1] Utilizaremos a sigla HFTs para designar os agentes (*high frequency traders*) e a sigla HFT para designar a atividade (*high frequency trading*), cujas características serão descritas nesta seção.

[2] Na Bovespa, foi desativado em 30/09/2005 (cf. MARCO, 2016).

HIGH FREQUENCY TRADING (HFT) EM CÂMERA LENTA

Um algoritmo é "qualquer procedimento computacional bem definido que toma algum valor ou conjunto de valores como entrada e produz algum valor ou conjunto de valores como saída" (CORMEN *et al.*, 2002, p. 3).[3]

Esse processo de negociação pode ou não resultar na conclusão de operações, dependendo das condições de oferta e demanda existentes durante a execução do programa, a qual se dá comumente sem nenhuma intervenção humana. Fala-se, portanto, em uma atividade de *negociação algorítmica* ou *negociação por algoritmos (algorithmic trading)*. Um exemplo de definição dessa família de estratégias pode ser encontrado no direito da União Europeia, na Diretiva 2014/65/UE[4] como:

> [...] negociação em instrumentos financeiros, em que um algoritmo informático determina automaticamente os parâmetros individuais das ordens, tais como o eventual início da ordem, o calendário, o preço ou a quantidade da ordem ou o modo de gestão após a sua introdução, com pouca ou nenhuma intervenção humana.

Há estratégias de negociação algorítmica que buscam capturar oportunidades de curtíssimo prazo, do que resulta um envio de um número elevado de mensagens aos sistemas de negociação (inclusão, alteração e cancelamento de ofertas), quando, então, se convencionou designar tal atividade como *negociação algorítmica de alta frequência* ou, em inglês, *high frequency trading* (HFT).

---

[3] O termo surgiu na língua inglesa (*algorithm*), como conta Donald Knuth, na versão do *Webster's New World Dictionary* de 1957, usualmente associado ao método euclidiano de obtenção do máximo divisor comum entre dois números. Sua forma antiga (*"algorism"*) designava o procedimento de realizar cálculos aritméticos com algarismos arábicos. Historiadores da matemática consideram que a palavra derivou do nome de um famoso autor árabe de livros matemáticos, cuja parte final de seu nome era Al-Khowârizmî. O termo "álgebra" derivou do título de uma de suas obras. Receita, processo, método, técnica, procedimento e rotina são palavras próximas de "algoritmo", que delas se distancia por ser um procedimento finito (termina após um número finito de passos), definido (a descrição dos passos não é ambígua) e a presença de entradas e saídas, estas construídas com base em operações realizadas a partir daquelas (KNUTH, 1968, p. 1-10).

[4] Art. 4º (1)(39) da DIRETIVA 2014/65/UE DO PARLAMENTO EUROPEU E DO CONSELHO, de 15 de maio de 2014, relativa aos mercados de instrumentos financeiros e que altera a Diretiva 2002/92/CE e a Diretiva 2011/61/EU. Disponível em: http://eur-lex. europa.eu/legal-content/PT/TXT/HTML/?uri=CELEX:32014L0065&from=EN. Acesso em: 01 fev. 2017.

INTRODUÇÃO

HFTs também são conhecidos pelo uso de tecnologias sofisticadas de processamento de informação e rapidez na comunicação com os sistemas dos mercados em que atuam, em uma escala de tempo medida na ordem de milissegundos ou microssegundos (um piscar de olhos dura de 300 a 400 milissegundos). São primordialmente *daytraders*, abrindo e fechando posições dentro do mesmo pregão, mitigando o risco de carregamento da posição para o dia seguinte.

Questão controvertida envolve a determinação do que seria uma *alta* frequência ou um *grande* número de mensagens enviadas aos sistemas de negociação. Essa elevada taxa de mensagens e a necessidade de processamento extremamente rápido de informações fazem com que os HFTs busquem a mais rápida comunicação possível com a bolsa (menor *latência* na comunicação), chegando até mesmo a haver preocupação com a proximidade geográfica entre os computadores nos quais os programas são executados e a bolsa que recebe as mensagens. Por essa razão, são oferecidos serviços de *co-location* – seus computadores são hospedados dentro do ambiente físico da bolsa – e de redes de alta velocidade.

O tema ganhou notoriedade e ingressou na agenda de debates acadêmicos e da mídia especializada e no radar dos reguladores dos principais mercados mundiais após a propagação da rápida desvalorização de magnitudes históricas em valores mobiliários negociados em bolsas norte-americanas no dia 6 de maio de 2010, um evento que ficou conhecido como *Flash Crash* (KIRILENKO *et al.*, 2017), que se espalhou por diversos mercados, tendo, inclusive, reflexos significativos no mercado brasileiro.[5]

Em um período de 20 minutos, um número significativo de negócios envolvendo mais de 300 ativos resultou em uma desvalorização abrupta de até 60% do valor no qual eram negociados antes do início do evento (ARMOUR, 2016, p. 158). Pouco após o "susto", o mercado voltou ao normal, mas, de acordo com as investigações realizadas pelos reguladores norte-americanos (SECURITIES AND EXCHANGE COMMISSION; COMMODITY FUTURES TRADING COMMISSION, 2010), restou clara a relevância da atuação dos HFTs como tomadores de liquidez, potencializando

---

[5] "'O mercado tinha um dia pesado, mas depois começamos a observar as variações no câmbio, muito diferentes do que se vê no dia a dia, subindo muito forte e gerando um certo desconforto', acrescentou. 'Logo depois (à tarde) tudo começou a cair, os movimentos foram uma linha reta, do mesmo jeito visto no 11 de setembro'" (BARBOSA, 2010).

uma espécie de "efeito-manada virtual" pelo encadeamento de ofertas em diversos mercados, com efeitos potencialmente devastadores.

A preocupação com eventos como esse é constante na agenda regulatória, ciosa da integridade do mercado e da credibilidade nele depositada pelos investidores, imprescindível para seu adequado funcionamento. Surge, então, a dúvida acerca dos riscos decorrentes da negociação HFT no tocante à integridade do mercado, à isonomia entre investidores e ao risco sistêmico.

A narrativa jornalística de Michael Lewis, intitulada *Flash Boys* (LEWIS, 2014), publicada em 2014, também ajudou a direcionar os holofotes para os HFTs, ao descrever uma corrida incansável pela diminuição da latência na comunicação com as bolsas e, principalmente, um cenário onde o lucro é resultado não de uma estratégia superior de investimento, mas de práticas que criam assimetrias de informação e impõem custos adicionais aos demais investidores, em posição menos privilegiada.

HFTs são protagonistas no mercado secundário e, portanto, dignos de serem objeto de estudo pelo meio acadêmico, para que se definam os contornos do fenômeno e os riscos a ele associados, subsidiando discussões sobre a necessidade e o conteúdo de sua regulação.

Os defensores dos HFTs afirmam que estes são responsáveis pela aceleração da disseminação das informações e seu reflexo nos preços (maior eficiência informacional dos mercados), pelo aumento da liquidez, do que resultaria uma diminuição dos custos de negociação para todos os investidores (assim, ganham tanto os HFTs como os demais agentes econômicos) (BROGAARD *et al.*, 2010).[6] Em outros termos, haveria menor discrepância entre *preço* e *valor* e seria possível *entrar* e *sair* do mercado (comprar ou vender) com maior facilidade, realizando negócios mais rapidamente, incorrendo em menores custos.

A receita auferida pelos HFTs, nesse sentido, seria uma remuneração pelos efeitos positivos decorrentes de sua atuação. Não obstante, se alguns consideram a atividade como de alto potencial lucrativo, outros atestam que existe uma correlação inversa entre duração das operações e lucro, de modo que seria pouco provável que os HFTs pudessem ter êxito em

---

[6] Para os autores, HFTs contribuem substancialmente para o processo de formação de preços. No mesmo sentido, cf. Gerig (2015). Ainda, estudando os efeitos não apenas de HFTs, mas da negociação algorítmica em geral, cf. Hendershott, Jones e Menkveld (2011).

INTRODUÇÃO

qualquer estratégia de investimento (MOOSA e RAMIAH, 2015). A discussão sobre eventuais lucros anormais obtidos por HFTs se tornou menos intensa nos últimos anos pelo aumento da competição e diminuição da volatilidade do mercado como um todo, implicando em resultados decrescentes (DETRIXHE, 2017).

Todavia, a preocupação com os HFTs não se deve exclusivamente à sua rentabilidade, como se a aliança entre operadores de mercado e desenvolvedores de programas de computador tivesse permitido a descoberta de uma "pedra filosofal" capaz de transformar algoritmos em lucros certos.

Para os detratores dos HFTs, a capacidade superior de processamento de informações ou a maior eficiência na automatização de tarefas antes realizadas por seres humanos são menos relevantes do que a potencial imposição de maiores custos de negociação a outros investidores sem uma efetiva contribuição à integridade do mercado e à sua eficiência (YADAV, 2015; PASQUALE, 2015).[7] Destaca-se, inclusive, o risco de práticas abusivas que configuram o ilícito de manipulação de mercado (ALDRIDGE, 2013, p. 195 e ss.; LIN, 2017), tais como *spoofing* e *layering,* condutas de complexa descrição, que passam a integrar o catálogo de ilícitos de mercado, ao lado de outras já conhecidas pela doutrina brasileira, como *wash sales, trash and cash* e *pump and dump* (SANTOS, 2012, p. 199 e ss.).

A diminuição da latência na comunicação com o sistema de negociação, possibilitando o acesso antecipado a informações sobre o livro de ofertas e operações realizadas poderia, por si mesma, consubstanciar uma vantagem indevida, violando o imperativo de tratamento isonômico entre os investidores (MCNAMARA, 2016; TRAFLET e WILLIAM, 2017). Se a equidade e transparência são valores centrais para a regulação, surgem dúvidas sobre a possibilidade de permitir que alguns investidores tenham tratamento favorecido no que concerne ao acesso à informação, ainda que por um curtíssimo período.

Adicionalmente, o grande número de mensagens enviadas ao sistema de negociação pode afetar de modo relevante a infraestrutura de tecnologia de informação e aumentar os custos operacionais dos intermediários e das

---

[7] De acordo com Yadav (2015), a informação tomada como insumo para a atuação dos HFTs não contribui para a incorporação de fundamentos econômicos no preço dos ativos. Para Pasquale (2015), a regulação deveria eliminar boa parte dos HFTs em vez de acomodá-los, porque privilegiam o engano e a fraude e não a criação genuína de valor).

HIGH FREQUENCY TRADING (HFT) EM CÂMERA LENTA

bolsas, um aumento que pode vir a ser repassado aos demais investidores (LHABITANT e GREGORIOU, 2015).

Do ponto de vista do regulador, esse excesso de informações pode dificultar a análise dos negócios realizados, tornando ainda mais difícil a atividade de supervisão de mercado e de instrução de processos administrativos sancionadores (ADLER, 2014). Desde 2012, a CVM conta com um Sistema de Acompanhamento de Mercado para poder analisar os negócios realizados nos mercados por ela regulados e identificar possíveis irregularidades (DURÃO, 2012). A B3 e a BM&FBovespa Supervisão de Mercados (BSM) utilizam desde 2013 o *software* SMARTS Integrity, desenvolvido pela NASDAQ OMX para auxiliar a tarefa de supervisão de mercado (BRAZIL'S MARKET, 2013).

Também merecem destaque a preocupação com o aumento do risco operacional para os intermediários e o incremento da complexidade nas suas rotinas de supervisão e controles internos (KORSMO, 2014). É possível que algoritmos percam o controle e realizem operações que, além de resultarem em movimentos significativos nos preços, venham a causar perdas significativas aos investidores que os utilizam, contribuindo para o aumento do risco sistêmico. Intermediários e bolsas precisam garantir que as obrigações assumidas pelos investidores serão cumpridas e, adicionalmente, devem fiscalizar a prática de condutas ilícitas por meio de algoritmos, o que não é tarefa trivial.

Mesmo que mais recentemente se tenha afirmado que a "era dos HFTs" foi tão efêmera quanto a duração dos negócios que realizam, esse modo de atuação não se extinguirá no futuro próximo (WORSTALL, 2017). Possivelmente esse entendimento decorra de um arrefecimento da percepção exagerada dos agentes econômicos e dos próprios reguladores acerca da lucratividade dos HFTs e da potencial ilicitude que lhe seria imanente.

A maior parte dos negócios realizados nas bolsas em diversos mercados ainda é decorrente da utilização de algoritmos (SERBERA e PAUMARD, 2016). O setor parece estar se consolidando com a saída de algumas empresas e reorganizações societárias,[8] a rentabilidade dos principais atores tem se mantido estável ou diminuído levemente, novas estratégias de atuação

---

[8] A mais recente foi a oferta de compra da KCG Holdings Inc. (listada na NYSE) no valor de USD 1,3 bilhões pela Virtu Financial Inc. Cf. Leising e Massa (2017).

estão sendo desenvolvidas e a busca por rapidez parece ter sido substituída por métodos quantitativos mais sofisticados (ROSOV, 2017).

Os holofotes da mídia e dos reguladores parecem ter se voltado a outros assuntos. Ao elencar os principais riscos nos mercados para o ano de 2016 (INTERNATIONAL ORGANIZATION OF SECURITIES COMMISSIONS – IOSCO, 2016), a IOSCO, entidade não governamental que congrega os órgãos reguladores de diversos países, menciona brevemente os HFTs, sempre alinhando-os com a negociação algorítmica de modo geral (*algo trading*), dando maior ênfase ao uso de novas tecnologias nos serviços financeiros – criptomoedas, o heterogêneo grupo de *fintechs* e fraudes cibernéticas (*cyber threats*).

No entanto, o texto aqui apresentado não é uma *elegia* aos HFTs tampouco uma *necropsia* da sua atividade. O estudo dos HFTs nos permite examinar os riscos associados à sua atividade e à negociação algorítmica de modo geral, bem como discutir o funcionamento do mercado, os objetivos da sua regulação e como estes podem ser alcançados.

É imprescindível que seja realizado um esforço para a compreensão de novas tecnologias que chegam ao mercado, avaliando seus riscos adequadamente antes que seja disseminado um discurso de alarde ou medo. Ainda que sejamos marionetes diante de um agente capaz de manipular o mercado, precisamos refletir sobre as causas de nossa vulnerabilidade, a fim de decidir se é melhor cortar as cordas ou fulminar o *titereiro*, para que tornemos a ser livres.

Eventualmente, o novo, o *disruptivo*, o revolucionário torna-se lugar comum e podem ajudar no desenvolvimento do mercado. O risco é uma característica *genética* do mercado. Inovações financeiras trazem riscos, mas também podem trazer retornos – o binômio *risco-retorno* vale não apenas para as decisões de investimento, portanto, mas também para decisões que determinarão o futuro do mercado.

A criação de um regime jurídico abrangente e eficaz aplicável à matéria encontra alguns óbices relevantes: (a) o contínuo surgimento de novas formas de se praticar condutas ilícitas, cada vez mais complexas e sofisticadas, insuscetíveis de uma tipificação estrita; (b) a necessária compreensão, pelos julgadores, da microestrutura do mercado e dos conceitos econômicos envolvidos; e (c) a complexidade da supervisão das operações realizadas pelos HFTs em virtude da diversidade de estratégias que utilizam e da imensa quantidade de ofertas e negócios que realizam ao longo de um

HIGH FREQUENCY TRADING (HFT) EM CÂMERA LENTA

único pregão. Tais dificuldades afetam diretamente as três atividades que constituem o escopo da regulação do mercado: *criação de normas, punição* e *supervisão.*

Esta pesquisa se propõe a compreender os HFTs, ainda que de modo imperfeito em face das dificuldades de observação empírica, a partir de um esforço de sistematização dos debates (usualmente interdisciplinares), mapeando as escolhas regulatórias possíveis, de modo a contribuir para discussões adicionais, fornecendo material teórico e formulando indagações para o desenvolvimento de uma agenda de pesquisa sobre o tema.

Em síntese, a pergunta que orienta este trabalho é: *na disciplina dos HFTs, quais são os objetivos pretendidos pela regulação, que mecanismos podem ser utilizados e quais são as dificuldades associadas a cada um deles?*

Este livro é dividido em três capítulos, precedidos por esta introdução. No primeiro capítulo, narramos os acontecimentos que fizeram com que o tema entrasse na agenda regulatória, discutimos os possíveis conceitos de HFT (e a necessidade de um conceito), suas estratégias de atuação conhecidas e, por fim, debatemos a relevância e aplicabilidade do tema para o mercado brasileiro.

No segundo capítulo, analisamos o *habitat* dos algoritmos (veremos que muito da discussão sobre HFTs aplica-se à negociação algorítmica em geral). Discutimos os pressupostos e objetivos da regulação do mercado à luz de suas funções econômicas, o desenho institucional dessa regulação em nosso país e fornecemos uma descrição das regras de microestrutura de mercado brasileiro.[9]

No terceiro capítulo, discorremos detalhadamente sobre a prática de ilícitos de mercado por meio da negociação algorítmica, bem como outros riscos da presença dos HFTs no mercado envolvendo a equidade e transparência e, ainda, a integridade do mercado em termos de liquidez, volatilidade e eficiência informacional. Adicionalmente, apresentamos as possíveis respostas regulatórias, mobilizando os conceitos apresentados

---

[9] Este é o dialeto do mercado secundário, sua linguagem própria, fundamental para entender a matéria-prima dos algoritmos – dados – e descrever o modo como atuam. O texto da norma ou quaisquer argumentos em processos sancionadores deverão levar em consideração essa terminologia própria e os conceitos que lhe são subjacentes, sob pena de os envolvidos se colocarem em uma *Babel jurídica*, incapazes de compreender e construir discursos sobre o fenômeno em questão.

INTRODUÇÃO

ao longo do texto e debatendo as dificuldades na adoção de cada medida proposta.

Por fim, apresentamos a conclusão, uma síntese das respostas obtidas para as seguintes perguntas: (a) o que sabemos sobre o modo de atuação dos HFTs? (b) quais são os fundamentos e objetivos da regulação de mercado? (c) quais são as vantagens e os riscos relacionados à atuação dos HFTs em mercado à luz dos fundamentos e objetivos da regulação? E, principalmente, com base nas respostas das questões anteriores, (d) é necessário editar uma nova norma ou atualizar normas existentes? Qual seria o seu conteúdo?

Esperamos que esta obra possa subsidiar debates adicionais sobre o tema e a eventual produção normativa sobre HFTs no Brasil em um futuro próximo. Antes de prosseguirmos, porém, uma ressalva importante. O autor desta publicação é Analista de Mercado de Capitais na Comissão de Valores Mobiliários desde 2012. O desenvolvimento da pesquisa deu-se no âmbito do Programa de Educação Regular da autarquia, o que me permitiu dedicação exclusiva ao projeto por 24 meses junto à FGV DIREITO SP. Não houve ingerência por parte da CVM neste texto. Nenhuma informação sigilosa foi utilizada e todas as afirmações representam apenas a opinião do autor, que se responsabiliza exclusivamente por elas, e não caracterizam opiniões da CVM.

Este livro foi resultado de um trabalho de pesquisa realizado com apoio da Fundação Getulio Vargas, por meio da bolsa Mário Henrique Simonsen de Ensino e Pesquisa. Tal empreitada só foi possível pela possibilidade de afastamento temporário das minhas funções como Analista de Mercado de Capitais na Comissão de Valores Mobiliários. Nada mais justo do que agradecer em primeiro lugar àqueles que não têm nome nem rosto, mas que nos financiam e em cujo interesse atuamos: os cidadãos-contribuintes, muitos deles ainda distantes do glamoroso mercado de capitais.

Agradeço aos meus companheiros de jornada na CVM por tudo. Preciso agradecer também às pessoas maravilhosas da Rua Rocha, onde algo especial acontece. Meu obrigado de coração a Cristiane Gomes e Mário Schapiro, pelo apoio institucional. Graças à Bolsa Mário Henrique Simonsen e aos excelentes recursos da FGV DIREITO SP, pude concluir este trabalho com muito mais facilidade. No Núcleo de Estudos em Mercados e Investimentos, encontrei pessoas incríveis. À minha orientadora Viviane Muller Prado ("Presidente"), um exemplo de ser humano e de professora, registro minha gratidão. Espero que este trabalho reflita todas as suas considerações e ideias. Agradeço a confiança e a paciência de sempre. No "solo rochoso" da Bela Vista conheci também Renato Vilela, a professora Heloisa Estellita e também Marcelo Constenaro Cavali, sempre dispostos a discutir o direito penal econômico e os crimes contra o mercado de capitais. Meu obrigado de coração pelos debates e ideias compartilhadas.

Merecem agradecimento especial os professores Ary Oswaldo Mattos Filho, Ilene Najjarian e Otávio Yazbek que aceitaram revisar este texto e avaliá-lo. O professor Ary também merece minha gratidão por ter viabilizado a criação do enclave de excelência na Bela Vista, a FGV DIREITO SP, que já formou e continuará a formar pessoas extraordinárias, grandes juristas, advogados e líderes.

Por fim, agradeço à minha família na longínqua (e quente) Belém, em especial à minha mãe Terezinha. Meu obrigado à minha esposa Vani, a quem espero poder compensar as horas de exílio para poder pesquisar e escrever.

Sempre que eu olhar para este trabalho, sentirei algo parecido com a irradiação fóssil, quando a luz de uma estrela morta chega a nossos olhos, dando a impressão de que ela ainda está lá... espero ter conseguido depositar aqui um pouco da luz que me guiou nesses dias.

1. Rápido e devagar: duas formas de negociar[1]

Este capítulo divide-se em quatro seções. Na primeira, descrevemos como o tema se tornou relevante para a mídia especializada em finanças, investidores e reguladores. Na segunda, discutimos os possíveis conceitos econômicos e jurídicos da atividade de HFT. Na terceira seção, mapeamos as controvérsias acerca dessa atividade e, por fim, na quarta seção apresentamos uma justificativa para a realização deste e de outros estudos, situando o tema no contexto do mercado brasileiro e de suas particularidades.

1.1. Como o tema entrou para a agenda regulatória?

O interesse da mídia, dos participantes do mercado e dos reguladores acerca dos HFTs teve como marco inicial relevante o ano de 2010, por ocasião do evento que veio a ser denominado *Flash Crash*. A atenção se intensificou alguns anos depois, particularmente após a publicação do livro *Flash Boys* em 2014, de autoria do jornalista Michael Lewis.[2]

---

[1] O título deste capítulo é um trocadilho com o título do famoso livro de Daniel Kahneman e Amos Tversky, *Rápido e devagar: duas formas de pensar*. Os autores descrevem o pensamento conduzido pelo sistema que opera automática e rapidamente como mais relacionado à nossa intuição e o pensamento mais lento que requer concentração e é destinado à solução de problemas complexos. Veremos que, no mercado, a negociação rápida está relacionada à programas de computador que efetuam cálculos complexos e estão, ao menos em teoria, menos propensos a erros humanos e seus medos e hesitações. Por seu turno, a negociação lenta é exatamente a conduzida pelos seres humanos com suas imperfeições e sua intuição. Cf. Kahneman e Tversky (2011).

[2] Dois anos antes, Scott Patterson, outro jornalista especializado em finanças publicou um livro sobre Dark Pools (PATTERSON, 2012). Esse autor também havia publicado um ano

Uma análise da evolução do número de buscas sobre o tópico *High-Frequency Trading* no Google[3] releva dois momentos em que houve um aumento significativo de interesse no assunto (Figura 1). Há um primeiro "salto" no interesse sobre o tema em julho de 2009. Foi o mês no qual foi noticiada a prisão, pelo FBI, de Sergey Aleynikov, ex-programador do Goldman Sachs, acusado de se apropriar indevidamente de código-fonte de programas de propriedade da instituição financeira.

Os algoritmos implementados por esses códigos furtados seriam capazes de realizar uma grande quantidade de negócios e que, em mãos erradas, poderiam resultar em práticas de manipulação de mercado (GLOVIN e HARPER, p. 2009).

Figura 1. Popularidade do tópico "High-Frequency Trading" no Google desde 2004*

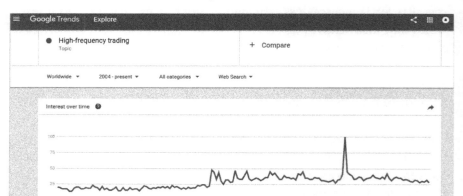

* A escala vertical representa o interesse relativo em cada mês, atribuindo 100% ao valor do mês em que houve a maior quantidade de buscas.
Fonte: Google Trends. Disponível em: https://trends.google.com.

antes outro livro sobre negociação utilizando métodos quantitativos: Patterson (2011). Em 2010, outro livro foi publicado especificamente sobre o tema dos Dark Pools: Banks (2010). Também em 2012, o tema dos HFTs foi tratado em por dois operadores de mercado (ARNUK e SALUZZI, 2012).

[3] Relatório obtido pela ferramenta "Google Trends" (https://trends.google.com), considerando toda a base de dados desde 2004.

Ainda em julho de 2009, foi publicado no jornal *New York Times* um ensaio de grande repercussão, descrevendo como seria possível lucrar em operações com base na vantagem de se ter acesso rápido aos sistemas de negociação das bolsas (DUHIGG, 2009).

Um novo salto no interesse sobre o tema ocorreu no lançamento do livro *Flash Boys* em de março de 2014, acompanhado de resenha (MASLIN, 2014) e adaptação da narrativa (LEWIS, 2014) publicadas no mesmo *New York Times*.

Especialmente após a publicação de *Flash Boys*, o interesse sobre o tema levou à publicação de outros livros jornalísticos, artigos científicos e estudos regulatórios, materiais utilizados como fontes nesta pesquisa.

Mas, afinal, o que foi dito de tão significativo sobre o tema nessas narrativas, a ponto de ensejar tantos debates? Procurando responder a essa pergunta, esta seção se inicia trazendo um breve resumo do que foi o *Flash Crash* de 2010, bem como dos conceitos e também das acusações trazidas por Michael Lewis em *Flash Boys*.

1.1.1. *Flash Crash* de 2010

Podemos afirmar que os holofotes se voltaram aos HFTs, atraindo a atenção de investidores e dos reguladores, após o evento ocorrido na tarde de 6 de maio de 2010, que ficou conhecido como *Flash Crash*. Situações nas quais há movimentos abruptos e intensos dos preços são prejudiciais ao regular funcionamento do mercado, comprometendo sua integridade (maior *volatilidade* é sinônimo de maior *risco*, como detalharemos oportunamente).

No relatório elaborado conjuntamente pela *Securities and Exchange Commission* (SEC) e pela *Commodity Futures Trading Commission* (CFTC) (2010), a responsabilidade pelo *Flash Crash* não foi atribuída aos HFTs, embora, de acordo com a versão oficial apresentada em tal relatório, estes tenham contribuído para a rápida propagação da variação dos preços em diferentes mercados.

O tema começou a ser debatido em meio a um contexto no qual se procurava um responsável pelos efeitos do *Flash Crash* no mercado norte-americano, a fim de prestar contas aos investidores e às autoridades daquele país.[4]

---

[4] Na esfera penal, as respostas legislativas a esse tipo de evento levam ao desenvolvimento de uma política criminal populista, com criação de novos delitos, aumento de penas e definição de

Em 6 de maio de 2010, não havia informações relevantes que justificassem movimentos intensos de valorização ou desvalorização dos ativos negociados nos mercados norte-americanos – e, consequentemente, dos preços dos derivativos associados a esses ativos. No início da tarde, o índice S&P 500 experimentara desvalorização de cerca de 2,9%, a qual, embora pouco usual, não se comparava aos movimentos extremos observados durante a crise de 2008, quando as variações desse índice atingiam patamares de até 5% (em valor absoluto).

Até ali, "poucos seriam capazes de adivinhar que o palco estava montado para a hora mais extraordinária da história do mercado norte-americano" (KORSMO, 2014, p. 524). Entre 2:32 PM e 2:45 PM (*Eastern Standard Time* – EST), o mercado experimentou desvalorização de cerca de 10%, o que corresponde a uma descapitalização agregada de quase USD 1 trilhão ao longo daquele dia, particularmente com a "evaporação" de USD 500 bilhões em pouco menos de cinco minutos.

Tal variação ocorreu a despeito de existirem em algumas bolsas norte-americanas – particularmente na NYSE – mecanismos de controle de volatilidade e garantia de liquidez, que basicamente suspendem as negociações por certo período quando há variações extremas nos preços.

Nos quinze minutos seguintes, o mercado recuperou praticamente toda a desvalorização sofrida na hora anterior. Centenas de ações cujos preços haviam caído significativamente voltaram aos patamares de negociação anteriores à queda abrupta dos últimos minutos. No fechamento, às 4:00 PM (EST), os preços fecharam por volta do patamar em que estavam por volta de 2:30 PM, logo antes do *Flash Crash*.

Nada no mundo real pareceu justificar o movimento dos preços naquele curto período – não houve nenhum ataque terrorista ou cataclismo ou outra informação relevante.

Situação semelhante ocorreu em 19 de outubro de 1987 (*Black Monday*), quando o mercado norte-americano sofreu desvalorização de 20% em um único dia. Porém, as perdas só vieram a ser recuperadas quase dois anos

---

um "inimigo" a ser combatido. Nesta obra, tomamos como premissa a necessária compreensão dos HFTs, de sua real contribuição para o mercado e dos riscos associados à sua atuação, antes da formulação de conclusões alarmistas e da declaração de um novo "inimigo" a ser combatido pelo regulador. Tal postura seria incompatível com qualquer pretensão científica de estudo sobre o tema.

após o evento. De modo semelhante, a SEC atribuiu a responsabilidade inicialmente aos então chamados *program traders*.[5]

O que tornou o *Flash Crash* peculiar – e ainda mais misterioso – foi o fato de que o efeito de toda a queda extremamente intensa e abrupta foi revertido em poucos minutos, também de forma intensa e abrupta.

A suspeita recaiu sobre os HFTs. A rapidez com que atuam e sua sofisticação tecnológica sugerem que demais investidores podem estar em desvantagem. Eventuais lucros obtidos por HFTs – embora difíceis de serem estimados, são considerados significativos pelos altos investimentos realizados em infraestrutura tecnológica – poderiam resultar pura e simplesmente de prejuízos impostos aos demais investidores.

Em poucos meses, uma força-tarefa da SEC e da CFTC divulgou um relatório oficial sobre o *Flash Crash*. Embora tal relatório tenha sido inconclusivo sobre o exato papel dos HFTs naquele evento – e sua eventual contribuição para a ocorrência de eventos similares no futuro – inúmeros estudos foram realizados acerca da delimitação do fenômeno, de seus benefícios e dos riscos de sua atuação.

De acordo com a SEC e a CFTC, em situações de volatilidade extrema, quando os preços se movimentam significativamente – e de maneira muito rápida – a atuação de algoritmos (especialmente HFT) pode conduzir ao desaparecimento da liquidez nos livros de ofertas.

Se, em condições normais, HFTs podem gerar muitas ofertas e negócios, não necessariamente irão fazê-los em todas as ocasiões, especialmente quando mais se precisa de liquidez. Nessas situações, o mercado pode simplesmente se tornar incapaz de agregar informações nos preços.

Adicionalmente, a interconexão entre os mercados de diversos países e o uso de derivativos mostrou que a atuação de HFTs pode aumentar o risco sistêmico e pode ser necessária uma regulação uniforme sobre a matéria nos diversos mercados espalhados pelo globo e intensamente conectados.

A partir das discussões sobre o *Flash Crash*, diversos estudos acadêmicos e narrativas jornalísticas foram produzidas sobre o assunto, em especial a já referida obra *Flash Boys*, de Michael Lewis. Vejamos a seguir os termos desse debate.

---

[5] Para mais detalhes sobre o evento e suas causas, cf. Kim (2007, p. 10). Cf. também Buhphati (2010).

1.1.2. *Flash Boys* de Michael Lewis

Michael Lewis inicia *Flash Boys* mencionando que seu interesse no tema foi despertado em função da prisão de Sergey Aleynikov, cujos algoritmos nos quais costumava trabalhar poderiam implementar práticas de manipulação de mercado (LEWIS, 2014, p. 10).

Por que haveria risco de tais algoritmos estarem nas mãos de Sergey Aleynikov, mas estariam seguros nas mãos de seu ex-empregador, o Goldman Sachs? Teria essa instituição financeira também o poder de manipular os mercados? E as demais? Foram essas questões que o orientaram em sua investigação jornalística.

No primeiro capítulo, há a descrição de um empreendimento milionário de instalação de infraestrutura de telecomunicações para viabilizar uma comunicação ultrarrápida com as principais bolsas dos Estados Unidos. O tom hiperbólico da narrativa pode ser compreendido por uma afirmação feita mais à frente no livro: não seria possível descobrir os lucros dos HFTs e, por isso, um indício da sua rentabilidade seria a quantidade de recursos despendida para sua operacionalização (LEWIS, 2014, p. 99).

Assim, os investimentos realizados pelas instituições financeiras, *hedge funds* e empresas que operam com capital próprio para conseguir acesso cada vez mais rápido aos sistemas de negociação configurariam um indício relevante de que milissegundos (ou mesmo nano ou microssegundos) seriam preciosos, e as estratégias implementadas pelos HFTs, altamente lucrativas.

Um dos protagonistas da narrativa (um dos *flash boys*) é Brad Katsuyama, ex-operador do Royal Bank of Canada, que, após começar a utilizar um sistema eletrônico de negociação adquirido pelo banco em que trabalhava em 2007, passou a enfrentar dificuldades na execução em ofertas de grandes quantidades de ações, com significativa perda de lucratividade na intermediação que realizava havia alguns anos sem maiores problemas.

Por exemplo, ao enviar uma oferta de venda de 5 milhões de ações, diante do cenário de fragmentação no mercado norte-americano, uma primeira parcela era executada em certa bolsa e o restante era executado em outras bolsas, até atingir o total da quantidade demandada.

O problema enfrentado por Katsuyama consistia no fato de que, imediatamente após a execução da primeira parcela da oferta, as cotações nas demais bolsas caíam rapidamente, obrigando-o a comprar por um preço inferior ao originalmente considerado, diminuindo o preço médio total da venda. Seria como se alguém pudesse adivinhar o fluxo remanescente de ofertas e se antecipasse à execução destas, em uma espécie de *front-running* de altíssima velocidade (LEWIS, 2014, p. 33).

Boa parte do livro se dedica a descrever como Katsuyama investigou a origem desse problema e, em conjunto com outros *flash boys*, desenvolveu uma solução – chamada *Thor* – para fazer com que fosse inserido um atraso aleatório intencional na propagação de ofertas de grandes quantidades a diferentes bolsas norte-americanas, o que dificultaria a execução da prática de *front-running* descrita anteriormente.

O diagnóstico do problema elaborado por Katsuyama foi o de que a estrutura de corretagem das bolsas norte-americanas fazia com que os sistemas de negociação enviassem as ofertas primeiro a certas bolsas. Estas pagavam comissões para investidores que enviassem ofertas a mercado, tomadoras de liquidez, e cobravam taxas de quem enviava ofertas limitadas, provedoras de liquidez, caso específico da bolsa BATS, onde as ofertas que Katsuyama enviava eram usualmente executadas em primeiro lugar.

Nessas bolsas que eram privilegiadas pelos intermediários, eram oferecidas apenas pequenas quantidades de ações, supostamente por HFTs, que utilizavam essas pequenas ofertas como forma de detectar a liquidez demandada por outros investidores.

Se verificada a presença de uma oferta de grande quantidade de ações, então os HFTs iniciavam uma corrida na escala de milissegundos. O sistema de roteamento de ofertas – acessível a todos os participantes de mercado – encaminharia as ofertas com quantidades remanescentes para as demais bolsas e, em paralelo, os sistemas dos HFTs enviariam suas próprias ofertas que seriam executadas antes das do investidor que demandava grande liquidez, para que este lhe vendesse mais barato ou comprasse mais caro do que conseguiria normalmente.

A conclusão foi a de que "alguém estaria se valendo do fato de que ofertas chegavam em momentos diferentes em bolsas diferentes para se antecipar a ofertas de outros investidores" (LEWIS, 2014, p. 49).

Assim, os livros de ofertas apresentariam uma "liquidez-fantasma" (*phantom liquidity*),[6] uma visão artificial do que seriam a demanda e a oferta por determinado instrumento financeiro.

---

[6] O termo poderia ser substituído por "liquidez aparente" ou "liquidez ilusória", mas é referenciado em vários textos como "liquidez-fantasma", se traduzido literalmente do termo

HIGH FREQUENCY TRADING (HFT) EM CÂMERA LENTA

O mercado norte-americano seria, desse modo, dividido em castas, segundo a capacidade de negociar rapidamente. Aqueles capazes de pagar por milissegundos seriam privilegiados, com uma visão completa da informação sobre demanda e oferta, enquanto boa parte do público jamais conseguiria "ver o mercado (e tomar decisões informadas de investimento). Haveria um mercado regular e um mercado paralelo, prejudicando a isonomia entre investidores.

Michael Lewis utiliza uma analogia interessante para sintetizar o problema: "o que antes havia sido o mais democrático mercado financeiro do mundo havia se tornado, em espírito, uma espécie de exibição restrita de uma obra de arte roubada" (LEWIS, 2014, p. 67).[7]

No restante da narrativa, Michael Lewis descreve o processo de criação de uma bolsa idealizada pelos *flash boys* – a Investor's Exchange (IEX) que veio efetivamente a ser autorizada a atuar como *exchange* pela SEC em 2016 (MCCRANK, 2017)[8] – e apresenta críticas à atuação dos HFTs no mercado, questionando se realmente propiciam aumento de liquidez (e a que custo o fazem) e se são um risco à estabilidade do sistema financeiro, tal como sinalizado pelo *Flash Crash* e por outros eventos de grande volatilidade nos preços de instrumentos financeiros.

O autor chega a apresentar uma afirmação de que antes do *Flash Crash*, 67% das famílias norte-americanas investiam em ações e, ao final de 2013, esse percentual caiu para 52%, mesmo com a recuperação do mercado após a crise de 2008. Sustenta, assim, ter ocorrido uma crise de credibilidade nas instituições, que afastou os investidores do mercado (um efeito *crowding out*) (LEWIS, 2014, p. 179).

---

em inglês, *phantom liquidity* ou *ghost liquidity*. Trata-se do efeito da colocação de ofertas no livro de tal sorte que induza aquele que deseja negociar a uma percepção equivocada acerca da efetiva liquidez do ativo, seja na ponta de compra, seja na ponta de venda, pois rapidamente essas ordens são colocadas e canceladas. Um exemplo de estudo do fenômeno e de sua associação aos HFTs pode ser encontrado em Blocher *et al.* (2016).

[7] No original: "*what had once been the world's most public, most democratic, financial market had become, in spirit, something more like a private viewing of a stolen work of art*".

[8] O *site* da IEX pode ser acessado em https://iextrading.com/. Cf. também St. John (2016).

1.2. Em torno do conceito de HFT

Quais seriam as consequências práticas de uma hipotética proibição da atividade de HFT? Para que a norma fosse aplicada, seria necessário um *conceito econômico, tecnológico ou estatístico* de HFT, que serviria de base para um conceito *jurídico*, isto é, um critério de incidência para regulação específica sobre a matéria.

Utilizaremos neste capítulo a noção de *conceito operacional*, tomando emprestada uma terminologia dos métodos de pesquisa quantitativa, especificamente no âmbito da ciência política, onde é comum, no desenvolvimento de teorias, pensa-se o mundo segundo variáveis e explicações causais.

Por exemplo, podemos afirmar que o desempenho da economia nos dois últimos anos antes de uma eleição afeta o desempenho nas urnas do candidato a reeleição ou do partido do candidato atual? Para responder a essa pergunta, é preciso formular conceitos (desempenho da economia e desempenho nas urnas) em variáveis *mensuráveis*.

Denomina-se *operacionalização* o processo de mapeamento de conceitos abstratos em variáveis observáveis empiricamente, possibilitando a realização de inferências a partir dos valores observados e a elaboração de modelos teóricos baseados em relações de causalidade entre as variáveis em questão (KELLSTEDT e WHITTEN, 2015, p. 33-40).[9] Operacionalizar é, portanto, escolher uma métrica para certo fenômeno que se deseja estudar, como, no caso da ciência política, a representatividade do parlamento ou pluralidade política de um país, entre outros.

No mercado de capitais, a aferição da qualidade do mercado se dá por meio de conceitos usualmente discutidos quantitativamente como *liquidez, volatilidade* e *eficiência*, os quais precisam ser mensurados. Nesses casos, não há métrica única e indiscutível e, como veremos adiante, estudos sobre liquidez ou eficiência podem conduzir a conclusões distintas conforme a métrica escolhida, isto é, o resultado do estudo, em termos metodológicos, depende da operacionalização dos conceitos em variáveis mensuráveis.

A identificação da atividade de HFT requer uma métrica *objetiva*, não podendo haver um conceito meramente qualitativo como "são aqueles que negociam muito rapidamente". É preciso estabelecer um limite entre o que

---

[9] Cf. também Privitera (2014, p. 9-12).

HIGH FREQUENCY TRADING (HFT) EM CÂMERA LENTA

é negociação algorítmica de *alta* frequência e o que não é, considerando as ofertas enviadas aos sistemas de negociação, os negócios realizados, a infraestrutura tecnológica subjacente e, eventualmente, as estratégias de negociação adotadas. Discutir as possibilidades para a definição desse limite constitui o objetivo da presente seção.

O enfoque de um estudo dos HFTs pode priorizar a *estrutura* utilizada para a atividade (suas características estruturais) ou, então, *condutas* que criem ou amplifiquem riscos, comprometendo a integridade do mercado. As características estruturais correspondem à infraestrutura tecnológica utilizada por certos investidores, tais como a contratação de serviços de *co-location*, a colocação de servidores nas proximidades das instalações dos sistemas de negociação ou o uso de conexões de alta velocidade.

A regulação da atividade de HFT pode optar por um conceito baseado em aspectos estruturais, como o uso de conexões de internet de alta velocidade, contratação de serviços de diminuição de latência na comunicação com as bolsas, uso de algoritmos para decisão de envio e cancelamento de ofertas, entre outros. A partir dessa estrutura, seria possível definir determinados parâmetros como, por exemplo, máxima taxa de envio de ofertas por segundo, mínimo tempo de permanência de certa oferta no livro, máxima velocidade de conexão permitida e outras configurações técnicas necessárias para esse tipo de negociação.

Tal estrutura, porém, pode não ser nociva ao mercado *em si mesma*. Além de procurar conformar a estrutura utilizada para a atividade de HFT com base nos riscos gerados por essa técnica de negociação, a regulação pode também se voltar às condutas ilícitas que podem ser praticadas por meio de novas formas de manipulação de mercado. Tais enfoques – *estrutura* e *conduta* –, como veremos a seguir, não são excludentes.

1.2.1. Negociação eletrônica, algorítmica e algorítmica de alta frequência

Para discutir o impacto causado pelos HFTs no mercado, precisamos distinguir três conceitos relativamente próximos: negociação eletrônica (*electronic trading*), negociação algorítmica (*algorithmic trading*) e negociação algorítmica de alta frequência (*high frequency trading*).

Os ambientes de negociação são hoje quase exclusivamente eletrônicos. Os investidores podem, por meio de sistemas específicos colocados à sua disposição pelos intermediários, enviar ofertas, alterá-las ou cancelá-las, acompanhar os negócios resultantes e a evolução de suas posições.

Uma *oferta* é um comando para a compra ou venda de determinado ativo (CARTEA, JAIMUNGAL e PENALVA, 2015, p. 13).[10] Uma vez enviada aos sistemas de negociação, pode vir a ser alterada (especialmente no tocante à quantidade e preço) ou, então, cancelada. Se encontrado outro participante do mercado que atenda à oferta enviada, então ocorre um *negócio*. Toda a comunicação com os sistemas eletrônicos se dá por meio de mensagens. Uma *mensagem* pode envolver a inclusão de uma oferta, sua alteração ou seu cancelamento.

Além de enviar mensagens diretamente ao sistema de negociação, o investidor pode, por meio de telefone, enviar mensagens instantâneas ou e-mail, dirigir-se a um ser humano (um operador do intermediário ou agente autônomo de investimento), indicando as condições do negócio que deseja realizar. Então, a interposta parte poderá enviar a mensagem ao ambiente de negociação das bolsas.

Contrapondo-se à negociação eletrônica, temos o sistema de pregão viva-voz, constituído por rodas de negociação de instrumentos financeiros, exigindo presença física dos participantes, que gritam (literalmente) as condições de suas ofertas, as quais podem ser atendidas (agredidas) por outros participantes. Quando um negócio é realizado, seu registro é levado a cabo em um sistema específico, não necessariamente computadorizado.

A partir do início dos anos 1970, computadores viabilizaram a realização e o registro de negócios e o envio de ofertas, normalmente para negocia-ção de pequenas quantidades (JOHNSON, 2010, p. 10),[11] prescindido de presença física nas rodas de negociação.

A negociação algorítmica pressupõe a negociação eletrônica como in-fraestrutura subjacente. Investidores podem se valer de algoritmos para a tomada de decisão, para implementar estratégias de execução de ofertas

---

[10] Quando analisarmos a terminologia no mercado brasileiro, veremos que existe uma distinção entre *ordem* e *oferta*.

[11] Os mercados de ações foram os primeiros a adotarem sistemas eletrônicos de negociação. O ano de 1971 é um marco importante nesse processo, com a criação do Bulletin Board da NASDAQ nos Estados Unidos, permitindo a negociação de ações em mercado de balcão. Em 1986, a London Stock Exchange e a Paris Bourse adotaram sistemas eletrônicos. Em 1987, a SEC editou regras que criaram ambientes de negociação denominados Electornic Communication Networks (ECNs).

HIGH FREQUENCY TRADING (HFT) EM CÂMERA LENTA

ou para ambas as atividades (JOHNSON, 2010, p. 12 e ss.).[12] A negociação algorítmica está para o *software* assim como a negociação eletrônica está para o *hardware*: a primeira depende da segunda para poder existir.

Os dados de entrada desses algoritmos são, em essência, as ofertas presentes no livro (preço e quantidade), que variam ao longo do tempo, juntamente com a série histórica de volume financeiro, quantidade de títulos e número de negócios (NARANG, 2013, p. 133 e ss.). A cada período de tempo (alguns milissegundos, segundos ou minutos) ou a cada mudança no estado do livro de ofertas, o algoritmo deve processar o conjunto de informações que recebe e avaliar as condições de mercado para decidir o que vai fazer (esperar, comprar ou vender com ofertas limitadas ou a mercado, determinar as quantidades de negociação).

Um algoritmo, ao receber os dados indicados, pode criar a sua própria representação do livro de ofertas, de modo análogo ao que faria um ser humano sentado em um terminal que estivesse observando uma representação gráfica do livro (NARANG, 2013, p. 256).

Para decidir quando negociar, podem ser utilizados métodos quantitativos diversos como, por exemplo, o encerramento de posições compradas toda vez que o preço se aproximar do extremo de um envelope de volatilidade[13] criado em torno de uma média móvel[14] ou, então, uma execução

---

[12] Os primeiros algoritmos de que se tem notícia procuravam automatizar a venda de grandes lotes em múltiplas ofertas (*order slicing*). Tais métodos variaram desde a simples repetição periódica de ofertas de frações do lote total até procedimentos mais complexos em que a execução deve se pautar por certos parâmetros de referência (*benchmarks*). Um investidor pode se valer de algoritmos tanto para identificar pontos de compra ou venda de instrumentos financeiros (tomada de decisão) como para operacionalizar o envio de ordens (execução) conforme a dinâmica do livro de ofertas.

[13] Um envelope de volatilidade consiste no estabelecimento de um limite inferior e de um limite superior a partir do preço de mercado, calculados com base em alguma medida de volatilidade (p. ex., um múltiplo dos desvios-padrão). Quando o preço atual se aproxima de um dos limites calculados com base no preço imediatamente anterior, pode ser um sinal de compra ou de venda. Para essa e outras técnicas de negociação com base nos dados estatísticos de preço, volume e número de negócios, bem como em padrões observados nos gráficos dos preços, Cf. Murphy (1999).

[14] Calcula-se uma média móvel para dado instante com base nos N períodos anteriores. A cada nova observação, o último período utilizado no cálculo é descartado, sendo substituído pelo período imediatamente anterior. Um sinal de compra ou de venda pode ser gerado a partir da intersecção entre o preço e a média móvel ou, então, entre o cruzamento de médias móveis de períodos diferentes. Cf. Murphy (1999, p. 195 e ss.).

escalonada[15] de ofertas buscando minimizar o preço médio de aquisição, combinando ofertas limitadas e ofertas a mercado.

Podemos elencar algumas vantagens da negociação algorítmica (LESHIK e CRALLE, 2011, p. 18):

(a) as operações podem ser realizadas com maior rapidez e em maior número;
(b) é possível ter o controle automático de tudo o que foi realizado para facilitar a contabilidade;
(c) diminuição de erros humanos;
(d) desempenho consistente com as circunstâncias de mercado consideradas quando da sua programação; e
(e) eliminação do desgaste físico e emocional decorrente da atuação de seres humanos no processo de negociação.

Há um tipo específico de negociação algorítmica que tem como característica principal o envio de um número *elevado* de mensagens aos sistemas de negociação de mercados organizados – é a chamada negociação algorítmica de alta frequência (*high frequency trading*).

Utilizamos a expressão *mensagens* e não *negócios*, porque tais mensagens compreendem a inclusão, alteração e cancelamento de ofertas, das quais pode ou não decorrer um número de negócios da mesma magnitude.

Mas o que poderia ser considerado um *elevado* número de mensagens a ponto de justificar a qualificação de um investidor como *high frequency trader*?

Há, pelo menos, duas respostas possíveis.

Primeiro, podemos utilizar o conceito de "oferta efêmera" (*fleeting orders*),[16] puramente pragmático: HFT é todo investidor para o qual, em um dado pregão, são identificadas *ofertas efêmeras*, isto é, ofertas cuja diferença de tempo entre sua inserção e uma atualização ou entre duas atualizações seja inferior a, por exemplo, 100 milissegundos.

---

[15] Diz-se que certa operação é escalonada quando a posição é montada (ou encerrada) por meio de vários negócios realizados ao longo de um período de tempo tal que permita que o montante negociado não cause impacto significativo nos preços. A cada novo negócio realizado, calcula-se o preço médio da operação, a fim de contabilizar o seu resultado (custos e lucro).

[16] O conceito é proposto em Hasbrouck e Saar (2009).

HIGH FREQUENCY TRADING (HFT) EM CÂMERA LENTA

Só é possível aplicar esse critério em uma série temporal de todas as mensagens enviadas aos sistemas de negociação em certo pregão, a fim de calcular o menor intervalo de tempo entre o envio de duas ofertas consecutivas ou o fechamento de dois negócios sucessivos para cada investidor. Ainda, a qualificação de certo investidor é válida apenas para um único pregão. O fato de ter enviado ofertas efêmeras em certo pregão não implica que terá feito o mesmo em outros pregões.

Segundo, para qualificar o número de mensagens enviadas por certo investidor como elevado podemos nos valer de *medidas de posição*[17] em uma distribuição do número de mensagens por investidor. Assim, aqueles que estivessem, por exemplo, no último decil (ou outro percentil à escolha do regulador) da distribuição ordenada dos investidores segundo o número de mensagens, poderiam ser considerados de *alta frequência*.

Esses dois critérios permitem segregar HFTs dos demais investidores. Em estudo realizado no ano de 2013, a ASIC (regulador australiano) valeu-se de uma abordagem baseada em medidas de posição para "isolar" HFTs (AUSTRALIAN SECURITIES AND INVESTMENTS COMMISSION – ASIC, 2013),[18] com o intuito de investigar seu comportamento e eventuais consequências de sua atuação, destacando que a imprecisão nessa delimitação nas séries de dados de ofertas e negócios dificulta sobremaneira a estimativa acerca da participação de mercado dos HFTs.

A descrição do método utilizado pela ASIC nos permite compreender melhor aquilo a que nos referimos anteriormente como medidas de posição e o potencial analítico dessa abordagem.

Para cada pregão entre janeiro e setembro de 2012, foram utilizados os dados de ofertas enviadas e negócios realizados nas duas bolsas da Austrália, de modo a calcular *seis métricas* para cada investidor (note que um

---

[17] Na estatística descritiva, certo conjunto de dados pode ser analisado por medidas de tendência central (por exemplo, a média), medidas de posição (por exemplo, a mediana) e medidas de dispersão (por exemplo, o desvio-padrão). As medidas de posição nos permitem identificar grupos extremos, tais como os investidores situados entre os 5% com maior número de mensagens em certo intervalo de tempo. Para maiores detalhes sobre "medidas-resumo", cf. Bussab e Moretti (2010, p. 35 e ss.).

[18] Uma versão atualizada do estudo foi publicada em 2015: *Review of high-frequency trading and dark liquidity* (Report 452). Sydney, 2015. Disponível em: http://asic.gov.au/regulatory-resources/find-a-document/reports/rep-452-review-of-high-frequency-trading-and-dark-liquidity/. Acesso em: 03 abr. 2017. Tal abordagem já havia sido utilizada alguns anos antes pelo regulador holandês, cf. Netherlands Authority for the Financial Markets – AFM (2010).

investidor pode ser qualificado como HFT em um pregão e em outro não figurar neste rol).

As métricas propostas foram:

(a) quociente entre mensagens enviadas (criação, atualização e exclusão de ofertas) e negócios realizados;
(b) posição residual ao final do dia (*daytraders* costumam encerrar as posições abertas em um pregão);
(c) *turnover* (giro) de volume financeiro (soma do volume de compra de venda, buscando identificar negociadores mais ativos);
(d) número de "mensagens rápidas";[19]
(e) duração da posição (*holding period*, média ponderada por volume do tempo de determinada posição); e
(f) taxa de melhores condições (razão entre a soma de ofertas a mercado e ofertas limitadas colocadas ao melhor preço e o total de ofertas enviadas).

Tais métricas foram selecionadas com base em algumas pressuposições acerca do padrão de atuação dos HFTs, a partir de observações empíricas: HFTs tendem a enviar um elevado número de mensagens em contraposição ao número de negócios realizados, tendem a encerrar, ao final do pregão, praticamente todas as posições detidas naquela sessão, tendem a negociar um elevado volume financeiro (pois buscam capturar pequenos lucros em cada operação), atualizam e cancelam ofertas em curtíssimos períodos de tempo, suas posições têm curtíssimas durações e sempre tendem a negociar de forma mais agressiva, nos melhores preços presentes no *spread* no livro.

Cada métrica gera uma série de dados que permite o ordenamento dos investidores, agrupando-os em quatro percentis (quartis). Um investidor no primeiro quartil recebe a nota 1, no segundo a nota 2 e assim por diante. Quanto maior a nota naquela métrica, maior a proximidade do comportamento do investidor com a conduta pressuposta para HFTs. Como são seis métricas, a menor soma de notas que um investidor pode receber é 6 e a

---

[19] Conceito equivalente ao de "ordens efêmeras", representando atualizações ou exclusões de ofertas em até 40 milissegundos desde a última mensagem enviada ou, então, inserção de uma nova oferta em melhores condições nessa mesma janela de tempo (oferta de compra a maior preço se o mercado se moveu para cima ou oferta de venda a menor preço se o mercado se moveu para baixo).

maior é 24. Cria-se uma escala, portanto, em que investidores com nota mais próxima de 24 tendem a se comportar segundo o modelo esperado para HFTs.

Para excluir *outliers* de baixa frequência e reduzir o conjunto de dados, foram removidos investidores ocasionais ou que negociaram "pouco" (certo patamar de *turnover* de volume financeiro e número de ofertas), do que resultou, naquele estudo, um conjunto de 300 a 400 investidores com atuação significativa em cada pregão. A qualificação como HFT envolveu uma seleção arbitrária dos 15% investidores com maiores notas, gerando conjuntos diários de 45 a 70 investidores distintos considerados como HFTs, ignorando suas estratégias de atuação ou se contrataram serviços de *co-location* ou utilizavam conexões de alta velocidade. O critério foi simplesmente quantitativo com base na posição relativa do investidor com relação aos demais no conjunto de métricas descrito anteriormente. Os achados da pesquisa realizada pela ASIC em 2012, para o período indicado, foram:

(a) HFTs tiveram uma razão de mensagens enviadas e negócios realizados de 3 a 5 vezes superior à dos demais investidores;

(b) menos de 0,1% dos investidores foram enquadrados como HFTs e estes responderam por 27% do volume financeiro total (soma dos volumes de compra e venda), 32% do número de negócios e 46% do total de mensagens;

(c) a duração média de posições dos investidores qualificados como HFTs foi de 42 minutos, variando significativamente conforme o instrumento financeiro;

(d) 88% das ofertas enviadas por HFTs foram agressivas (a mercado ou no melhor preço) em contraposição a 83% de ofertas agressivas enviadas por outros investidores.

Outra descoberta interessante desse estudo foi que apenas 18% dos HFTs tiveram duração média de suas posições inferior a 10 minutos, o que contrariou a expectativa de que abririam e encerrariam posições em curtíssimos intervalos de tempo – apenas 0,1% dos HFTs tiveram uma duração média de posições igual ou inferior a um segundo.

Outra conclusão também contrária aos pressupostos adotados foi o de que HFTs não foram responsáveis, no período de análise, pela grande maioria das ofertas efêmeras. A rápida alteração ou cancelamento de ofertas foi resultado da negociação algorítmica *em geral* e não apenas da negociação algorítmica de alta frequência, um resultado que é, à primeira vista, contraintuitivo.

Um estudo semelhante a esse seria factível e desejável para o mercado brasileiro, tomando como base os dados de negociação detidos pela B3 e pela CVM.

Até aqui, enfatizamos apenas os rastros deixados pela atuação dos HFTs, ou seja, uma caracterização feita após o fim das sessões de negociação, uma qualificação "pelo retrovisor". No início de cada pregão, não se sabe quem estará no percentil dos investidores com o maior número de negócios ou de mensagens enviadas aos sistemas de negociação e, ao final de cada pregão, sempre haverá investidores no último percentil da distribuição (sempre haverá alguns que negociaram *muito*).

Uma norma proibitiva da atuação de HFTs com base nesses critérios só poderia ser aplicada após a análise dos dados do pregão e na punição posterior daqueles que fossem enquadrados como HFTs, do que resultariam algumas perplexidades. Seria inviável proceder ao cancelamento do excessivo número de negócios realizados e, ainda, já teriam se manifestado quaisquer impactos negativos causados pela presença dos HFTs que se desejava prevenir, em termos de liquidez, volatilidade, eficiência, equidade e transparência. A regulação contaria apenas com um efeito de *prevenção geral* para evitar a ocorrência de um evento como o *Flash Crash*, isto é, pelo receio da punição superveniente, os investidores se absteriam de negociar de modo a serem enquadrados como HFTs.

Adicionalmente, para viabilizar a supervisão de mercado, a norma deveria especificar um limite de quantidade de negócios ou mensagens para certo ativo em determinado pregão por certo investidor, limite esse expresso em valor absoluto ou como a razão entre o número de ofertas canceladas e o número de ofertas enviadas ou, ainda, entre o número de negócios realizados e o número de ofertas enviadas.[20]

---

[20] É preciso encontrar critérios objetivos para que sejam identificados os investidores que podem ser rotulados como HFTs em certa sessão de negociação e tais critérios precisam ser relativamente uniformes tanto entre bolsas, intermediários e reguladores como entre estudiosos, para assegurar que todos estejam observando o mesmo fenômeno. De forma análoga ao que ocorre no direito concorrencial, quando se exige uma delimitação prévia do mercado relevante para a análise dos atos de concentração, é preciso definir um conjunto de ofertas e negócios realizado por determinado investidor que possa ser considerado uma

HIGH FREQUENCY TRADING (HFT) EM CÂMERA LENTA

Uma alternativa poderia ser o estabelecimento de um intervalo de tempo mínimo para que uma oferta seja alterada ou cancelada, evitando ofertas efêmeras (*fleeting orders*). Como veremos oportunamente, algumas jurisdições já implementaram medidas como estas.

Tais limites quantitativos precisam ser estabelecidos com muito cuidado porque podem inviabilizar a atuação legítima de formadores de mercado ou de arbitradores. Para evitar esse efeito colateral, pode ser criado um "cadastro positivo" de participantes que exerçam essas funções *legítimas*, para os quais os limites não seriam aplicáveis ou seriam mais flexíveis.

Podemos considerar legítimas as formas de atuação nas quais as ofertas são enviadas com o intuito de serem executadas,[21] desempenhando uma efetiva função econômica (tal como provimento de liquidez ou arbitragem), não consubstanciando uma liquidez *aparente*, isto é, uma demanda ou oferta artificiais ou qualquer outra forma de manipulação de mercado.

Todavia, nada garante que tais investidores, uma vez cadastrados como legítimos, abstenham-se de praticar ilícitos de mercado. Logo, uma norma estrutural dessa natureza seria incapaz de atingir os objetivos pretendidos se não acompanhada de normas de conduta, as quais não são destinadas exclusivamente a investidores que se valem de negociação algorítmica, seja essa de alta frequência ou não.

Podemos nos perguntar, ainda, qual seria exatamente o problema de uma negociação *excessiva*. Em que medida tal atividade prejudicaria a eficiência, a transparência, a equidade, a liquidez e a volatilidade do mercado?[22]

A narrativa de *Flash Boys* não condenou os HFTs por negociarem demais (um aspecto mais próximo de sua estrutura), mas sim por se valerem de práticas não equitativas para obterem lucros às expensas de investidores mais lentos (uma conduta supostamente ilícita).

---

atividade típica de HFT, para que seja analisada a sua atuação e a eventual prática de ilícitos de mercado. Ainda, cada instrumento financeiro terá sua própria série de dados.

[21] Ao discutir a definição de *spoofing* – uma das possíveis condutas ilícitas praticadas por investidores que se valem de algoritmos em geral ou de técnicas de HFT – veremos que a intenção de não executar a oferta enviada é essencial para a demonstração da ocorrência do ilícito, suscitando relevantes debates sobre a produção de provas.

[22] Voltaremos a essa questão quando discutirmos o impacto da atuação dos HFTs no processo de formação de preços e na geração de externalidades negativas associadas à sobrecarga dos sistemas de informação das bolsas e dos intermediários e às dificuldades criadas para a supervisão do mercado pelo regulador e para o *enforcement* das normas.

Dependendo dos benefícios gerados por tal atividade em face dos riscos criados ou amplificados, uma proibição pode ser considerada desproporcional, podendo ser substituída por medidas que desestimulem a negociação excessiva ou, então, que permitam uma compensação pelos efeitos negativos gerados.

Na seção a seguir, veremos que os problemas indicados nos parágrafos anteriores levaram os reguladores de algumas jurisdições a abster-se de apresentar um conceito de HFT – sendo-lhes aplicáveis as normas relativas à negociação algorítmica em geral – ou, então, a formular conceitos baseados na enumeração de características estruturais, discriminando as tecnologias utilizadas para essa técnica de negociação, por vezes com o acréscimo de limites quantitativos que permitam distinguir o que é e o que não é *alta frequência*, tais como os descritos nesta seção.

1.2.2. Os conceitos de HFT com base em suas características estruturais

Optamos por apresentar, na seção anterior, o conceito de HFT a partir dos resultados de sua atuação, dos seus vestígios nos registros de negociação. No entanto, o ponto de partida mais comum nas fontes utilizadas para esta pesquisa envolve a enumeração de características formuladas pela SEC em estudo realizado no ano de 2010 (SECURITIES AND EXCHANGE COMMISSION, 2010a, p. 45), após o tema HFT ter entrado na ordem do dia com a prisão de Sergey Aleynikov e a conclusão do relatório conjunto SEC-CFTC sobre o **Flash Crash**.

Os reguladores norte-americanos optaram pelo estabelecimento de noção ampla de HFT, considerado como um operador profissional que opera seu próprio capital e que negocia com base em estratégias das quais resultam um elevado número diário de negócios, segundo determinadas características prévias (SECURITIES AND EXCHANGE COMMISSION, 2010a, p. 45).[23]

A abordagem da SEC e de outros reguladores também levou em conta as tecnologias utilizadas para viabilizar certos padrões de atuação, o que

---

[23] No original: *"One of the most significant market structure developments in recent years is high frequency trading ('HFT'). The term is relatively new and is not yet clearly defined. It typically is used to refer to professional traders acting in a proprietary capacity that engage in strategies that generate a large number of trades on a daily basis".*

HIGH FREQUENCY TRADING (HFT) EM CÂMERA LENTA

permite uma norma de controle prévio de acesso ao mercado para os participantes que preencherem certos requisitos, cumulativamente ou não.

As características elencadas pela SEC foram:[24]

(a) a geração de um grande número diário de negócios;
(b) uso de algoritmos de alto desempenho para a geração, o roteamento e a execução de ordens;
(c) contratação de serviços de *co-location* para minimizar a latência na comunicação com os sistemas de negociação dos mercados organizados;
(d) envio de um grande número de ofertas, muitas vezes com alto grau de cancelamento antes que sejam realizados negócios:
(e) período muito curto no qual as posições são mantidas;
(f) praticamente nenhuma posição remanescente ao final do pregão.

Diante da heterogeneidade de estratégias de investimento e da dificuldade de se obter um conceito preciso de HFT, talvez fosse mais adequado centrar os esforços regulatórios não na busca de uma definição da atividade, mas no estudo e fiscalização de práticas que efetivamente pudessem ser consideradas danosas ao mercado, diferenciando-as de práticas benéficas.

Apesar de não ter editado uma regra sobre HFTs após o estudo realizado em 2010, a SEC adotou algumas medidas preventivas com vistas à melhoria da fiscalização de sua atuação, alterando regras de microestrutura de mercado e adotando, em 2013, um sistema capaz de processar quantidades significativas de dados, denominado *Market Information Data Analytics System* (MIDAS) (SECURITIES AND EXCHANGE COMMISSION, 2013).

Uma das maiores dificuldades na supervisão da atuação dos HFTs (e dos participantes em geral) envolve a capacidade de processar uma grande quantidade de informações sobre as ofertas e negócios realizados em cada pregão. Para enfrentar esse desafio, o regulador deve dispor de uma infraestrutura de tecnologia de informação condizente com a quantidade e complexidade desses dados.

A SEC não foi a única a procurar uma definição estrutural de HFT com base em seu padrão de atuação e nas tecnologias comumente utilizadas.

---

[24] Note a semelhança com os pressupostos adotados no modelo da ASIC no estudo apresentado na seção anterior.

Em 2011, a IOSCO publicou o relatório *Regulatory Issues Raised by the Impact of Technological Changes on Market Integrity and Efficiency* (INTERNATIONAL ORGANIZATION OF SECURITIES COMMISSIONS, 2011b) no qual foi feita a importante ressalva de que uma definição de HFT pode até mesmo ser inútil para fins regulatórios, pela possibilidade de se tornar rapidamente obsoleta, pela dificuldade de descrever de modo simplificado um fenômeno complexo e com características que variam conforme os mercados e os tipos de instrumentos financeiros.

De acordo com a IOSCO, as características comumente associadas aos HFTs são:

(a) uso de tecnologias sofisticadas para implementar um leque variado de estratégias;
(b) uso de algoritmos e métodos quantitativos para processar os dados de negociação, tomada de decisão, minimização dos custos de transação e execução das ofertas;
(c) elevado giro intradiário da carteira e razão entre ofertas enviadas e negócios realizados (alto número de cancelamento de ofertas);
(d) posição nula ou residual no fim do pregão, sem incorrer no risco de mercado de carregar posições por múltiplos dias;
(e) técnica normalmente utilizada por investidores especializados como *proprietary firms* e *trading desks*; e
(f) alta sensibilidade na velocidade de comunicação com os sistemas de negociação (buscam latência mínima).

A CFTC, reguladora do mercado norte-americano de derivativos, criou um comitê de consultoria em tecnologia (*Technology Advisory Committe – TAC*), que também realizou estudos sobre HFTs, divulgando uma apresentação ao mercado em 2012 (COMMODITY FUTURES TRADING COMMISSION, 2012). Nesse estudo, foram identificadas as seguintes características dos HFTs:

(a) utilizam, sem intervenção humana, algoritmos para a tomada de decisão, envio, roteamento e execução de ordens;
(b) valem-se de tecnologias que asseguram baixíssima latência na comunicação com os sistemas de negociação, de modo a minimizar

HIGH FREQUENCY TRADING (HFT) EM CÂMERA LENTA

os tempos de resposta, inclusive contratando serviços de *co-location* ou de proximidade física com tais sistemas de negociação;

(c) alta quantidade de mensagens enviadas aos sistemas de negociação em comparação com os demais participantes de mercado, com elevada razão entre ofertas canceladas e ofertas executadas.

A França instituiu um tributo sobre transações financeiras (*Section XX: Taxe surles transactions financiers – Article 235 ter ZD*), com isenção para os formadores de mercado, a partir de agosto de 2012 (AUTORITÉ DES MARCHÊS FINANCIERS – AMF, 2012). Tal tributo tem critérios de incidência específicos para a compra de valores mobiliários (atingindo mais diretamente as ações mais líquidas; alíquota de 0,1%), os negócios realizados por HFTs (0,01% sobre o valor de cada oferta cancelada ou modificada por HFTs negociando capital próprio) e a contratação de *credit default swaps* relacionados a títulos de dívida pública.

Em 2013, foi editada na Alemanha uma legislação específica para os HFTs (*Hochfrequenzhandelsgesetz*) (BUNDESANSTALT FÜR FINANZDIENSTLEISTUNGSAUFSICHT – BAFIN, 2014a), que traz um conjunto de características que permitem identificar um HFT para fins do seu âmbito de incidência. Nesse sentido, para tal norma, HFT é um investidor que, *cumulativamente*:

(a) utiliza uma estratégia de negociação por meio de algoritmos cuja execução não requer intervenção humana;

(b) utiliza infraestrutura de tecnologia de informação destinada à minimização de latência na comunicação com os sistemas de negociação (proximidade geográfica ou alta velocidade de conexão); e

(c) gera um elevado número intradiário de mensagens com envio, atualização e cancelamento de ofertas.

O regulador alemão estabeleceu alguns parâmetros adicionais para definir o que é um "elevado" número de mensagens (média anual de 75 mil mensagens diárias), e o que seria uma conexão de alta velocidade (10 Gigabytes por segundo) (BUNDESANSTALT FÜR FINANZDIENSTLEISTUNGSAUFSICHT – BAFIN, 2014b).

Também em 2013, a Itália instituiu um tributo com alíquota de 0,02% sobre o volume de ofertas alteradas ou canceladas antes de meio segundo desde a última alteração que exceder 60% do total de ordens enviadas aos sistemas de negociação (JONES, 2013). Formadores de mercado (*market makers*) foram isentos de tal tributo.

No nível da União Europeia, a principal regulação voltada ao mercado financeiro é a *Markets in Financial Instruments Directive* (MiFID),[25] editada em 2004, trazendo diretrizes para a regulação doméstica de cada Estado--membro, editadas sob a batuta da *European Securities and Markets Authority* (ESMA). Nessa diretiva e na que a complementou em 2006 e em seu regulamento do mesmo ano, não encontramos referências a negociação algorítmica. A palavra "algoritmo" aparece apenas no Regulamento 1287/2006 para designar soluções de operacionalizações de leilões durante o pregão.

Em 2014, a diretiva MiFID II[26] representou uma atualização que buscou oferecer uma resposta a deficiências no funcionamento dos mercados e na sua transparência que levaram à crise de 2008 (GONÇALVES, 2017). Nesse documento, há mais de 70 ocorrências de palavras com o radical "algoritm-".

Na diretiva MiFID II, encontramos a definição da "técnica de negociação algorítmica de alta frequência", com um entendimento plasmado nos considerandos (61) a (64), nas definições do art. 4º, n. 39 e 40 e no *caput* do art. 17: "é uma técnica de negociação algorítmica[27] caracterizada por:

---

[25] DIRECTIVA 2004/39/CE DO PARLAMENTO EUROPEU E DO CONSELHO de 21 de Abril de 2004 "relativa aos mercados de instrumentos financeiros", a qual foi regulamentada pelo REGULAMENTO (CE) n.o 1287/2006 DA COMISSÃO de 10 de Agosto de 2006 "que aplica a Directiva 2004/39/CE do Parlamento Europeu e do Conselho no que diz respeito às obrigações de manutenção de registos das empresas de investimento, à informação sobre transacções, à transparência dos mercados, à admissão à negociação dos instrumentos financeiros e aos conceitos definidos para efeitos da referida directiva" e complementada pela DIRECTIVA 2006/73/CE DA COMISSÃO de 10 de Agosto de 2006 "que aplica a Directiva 2004/39/CE do Parlamento Europeu e do Conselho no que diz respeito aos requisitos em matéria de organização e às condições de exercício da actividade das empresas de investimento e aos conceitos definidos para efeitos da referida directiva".

[26] DIRETIVA 2014/65/UE DO PARLAMENTO EUROPEU E DO CONSELHO de 15 de maio de 2014 "relativa aos mercados de instrumentos financeiros e que altera a Diretiva 2002/92/CE e a Diretiva 2011/61/EU".

[27] Por seu turno, negociação algorítmica é definida como "negociação em instrumentos financeiros, em que um algoritmo informático determina automaticamente os parâmetros individuais das ordens, tais como o eventual início da ordem, o calendário, o preço ou a quantidade da ordem ou o modo de gestão após a sua introdução, com pouca ou nenhuma intervenção humana. Essa definição não inclui qualquer sistema utilizado apenas para

(a) uma infraestrutura destinada a minimizar a latência de rede e de outros tipos, incluindo pelo menos um dos seguintes sistemas para a entrada de ordens algorítmicas: partilha de instalações (*co-location*), alojamento de proximidade ou acesso eletrônico direto de alta velocidade;
(b) a determinação pelo sistema da abertura, geração, encaminhamento ou execução de ordens sem intervenção humana para as transações ou ordens individuais; e
(c) elevadas taxas de mensagens intradiárias constituídas por ordens, ofertas de preços ou cancelamentos".

Também em 2014, foi editada uma diretiva voltada à repressão ao abuso de mercado,[28] categoria que envolve tanto o uso indevido de informação privilegiada como a manipulação de mercado, trazendo a preocupação regulatória acerca de condutas ilícitas praticadas por HFTs.

Em estudo realizado no ano de 2014, a European Securities and Markets Authority (ESMA) identificou duas possibilidades para uma definição de HFT (EUROPEAN SECURITIES AND MARKETS AUTHORITY – ESMA, 2014), uma abordagem *direta* ou *estrutural*, baseada na identificação de investidores conforme seu ramo de atividade e tipos de tecnologias e algoritmos utilizados; e uma abordagem *indireta* ou *estatística*, considerando medidas estatísticas, como tempo de vida das ofertas e razão entre número de ofertas e negócios.

Pela abordagem direta, um investidor é considerado HFT para todos os instrumentos que negocia. A qualificação pode envolver dois critérios.

Primeiro, a detecção de utilização de tecnologias de minimização de latência (p. ex., serviços de *co-location* ou conexões de alta velocidade), caso

---

fins de encaminhamento de ordens para uma ou mais plataformas de negociação, para o processamento de ordens que não envolvam a determinação de parâmetros de negociação ou para a confirmação das ordens ou o processamento pós-negociação das transações executadas".
[28] DIRETIVA 2014/57/UE DO PARLAMENTO EUROPEU E DO CONSELHO de 16 de abril de 2014 "relativa às sanções penais aplicáveis ao abuso de informação privilegiada e à manipulação de mercado (abuso de mercado)", acompanhada pelo REGULAMENTO (UE) N. o 596/2014 DO PARLAMENTO EUROPEU E DO CONSELHO de 16 de abril de 2014 "relativo ao abuso de mercado (regulamento abuso de mercado)". Para uma visão geral do regime de abuso de mercado na União Europeia, cf. Bolina (2015). A primeira norma comunitária sobre manipulação de mercado e abuso de informação privilegiada foi a Diretiva 2003/6/CE. Para um estudo sobre a origem dessa diretiva e seu conteúdo, cf. Bolina (2004).

RÁPIDO E DEVAGAR: DUAS FORMAS DE NEGOCIAR

em que o número de investidores associados à atividade de HFT pode ser superestimado, pois intermediários e formadores de mercado se valem dessas tecnologias para negociar sem que necessariamente atuem como HFTs.

Segundo, uma declaração do próprio investidor ou da bolsa ou intermediário pelo qual atua e, conforme ressalva apresentada no referido estudo, tende a subestimar a atividade de HFT, pois não captura a negociação que segue padrões típicos realizada por grandes instituições financeiras.

Já pela abordagem indireta, a qualificação de um investidor como HFT dependerá do seu padrão de atuação em um dado instrumento.

O Regulamento Delegado 2017/565,[29] que complementa a diretiva MiFID II, quantificou o que seriam "elevadas taxas de mensagens intradiárias constituídas por ordens, ofertas de preços ou cancelamentos", justificando o detalhamento pela necessidade de segurança jurídica na delimitação do escopo da norma:

> A utilização de limiares quantitativos absolutos com base em taxas de mensagens proporciona segurança jurídica ao permitir que as empresas e autoridades competentes avaliem a atividade de negociação individual das empresas. O nível e o alcance desses limiares deverão ser suficientemente amplos para abrangerem a negociação que constitui uma técnica de negociação de alta frequência, incluindo os relativos a instrumentos únicos e múltiplos instrumentos.

De acordo com o referido Regulamento, em seu Artigo 19º (1), a divisão entre negociação algorítmica de alta e de baixa frequência teria como critério delimitador o envio de ao menos duas mensagens por segundo para um único instrumento financeiro em dada plataforma de negociação ou, então, ao menos quatro mensagens por segundo para todos os instrumentos financeiros negociados em dada plataforma de negociação.

Na aplicação desses critérios, o Regulamento indica que deverão ser considerados apenas os instrumentos financeiros mais líquidos, adotando o pressuposto de que a técnica de HFT é predominantemente comum nesse tipo de instrumento.

---

[29] Regulamento Delegado (UE) 2017/565 da Comissão, de 25 de abril de 2016, que completa a Diretiva 2014/65/UE do Parlamento Europeu e do Conselho no que diz respeito aos requisitos em matéria de organização e às condições de exercício da atividade das empresas de investimento e aos conceitos definidos para efeitos da referida diretiva.

Neste ponto, podemos propor uma questão semelhante à enunciada na seção anterior: esse padrão de atuação e as tecnologias utilizadas são um problema *em si mesmos*?

Uma definição demasiadamente ampla de HFT pode eventualmente abarcar atores relevantes do mercado, notadamente arbitradores, formadores de mercado, investidores que implementam métodos quantitativos por meio de algoritmos ou intermediários que se valem de algoritmos proprietários de execução.

Este foi o argumento central da manifestação da FIA Principal Traders Group, uma associação de empresas que negociam seu próprio capital nos mercados (*proprietary firms*), ao estudo realizado pela SEC em 2010, quando o regulador norte-americano solicitou informações aos participantes do mercado para obter um conceito colaborativo de HFT (FIA PRINCIPAL TRADERS GROUP, 2014a).[30]

Segundo o referido grupo, qualquer definição de HFT exigirá algum tipo de parâmetro arbitrariamente estipulado, tal como o que é um *elevado* número de mensagens ou uma "elevada" razão entre ofertas canceladas e ofertas executadas. Haveria, desse modo, parâmetros quantitativos para qualificar certos investidores que revelariam não uma essência do fenômeno, mas um recorte arbitrário. E a determinação de tais parâmetros não seria uma tarefa trivial.

Nesse sentido, seria mais razoável analisar as condutas desses investidores em mercado, em virtude de eles não representarem uma *ameaça* simplesmente em virtude de características específicas de atuação das quais, à primeira vista, não decorrem necessariamente a prática de ilícitos.

A Tabela 1, a seguir, resume as características dos HFTs discutidas nesta seção.

---

[30] No ano de 2014, pouco após o lançamento do livro *Flash Boys*, a FIA também publicou uma seleção de artigos relevantes publicados na mídia especializada destinados a oferecer contrapontos aos argumentos trazidos na narrativa de Michael Lewis. Cf. Fia Principal Traders Group (2014b).

Tabela 1. Características estruturais dos HFTs

Característica estrutural	IOSCO	SEC (EUA)	CFTC (EUA)	ESMA (UE)
Negociação por algoritmos praticamente sem intervenção humana	X	X	X	X
Tecnologias de minimização de latência	X	X	X	X
Negociação de capital próprio	X			
Elevado número de mensagens e negócios	X	X	X	X
Elevada taxa de atualização e cancelamento de ofertas	X	X	X	X
Posição nula ou residual ao final do pregão	X	X		
Elevado volume financeiro intradiário	X			
Curtíssima duração das posições			X	
Negociam predominantemente instrumentos líquidos				X

Fonte: Elaboração pelo autor a partir dos documentos oficiais de reguladores citados no texto.

1.2.3. Um conceito de HFT é necessário?

Considerando o exposto até aqui e as dificuldades para delimitar o que seria uma atuação típica de um HFT, poderíamos indagar se seria mesmo necessária a formulação de um conceito legal de HFT. Entendemos haver três razões para uma resposta afirmativa a essa questão.

Primeiro, se alguma regulação específica sobre a matéria vier a ser editada, será necessário um conceito jurídico como critério de incidência dessas normas.[31]

Segundo, HFTs precisam ser segregados dos demais investidores na atividade de fiscalização e acompanhamento de mercado. Sua atuação pode ser objeto de rotinas detalhadas de supervisão e, para tanto, as ofertas e negócios daqueles que atuaram como HFTs precisam ser devidamente identificadas como tal.

---

[31] É o que ocorre, por exemplo, com o conceito de valor mobiliário, que abarca diversos instrumentos financeiros sujeitos a um regime jurídico próprio quando se encontram na lista do art. 2º da Lei n. 6.385/1976 ou na definição aberta do inciso IX desse dispositivo.

Terceiro, para quaisquer pesquisas sobre o impacto dos HFTs no mercado é imprescindível que suas ofertas e negócios sejam identificados de modo a possibilitar estudos quantitativos acerca da sua contribuição para o aumento ou diminuição de *spread*, liquidez e volatilidade, bem como maior ou menor eficiência informacional na dinâmica dos preços.

Tais estudos precisam usar critérios uniformes e claros para definir as mensagens e negócios provenientes de HFTs para assegurar a repetibilidade dos resultados e a comparação de diferentes períodos de tempo e de dados provenientes de diferentes mercados. O conceito de HFT utilizado nessas pesquisas precisa ser compatível com o conceito utilizado pelo regulador, a fim de que as conclusões dos estudos possam auxiliar no debate que leva à criação e à atualização de normas.

Por exemplo, se fosse realizado um estudo que tomasse como base uma série de dados de ofertas e negócios no mercado brasileiro utilizando as mesmas métricas e regras de corte semelhantes às adotadas pela ASIC no estudo discutido na seção anterior, seria possível contrastar a atuação de HFTs no mercado local e no mercado australiano.

Ainda, a CVM e a B3 poderiam divulgar essa base de dados contendo ofertas e negócios realizados sem fornecer a identidade real de cada investidor, mas associando cada observação da série a um identificador único, permitindo a classificação de investidores como HFT por meio de estatísticas e a análise de outras variáveis associadas à qualidade de mercado, o que possibilitaria a realização de estudos relevantes sobre o mercado brasileiro.

A formulação de um conceito de HFT viabiliza a comunicação entre agentes econômicos, reguladores e pesquisadores. Ao medir o impacto da atuação dos HFTs em termos de liquidez, volatilidade ou eficiência, esses últimos não tratarão do mesmo fenômeno abarcado pelas normas editadas pelo regulador e os investidores não conseguirão compreender se sua atuação é abarcada ou não por aquelas normas.

Tal conceito *operacional* pode ser construído a partir de elementos presentes na Tabela 1, combinando limites quantitativos (estabelecimento de métricas e notas de corte) e de aspectos estruturais (definição de tecnologias que sinalizam uma atuação como HFT).

Ainda assim, uma eventual proibição da atuação daqueles investidores qualificados como HFTs seria desproporcional, dado que sua subsunção a tal conceito operacional não representa *em si mesma* um risco para os predicados desejados para o mercado, uma ideia que será desenvolvida ao longo deste texto.

1.3. Como os algoritmos e HFTs atuam?

Em estudo realizado pela SEC (2010a) – *Concept Release on Equity Market Structure* (nos referiremos a esse estudo como *SEC Concept Release*) – , na ausência de um conceito preciso de HFT, o regulador norte-americano se debruçou sobre as formas conhecidas de atuação de empresas que negociam seu próprio capital, a fim de identificar quais delas são benéficas e quais são prejudiciais ao adequado funcionamento do mercado.

A SEC ressaltou que HFT é uma técnica que pode ser adotada por *proprietary firms, hedge funds* e até mesmo por instituições financeiras tradicionais, implementando estratégias bastante conhecidas e que a novidade reside nas ferramentas tecnológicas por meio das quais são implementadas tais estratégias. Parte-se, portanto, do que é conhecido para tentar inferir algo sobre aquilo que não se conhece.

É importante frisar, contudo, que não há limite para o que pode ser implementado por meio de algoritmos, pois novas estratégias podem ser desenvolvidas e identificadas ao longo do tempo, o que requer uma investigação contínua por parte dos reguladores.

Vejamos a seguir as categorias identificadas pela SEC, com a ressalva de que não incluiremos nesta seção as discussões sobre as práticas ilícitas, que serão tratadas em seção própria. Além disso, a categoria de estratégias designada pela SEC como "estratégias estruturais" (*structural strategies*) será discutida em seção específica sobre os problemas de tratamento isonômico dos investidores em face dos HFTs, por envolver práticas como arbitragem de latência (*latency arbitrage*) e outras formas de antecipação aos demais investidores pelo uso da alta velocidade na negociação.

Desse modo, a descrição a seguir[32] compreende apenas as estratégias legítimas que podem ser implementadas por meio da negociação algorítmica, especialmente a de alta frequência, mas não exclusivamente por esta.

---

[32] Para uma descrição alternativa em língua portuguesa, cf. Almeida (2016).

1.3.1. Estratégias passivas

Em primeiro lugar, temos a estratégia passiva de formação de mercado (*passive market making*). Tal atuação é dita passiva porque se vale de ordens limitadas (e não ordens a mercado), fornecendo liquidez para determinado instrumento financeiro.[33] Fala-se, desse modo, em provimento de liquidez (*liquidity provision*).

Quando uma estratégia se vale de ordens a mercado (as estratégias descritas posteriormente são desse tipo), diz-se que é agressiva e que há tomada de liquidez (*liquidity taking*). A manifestação mais simples dessa estratégia consiste em:

(a) o formador de mercado adquire um estoque (*inventory*) do instrumento financeiro que irá negociar;

(b) são colocadas ofertas limitadas de compra, de venda ou ambas (compra abaixo do melhor preço de compra e venda acima do melhor preço de venda), sendo que a distância dos melhores preços é uma função do tamanho do *spread* do instrumento financeiro e dos parâmetros de risco do formador de mercado;

(c) com o passar do tempo, as ofertas limitadas podem ser executadas contra ofertas a mercado de outros participantes, do que resultam alterações no estoque do instrumento financeiro mantido pelo formador de mercado;

(d) conforme a dinâmica dos preços, a posição acumulada e o preço médio da montagem da posição,[34] são colocadas novas ordens

---

[33] A formação de mercado (*market making*) atualmente é automatizada, o que reduz os riscos de que seres humanos desviem da estratégia mecanicamente concebida valendo-se de ações discricionárias em certos cenários de alta volatilidade no mercado. Desse modo, se o algoritmo é devidamente testado e tem os controles de risco, é possível que essa estratégia seja desempenhada mesmo em situações de valorizações ou baixas extremas observadas em determinado instrumento financeiro. Adicionalmente, o custo de sua implementação também é reduzido pois não há seres humanos a serem remunerados. Outra vantagem é a portabilidade dos algoritmos: uma vez validados, podem ser facilmente utilizados em mais de um instrumento financeiro ou em mais de uma bolsa (nesse caso, exigindo algum esforço de migração do código escrito para interfaces de negociação específicas de cada bolsa). Cf. Aldridge (2013, p. 166).

[34] O preço médio da posição é calculado como uma média dos preços dos negócios realizados ponderada pelo volume. Suponha que o investidor compre 100 ações a 10,00, 100 a 9,99 e 100

limitadas, que buscam vender o que foi comprado a um preço médio maior que o de compra e comprar o que foi vendido a um preço médio menor que o da venda.

Nota-se uma exposição do investidor a um risco de mercado (isto é, risco de perdas em razão da variação dos preços) proveniente de duas fontes: (a) a variação do preço do instrumento financeiro mantido em estoque; (b) a exposição da posição comprada ou vendida acumulada pela execução das ordens limitadas.

Se o mercado se movimenta em uma direção favorável ao formador de mercado (p. ex., uma ordem limitada de compra é executada e depois os preços se movem de modo a executar uma ordem limitada de venda a um preço logo acima), então este é remunerado em função do *spread* do instrumento financeiro em questão (diferença entre as melhores ofertas de compra e de venda).

A principal decisão a ser considerada pelo formador de mercado é a distância da oferta limitada com relação à oferta que tem o melhor preço (diferença entre este e o valor da oferta limitada), o que pode ser um valor fixo conforme o *spread* observado historicamente para o instrumento financeiro ou uma função da volatilidade calculada, da taxa de recebimento de ofertas ou de alguma tendência direcional detectada (alta ou baixa no curto prazo).

HFTs podem ser formadores de mercado *oficiais* de determinado ativo, formalizando contrato para tanto, estabelecendo parâmetros de atuação (p. ex., quantidade mínima, *spread* máximo e percentual de participação nos negócios durante o pregão) e fruindo de alguns benefícios, nos termos da regulamentação vigente.[35]

No entanto, alguns HFTs proveem liquidez voluntariamente, sem se sujeitar aos parâmetros de atuação estabelecidos pela bolsa ou pelos emissores dos ativos que negociam e sem fruir os benefícios do formador de mercado oficial.

---

a 9,98. O preço médio da posição de 300 ações, descontados os custos de negociação, é de 9,99. Se os preços voltarem a subir ligeiramente a, por exemplo, 10,01, o investidor terá um resultado positivo bruto de 0,02 por ação.

[35] No Brasil, a matéria é regulada pela ICVM 384/2003.

Um exemplo de estratégia passiva que demanda grande velocidade na tomada de decisão e execução de ofertas é a técnica chamada *spread scalping* (ALDRIDGE, 2013, p. 199). Coloca-se uma oferta de compra limitada imediatamente acima da melhor oferta de compra.

Se a oferta é executada, imediatamente é colocada uma oferta de venda limitada abaixo da melhor oferta de venda. Se essa venda vier a executada, o investidor embolsa o lucro com base na diferença entre os preços de compra e de venda, deduzidos os custos de negociação.

Se não há um movimento significativo nos preços, o pior cenário que pode ocorrer para o investidor é vender a posição que acabou de comprar para aquele que tinha a melhor oferta de compra anteriormente (perda máxima de $ 0,01 mais custos de negociação). Se o *spread* é relativamente largo e se as ofertas são colocadas (e canceladas) com extrema rapidez, essa técnica pode gerar bons resultados.

Observe-se que, se o *tick* de negociação for maior que $ 0,01, essa estratégia começa a se tornar menos atrativa.

Nas estratégias passivas, é perfeitamente compreensível a necessidade do envio extremamente rápido de ofertas que têm um curto ciclo de vida, pois logo podem ser canceladas à medida que os preços se movem. Ainda, é comum que ocorram muitos cancelamentos de ofertas, quando são frustradas as tentativas de capturar as diferenças de preços no livro de ofertas (LINTON, O'HARA e ZIGRAND, 2013, p. 224).

O formador de mercado busca acompanhar a dinâmica do *spread* no livro de ofertas, isto é, o modo como a melhor oferta de compra (*bid*) e a melhor oferta de venda (*ask*) variam com o tempo. Com isso, a atuação do formador de mercado pode diminuir o *spread*.

Um exemplo simplificado de diminuição do spread pelo formador de mercado é apresentado na Figura 2, a seguir. No estado (1) temos o *spread* com as ofertas de $ 10,00 e $ 10,10. No estado (2) temos a atuação do formador de mercado, com a redução do *spread* para $ 10,04 e $ 10,06. Se as ofertas forem executadas, obterá lucro de $ 0,02 e os investidores irão obter preços melhores.

Figura 2. Exemplo simplificado de diminuição do *spread* pelo formador de mercado

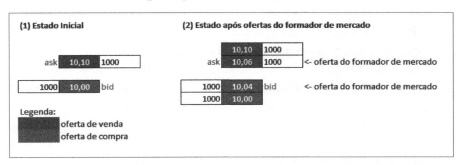

Fonte: ANGEL, James J.; MCCABE, Douglas M. Fairness in Financial Markets. *Journal of Business Ethics*, v. 112, n. 4, Feb. 2013, p. 586.

Considere um investidor de longo prazo que deseja comprar um ativo e tem uma oferta limitada de compra a $ 10,00. Na outra ponta do livro de ofertas, há um investidor também de longo prazo que deseja vender o mesmo ativo a $ 10,10. O negócio entre os investidores de longo prazo não é realizado porque o comprador não deseja pagar mais que $ 10,00 e o vendedor se recusa a receber menos que $ 10,10.

Então, um formador de mercado coloca uma oferta de compra a $ 10,04 e uma oferta de venda a $ 10,06. O novo *spread* é de $ 0,02 (o spread anterior era de $ 0,10). Suponha, agora, que outro par de investidores deseja executar ofertas a mercado, isto é, nos melhores preços de compra e de venda.

O investidor que deseja comprar o ativo conseguirá pagar o preço de $ 10,06 (melhor preço de venda) e não $ 10,10 (segundo melhor preço de venda). O investidor que deseja vender o ativo conseguirá receber $ 10,04 (melhor preço de compra) e não $ 10,00 (segundo melhor preço de compra).

Com isso, os investidores conseguem melhores condições com o *spread* menor e, ao mesmo tempo, o formador de mercado embolsa a diferença de $ 0,02 por ter comprado a $ 10,04 e vendido a $ 10,06.

1.3.2. Arbitragem

A segunda categoria de estratégias compreende as negociações de arbitragem, que é a busca pela captura de ineficiências na precificação de instrumentos financeiros idênticos ou correlacionados.[36]

Pela Lei do Preço Único, instrumentos financeiros idênticos devem ter preços idênticos (HARRIS, 2003, p. 234) (ou, ao menos, a diferença entre preços em praças diferentes deve ser previsível, envolvendo, por exemplo, custos de carregamento).

Assim, em um cenário de mercado fragmentado, as cotações de uma mesma ação em múltiplas bolsas deverão ser idênticas. Entretanto, estamos diante de um equilíbrio dinâmico, dado que os preços estão sempre em movimento e o que se pode esperar é uma contínua convergência de cotações ao longo do tempo.

Os arbitradores (*arbitrageurs*) atuam exatamente explorando essas discrepâncias ou ineficiências na precificação de ativos. Compram instrumentos que parecem relativamente baratos e vendem instrumentos que parecem relativamente caros (HARRIS, 2003, p. 347). Lucram quando ocorre convergência dos preços, isto é, quando o mesmo instrumento passa a ter o mesmo preço em dois ambientes de negociação distintos ou dois instrumentos correlacionados voltam a ter os preços relativos usuais.

A negociação com base nessas diferenças faz com que o processo de formação de preços seja mais eficiente, pois reflete e fornece informações existentes sobre os instrumentos financeiros – a arbitragem é fundamental para a adequada formação de preços especialmente em um mercado fragmentado. Adicionalmente, as operações de arbitragem proveem liquidez para o mercado.

A arbitragem não se limita à exploração de discrepâncias de preços envolvendo instrumentos financeiros idênticos, podendo ser negociados instrumentos para os quais se acredite que exista uma relação previsível de preços relativos (*pairs trading*). Também é possível negociar com base em um instrumento financeiro e seus derivativos ou em instrumentos

---

[36] "*An arbitrage strategy seeks to capture pricing inefficiencies between related products or markets. For example, the strategy may seek to identify discrepancies between the price of an ETF and the underlying basket of stocks and buy (sell) the ETF and simultaneously sell (buy) the underlying basket to capture the price difference*" (SECURITIES AND EXCHANGE COMMISSION, 2010a, p. 51).

RÁPIDO E DEVAGAR: DUAS FORMAS DE NEGOCIAR

cujas cotações são fortemente correlacionadas, ou com base em fundos negociados em bolsa (*exchange traded funds* – ETF) e os instrumentos que compõem a carteira destes.

Para prever as discrepâncias entre preços, podem ser utilizados modelos estatísticos (*statistical arbitrage*).

Um arbitrador pode constituir uma carteira (*hedge portfolio*) em que há posições compradas e posições vendidas. Calcula-se o valor da diferença de preços entre os instrumentos existentes na carteira (valor de base, *basis*) e o valor esperado se a discrepância não existisse (*fair value*) (HARRIS, 2003, p. 349). A diferença entre esses valores é o *spread* da arbitragem.

Um dos principais riscos aos quais os arbitradores estão expostos é denominado de risco de base (*basis risk*), que se manifesta quando não há convergência entre a base e o *fair value*. Outros riscos envolvem o risco de implementação (*implementation risk*) – associado ao custo de montagem da posição – risco de modelagem (*model risk*) – falha na predição da correlação entre instrumentos – e o risco de carregamento (*carrying risk*), quando o custo de manutenção da posição se mostrar maior que o esperado (HARRIS, 2003, p. 363).[37]

Particularmente quando da montagem de uma posição, os preços observados que levaram à tomada de decisão para o início da operação de arbitragem podem ser modificados. Nesses casos, será necessário ponderar acerca do cancelamento das ofertas ou da reconfiguração da posição a preços piores do que os originalmente considerados.

Não é necessário que exista um mercado fragmentado para que sejam observadas estratégias de arbitragem, pois pode-se tentar explorar discrepâncias de preços em ativos que são negociados em uma mesma bolsa.

No mercado brasileiro, além de arbitragem entre ETFs de ações e as próprias ações, podemos cogitar de arbitragem envolvendo os contratos futuro padrão e mini de índice Ibovespa e de dólar ou, ainda, ações negociadas no mercado de lotes padrão e no mercado de lotes fracionários.

Dado o caráter efêmero das discrepâncias entre preços de instrumentos financeiros idênticos ou correlacionados e a competição entre arbitradores

---

[37] Por exemplo, se uma das posições envolve um contrato futuro cujos preços experimentam grande volatilidade, tal cenário pode levar ao pagamento de ajustes diários elevados, prejudicando o fluxo de caixa da operação, tornando-se inviável mantê-la. Outra situação desfavorável ocorre quando uma das posições envolve uma venda de ações que foram tomadas em empréstimo, pode ser necessário recomprá-las antes do fim da operação.

HIGH FREQUENCY TRADING (HFT) EM CÂMERA LENTA

em busca de oportunidades, não é difícil notar a importância da rapidez com que se processam as informações sobre o livro de ofertas, os negócios realizados e os movimentos dos preços e, do mesmo modo, a rapidez com que são enviadas as mensagens aos sistemas de negociação enquanto um reflexo da capacidade de processamento de dados (NARANG, 2013, p. 271 e ss.).

Uma vez que desapareça a discrepância nos preços que se desejava explorar, é natural que ocorra um grande cancelamento de ofertas. Para se defender contra eventuais alegações de manipulação de mercado, esses investidores idealmente devem manter os registros de suas ofertas e negócios, a fim de demonstrar que um excessivo cancelamento de ofertas resultou de uma atuação legítima no mercado.

Arbitradores competem entre si pelas oportunidades decorrentes de discrepâncias nos preços. Se é relativamente fácil inferir as correlações entre ativos, o que faz a diferença – a vantagem comparativa com relação aos demais arbitradores – é a velocidade de atuação. Nos cenários que requerem modelos mais complexos, os melhores arbitradores são excelentes analistas (HARRIS, 2003, p. 378).

Um tipo de arbitragem específico do mercado norte-americano e que é geralmente atribuído a HFTs – com grande destaque na narrativa do livro *Flash Boys* – é a busca de discrepâncias entre preços divulgados publicamente nas bolsas e entre preços em *dark pools*. A principal característica dos *dark pools* reside no fato de que não há um livro centralizado e público de ofertas (não há transparência na pré-negociação), de modo que os investidores delegam a execução às instituições financeiras que mantêm seus *dark pools*.

Alega-se que essas instituições financeiras cobrariam taxas específicas dos HFTs para que estes acessassem as ofertas dos seus clientes e conseguissem, com isso, efetuar estratégias baseadas na arbitragem entre preços "ocultos"[38] (aos clientes, pelo menos) e preços públicos. A própria existência de um mercado de venda de acesso às ofertas presentes nos *dark*

---

[38] Trata-se da própria lógica de funcionamento dos *dark pools*. Não há um livro de ofertas visível para que sejam enviadas as ofertas de compra ou de venda. Os preços não são visíveis para os clientes, apenas para o intermediário e, no caso, para HFTs que comprar o acesso a essa informação, a fim de realizar estratégias de arbitragem.

pools sugere que é possível obter lucros com base nessa estratégia (LEWIS, 2014, p. 92).[39]

1.3.3. Estratégias direcionais

A terceira categoria de atuação em mercado compreende as estratégias *direcionais*. Trata-se de um grupo relativamente heterogêneo de critérios de tomada de decisão. O ponto comum entre eles é o de que as posições compradas ou vendidas são montadas com base em uma previsão acerca da direção do movimento dos preços em um determinado horizonte de tempo no futuro.

Tais decisões podem se valer, por exemplo, de notícias, análises elaboradas por profissionais de mercado, estudos acerca dos fundamentos das companhias ou divulgações oficiais destas (fatos relevantes e comunicados ao mercado, demonstrações financeiras) ou métodos de análise gráfica. Trata-se de uma negociação baseada na informação por meio de participantes de mercado cujo processo de decisão é automatizado por meio de algoritmos.

Duas espécies de estratégias direcionais são de particular interesse para o estudo dos HFTs: antecipação de ofertas (*order anticipation*) e criação de movimento direcional (*momentum ignition*).

A antecipação de ofertas (*order anticipation*) consiste em negociar com base na previsão acerca do que determinados investidores farão, tendo como parâmetro a distribuição de demanda e oferta observável no livro de ofertas (HARRIS, 2003, p. 245).[40]

A ideia fundamental é a de que a presença de uma oferta relevante em um dos lados (compra ou venda) sinaliza para o mercado que poderá ocorrer um movimento significativo no curtíssimo prazo. Uma grande demanda

---

[39] Michael Lewis apresenta a pergunta *"Why would anyone pay for acess to the customers' orders inside a Wall Street bank's dark pool?"*, seguida da seguinte resposta: *"A customer's stock market order, inside a dark pool, was fat and juicy prey. The order was typically large, and its movements were especially predictable: each Wall Street bank had its own detectable patter for handling orders. The order was also slow, because of the time it was forced to spend inside the dark pool before accessing the wider market"*.

[40] Larry Harris os considera uma forma de parasitas, pois predam as ofertas alheias, não contribuindo para a eficiência informacional dos preços nem para o aumento da liquidez dos mercados.

HIGH FREQUENCY TRADING (HFT) EM CÂMERA LENTA

na ponta comprada sugere um aumento de preços e um grande número de ofertas na ponta vendida sugere que pode ocorrer uma queda de preços.

Os investidores, com base na informação do livro de ofertas – sejam seres humanos que visualizam este livro e o interpretam segundo sua experiência, sejam algoritmos que processam os dados sobre a liquidez existente e tomam decisões segundo parâmetros previamente programados – se posicionam adequadamente, conforme suas previsões.

Obviamente, esse expediente pode ser utilizado para mascarar a demanda e podem ser colocadas ofertas de quantidades significativas exatamente para induzir os demais investidores a erro.[41] Esta é a noção subjacente à conduta de criação de condições artificiais de demanda, oferta ou preço de valores mobiliários, vedada em nosso país pela ICVM 08/1979.

Há, contudo, uma questão redacional que afasta a imputação da colocação de "ofertas fantasma" (*phantom orders*) nessa conduta: as condições artificiais são criadas como decorrência de *negociações*. Assim, a mera colocação de ordens não corresponderia à efetiva negociação e uma eventual imputação deveria se dar pelo ilícito de manipulação de mercado.[42]

Um exemplo de estratégia direcional seria a prática de *quote matching* (também conhecida como *penny jumping*), uma modalidade passiva de *front running*.[43]

Supondo que um investidor consiga identificar uma oferta capaz de produzir certo movimento no mercado (advinda de certo intermediário e segundo um dado padrão de envio de tempo ou de quantidade, por exemplo), então ele coloca ofertas limitadas ligeiramente melhores que

---

[41] A situação não é muito distinta do que se observa em um jogo de *Texas Hold'em Poker*, quando um apostador com uma mão considerada forte começa a realizar apostas elevadas ou a aumentar as apostas dos demais. Nesses casos, os demais jogadores podem optar por dois caminhos: (a) abrir mão do que já apostaram e abandonar aquela rodada; (b) inferir que se trata de um blefe e cobrir as apostas, indo até onde sua gestão de risco permitir, correndo o risco de perder o valor apostado ou, então, ganhar de seu oponente, desmascarando o blefe.

[42] Nos termos da ICVM 08/1979, manipulação de preços no mercado de valores mobiliários é a utilização de qualquer processo ou artifício destinado, direta ou indiretamente, a elevar, manter ou baixar a cotação de um valor mobiliário, induzindo, terceiros à sua compra e venda. Por seu turno, condições artificiais de demanda, oferta ou preço de valores mobiliários são aquelas criadas em decorrência de negociações pelas quais seus participantes ou intermediários, por ação ou omissão dolosa provocarem, direta ou indiretamente, alterações no fluxo de ordens de compra ou venda de valores mobiliários.

[43] Cf. Harris (2003, p. 248).

esta (se ofertas de compra, poucos centavos acima da oferta supostamente relevante; se de venda, poucos centavos abaixo).

Se a sua oferta é executada, o mercado se move na direção esperada, consegue lucrar com a operação, caso contrário, consegue se desfazer delas com pequenas perdas, executando negócios contra a oferta relevante à qual se antecipou.

Tal dinâmica é bastante semelhante à da prática que descrevemos anteriormente como *spread scalping*, com a diferença que não se busca lucrar com o *spread* do ativo, mas sim com uma eventual movimentação dos preços em função de certa oferta presente no livro.

Questão controvertida envolve a realização dessa prática por um investidor ao qual não é atribuído nenhum dever fiduciário para com aqueles que enviam ofertas com potencial de impacto nos preços. Ou seja, a antecipação decorre da habilidade do investidor em detectar, por sua conta e risco, que outro investidor deseja negociar uma grande quantidade de ativos.

No contexto dos HFTs, há técnicas específicas de detecção de liquidez (*liquidity detection*) que são utilizadas para verificar o potencial da demanda de determinado instrumento financeiro. Após a confirmação de que se trata de uma oferta de quantidade relevante, o algoritmo implementa uma estratégia direcional não muito distinta da que seria adotada por um operador em um ambiente de pregão viva voz que inferisse que outro operador estivesse executando uma oferta relevante.

Uma das possibilidades de inspeção da demanda por certo ativo consiste na técnica chamada *pinging*, também conhecida por seus sinônimos *sniping, sniffing* e *phishing*.[44] O termo *ping* é oriundo da programação de redes de computadores, designando sistemas utilizados para detectar se certo computador está acessível ou não em uma rede Internet Protocol (IP).

Essa estratégia é descrita na narrativa do livro *Flash Boys*: por meio de um arranjo com o mercado na bolsa BATS que usualmente atraía a execução dos principais intermediários em virtude de sua política de corretagem, os HFTs eram capazes de verificar que ofertas relevantes iriam ser direcionadas para outras bolsas (a quantidade no mercado BATS era insuficiente para atendê-las) e, com isso, conseguiam executar as ofertas antes desse investidor nos outros mercados para negociar com ele a preços mais (menos) elevados se a oferta era de compra (venda).

---

[44] Cf. Aldridge (2013, p. 201).

HIGH FREQUENCY TRADING (HFT) EM CÂMERA LENTA

A detecção da quantidade demandada se dava por meio da inspeção da rotina de roteamento da ordem (se a compra era de, digamos, 10.000 e apenas 500 eram negociadas na bolsa BATS, era possível verificar o roteamento das ofertas relativas à quantidade remanescente – 9.500 – e antecipar-se à sua execução).

Nos casos em que se utiliza um tipo de oferta que oculta a verdadeira quantidade (ofertas com quantidade aparente, *iceberg order*), apresentando apenas uma fração desta, HFTs podem enviar ofertas com lotes mínimos e verificar se são atendidas rapidamente e pelo mesmo intermediário, inferindo que se trata de uma oferta relevante e adotando uma estratégia de *order anticipation*.

A segunda modalidade de estratégia direcional que despertou o interesse regulatório foi designada como *momentum ignition*, um rótulo que descreve um artifício pelo qual, por meio de uma sequência de ofertas ou de negócios, é possível criar um movimento direcional de curto prazo no preço de determinado instrumento financeiro, movimento este que favorece o investidor que detinha uma posição prévia e que conseguiu efetivamente provocá-lo.

Descreveremos oportunamente as práticas de *layering* e *spoofing*, espécies de *momentum ignition*, e apresentaremos alguns casos relevantes no mercado norte-americano.

Também podemos inserir no grupo de estratégias direcionais de *momentum ignition* a prática denominada de *gunning the Market* (HARRIS, 2003, p. 253),[45] segundo a qual um investidor que suspeite ou tenha conhecimento da existência de um número elevado de ofertas do tipo *stop-loss* em determinado patamar de preços faz com que estes se movimentem ao ponto de ultrapassarem esse patamar, deflagrando a execução das ofertas de *stop-loss*, o que promove o disparo dos preços em um curto intervalo de tempo para, depois, retornarem aos níveis iniciais.

Essa estratégia envolve antecipação de ofertas (porque há uma posição prévia e uma atuação que busca se beneficiar de ofertas preexistentes) e, ao

---

[45] No Brasil, algumas pessoas se referem ao fenômeno como "papa-stop" ou "violino". O termo vem da analogia com o movimento do arco de um violino que segue em um sentido para retornar, em pouco tempo, no sentido oposto. A linha de preços seria o arco e o patamar em questão – que aqueles que utilizam análise gráfica costumam designar como "suporte" ou "resistência" – seria a corda do violino. Os preços ultrapassam o patamar para depois retornarem.

RÁPIDO E DEVAGAR: DUAS FORMAS DE NEGOCIAR

mesmo tempo, uma criação de movimento direcional, pelo efeito gerado pelas ofertas de *stop-loss* quando acionadas.

1.4. Afinal, HFTs são "mocinhos" ou "bandidos"?

A resposta à pergunta da epígrafe desta seção depende da escolha de variáveis mensuráveis da qualidade do mercado e da realização de estudos capazes de avaliar o impacto da atuação dos HFTs sobre essas variáveis. Temos, por exemplo, os conceitos de liquidez, volatilidade, equidade, transparência, eficiência, custos médios de negociação, tempo de execução de ofertas, incidência de manipulação de mercado e negócios realizados com conflito de interesse entre o intermediário e seus clientes. Tais conceitos precisam ser *operacionalizados* – o debate acerca dos HFTs situa-se no campo econômico, com aportes de conceitos e ferramentas estatísticas e computacionais.

Em 2011, a IOSCO publicou um estudo pioneiro procurando responder a essas questões, definindo (INTERNATIONAL ORGANIZATION OF SECURITIES, 2011b):

(a) *integridade do mercado* como uma percepção, pelos agentes econômicos, acerca da equidade e ordem em seu funcionamento, com regras adequadas e devidamente aplicadas pelo regulador, promovendo a confiança e a participação no mercado;

(b) *eficiência* como a capacidade de fazer com que os preços reflitam toda a informação disponível e, ainda, a presença de fatores como liquidez, formação de preços e transparência.

Nesse estudo, a IOSCO ressaltou a dificuldade de mensurar o impacto da atuação dos HFTs no mercado, indicando que os primeiros estudos se voltaram à quantificação de variáveis como liquidez, formação de preços (*price discovery*), volatilidade e custos de negociação, como formas de avaliar a qualidade do funcionamento do mercado.

Investidores distintos têm impactos variados na disseminação das informações nos preços, e, em razão de algumas estratégias de atuação, HFTs (e algoritmos em geral) podem contribuir para a eficiência informacional de determinado ativo negociado em diferentes mercados.

HIGH FREQUENCY TRADING (HFT) EM CÂMERA LENTA

Veremos que *investidores informados* são protagonistas no processo de disseminação das informações no preço dos instrumentos financeiros. Ainda que algoritmos não se valham de informações relativas aos fundamentos econômicos de determinado ativo – o que faria com que a negociação contribuísse para que fosse atingido seu valor intrínseco – qualquer movimentação mais significativa nos preços e volumes pode gerar sinais para que HFTs negociem, seja por estratégias direcionais ou por arbitragem. Desse modo, o processo de formação de preços (*price discovery*) seria potencializado pela atuação dos HFTs, capazes de propagar rapidamente essas perturbações nas cotações de mercado.

Spread é a diferença entre a melhor oferta de compra (*bid*) e a melhor oferta de venda (*ask*) em um livro de ofertas – uma tradução possível, porém não comumente utilizada, seria *abertura* do livro de ofertas. Em termos práticos, o *spread* traduz o preço a ser pago por um investidor impaciente, por assim dizer (HARRIS, 2003, p. 297 e ss.).

Quanto maior o *spread*, maior será o custo incorrido por um comprador ou vendedor que deseja realizar uma negociação imediata (oferta a mercado). Por essa razão, se o *spread* é elevado, um investidor prefere ofertas limitadas a ofertas a mercado. O *spread* é determinante para que um *dealer*[46] decida sobre quanto irá colocar à disposição para negociação no livro de ofertas (o quanto de liquidez que irá prover). Ao mesmo tempo, é exatamente o tamanho do *spread* que irá determinar o lucro de sua atividade.[47]

---

[46] E oposição ao *broker*, que apenas aproxima investidores, o *dealer* é um investidor que detém quantidade de determinado ativo (*inventory*) e o negocia durante o pregão, procurando capturar a diferença entre as melhores ofertas de compra e de venda (capturar o *spread*). A atividade de *brokerage* se aproxima à intermediação em sentido estrito, enquanto *dealing* consiste no giro da carteira própria. No mercado, ambas as atividades são usualmente realizadas por intermediários.

[47] O *spread* tem dois componentes. Em primeiro lugar, os custos de negociação incorridos pelo *dealer*. Em segundo lugar, uma margem destinada a compensar eventuais perdas decorrentes de negócios feitos pelo *dealer* com investidores informados (*adverse selection spread*). Como *dealers* são *momentum traders*, que baseiam suas decisões primordialmente em informações implícitas, podem estar em desvantagem com relação a investidores informados, que decidem com base em informações explícitas, mais aptas a propiciar uma análise adequada do valor intrínseco do ativo. Estudos econométricos procuram distinguir essas componentes do *spread*. Larry Harris destaca que esse fenômeno resulta em uma lição muito importante: investidores não informados (sejam *momentum traders* ou *noise traders*) tendem sempre a ter rentabilidade inferior à observada por investidores informados. Para maiores detalhes, cf. Harris (2003, p. 303).

Liquidez é outra métrica importante da qualidade do mercado. Pode ser definida como a capacidade de um investidor conseguir negociar imediatamente certo instrumento financeiro sem causar um impacto relevante nos preços – a capacidade de, quando desejar, negociar uma elevada quantidade de determinado ativo ao menor custo possível (HARRIS, 2003, p. 394). Sua quantificação não é tarefa trivial.

A liquidez pode ou não ser associada ao tamanho do *spread*, mas outras medidas mais adequadas foram desenvolvidas ao longo do tempo (ALDRIDGE, 2013, p. 173), tais como a profundidade (*depth*) do livro de ofertas, a forma da distribuição das ofertas ao longo dos preços próximos às melhores ofertas e a sensibilidade dos preços a negócios envolvendo grandes quantidades.

HFTs inserem (e cancelam) uma grande quantidade de ofertas no livro, competindo pelos melhores preços, o que leva, em teoria, a uma expectativa de diminuição do *spread*. No entanto, as quantidades ofertadas não necessariamente são significativas, de modo que um investidor que pretenda negociar um grande lote não necessariamente conseguirá um preço próximo ao da melhor oferta, dado que pode não haver profundidade suficiente no livro.

Assim, a presença dos HFTs implica um aumento na complexidade da negociação de grandes lotes, o que pode ter levado certos investidores a preferir mercados menos transparentes como *dark pools* – fala-se em um efeito de *seleção adversa*, pela diminuição de incentivos para investidores que desejam negociar grandes lotes em mercados transparentes (*lit markets*), do que pode decorrer uma redução global da liquidez.

Adicionalmente, HFTs podem atuar no provimento de liquidez como se fossem formadores de mercado, mas sem assumir os encargos próprios a essa atividade, o que significa que estão desobrigados de estar continuamente presentes no livro de ofertas, tanto no lado da compra como no da venda. Com isso, há o receio de que a oferta de liquidez seja reduzida em momentos mais extremos como o *Flash Crash*, o que acentuaria o efeito negativo de um movimento abrupto nos preços.

Consideremos alguns estudos destinados a avaliar a atividade de HFT. Como indicam Linton, O'Hara e Zingrand (2013), há "boas e más notícias". Ao comentar diversos estudos realizados entre 2010 e 2013, os autores sustentam que os parâmetros quantitativos utilizados não conseguem capturar situações extremas, representando apenas um impacto médio.

HIGH FREQUENCY TRADING (HFT) EM CÂMERA LENTA

Em outros termos, pode-se concluir, com base em certa metodologia, que HFTs, na média, contribuem para o aumento da liquidez, a diminuição da volatilidade e uma melhoria no processo de formação de preços, mas nada garante que, diante de uma situação extrema como o *Flash Crash*, os HFTs continuarão a prover liquidez e ajudarão a estabilizar os preços. Pelo contrário, há indícios de que sua atuação contribui para a rápida propagação de movimentos extremos em diferentes mercados.

Brogaard *et al.* (2010) utilizaram uma base de dados intradiários (na escala de milissegundos) de ofertas e negócios de 120 ações negociadas na Nasdaq no horário regular de pregões de períodos específicos dos anos de 2008, 2009 e 2010, contendo identificação de investidores como HFT e se estes são provedores ou tomadores de liquidez.

Nesse estudo, os autores concluíram não ser possível afirmar que a principal estratégia de negociação dos HFTs seja a de antecipação de grandes ordens (em uma espécie de *front running*, tal qual descrito em *Flash Boys*, como descreveremos posteriormente) e que sua atuação tenha um impacto positivo nas métricas de provimento de liquidez e de volatilidade dos instrumentos financeiros da amostra e, ainda, contribua positivamente para o processo de formação de preços (*price discovery process*).

Em estudo semelhante, porém voltado à negociação algorítmica em geral, Hendershott, Jones e Menkveld (2011) concluem que essa atividade contribuiu positivamente para a diminuição dos custos de negociação (pela redução dos *spreads* e diminuição do tempo de execução das ofertas) e a eficiência informacional dos preços, ressalvando que ainda não foi comprovada a afirmação de que, em períodos de grande volatilidade, algoritmos continuam a propiciar liquidez para o mercado e, adicionalmente, a presença de algoritmos no mercado fez com que a profundidade do livro de ofertas diminuísse, o que prejudicaria a negociação de grandes lotes, a despeito da diminuição do *spread*.

Hasbrouck e Saar (2013) desenvolveram um método próprio para segregar HFTs dos demais investidores em uma série de dados pública, concluindo que a atividade de HFT (por eles denominada *low-latency trading*) contribuiu para estabilizar a volatilidade no curto prazo e aumentar a liquidez dos mercados. Essa influência positiva permaneceria mesmo nos períodos de incerteza e quedas bruscas de preços, ao contrário do que foi sugerido nos estudos discutidos sobre o *Flash Crash* de 2010. Os autores também destacam que a dispersão geográfica dos investidores, a existência de múltiplas bolsas e a negociação na escala de tempo de milissegundos tornam praticamente impossível garantir igualdade de acesso à informação a todos os investidores no cenário atual.

Menkveld (2013) verificou que HFTs, por meio de estratégias de arbitragem, ajudam a eliminar rapidamente discrepâncias de preços do mesmo instrumento financeiro entre bolsas distintas. O autor também indica que a atividade de HFT é bastante sensível à estrutura de taxas, devoluções e emolumentos dos intermediários, bolsas e câmaras de compensação e liquidação, dado que a rentabilidade bruta das suas estratégias é reduzida.

Gai, Yao e Me (2013) discutem as externalidades positivas e negativas geradas pelos HFTs, sustentando que o elevado número de cancelamentos prejudica os sistemas de negociação, afeta negativamente a liquidez e aumenta a volatilidade no curto prazo. Uma incursão na escala de tempo dos nanossegundos não tenderia a gerar lucros para aqueles que competem por essa magnitude de velocidade e, ainda, causaria prejuízos aos demais investidores, aos intermediários e às bolsas.

Hägstromer e Nórden (2013) realizaram testes em séries de dados e concluíram que a atuação dos HFTs como formadores de mercado diminui a volatilidade no curto prazo e permite que investidores entrem e saiam do mercado quando desejarem. Nesse sentido, seria necessário segregar HFTs "mocinhos", que contribuem para a melhoria da qualidade do mercado, dos "bandidos", que adotam práticas predatórias de manipulação.

Boehmer, Fong e Wu (2015), analisando dados intradiários de 42 mercados distintos entre os anos de 2001 e 2011[48] concluíram que a atividade algorítmica de um modo geral (não apenas HFT) contribuiu para o aumento da volatilidade nos mercados, comprometendo sua qualidade nesse quesito, embora tenha impacto positivo sobre a liquidez e eficiência informacional. Os autores indicam que suas conclusões são válidas para várias técnicas de negociação algorítmica e boa parte dos mercados presentes em sua amostra de dados e apresentam a ressalva de que evidências empíricas sobre a atividade de HFT, além de serem conflitantes, contrastam

---

[48] Os autores destacam que sua análise utilizou uma amostra de dados significativamente maior e mais recente que a dos demais estudos mencionados nos parágrafos anteriores.

significativamente com as predições resultantes de estudos realizados a partir de simulações usando modelos teóricos.[49]

Ao investigar dados relacionados ao *Flash Crash*, Kirilenko *et al.* (2017) concluíram que, a despeito de HFTs não terem causado o evento, contribuíram para a rápida propagação do movimento abrupto dos preços em diferentes mercados, porque não atuaram como se esperaria de um formador de mercado, liquidando rapidamente quase a totalidade das posições assumidas pouco antes do evento.

O ponto central desse debate envolve a identificação do impacto *específico* da atividade de HFT, em contraposição à negociação algorítmica em geral, isto é, *dadas as características estruturais enumeradas anteriormente (tecnologias e padrões de atuação), seria correto afirmar que haveria uma frequência limite, a partir da qual a negociação se torna prejudicial ao mercado, a despeito de eventuais efeitos positivos?*

Não havendo um consenso sobre o saldo da atuação dos HFTs no mercado, o juízo acerca de seu caráter "mocinho" ou "bandido" depende das métricas escolhidas para aferir a qualidade do mercado, das bases de dados que dão suporte aos estudos e da própria definição utilizada para HFT. Além disso, talvez não fosse possível generalizar quaisquer conclusões, haja vista que a multiplicidade de estratégias de atuação que podem ser implementadas via HFT – algumas delas sequer totalmente conhecidas – desautoriza afirmações sobre uma contribuição positiva ou negativa para o mercado, que sejam válidas para todos os que adotam a técnica de HFT.

Diante disso, a regulação parece não ter outra opção que não seja a de compreender os efeitos negativos e riscos decorrentes da atividade de HFT, para que estes possam ser prevenidos ou mitigados, além de fiscalizar e punir a prática de condutas ilícitas.

Podemos sintetizar os argumentos presentes nesse debate da seguinte maneira:[50]

---

[49] Um exemplo desse tipo de estudo é o realizado por Cartea E Penalva (2012). Nesse tipo de análise, é possível contrastar operações simuladas em um mercado com HFT e outro sem HFT. A conclusão desse estudo em particular é a de que HFTs exacerbam o ruído nos preços, distanciando-os de seu valor fundamental.

[50] Síntese elaborada pelo autor a partir de Shorter e Miller (2014). Ver, também: Korsmo (2014), Lin (2017, Rijper, Sprenkeler e Kip (2011), e Yadav (2015).

RÁPIDO E DEVAGAR: DUAS FORMAS DE NEGOCIAR

(1) A atividade de HFT, em geral, contribui para o aumento da liquidez e diminuição do *spread* do livro de ofertas, reduzindo custos de negociação.

(2) A liquidez fornecida por HFTs muitas vezes é apenas aparente, porque procuram induzir a demanda ou a oferta ou porque negociam pequenos lotes a fim de detectar grandes investidores e antecipar-se a eles, elevando seu custo de negociação.[51]

(3) HFTs contribuem para a eficiência informacional do mercado ao reagirem rapidamente a novas informações, fazendo-as serem refletidas nos preços e propagando-as em múltiplos mercados.

(4) Por tomarem decisões com base em informações de curto prazo, HFTs inserem ruído nos preços, comprometendo a eficiência informacional e prejudicando a eficiência alocativa.

(5) O eventual malfuncionamento de algoritmos, especialmente no caso de HFTs, pode gerar e amplificar movimentos abruptos no mercado, aumentando a volatilidade.

(6) Em momentos críticos do mercado (como o *Flash Crash*), HFTs deixam de negociar, criando um vácuo de liquidez que ajuda a propagar movimentos bruscos, aumentando a volatilidade.

(7) Pelo elevado número de mensagens intradiárias, HFTs geram externalidades negativas aos demais participantes de mercado, pois sobrecarregam os sistemas de informação das bolsas e intermediários e dificultam as atividades de supervisão de mercado conduzidas pelos reguladores e autorreguladores.

(8) HFTs possuem vantagens indevidas por ter acesso aos dados de negociação antes dos demais investidores,[52] em razão das tecnologias

---

[51] A prática de *pinging* ou *quote sniffing* consiste exatamente no envio de ofertas de pequenas que procuram descobrir se há investidores interessados em negociar grandes lotes. As ofertas, nesse caso, são menos um provimento real de liquidez e mais uma espécie de isca para tubarões.

[52] Um exemplo desse tipo de discurso pode ser encontrado na fala do Procurador Geral do Estado de Nova Iorque, o ex-senador Eric Schneiderman, em conferência realizada em 2013, para quem certo grupo de investidores, ao obter acesso privilegiado às cotações de mercado, detém o poder de manipular o mercado antes de outros investidores, no que seria uma nova forma de *insider trading*, capaz de minar a credibilidade nas instituições e reduzir o interesse por investimento. (No original: *"When blinding speed is coupled with early access to data, it gives small groups of traders the power to manipulate market movements in their own favor before anyone else knows what's happening [...] They suck the value out of market-moving information before it even goes public. That's 'Insider Trading 2.0,' and it should be a huge concern to anyone who cares about the*

de minimização de latência (alta velocidade de conexão, proximidade geográfica dos sistemas das bolsas e serviços de *co-location*).

(9) Ao utilizarem o mecanismo de *flash orders*, HFTs, além de comprometerem a equidade do mercado, também afetam a sua transparência.

(10) HFTs permitem novas formas de manipulação de mercado, aproveitando-se de sua velocidade para antecipar-se aos demais investidores (arbitragem de latência como *front running*) e capacidade de enviar e cancelar ofertas rapidamente para induzi-los a erro (*spoofing* e *layering*).

Para formular respostas regulatórias a esses pontos controvertidos, precisamos estudar primeiramente o *habitat* dos HFTs, a fim de compreender como podemos interferir na sua atividade, isto é, aprender o seu *dialeto* para que possamos nos comunicar com esse fenômeno.

1.5. *Eles estão entre nós?* A relevância do tema para o Brasil

HFTs são notoriamente conhecidos por realizar operações de arbitragem entre praças, favorecendo a convergência de preços de ativos negociados em bolsas diferentes, ao explorar oportunidades geradas por distorções temporárias no processo de precificação. Toma-se como pano de fundo um cenário de *fragmentação de mercado*, em que há concorrência entre múltiplas bolsas. Portanto, é necessário refletir sobre eventuais peculiaridades da atividade dos HFTs no mercado brasileiro, onde há uma única bolsa.[53]

Além disso, HFTs também costumam negociar em ativos extremamente líquidos. A liquidez é um problema no mercado brasileiro, dado que são poucas as ações que têm *spreads* estreitos e apenas os contratos derivativos de vencimento mais próximo costumam apresentar alguma liquidez.

---

markets and the free flow of capital on which our economy depends. If this continues, no one will trust the markets anymore. No one will invest" (LOPES, 2013).

[53] Em virtude da recente fusão entre BM&FBovespa e Cetip, dando origem a uma nova companhia denominada B3, utilizaremos neste texto apenas essa última designação, exceto quando referenciarmos documentos produzidos originalmente pela BM&FBovespa ou pela Cetip ou, se necessário, em virtude do contexto histórico de certa afirmação (quando poderemos referenciar até mesmo apenas Bovespa ou BM&F, antes da fusão entre essas duas companhias em 2008).

Em 2010, quando a BM&FBovespa introduziu a Política de Tarifação de Operações para Investidores de Alta Frequência,[54] visando atrair esse tipo de negociação para o Brasil, um dos argumentos indicados foi exatamente o de aumentar o provimento de liquidez. HFTs trariam o "benefício inequívoco de proporcionar liquidez aos mercados administrados pela Bolsa".

A B3 considera HFT para fins da referida Política de Tarifação: "investidor que opera grandes volumes de *daytrade*, podendo ou não fazer uso de algoritmos automatizados para execução de suas ordens. Para fazer jus ao status de HFT, o investidor deve ser credenciado e atender às condições estabelecidas pela BM&FBovespa" (B3, 2020a).[55]

Em estatística divulgada pela Comissão de Valores Mobiliários – CVM (2015), após o início tímido da atuação dos HFTs no Brasil em 2010 (0,6% do volume financeiro e 2,5% do número de negócios), em 2015 sua participação no mercado chegou a 13,8% em volume financeiro (de um total de R$ 7,3 bilhões diários, em média) e a 45,8% do número de negócios naquele ano (total aproximado de 920 mil negócios por dia, em média, à época).

A partir desses dados, podemos afirmar que, no Brasil, pouco menos da metade dos negócios realizados no segmento BM&F na B3 (único com dados recentes disponíveis) provêm de HFTs, que realizam cerca de 3,6 negócios em média a cada 100 milissegundos, considerando uma duração de sessão contínua de negociação de 7 horas por pregão.[56]

Logo, *a cada piscar de olhos de uma pessoa durante uma sessão de negociação, cerca de 11 a 14 negócios seriam realizados por HFTs.*

Atualmente, o processo de credenciamento de HFTs para fins de obtenção de descontos é voluntário, implicando a sujeição – de natureza contratual – a uma política de verificação periódica do cumprimento de certos requisitos para que sejam oferecidas condições diferenciadas de tarifa para contas que são assinaladas como HFT, com preços que diminuem conforme o aumento do volume negociado. É perfeitamente possível que certo investidor atue como HFT mas opte por não se credenciar como tal junto à B3 por diversas razões como, por exemplo, a possibilidade de escapar do radar de supervisão do mercado.

---

[54] Ofício Circular 028/2010-DP.

[55] As tarifas do Programa HFT e regras gerais encontram-se disponíveis em http://www.b3.com.br/pt_br/produtos-e-servicos/tarifas/listados-a-vista-e-derivativos/programas-de-incentivo/tarifas-de-programa-hft/. Acesso em: 10 fev. 2020.

[56] São 920 mil negócios em um pregão de 7 horas (25.200 segundos).

A análise de regras recentes editadas pela B3 sobre controle de risco de pré-negociação (detalharemos essas regras na seção sobre microestrutura de mercado) sugere que há investidores que podem ser considerados de alta frequência que não estão aderindo a essa política de tarifação e que também não negociam pela modalidade de acesso *co-location* (com equipamentos hospedados no ambiente de infraestrutura tecnológica da própria B3).

As referidas regras indicam que a B3 se vale de um conceito diferente de HFT, baseado em critérios estatísticos e que independe da modalidade de acesso, impondo a utilização compulsória de uma ferramenta de controle de risco pré-negociação denominada LINE para verificar limites operacionais e ofertas enviadas por esses investidores.

Portanto, parece não haver uma identidade necessária entre os investidores que contratam serviços de *co-location* e HFTs. O dado da CVM sugere que HFTs sempre contratarão *co-location*, mas, conforme o caso, o investidor pode se valer de alternativas para obter uma comunicação fisicamente mais próxima – e, portanto, mais rápida – com os sistemas de negociação da bolsa, evitando despertar maior atenção por parte da própria bolsa e do regulador em termos de supervisão.

Tais dados também não levam em consideração o número de ofertas enviadas, atualizadas e canceladas por HFTs ao sistema de negociação da B3, o que sinalizaria um percentual ainda maior de participação daqueles na utilização da infraestrutura de tecnologia de informação da bolsa e de intermediário, bem como sua influência relevante na dinâmica da formação de preços.

A despeito do baixo percentual da participação dos HFTs em volume financeiro – que é da ordem de 10% no Brasil e, em outros mercados, de 60 a 70% (XAVIER, 2016, p. 20) – sua forte presença no número de negócios e ofertas revelaria intensa demanda pelos sistemas de negociação da bolsa.

Vale ressaltar ainda que, de acordo com relatório elaborado pelo TABB Group,[57] consultoria especializada em HFTs e inovações tecnológicas no mercado financeiro, os custos de negociação e pós-negociação na então

---

[57] Desde 2009, a consultoria especializada TABB Group tem publicado estudos sobre HFTs e outras tecnologias com grande potencial disruptivo. Obtivemos mediante solicitação ao Americas Trading Group o relatório WEEMS, Marlon; TABB, Alexander. *Electronic Trading in Brazil*: Trading Faster, Trading Smarter. TABB Group, Nov. 2014.

BM&FBovespa em 2012 seriam 20 vezes superiores aos incorridos na NYSE e, ainda, a concentração de liquidez em poucos ativos seria um fator desestimulante à negociação algorítmica no país (cerca de dez ações são responsáveis por mais de 50% do volume total no mercado à vista e cinco contratos futuros por 90% do volume total no mercado). Adicionalmente, o custo de conectividade aos sistemas de negociação seria dez vezes maior no Brasil em comparação aos custos nos Estados Unidos.

Diante do exposto nesta seção, acreditamos haver indícios suficientes de que *eles, os HFTs, estão entre nós*. Ou, ao menos, haveria razões para, como diria o personagem Fox Mulder da série Arquivo X,[58] *querer acreditar* que eles estejam entre nós.

A par do fato de que HFTs atuam no mercado brasileiro, entendemos que o presente estudo é relevante por quatro razões.

Primeiro, por meio desta pesquisa, descrevemos o estado atual da microestrutura do mercado brasileiro, com o conteúdo das principais regras destinadas a manter a integridade da dinâmica de negociação no mercado secundário de capitais.

Segundo, o debate aqui proposto nos permite revisar os pressupostos teóricos da regulação do mercado de capitais, tais como o modelo de escolha racional e a hipótese do mercado eficiente, e os objetivos da regulação expressos em termos de equidade, transparência, eficiência, redução de risco sistêmico e proteção ao investidor.

Terceiro, o uso de algoritmos, seja a negociação de alta ou baixa frequência, suscita discussões complexas sobre novas formas de se praticar o ilícito de manipulação de mercado, como veremos ao estudar alguns casos recentes no mercado norte-americano.

Quarto, ao elencar as intervenções regulatórias possíveis, temos a oportunidade de analisar os principais riscos associados à negociação no mercado secundário, tais como o risco de crédito, o risco operacional e o risco sistêmico e a relação desses riscos com os conceitos de liquidez e volatilidade.

Compreender para *regular*. Esta é a contribuição aqui proposta.

---

[58] Nessa famosa série exibida entre 1993 e 2002, o protagonista Fox Mulder acreditava na presença de alienígenas em nosso planeta e elaborou várias teorias conspiratórias. Sua fé cega era controlada pelo ceticismo científico de sua parceira Scully.

2. Mercado e o *habitat* dos algoritmos

Neste capítulo descrevemos os principais atores e a dinâmica do mercado de capitais, arena na qual os agentes econômicos se encontram para investir seus recursos e trocar riscos entre si. As decisões de investimento e a efetiva compra e venda de instrumentos financeiros ocorrem em ambientes específicos de negociação, os quais são objeto de intensa e complexa regulação. Algumas das atividades relacionadas ao processo de negociação foram automatizadas ao longo do tempo – do que decorreu a chamada negociação algorítmica – e essa nova forma de atuar no mercado, como vimos no capítulo anterior, traz algumas preocupações e desafios, especialmente quando caracterizada como de "alta frequência".

Com o intuito compreender os riscos associados à atividade de HFT os mecanismos regulatórios que procuram mitigar tais riscos – temas destinados ao próximo capítulo –, entendemos ser necessário discutir os pressupostos teóricos e os objetivos da regulação do mercado, onde ocorrem as negociações, quais são as "regras do jogo" e quem são os responsáveis por elaborar tais regras.

Para além da discussão da negociação algorítmica, com o texto que segue procuramos oferecer uma explicação atualizada da estrutura e microestrutura do mercado em face das novas tecnologias de negociação. Optamos por incluir, ainda, alguns conceitos mais básicos, a fim de deixar a narrativa mais acessível e completa para pesquisadores que venham a consultar o texto e não estejam tão familiarizados com tais conceitos, como, por exemplo, a distinção entre mercado primário e mercado secundário. Com a discussão sobre as funções econômicas do mercado, as razões para sua existência e sua lógica de funcionamento, estaremos mais bem equipados para investigar como a atuação dos HFTs pode favorecer ou distorcer a dinâmica do mercado, aproximando-o ou afastando-o de seus objetivos.

2.1. Mercado(s): conceitos e funções

O que é o *mercado*? Não existe um único mercado, mas sim *recortes* efetuados por um observador em busca de respostas para uma pergunta. A diversidade de interesses de estudo e a pluralidade de modos de atuação de agentes econômicos conduzem a uma série de classificações. Agregam-se à palavra mercado vários *qualificadores*: financeiro, cambial, monetário, creditício, de capitais, primário, secundário, mercado de bolsa, mercado de balcão.

O critério de qualificação pode envolver a *função* desempenhada por determinadas instituições e práticas negociais – financiamento de curto prazo, de longo prazo, troca de moedas, gestão de liquidez, eficiência na intermediação – segregando, assim, os diferentes modos de financiamento e alternativas para troca de riscos.

Em outros estudos, são utilizados critérios *materiais*, explicitando o conteúdo das relações econômicas ou, então, critérios geográficos – delimitações presentes no direito concorrencial, quando se procura identificar o chamado "mercado relevante".

Nos manuais de economia, ao se apresentarem as curvas de demanda e oferta no plano preço-quantidade, fala-se em "mercado" de maneira genérica, com o modelo geral sendo aplicável para várias situações diversas, como o mercado de trabalho, o mercado de moeda, de aluguéis, entre outros. Tais modelos procuram explicar regras gerais de funcionamento desses mercados.

Mercado financeiro é um gênero que comporta as espécies *mercado de crédito, mercado de câmbio, mercado monetário* e *mercado de capitais,* para indicar uma dentre várias classificações possíveis.[1] No *mercado monetário,* são negociados recursos de curtíssimo prazo, enquanto no *mercado de câmbio* são trocadas moedas de diferentes países. O financiamento da atividade econômica se dá por meio do *mercado de crédito* e do *mercado de capitais,* que diferem entre si essencialmente em razão do arranjo utilizado na intermediação (se em

---

[1] Para uma apresentação didática das divisões do mercado financeiro, cf. Andrezo (2007, p. 1-18). Cf. também Yazbek (2009, p. 125-128).

MERCADO E O *HABITAT* DOS ALGORITMOS

uma relação indireta por meio de bancos, por exemplo, ou por aproximação direta entre investidores via instituições financeiras).[2]

Boa parte dos livros de finanças, administração financeira e mesmo de direito dos valores mobiliários toma como ponto de partida para explicar o conceito de mercado financeiro, a troca de recursos entre agentes econômicos superavitários (*poupadores*) e agentes econômicos deficitários (*tomadores*),[3] trocando *riqueza futura por riqueza presente*.

O mercado financeiro é, assim, uma "máquina do tempo, conectando a economia de hoje com a economia do amanhã" (ARMOUR *et al.*, 2016, p. 22). De um lado, os poupadores assumem o risco do não recebimento dos recursos que emprestam e, de outro, os tomadores assumem o risco de empreender, de desempenhar certa atividade econômica que lhes permitirá restituir o valor recebido (chamado de principal), acrescido de uma remuneração (juros).

No entanto, a mera referência à troca de recursos entre poupadores e tomadores não nos permite capturar a relevância do mercado financeiro para o sistema econômico. O setor financeiro contribui para o desenvolvimento econômico ao (ARMOUR *et al.*, 2016, p. 1-50; ROSSEAU, WACHTEL, 1998):

---

[2] Este é um critério formal que pode ser adotado para diferenciar os mercados de crédito, embora não capture as diferenças entre no tocante à partilha de riscos entre as partes, baseada na distinção entre instrumentos financeiros de dívida (*debt*) ou de participação (*equity*). No mercado de crédito, a relação entre tomador (devedor) e investidor (credor) garante a esse último o pagamento do valor investido após certo horizonte de tempo, caracterizando uma relação típica de dívida. No mercado de capitais, há instrumentos financeiros com características diversas, em que não há garantia de pagamento do valor investido (por exemplo, ações), de modo que o credor assume parte do risco do empreendimento que será realizado pelo tomador dos recursos. Porém, instrumentos típicos de dívida como debêntures ou *commercial papers* são emitidos e negociados no mercado de capitais, com intermediação diversa da do mercado de crédito puramente bancário. A distinção entre *debt* e *equity* será retomada ainda nesta seção.

[3] Alexandre Assaf Neto define o sistema financeiro nacional como "um conjunto de instituições financeiras e instrumentos financeiros que visam, em última análise, transferir recursos dos agentes econômicos (pessoas, empresas, governos) superavitários para os deficitários" (ASSAF NETO, 2009, p. 35-36). A CVM apresenta a definição de sistema financeiro como "o conjunto de instituições e instrumentos que viabilizam o fluxo financeiro entre os poupadores e os tomadores de recursos na economia" (COMISSÃO DE VALORES MOBILIÁRIOS, 2014a, p. 30).

(a) permitir a troca de riscos entre agentes econômicos;
(b) contribuir para a renda futura dos indivíduos;
(c) oferecer proteção dos seus recursos contra a inflação;
(d) auxiliar a operacionalização da previdência privada; e
(e) contribuir para a expansão do sistema econômico e sua eficiência alocativa ao estabelecer uma competição entre empreendimentos por recursos financeiros.

A *troca de riscos* é essencial para o funcionamento das empresas no curto prazo, para sua gestão financeira, obtenção de capital de giro, e, especialmente, sua expansão no médio e longo prazo, fazendo frente à concorrência.

Os recursos provenientes do crescimento orgânico da empresa por meio dos lucros gerados podem não ser suficientes para a compra de novos equipamentos, ampliação do quadro de pessoal, instalação de uma nova planta industrial, realizar novas pesquisas ou comercializar novos produtos e serviços. Para crescer, a empresa deve resolver um problema intertemporal de fluxo de caixa.

Por meio do mercado financeiro, tanto instituições financeiras como empresas da economia real podem gerenciar riscos aos quais estão expostos no exercício de sua atividade: um produtor rural pode se proteger de flutuações no preço da *commodity* agrícola que irá vender, uma empresa exportadora pode mitigar os efeitos da variação cambial sobre sua receita futura, instituições financeiras podem controlar sua exposição e se enquadrar nos parâmetros da regulação prudencial, diminuindo, ao menos em teoria, sua suscetibilidade a crises, aumentando a oferta de crédito.

Empresas também podem aprimorar seu fluxo de caixa por meio da securitização de recebíveis, os quais podem ser "empacotados" e ofertados como valores mobiliários, permitindo a captação imediata de recursos (COMISSÃO DE VALORES MOBILIÁRIOS, 2014a, p. 692 e ss.; NAJJARIAN, 2010).

O mercado financeiro também desempenha um papel importante ao permitir a *operacionalização da previdência privada*, com a oferta de alternativas de investimento disponíveis para os fundos de pensão, viabilizando a aposentadoria dos trabalhadores por um sistema não estatal. Além de permitir uma renda adicional às famílias no médio e longo prazo, o mercado financeiro pode ser utilizado para a *preservação do patrimônio dos investidores*

MERCADO E O *HABITAT* DOS ALGORITMOS

em face da inflação ou mesmo apreciá-lo com rendimentos superiores a esta ao longo do tempo.

Outra função relevante do mercado financeiro é a *seleção de empreendimentos* que buscam investimento, servindo de instrumento de coordenação do processo de inovação tecnológica e expansão da atividade econômica, propiciando a *eficiência alocativa* do sistema econômico. Para além de meramente ser uma tomadora de recursos, uma companhia que busca recursos apresenta um *projeto*, que será avaliado pelos agentes econômicos.

2.1.1. Intermediação financeira

Para concretizar a troca de valores no tempo (e no espaço), os agentes econômicos criam mecanismos com diferentes níveis de complexidade, disciplinados pelo direito com vistas a garantir a segurança nas relações e a própria estabilidade do sistema econômico, tutelando o interesse não apenas daqueles diretamente envolvidos, mas também de toda a sociedade. A economia de mercado é central no modo de produção capitalista. O ordenamento jurídico foi conformado pelo mercado e o conformou,[4] recepcionando instrumentos desde a mais singela letra de câmbio, referência para os estudos clássicos sobre títulos de crédito, até derivativos complexos como *credit default swaps*, protagonistas da crise financeira de 2008.

Nesse contexto, encontramos, por assim dizer, dois "tipos ideais" de relações no mercado financeiro.[5] Temos as operações de dívida (*debt*), nas quais o credor tem o direito de receber a prestação do devedor com relativa certeza acerca dos fluxos de caixa. Não há exatamente um compartilhamento

---

[4] Cf. Irti (2007). Para o autor, não há uma ordem "natural" do mercado, mas sim uma forma atribuída ao sistema econômico por meio de escolhas do direito, que variam ao longo do tempo. A vontade política, traduzida em estruturas jurídicas, seria pressuposto de todas as estruturas. É preciso reconhecer, contudo, que há uma normatividade econômica em tensão com a normatividade jurídica e nem sempre o direito consegue controlar os incentivos dos agentes racionais. Um exemplo clássico da microeconomia nesse sentido é a resposta ao estabelecimento de um teto de preços em uma cidade: a tendência ao surgimento de um mercado paralelo. Desse modo, o sistema jurídico e o sistema econômico se influenciam reciprocamente.

[5] Adotamos aqui a expressão weberiana "tipo ideal" porque, na prática, certos instrumentos revelam aspectos tanto de dívida (*debt*) como de participação (*equity*). Vejam-se, por exemplo, os casos-limite de debêntures com remuneração fixa e ações resgatáveis com direito a dividendo fixo.

de riscos entre ambos, dado que, em caso de inadimplemento, o credor pode se socorrer de mecanismos de agressão ao patrimônio jurídico do devedor por meio da execução.

No outro extremo, temos as relações de participação (*equity*), em que a contrapartida do investimento realizado envolve a expectativa de uma remuneração futura sujeita a riscos predeterminados. No conceito legal de valor mobiliário da Lei n. 6.385/1976, um de seus elementos etiológicos é exatamente o direito de participação, remuneração ou parceria resultante da atuação de um terceiro, que é financiado. Não há obrigatoriedade de devolução do montante investido.

Logo, os diversos instrumentos financeiros diferem entre si no tocante à (in)certeza acerca dos fluxos de caixa a serem trocados no tempo e os riscos assumidos pelas partes.[6] Em um extremo, podem ser identificados credor e devedor com maior nitidez e, em outro, a colaboração entre as partes e a comunhão de interesses esmaece tal distinção, aproximando-os da qualidade de sócios.

No mercado de crédito, a relação entre as partes se estabelece mediante a atividade de *intermediação financeira*. Instituições financeiras, notadamente bancos, captam a poupança popular e oferecem crédito aos tomadores de recursos. Não há uma relação direta entre poupadores e tomadores: quem decide onde os valores serão investidos são as instituições financeiras, que aglutinam a poupança popular.

No mercado de capitais, há um vínculo *direto* entre os agentes econômicos, isto é, nos polos da relação obrigacional encontramos, em regra, aquele que capta os recursos para o desempenho de uma atividade econômica, de um lado, e aquele que os oferta, de outro, esperando o retorno do seu investimento. Não há, por exemplo, um banco que recebe os recursos dos poupadores e, por seu turno, utiliza esses recursos em operações de crédito com diversos tomadores. Ainda que exista intermediação financeira no processo de emissão e oferta pública de títulos, tal intermediação é diversa da que ocorre no mercado de crédito.

---

[6] A discussão acerca da qualificação das Cédulas de Crédito Bancário (CCB) como valor mobiliário é uma boa referência didática para a compreensão do grau de certeza nos recebimentos e riscos compartilhados pelas partes, de modo a estabelecer uma distinção entre títulos de dívida e valores mobiliários. Cf. Comissão de Valores Mobiliários (2008).

MERCADO E O *HABITAT* DOS ALGORITMOS

Nesse arranjo, os centros decisórios da alocação de recursos na economia deixam de ser os bancos e passam a ser os próprios investidores. Tome-se como exemplo a emissão de ações. Certa companhia, dita *emissora*, pode ofertá-las – com o auxílio de uma instituição financeira para a colocação dos valores mobiliários, em uma atividade que não se confunde com a intermediação financeira[7] – aos participantes do mercado, que, ao adquirirem tais ações, passam a ter direitos políticos e patrimoniais previstos no estatuto social da emissora.

Contudo, atualmente não se pode afirmar que exista uma relação tão direta entre as companhias emissoras de valores mobiliários e seus emissores, dada a relevante atuação dos fundos de investimento e fundos de pensão, que captam a poupança popular e consolidam interesses dos investidores. Desse modo, ao considerarmos o termo "investidor" no mercado de capitais, devemos levar em conta tanto os investidores ditos *institucionais* como também as pessoas físicas que atuam diretamente ou por meio daqueles.

Investidores institucionais são todas as pessoas jurídicas que têm por obrigação legal investir parte do seu patrimônio no mercado financeiro (ASSAF NETO, 2009, p. 282). Compreendem especialmente fundos de pensão, as sociedades seguradoras, entidades de previdência complementar e fundos de investimento nas suas diversas modalidades.[8]

A categoria "investidor institucional" não é definida pela lei ou pelas instruções da CVM. Nas estatísticas de mercado usualmente divulgadas pela B3,[9] os investidores são segregados em:

---

[7] Tal atividade denomina-se *underwriting* (subscrição). Para uma distinção mais detalhada entre o mercado de crédito e o mercado de capitais, cf. Eizirik *et al.* (2011, p. 1-10).

[8] Tais categorias são destacadas por Yazbek (2009, p. 168-170). É importante notar que, se investidores estrangeiros internalizam seu capital por meio de sociedades brasileiras não são contabilizados como investidores não residentes. Ainda, um fundo de investimento exclusivo cujo único cotista seja uma pessoa jurídica financeira é contabilizado como investidor institucional. Desse modo, tal classificação privilegia quem gerencia os recursos e toma as decisões de investimento e não exatamente o detentor do capital. Fundações e *family offices* que atuam diretamente ou por meio de fundos também podem ser considerados investidores institucionais.

[9] Veja, por exemplo, a consulta de participação total dos investidores em http://www.b3.com. br/pt_br/market-data-e-indices/servicos-de-dados/market-data/consultas/mercado-a-vista/ participacao-dos-investidores/volume-total/. Acesso em: 10 fev. 2020.

(a) pessoas físicas (indivíduos e clubes de investimento);
(b) investidores institucionais;
(c) investidores estrangeiros;
(d) empresas públicas e privadas;
(e) instituições financeiras.

Desse modo, ao tratarmos de "proteção ao investidor", devemos ter em mente que não necessariamente estaremos diante de um "investidor--consumidor", *hipossuficiente técnico* em termos de informação acerca dos investimentos que realiza. As supostas vítimas de HFTs, como veremos, não são necessariamente pequenos investidores, mas sim investidores institucionais que desejam negociar grandes quantidades de ativos ao menor custo possível. Brad Katsuyama, protagonista na narrativa de *Flash Boys*, não é o arauto dos direitos dos pequenos investidores, mas sim um agente do mercado financeiro que não consegue mais realizar grandes operações para seus clientes do modo como conseguia anteriormente. Seus lucros (e os bônus decorrentes) de outrora são capturados por agentes que conseguem desempenhar de modo mais eficiente e mais rápido a função por ele outrora exercida.

Adiantando um tema que será discutido à frente,[10] se afastarmos a premissa de que os principais agentes do mercado são pequenos investidores, o surgimento dos HFTs pode representar, na verdade, um sinal para as grandes instituições financeiras no sentido de que precisam se adaptar e melhorar suas formas de execução de negócios.

Talvez seja a hora de substituir operadores humanos por algoritmos mais eficientes ou de aprimorar os algoritmos já em execução. Talvez sequer

---

[10] Essa ideia é defendida por Charles Korsmo, para quem *"By 'parasitic' [trading] I mean strategies designed purely to prey upon other traders, without providing any obviously compensating benefits in terms of price discovery or liquidity. [...] In addition to the fact that parasitic trading is not novel, an important consideration to keep in mind is that parasites are not necessarily an entirely bad thing. They may have a crucial role to play in the market ecosystem, just as they do in the actual ecosystem. In particular, they may drive the evolution of defensive mechanisms that make the market as a whole more robust and resilient against shock or exploitation. [...] It is also important to recall that the primary victims of parasitic trading are far from defenseless-they are themselves large, sophisticated traders making large transactions. Front-running, after all, depends on detecting orders large enough to move the market. [...] On the flip-side, the so-called parasites are simply using publicly available information-orders in the market-to make trading decisions, and in doing so making sure that information is fully reflected in the market price. As one CEO of a HFT firm has argued, this 'is what the market is supposed to do'"* (KORSMO, 2014, p. 557-560).

MERCADO E O *HABITAT* DOS ALGORITMOS

seja necessária alguma regulação estatal e os próprios agentes econômicos sejam capazes de identificar as ameaças à sua lucratividade e neutralizá--las. A diminuição da rentabilidade da atividade de HFT mencionada na introdução a este trabalho pode ser um indício de que os participantes do mercado já se adaptaram à sua presença.

2.1.2. Mercado de capitais e mercado de valores mobiliários

Até aqui apresentamos o mercado de capitais como uma das subdivisões do mercado financeiro, na qual os agentes econômicos trocam recursos e riscos por meio de instrumentos financeiros, os quais podem ter características de dívida (*debt*) ou de participação (*equity*) ou uma mistura de ambos. Tais instrumentos podem envolver, por exemplo, ações, opções, debêntures, *commercial papers*, contratos a termo, contratos futuros, contratos de *swap*, entre outros.

As expressões *mercado de capitais* e *instrumento financeiro* são suficientes para estudos em economia e finanças. Porém, para a adequada fixação de competência regulatória, é necessário o estabelecimento de um conceito *jurídico* mais preciso.

No mercado norte-americano, o que define a competência da SEC é o conceito de *security*, ao qual se opõe, no âmbito do mercado de capitais, o conceito de derivativo (ou contratos derivados),[11] que determina a competência da *Commodity Futures Trading Commission* (CFTC) (RECHTSCHAFFEN, 2014).[12]

---

[11] O valor desses instrumentos financeiros é referenciado no valor de outro instrumento, denominado subjacente. Um contrato futuro é um derivativo, no qual o instrumento subjacente pode ser uma ação, uma moeda ou o preço de uma *commodity* agrícola, por exemplo. As partes se obrigam a trocar fluxos de caixa que são calculados com base na variação de preço do instrumento subjacente. A semelhança entre derivativos (*derivatives*, em inglês) e uma aposta ou jogo é tal que encontramos em nosso Código Civil um permissivo para a celebração daqueles, em face da vedação a estes – Lei n. 10.406/2002 (Código Civil), art. 816. As disposições dos arts. 814 e 815 [sobre jogo e aposta] não se aplicam aos contratos sobre títulos de bolsa, mercadorias ou valores, em que se estipulem a liquidação exclusivamente pela diferença entre o preço ajustado e a cotação que eles tiverem no vencimento do ajuste.

[12] A regulação do mercado de contratos futuros de commodities agrícolas nos Estados Unidos teve como marco inicial o *Commodity Exchange Act* de 1936, quando foi criada a *Commodity Exchange Authority*, posteriormente substituída pela CFTC foi criada em 1974 pelo *Commodity Futures Trading Commission Act*, que passou a ter jurisdição sobre contratos futuros de todas as

A definição de *security* no *Securities Act* de 1933 é demasiado ampla[13] e coube à jurisprudência norte-americana o estabelecimento de critérios materiais para a verificação de que certo instrumento financeiro corresponde ao conceito de *security*.[14]

---

commodities (não apenas as agrícolas). Essa bifurcação da regulação estatal decorre do contexto histórico da edição do *Securities Act* de 1933 e da *Securities Exchange Act* de 1934. SEC e CFTC têm se articulado de modo mais intenso, especialmente após a edição do *Dodd-Frank Act* de 2010. Após a reforma de 2010, contratos de *swap* negociados em mercado de balcão passaram a ser regulados tanto pela SEC (swaps baseados em *securities*) quanto pela CFTC (demais contratos), além de serem objeto de regulação prudencial pelo *Federal Reserve Board*. Em 1982, SEC e CFTC firmaram um acordo (conhecido como *Shad-Johnson Accord*). A SEC passou a regular opções de ações e a CFTC passou a ter competência regulatória sobre contratos futuros de índices de ações e opções sobre índices. Com o *Commodity Futures Modernization Act* de 2000, tanto SEC como CFTC passaram a ter jurisdição sobre futuros que têm *securities* como ativos subjacentes.

[13] *"The term 'security' means any note, stock, treasury stock, security future, bond, debenture, evidence of indebtedness, certificate of interest or participation in any profit-sharing agreement, collateral-trust certificate, preorganization certificate or subscription, transferable share, investment contract, voting-trust certificate, certificate of deposit for a security, fractional undivided interest in oil, gas, or other mineral rights, any put, call, straddle, option, or privilege on any security, certificate of deposit, or group or index of securities (including any interest therein or based on the value thereof), or any put, call, straddle, option, or privilege entered into on a national securities exchange relating to foreign currency, or, in general, any interest or instrument commonly known as a 'security', or any certificate of interest or participation in, temporary or interim certificate for, receipt for, guarantee of, or warrant or right to subscribe to or purchase, any of the foregoing"* (Securities Act, § 2 (a) (1)).

[14] O precedente mais relevante nesse sentido é o caso *SEC vs. W. J. Howey Co.* de 1946, no qual foi estabelecido o chamado *Howey test*, uma checagem com múltiplas etapas para verificar se certo título ou contrato representa (a) um investimento financeiro; (b) em um empreendimento comum; (c) que gera uma expectativa de lucro; (d) lucro esse decorrente exclusivamente do esforço de outros, que não o investidor (LOSS e SELIGMAN, 2004, p. 231 e ss.). Uma análise histórica detalhada do tratamento jurisprudencial do conceito de security nos Estados Unidos pode ser encontrada em Eizirik (2011, p. 30 e ss.). O *Howey test* (teste para checar se certo instrumento é *security*) foi discutido também no já mencionado caso da qualificação de Cédulas de Crédito Bancário como valor mobiliário. Não é nosso propósito neste trabalho discorrer com maior detalhe sobre tal conceito, mas é importante destacar como seus elementos foram transpostos para a legislação brasileira, quando se optou por uma definição material de valor mobiliário correspondente ao conceito de *security* nos Estados Unidos. A Lei n. 10.303/2001 introduziu na Lei n. 6.385/1976 o inciso IX do art. 2º com a seguinte redação: "[São valores mobiliários sujeitos ao regime desta Lei...] quando ofertados publicamente, quaisquer outros títulos ou contratos de investimento coletivo, que gerem direito de participação, de parceria ou de remuneração, inclusive resultante de prestação de serviços, cujos rendimentos advêm do esforço do empreendedor ou de terceiros".

MERCADO E O *HABITAT* DOS ALGORITMOS

Há uma relação muito próxima entre o conceito brasileiro de valor mobiliário e o conceito norte-americano de *security*, o que sugere haver uma correspondência direta entre CVM e SEC, a qual não leva em consideração a evolução do regime jurídico dos valores mobiliários no Brasil.[15]

Contudo, uma análise da redação atual da art. 2º da Lei n. 6.385/1976 nos revela que o conceito brasileiro de valor mobiliário compreende tanto instrumentos de dívida (*debt*) como de participação (*equity*) que se subsumem ao conceito norte-americano de *security* e inclui também os derivativos. Desse modo, a competência regulatória da CVM agrega tanto competências da SEC como da CFTC nos Estados Unidos.[16]

A expressão *mercado de valores mobiliários* denota um sentido técnico-jurídico aparentemente mais preciso, dado que o regime delineado pela Lei n. 6.385/1976 utiliza o conceito de valor mobiliário como critério para sua incidência. No entanto, o próprio legislador já utilizou anteriormente a expressão "mercado de capitais", quando da edição da Lei n. 4.728/1965, o que torna a distinção terminológica ainda mais confusa.[17]

Utilizaremos neste texto as expressões "mercado de valores mobiliários" e "mercado de capitais" de modo intercambiável, dando preferência a essa última, pela sua maior concisão e maior amplitude de significado (valor mobiliário, como indicamos, não pode ser sinônimo de *security*, pois também compreende os derivativos).

Adicionalmente, também por um critério de concisão, utilizaremos de forma intercambiável as expressões "instrumento financeiro" e "ativo", dando preferência a essa última, evitando o uso da expressão "valor mobiliário".

---

[15] Para uma narrativa histórica do conceito de valor mobiliário no Brasil, cf. Mattos Filho (2015, p. 19-51, que também discute a diferença entre valor mobiliário e título de crédito) e Eizirik *et al.* (2011, p. 56 e ss.).

[16] Com a importante ressalva de que são excluídos da definição legal de valor mobiliário os títulos da dívida pública e os títulos cambiais de responsabilidade de instituição financeira (exceto debêntures).

[17] Na Lei n. 6.385/1976, nos incisos II e III de seu art. 1º, fala-se em "negociação e intermediação no mercado de valores mobiliários" e "negociação e intermediação no mercado de derivativos", o que não faz nenhum sentido, dado que derivativos são valores mobiliários, por força da Lei n. 10.303/2001, curiosamente a mesma lei que deu a redação aos referidos incisos.

HIGH FREQUENCY TRADING (HFT) EM CÂMERA LENTA

2.1.3. Mercado primário e mercado secundário

Consideremos a partir de agora a dinâmica da relação entre os agentes econômicos ao longo do tempo, destacando dois momentos relevantes, que nos levam à subdivisão do mercado de capitais em *mercado primário* e *mercado secundário*. A negociação algorítmica se desenvolve exclusivamente nesse último, cuja estrutura será detalhada nas próximas seções.

Suponha uma situação hipotética de emissão de ações, quando a companhia emissora efetivamente recebe os recursos provenientes dos poupadores, dando-lhes em troca seus valores mobiliários. O acionista tem, assim, expectativa de receber dividendos pelas ações que adquiriu, resultantes da atuação da companhia emissora, e espera também exercer direitos políticos e fruir de outras prerrogativas que a lei e o estatuto da companhia lhe confiram.

O acionista também pode desejar alienar a participação acionária em um segundo momento, negociando-a com outros participantes do mercado, para, com obter lucro sobre o investido. Nesse caso, não há nova entrada de recursos para a companhia emissora. Desse modo, a decisão de investimento leva em conta fluxos de caixa futuro que provirão tanto de rendimentos esperados quando de uma alienação vantajosa da participação acionária.

É por meio do *mercado secundário* que, dentre outras possibilidades, se viabiliza a saída do investimento realizado. A denominação "secundário" não o torna menos importante que o mercado dito primário. O mercado secundário está relacionado ao conceito de *liquidez*, que, grosso modo, se traduz na possibilidade encontrar outros investidores, permitindo e encerrar posições com alguma liberdade (menores custos, menor impacto no preço dos ativos se a posição for grande).

Assim, no mercado primário, os ativos são emitidos e adquiridos pelos subscritores, com a obtenção de recursos pelo emissor. No mercado secundário, esses ativos são negociados entre agentes econômicos em busca de liquidez e troca de riscos entre si (WALKER, 2012).[18]

---

[18] Cf. também Eizirik *et al.* (2011, p. 209): "O mercado primário caracteriza-se pela negociação de valores mobiliários provenientes de novas emissões diretamente entre a companhia emissora e os subscritores. [...] No entanto, a existência do mercado primário seria extremamente prejudicada se, após subscreverem os novos valores mobiliários emitidos, os investidores não tivessem condições de negociá-los com terceiros. Portanto, o mercado secundário tem a função

MERCADO E O *HABITAT* DOS ALGORITMOS

Liquidez é uma característica de certo ativo cujo significado é a maior ou menor possibilidade de ser negociado em preços próximos aos verificados nas últimas transações, dada a existência de um número razoável de potenciais compradores e vendedores em preços próximos ao último preço negociado (preço corrente) (REILLY e BROWN, 2012, p. 96-97).

Obviamente, um investidor que deseja negociar grandes quantidades pode não encontrar contrapartes suficientes a preços próximos ao preço corrente, de sorte que o preço médio do negócio sofrerá uma variação significativa. No conceito de liquidez está embutida a expectativa de que os preços se movam de modo contínuo e não abrupto – noção associada ao conceito de volatilidade – e de que existam compradores e vendedores suficientes dispostos a negociar em valores próximos ao preço corrente – noção de profundidade (*depth*).

Em outros termos, podem-se converter os investimentos realizados em dinheiro (por qualquer necessidade circunstancial), ou, então, reajustar com mais facilidade as posições assumidas em face da mudança de percepções sobre o risco e expectativas de retorno. Assim, o mercado secundário contribui também para o interesse dos investidores pelo mercado primário, dado que, ao adquirirem ativos em uma nova oferta pública, saberão que, se precisarem reverter sua posição por qualquer razão, conseguirão fazê-lo sem maiores dificuldades.[19] Tal vantagem pode diminuir o custo da emissão, pois os investidores exigirão um menor prêmio de risco para ativos com maior liquidez. O preço de mercado também servirá para orientar o processo de formação do preço da oferta.

A constante troca de mãos resulta em um processo de formação de preços dos ativos negociados, permitindo que o mercado agregue informações sobre as companhias nele negociadas.[20] Oferta e demanda se encontram e, com isso, as percepções de risco pelos investidores se ajustam continuamente, do que resulta um preço que flutua livremente (ao menos se pressupõe uma livre variação). E esse preço reflete, em certa medida, o valor da companhia, para além de valores calculados com base em demonstrações

---

de conferir liquidez aos valores mobiliários emitidos no mercado primário, permitindo que os investidores transfiram, entre si, os títulos previamente adquiridos".

[19] Cf. Armour *et al.* (2016, p. 35-50).

[20] Ou, no caso de derivativos, quando não há falar em uma companhia emissora, os preços refletirão a agregação das percepções do risco incorrido pelos investidores acerca de taxas de juros, moeda ou *commodities*.

financeiras (p. ex., valor patrimonial da ação) ou valores estimados por métodos diversos estudados na teoria das finanças.

Pelo exposto, vemos que os preços consubstanciam informação fundamental para a tomada de decisão pelos agentes econômicos, traduzindo e, ao mesmo tempo, influenciando suas expectativas.

O mercado secundário, portanto, tem a função de fornecer liquidez aos investidores e, adicionalmente, agregar suas percepções quanto ao valor das companhias (fala-se em função de *price discovery*),[21] refletidas nos preços com base nas informações disponíveis.

É importante frisar que, embora a dinâmica do mercado secundário se desenvolva em razão de projeções feitas pelos investidores acerca de um futuro incerto, disto não decorre que o mercado seja simplesmente um "cassino", exatamente em razão das funções econômicas daquele, previamente explicitadas nesta seção.

Consideremos dois exemplos que nos permitirão entender por que o mercado não é exatamente um cassino, uma bolsa de apostas – a especulação com base na incerteza e na aleatoriedade é um ponto comum entre ambos, mas o mercado desempenha funções econômicas relevantes.

Em um primeiro cenário, tomemos um produtor de uma *commodity* agrícola que está planejando a venda de sua safra. Suponhamos que, se ele vender a sua produção a um custo unitário de R$ 100,00, terá lucro após deduzir os custos operacionais e impostos. No entanto, tal operação só se concretizará dentro de, digamos, seis meses e até lá o preço da *commodity* pode variar significativamente, sem que ele consiga fixar, antecipadamente, sua margem de lucro, podendo até mesmo vir a incorrer em prejuízos se houver uma queda brusca dos preços. Desse modo, o produtor procura alguém com quem possa celebrar uma operação *a termo*, combinando que, na data acordada, entregará sua produção a esse comprador por preço previamente fixado (digamos, R$ 100,00).

Na data de vencimento do contrato a termo, se o preço da *commodity* estiver a R$ 80,00, o produtor terá evitado uma variação contrária de R$ 20,00 no preço unitário, a qual poderia comprometer a sua lucratividade.

---

[21] O preço de mercado serve de referência para novas emissões de ações ou de títulos de dívida, para análises financeiras, para a bonificação de administradores e para a avaliação da percepção dos agentes econômicos sobre os negócios conduzidos pela companhia. Cf. Reilly e Brown (2012, p. 101).

MERCADO E O *HABITAT* DOS ALGORITMOS

Por outro lado, se o comprador a termo que tomou o risco do produtor, estiver interessado não em consumir o produto, mas sim em revendê-lo no mercado, experimentará um prejuízo da mesma magnitude.

Situação diversa ocorrerá se o preço da *commodity* for de R$ 120,00 na data do vencimento, quando o produtor terá deixado de ganhar R$ 20,00 por unidade vendida, mas o comprador a termo poderá, se assim desejar, auferir lucro dessa magnitude revendendo o produto a preço de mercado. Nesse caso, podemos dizer que ambos ganham: o produtor ganha menos e parte do ganho que teria é capturada pelo comprador a termo, que logrou êxito em sua especulação.

Este é típico exemplo de operação na qual uma das partes deseja proteger-se contra variação futura de preços – diz-se que faz *hedge* de sua posição – e uma outra parte assume esse risco, ficando exposta à flutuação dos preços em mercado – diz-se que este é *especulador*. Ambos desempenham papéis importantíssimos no sistema econômico e orientam suas decisões com base em projeções, estudos e sua própria experiência. Há uma operação com conteúdo econômico e com efeitos positivos para a produtividade do setor agrícola.[22] A presença de especuladores permite que produtores possam planejar a venda da sua safra valendo-se de um mecanismo adequado de proteção contra a flutuação dos preços, garantindo, *a priori*, sua lucratividade.

Consideremos um segundo cenário. Um investidor, com base em análises fornecidas por instituições financeiras e relatórios elaborados por agências de *rating*, vale-se de seu conhecimento em finanças e entende que o preço-alvo para determinada ação dentro de 12 meses será R$ 30,00. O preço atual da ação em mercado é de R$ 24,00, logo há uma rentabilidade esperada de 25% no período. Há grande expectativa em torno de uma nova linha de produtos a ser lançada pela companhia, do que resultará o aumento de seu faturamento e de sua participação no setor em que atua, além da previsão de distribuição de dividendos generosos. Dirige-se ao mercado secundário e realiza uma compra de ações. Outros investidores, com suas próprias projeções, não necessariamente equivalentes entre si,

---

[22] Na prática, negócios como esse são realizados em um mercado organizado que consolida oferta e demanda, um mercado de bolsa que gerencia também riscos de inadimplemento. Tal operação de *hedge* pode ser feita por meio de contratos futuros ou por um arranjo de opções. Se há um número suficiente de *hedgers* e especuladores, o mercado é considerado líquido e cumpre sua função de permitir a troca de riscos entre os agentes.

HIGH FREQUENCY TRADING (HFT) EM CÂMERA LENTA

também atuam em mercado, do que resulta o provimento de liquidez para aquela ação e contribuindo para a atualização do seu preço.

Incerteza, risco e divergência de opinião caminham juntos. A incerteza quanto à ocorrência de eventos futuros e incertos pode ser gerida por meio da elaboração de modelos probabilísticos. Dize-se, quando é possível realizar previsões em um cenário de incerteza, que há *conhecimento sobre o risco* no qual se poderá incorrer.[23]

Buscamos, por meio desses exemplos, distinguir os cenários descritos anteriormente dos casos nos quais um jogador que se senta em uma mesa de pôquer, uma pessoa coloca moedas em uma *slot machine* em um cassino ou alguém que realiza uma aposta em um concurso de prognósticos (p. ex., mega-sena). Embora em todos os casos indicados possam ter os resultados esperados previstos segundo modelos quantitativos, as "apostas" realizadas em mercado desempenham um papel fundamental no sistema econômico: elas trocam riscos com outros agentes econômicos, gerando externalidades positivas e contribuindo para a geração de riqueza.

Em um cassino ou em um jogo de loteria, ao contrário, a aposta se converte meramente em renda da banca quando o apostador não tem êxito, por mero capricho do acaso. A produção do resultado incerto decorre de eventos que não guardam relação direta com o sistema econômico, como a geração de números aleatórios por um programa de computador, mecanismos de roleta ou sorteio de bolas dentro de um globo, cartas sorteadas a partir de um monte previamente embaralhado.

No mercado, a incerteza está relacionada à colocação de produtos e serviços por empresas, a fatores conectados à economia real. Ao trocar riscos, os agentes econômicos podem, como vimos no exemplo de *hedge* descrito, se ajudar mutuamente e compartilhar os resultados, quando positivos.

---

[23] Frank Knight propôs essa distinção entre *risco* e *incerteza* em estudo publicado originalmente em 1921. A incerteza seria imensurável (em termos probabilísticos), ao contrário do risco. Cf. Knight (1964). Outra definição de risco envolve não apenas uma previsão sobre o futuro com base em um modelo probabilístico, mas sim a exposição a um resultado adverso previamente estimado. Nesses termos, a incerteza conhecida é um elemento do risco (conhecimento por meio de modelos e simulações). Cf. Mun (2006, p. 10-15). Para o autor: "The concepts of risk and uncertainty are related but different. Uncertainty involves variables that are unknown and changing, but its uncertainty will become known and resolved through the passage of time, events, and action. Risk is something one bears and is the outcome of uncertainty. Sometimes, risk may remain constant while uncertainty increases over time" (MUN, 2006, p. 15).

MERCADO E O *HABITAT* DOS ALGORITMOS

Não surpreende que jogadores (*gamblers*) atuem no mercado, dado caráter aleatório dos retornos esperados. Jogadores apostam pelo prazer de apostar e não porque esperam certo benefício econômico futuro (HARRIS, 2003, p. 189 e ss.).[24] Não se confundem com os *especuladores*, que usam informações para prever mudanças futuras nos preços e, com isso, auferir lucro.

O que pode dar errado? Se os argumentos indicados nos parágrafos anteriores são válidos, por que incorremos em uma crise econômico-financeira sem precedentes em 2008 (e em várias outras anteriormente)? Por que o mercado é visto como um antro de especuladores gananciosos? Por que investimentos em ações são tidos como altamente arriscados e não fazem parte do dia a dia de boa parte dos poupadores brasileiros? Por que a credibilidade do mercado é, por vezes, colocada em xeque, aproximando-o de um jogo de azar ou, pior, *um jogo de dados viciados*?

Há circunstâncias que podem levar o mercado a se tornar *disfuncional*. Para entender as *patologias* que o acometem, é preciso primeiro compreender a sua *fisiologia* e, então, pode ser possível discutir os remédios adequados, por meio da regulação, envolvendo o desenho das instituições e os incentivos aos agentes econômicos.

Na próxima seção, discorreremos sobre o funcionamento do mercado, isto é, como ele se desenvolve para desempenhar as suas funções no sistema econômico. Analisaremos exatamente qual é o significado da afirmação de que os investidores decidem racionalmente com base na informação, que passa a ser refletida nos preços, agregando as percepções dos agentes econômicos de modo eficiente.

Apresentaremos um quadro teórico que servirá de ponto de partida para o estudo das disfunções que podem ser observadas no mercado, particularmente como resultado de condutas indesejadas, as quais podem ser qualificadas como ilícitas pela regulação. Entendemos que a compreensão prévia dessa dinâmica é imprescindível para que se possa discutir o impacto da atuação dos HFTs.

A partir deste ponto neste texto, quando utilizarmos simplesmente a expressão "mercado", estaremos nos referindo ao mercado secundário (de capitais).

---

[24] Segundo o autor: *"Gamblers who are honest with themselves trade for entertainment. Gamblers who trade because they believe that they will be successful speculators are foolish"*.

2.2. Pressupostos e objetivos da regulação do mercado

2.2.1. O mercado é eficiente?

Por que ocorrem as negociações no mercado secundário? Por que os investidores não guardam indefinidamente consigo os ativos que adquirem (ou os mantêm até seu vencimento, quando a relação é delimitada no tempo)? Por que *daytraders* iniciam e encerram suas posições dentro de um mesmo pregão? *Por que alguns desses investidores teriam interesse em fazer isso em horizontes de tempo cada vez menores?*

Responder a essas indagações pode nos ajudar a compreender melhor o funcionamento do mercado e explicitar alguns dos pressupostos para a sua regulação.

2.2.1.1. Risco e retorno

O que deflagra o processo de negociação no mercado?

Investidores reagem a variações nos preços ou a novas informações que são divulgadas ao mercado, ponderando continuamente sobre suas escolhas de investimento e revendo suas percepções de risco e expectativas de retorno, assumindo novas posições, mantendo suas posições atuais ou encerrando-as parcial ou totalmente.

Ao decidir sobre como alocarão seus recursos, os investidores efetuam projeções do retorno esperado, com base nas suas percepções de risco acerca de certas companhias, de certos ativos e dos mercados como um todo. Expectativas positivas resultarão em um aumento da demanda, do que poderá decorrer um aumento dos preços (valorização dos ativos). Expectativas ruins terão o efeito inverso.

O processo de tomada de decisão aqui descrito considera o chamado modelo de *escolha racional.*[25] Cada indivíduo (investidor), com base nos resultados desejados (de retorno de investimento e probabilidade de perdas), elenca as alternativas que pode selecionar e avalia o custo e o retorno provável de cada uma delas.

---

[25] Cf. Mackaay e Rousseau (2015, p. 31-35). Segundo os autores: "Nas decisões complexas, os seres humanos limitam sua atenção a certo número restrito de aspectos, [...e] são introduzidas no processo regras heurísticas".

MERCADO E O *HABITAT* DOS ALGORITMOS

O indivíduo escolhe a melhor opção dentre as que conhecer, decidindo com base na informação disponível. Dada a complexidade das informações necessárias para selecionar e avaliar as escolhas possíveis, apenas alguns aspectos da realidade são selecionados – fala-se em *racionalidade limitada* (*bounded rationality*),[26] segundo a qual os indivíduos adotam *regras heurísticas*.

Nessa linha de pensamento utilitarista, diz-se que os investidores possuem aversão ao risco (*risk averse*) (BODIE, KANE e MARCUS, 2014, p. 170), isto é, procuram alternativas de investimentos nas quais têm a menor probabilidade de incorrer em perdas. Só irão tomar certos riscos, se a perspectiva de retorno for elevada: fala-se em prêmio de risco (*risk premium*).

Logo, se existir uma alternativa de investimento na qual a probabilidade de perdas seja mínima, esta será a opção escolhida pela maioria dos investidores. Fala-se em um ativo livre de riscos (*risk-free asset*) e a teoria de finanças normalmente menciona títulos públicos como o exemplo paradigma desse tipo de ativo.[27]

Mas outras opções podem ser escolhidas conforme o binômio *risco-retorno*. Investidores podem tolerar certos riscos se houver expectativa de retornos superiores aos que seriam obtidos com investimento em um ativo livre de risco. A expectativa de retorno (*risk premium*) deve ser, portanto, proporcional ao risco incorrido.[28] A cada conjunto de investimentos, isto

---

[26] Cf. Simon (1972).

[27] Na verdade, há vários riscos associados a títulos públicos. O Estado que os emite pode declarar que não vai pagá-los (*default*) ou que vai atrasar o pagamento de juros (moratória), ou mesmo alterar as condições do título ou forçar a aquisição de títulos com outras condições. Para títulos cuja remuneração não considera a inflação, há risco de perdas em virtude da desvalorização da moeda em que são emitidos. Ademais, dependendo das variações nas taxas de juros, caso o investidor deseje negociar o título antes de seu vencimento, pode experimentar perdas significativas. Um raciocínio que exemplifica essa lógica é: se eu posso comprar, por exemplo, NTN-Bs no Tesouro Direto que oferecem retorno pós-fixado composto pela inflação acumulada mais um prêmio de 4% (ou seja, além de preservar meus investimentos contra a inflação, haverá uma apreciação do valor investido, uma valorização real), por que eu precisaria colocar meu dinheiro no mercado de ações, onde posso sofrer perdas significativas, podendo sequer preservar meus recursos contra a inflação?

[28] Na verdade, se considerarmos um plano em que a expectativa de retorno se encontra no eixo vertical e a medida do risco no eixo horizontal, a direção preferida dos investidores é a noroeste (maior retorno com menos risco). Podemos traçar curvas de indiferença, na qual, para dado investidor, a utilidade é a mesma em diversas combinações de risco e retorno. Como investidores têm percepções diversas de utilidade, há várias curvas paralelas com concavidade

é, cada carteira de ativos (*portfolio*) é associada uma medida de *utilidade*. Podemos também cogitar de investidores que são neutros com relação ao risco (*risk neutral*) e que são propensos ao risco (*risk lover*). Essas premissas orientam o desenvolvimento da chamada *teoria da carteira* ou *teoria do portfólio*.

Para estimar o risco em que irão incorrer, os investidores se valem de algumas informações disponíveis sobre o ativo e sobre a conjuntura econômica.

2.2.1.2. Investidores informados

O grupo de investidores que atua racionalmente a partir de previsões elaboradas com base nas informações disponíveis é considerado majoritário no mercado e central para a regulação,[29] sendo designado na literatura anglófona como *informed traders* ou *information traders*[30] – podemos denominá-los, assim, *investidores informados*.

A informação é o ponto de partida para a atuação desse grupo de investidores. É com base nela que negociam, seu conteúdo é refletido nos preços. Sobre esse tema, reproduzimos as afirmações de Gustavo Franco (2012, p. 26-27):[31] "tudo o que se faz no mercado tem a ver com previsões sobre o futuro, sem as quais nada funciona [...] o preço é uma síntese dessas concepções sobre o futuro, ainda que de forma efêmera, emocional ou falsificada". Prossegue o autor, indicando que "o mercado revela o pensamento médio da coletividade sobre o futuro".

Mas qual é exatamente essa *informação*?

---

para cima (em forma de U). Investidores com maior aversão ao risco exigirão retornos mais altos para o mesmo risco, do que decorre que suas curvas de utilidade serão mais fechadas e as dos investidores mais propensos ao risco serão mais abertas. Para uma visualização gráfica, cf. Bodie, Kane e Marcus (2014, p. 72 e ss.).

[29] Termo utilizado em Goshen e Parchomovsky (2006). Para os autores, o papel essencial da regulação é criar um ambiente competitivo para investidores e analistas profissionais que se utilizam da informação para negociar.

[30] Cf. Harris (2003, p. 222 e ss.). Para o autor, *informed traders* são especuladores que agem com base em informações acerca de valores fundamentais.

[31] Essa obra não é um manual de economia, mas sim um conjunto de crônicas sobre postulados econômicos, escrita em linguagem acessível e didática.

MERCADO E O *HABITAT* DOS ALGORITMOS

As informações que orientam as decisões dos investidores podem ser divididas em dois grupos:[32]

(a) *informações explícitas ou exógenas ao processo de negociação*, relacionadas à companhia emissora de valores mobiliários ou ao mercado em geral, tais como divulgações oficiais da companhia, boatos, noticiários, demonstrações financeiras, dados de conjuntura econômica;
(b) *informações implícitas ou endógenas ao processo de negociação*, tais como o preço, o volume financeiro negociado, a identidade dos intermediários por meio dos quais o negócio é realizado, a identidade de quem negocia e o fluxo no livro de ofertas.

Normalmente *não* são considerados investidores informados aqueles que se voltam exclusivamente às informações implícitas ou endógenas, orientando-se pelo movimento dos preços e outros indicadores de mercado, procurando se antecipar a tendências de curtíssimo prazo (HARRIS, 2003, p. 303). Assim, a expressão "investidores informados" costuma designar apenas os investidores que se valem de informações explícitas, exógenas ao processo de negociação, diretamente relacionadas aos fundamentos econômicos de um ativo, os quais podem contribuir para que o preço de um ativo convirja para seu valor intrínseco ou valor fundamental.

Além dos investidores informados, temos investidores direcionais (*momentum traders*)[33] e os agentes responsáveis por atender a negócios de seus clientes, provendo liquidez – os formadores de mercado (*market makers*).[34]

---

[32] A classificação é proposta por Goshen e Parchomovsky (2006, p. 721).

[33] Investidores direcionais negociam com base em suas expectativas sobre tendências na movimentação dos preços, comprando (vendendo) quando acreditam que estes estejam subindo (descendo) (HARRIS, 2003, p. 79).

[34] De acordo com a B3 (2019a), formador de mercado é "uma pessoa jurídica, devidamente cadastrada na BM&FBOVESPA, que se compromete a manter ofertas de compra e venda de forma regular e contínua durante a sessão de negociação, fomentando a liquidez dos valores mobiliários, facilitando os negócios e mitigando movimentos artificiais nos preços dos produtos. Cada formador de mercado pode se credenciar para atuar em mais de um ativo/derivativo, podendo exercer sua atividade de forma autônoma ou contratado pelo emissor dos valores mobiliários, por empresas controladoras, controladas ou coligadas do emissor, ou por quaisquer detentores de valores mobiliários que possuam interesse em formar o mercado para papéis de sua titularidade". Dado que muitos HFTs atuam como formadores de mercado – contratados ou não para tanto – o tema será estudado com maior vagar no próximo capítulo.

HIGH FREQUENCY TRADING (HFT) EM CÂMERA LENTA

Em virtude de sua presença constante no livro de ofertas, esses dois grupos de investidores também podem ser chamados de investidores de liquidez (*liquidity traders*) (GOSHEN e PARCHOMOVSKY, 2006, p. 714).[35] Investidores que procuram replicar uma carteira de um índice, comprando e vendendo ativos conforme muda sua participação percentual nesse índice (*passive traders*), também são considerados investidores de liquidez, porque essa informação deriva apenas do movimento dos preços.

O referencial principal para os investidores direcionais e os formadores de mercado é a demanda e oferta correntes por determinado ativo, observáveis por meio do *livro de ofertas*, que consolida as ofertas de compra e de venda, com as respectivas quantidades e preços desejados. Para conseguir obter bons resultados, investidores direcionais e formadores de mercado devem evitar negociar com investidores informados, dada a assimetria de informação existente entre estes e aqueles (HARRIS, 2003, p. 299).[36]

É nesse "microcosmo" inserido dentro de um mercado organizado em que os investidores se encontram. Nele encontraremos agentes que atuam sem intervenção humana, baseados em estratégias codificadas em programas (*algoritmos*) que incluem, editam e cancelam ofertas a sistemas eletrônicos de negociação.

2.2.1.3. Eficiência alocativa e eficiência informacional

Cada nova informação disponível aos investidores tem reflexo no processo de formação dos preços. Diz-se que há *eficiência alocativa* quando os ativos com os preços mais altos estiverem nas mãos dos investidores que lhe

---

[35] A terminologia "endógena" e "exógena" ao processo de negociação foi sugerida por Otávio Yazbek durante o exame de qualificação deste trabalho.

[36] A receita dos formadores de mercado depende de haver um *spread* suficientemente amplo para que consiga comprar próximo à melhor oferta de compra e vender próximo à melhor oferta de venda, capturando a diferença. Na luta contra investidores informados, os formadores de mercado tendem a aumentar o *spread*, a fim de, digamos, testar sua paciência e tornar os preços menos atrativos. Surge uma espécie de "cabo de guerra". Esse aumento do spread é chamado pelo autor de *adverse selection spread component*. Fala-se em seleção adversa porque os formadores de mercado "nivelam por baixo" as suas contrapartes e, receosos de experimentar perdas por negociar com investidores informados, aumentam o *spread*. Caso não ocorresse esse fenômeno, o *spread* seria menor, correspondendo apenas ao suficiente para garantir que a atividade do formador de mercado fosse minimamente lucrativa (fala-se em *transaction cost spread component*).

MERCADO E O *HABITAT* DOS ALGORITMOS

atribuem maior valor. A eficiência informacional diz respeito à velocidade e à precisão com que a divulgação de novas informações se reflete nos preços (ARMOUR *et al.*, 2016, p. 60).

A eficiência informacional não se traduz em um mercado perfeitamente eficiente, mas sim na velocidade em que a informação é refletida nos preços, a qual depende de vários fatores (GILSON e KRAAKMAN, 1984).[37]

Mas qual é a relação entre esses dois conceitos de eficiência? Se os preços refletem adequadamente as informações disponíveis, então investidores podem avaliar adequadamente o risco e o retorno esperado, direcionando seus recursos para os investimentos mais vantajosos (YADAV, 2015, p. 1610).[38] Logo, podemos afirmar que *a eficiência informacional contribui para a eficiência alocativa.*

O modelo de escolha racional pressupõe agentes capazes de realizar cálculos utilitários e análises de risco-retorno ou custo-benefício para tomarem decisões de investimento. Tais agentes têm aversão ao risco, buscando alternativas de investimento que tenham expectativa positiva de retorno.

Tal modelo, contudo, não indica quais são as informações relevantes para a tomada de decisão racional. Podemos dizer que um investidor que toma como parâmetro para suas decisões, por exemplo, análises feitas com base em astrologia?[39] Ou, então, o investidor confia cegamente em determinado analista, reconhecido como "guru" do mercado e segue suas indicações sem questionamento, em um ato de fé. Podemos dizer que esse investidor atua *racionalmente*?

---

[37] Há um outro artigo que revisita versão de 1984, vinte anos depois: Gilson e Kraakman (2013). Os autores analisaram os meios pelos quais a informação é incorporada nos preços, como é adquirida, processada e verificada e qual é o papel da divergência de opiniões no estabelecimento de um novo patamar de preços.

[38] A tese central do artigo de Yadav (2015) envolve o modo pelo qual os algoritmos introduzem dificuldades na relação entre eficiência informacional e eficiência alocativa. Algoritmos podem contribuir para o aumento da eficiência informacional sem que isto represente um aumento da eficiência alocativa.

[39] O exemplo não é gratuito. No início de 2017, uma empresa chamada AstroInvest "[c]om a ajuda dos astros, [...] traçava tendências de papéis do Índice Bovespa, para *commoditties* como dólar, boi gordo e milho". A CVM notificou a empresa para que parasse de prestar tais serviços, não por conta de seu conteúdo, mas porque o responsável pelas análises não possuía registro na autarquia. Fica a indagação acerca da possibilidade de oferta desse tipo de serviço, caso o analista possua registro (DURÃO, 2017).

Em última análise, racionalidade é uma estrutura para a tomada de decisão, isto é, um modelo que possui caráter formal. O conteúdo que informa essa decisão pode variar, mas tanto as informações disponíveis ao agente que toma a decisão como as crenças que tem (o modo como internaliza "máximas de experiência") podem fazer com que, à luz de outros agentes, sua atuação seja irracional.

Essa discussão é importante porque, como veremos na próxima seção, não se pode dizer que o mercado é sempre *eficiente* – seja eficiência alocativa, seja eficiência informacional, ou *eficiente em termos absolutos*. Ainda, episódios como as grandes crises de 1929, 1987 e 2008 nos Estados Unidos e seus reflexos em outros mercados, assim como outras bolhas especulativas observadas em diversos países e em diferentes épocas sugerem que há aspectos psicológicos na tomada de decisão pelos investidores que colocam em xeque a teoria da escolha racional, mesmo na sua versão mitigada, quando se fala em racionalidade limitada.

Se *qualquer* informação é relevante para a tomada de decisão e, ainda, se os agentes econômicos não tomam decisões de modo racional, como é possível regular o mercado para que desempenhe adequadamente suas funções econômicas? Faz sentido defender ou mesmo intensificar uma regulação com foco no regime informacional e na eficiência do mercado (isto é, uma regulação que busque um mercado equitativo, eficiente e transparente)?

2.2.1.4. A Hipótese do Mercado Eficiente

A fim de determinar as informações que são relevantes para a realização de negócios em mercado, desde os anos 1960 foram realizadas investigações empíricas com o propósito de comparar os retornos obtidos com estratégias de investimento baseadas em certos conjuntos de informações.

O desenvolvimento da hipótese do mercado eficiente e de suas três versões – e os conjuntos de informações associadas a cada uma delas – nos serve de referencial teórico para compreender a dinâmica da formação de preços e o que baliza as decisões dos agentes econômicos.

Preço, volume financeiro e quantidade de negócios (informações implícitas) são considerados, em princípio, indicadores imperfeitos dos fundamentos econômicos de determinado ativo. Pode haver grande negociação acompanhada de aumento de preços para os ativos de uma companhia

MERCADO E O *HABITAT* DOS ALGORITMOS

com boas projeções de resultados ou, simplesmente, por conta da euforia dos agentes econômicos, em um movimento especulativo sem fundamento algum. Assim, informações implícitas podem representar, em muitos casos, uma *miragem*.

Presume-se que investidores informados sabem mais do que investidores de liquidez e estes, por sua vez, sabem mais do que investidores que não têm a menor ideia do que estão fazendo ou que se valem de informações economicamente irrelevantes para decidir. Apenas aqueles que detêm uma informação privada, à qual ninguém mais tem acesso, podem saber mais que todos os investidores aqui mencionados.

Ou seja, em uma escala em ordem crescente[40] de relevância de informação teríamos: informações economicamente irrelevantes (matéria-prima dos *noise traders*, que estudaremos na seção seguinte), informações implícitas (dados históricos de negociação utilizados pelos investidores direcionais e formadores de mercado), informações explícitas (fundamentos econômicos, utilizados pelos investidores informados) e informações privilegiadas e privadas (que podem ser utilizadas por *insiders*).

A investigação do impacto de cada tipo de informação nos preços é orientada pela hipótese do mercado eficiente, enunciada por Eugene Fama em 1970 (FAMA, 1970): em um mercado que funciona adequadamente, o preço dos ativos reflete as previsões baseadas em todas as informações disponíveis. A obtenção de informações tem um custo para os agentes econômicos e estes competem entre si, tomando decisões com base em cada nova informação que é divulgada.

Admitir que o mercado possui eficiência informacional significa dizer que o resultado dessa competição faz com que *rapidamente* os preços cheguem a um equilíbrio, agregando as percepções dos investidores a respeito da nova informação. A mudança contínua de preços revela que este é um equilíbrio dinâmico, dada a divergência de opiniões entre os investidores, mas, em essência, se há alguma informação *relevante* sobre o ativo, então necessariamente aquela já foi considerada e já foi incorporada no preço de mercado.

---

[40] Essa ordenação dos conjuntos de informações que podem ser utilizadas para subsidiar a tomada de decisão pelos investidores inspira a segmentação da hipótese dos mercados eficientes em três versões e três tipos de testes, como veremos a seguir.

Em outros termos, falar em um mercado eficiente significa dizer que, no equilíbrio – o qual é rapidamente atingido – todas as oportunidades de barganha já foram aproveitadas. Ainda que existam assimetrias de informação, haverá investidores que conseguirão detectar as oportunidades de lucro e agir rapidamente quando uma nova informação é divulgada (fala-se em *smart money*).

Assim, quando você compra um ativo, não deve esperar um retorno anormal (isto é, um retorno maior do que aquele tipicamente esperado para o risco incorrido). Presume-se que há muitos investidores que desejam maximizar seus lucros e analisam os ativos negociados e o movimento dos preços, competindo entre si (MISHKIN e EAKINS, 2012, p. 119-120).

Fama propôs três variações dessa hipótese que relacionam níveis de intensidade da eficiência informacional do mercado com a natureza da informação relevante para o processo de formação de preços. Cada versão da hipótese foi testada ao longo do tempo pelos defensores e pelos detratores da hipótese do mercado eficiente, com conjuntos de dados e diversas métricas de eficiência.

A versão "fraca" da hipótese considera que não há oportunidades de negociação lucrativas apenas com base nos dados históricos de negociação de um ativo (o que chamamos anteriormente de informações implícitas). Tal seria o caso estratégias que se valeriam da chamada análise técnica ou análise gráfica, que levam em consideração principalmente as informações de preço, quantidade, volume e número de negócios de certo ativo.

A versão "semiforte" da hipótese considera que o mercado consegue incorporar rapidamente nos preços todas as demais informações disponíveis tidas como relevantes para as decisões de investimento (demonstrações financeiras, análises econômicas, notícias sobre novos negócios a serem realizados pelas companhias – as informações explícitas).

Por fim, para a versão "forte" da hipótese, até mesmo informações ainda não divulgadas ao mercado já estariam refletidas nos preços, ou seja, nenhum investidor detém o monopólio de informação que seja relevante para o processo de formação de preços a ponto de lhe garantir um diferencial em relação as demais. Nem mesmo um administrador que possua informação privilegiada sobre um novo contrato ou uma nova operação societária ou sobre resultados financeiros não esperados pelo mercado. Ou, então, um analista extremamente experiente que consiga realizar uma inferência que ninguém mais seja capaz de fazer.

MERCADO E O *HABITAT* DOS ALGORITMOS

Como essas hipóteses são testadas? Quais são os resultados dos testes? Os resultados mais contundentes obtidos desde a formulação original da hipótese do mercado eficiente envolveram a sua versão fraca, mas, mesmo assim, há disputa sobre a metodologia e interpretação dos resultados.

No caso, o raciocínio empregado pode ser esquematizado da seguinte forma. Suponha que você lance uma moeda no ar e obtenha o resultado "cara". Qual é a probabilidade de, no próximo lançamento, você obter o resultado "cara" novamente?

Da teoria das probabilidades, sabemos que, no caso de eventos independentes, o resultado de eventos anteriores não influencia a probabilidade de resultados de eventos futuros. Assim, se transpusermos esse raciocínio para os preços de um ativo, o fato de ter sido observado um retorno de, digamos, 2% em certo pregão nada nos diz, em princípio, sobre o resultado que poderá ser esperado para o pregão seguinte.

Portanto, um tipo de teste que pode ser realizado para verificar a hipótese fraca consiste em investigar a independência entre retornos sucessivos dos preços de determinado ativo ao longo do tempo (REILLY e BROWN, 2012, p. 152 e ss.). Fala-se que os preços seguem um caminho aleatório (*random walk*), de sorte que o passado não pode nos ajudar a prever o futuro.[41]

Outro tipo de teste da hipótese fraca consiste em comparar uma estratégia de análise gráfica que indique entradas e saídas em determinado ativo[42] com uma simples estratégia direcional de *buy and hold* (iniciar com uma única posição comprada e vendida e só encerrar a posição após certo período de tempo, sem fazer mais nada antes disso).

Esse segundo conjunto de testes sugere que não existe uma estratégia capaz de vencer a rentabilidade de uma estratégia passiva, mas há dificuldades operacionais para que sejam capturadas todas as nuances das estratégias utilizadas no dia a dia do mercado. Com o uso de algoritmos – e especialmente de técnicas de inteligência artificial que permitem a

---

[41] Tal entendimento desafia a intuição do jornalista e escritor uruguaio Eduardo Galeano, para quem "a história é um profeta com o olhar voltado pra trás" ou a ideia plasmada na IX Tese sobre História do pensador judeu alemão Walter Benjamin. O marco teórico mais relevante sobre o caminho aleatório foi Kendall e Hill (1953). O próprio Eugene Fama também publicou trabalho sobre o assunto em 1965, que o teria inspirado a enunciar a hipótese do mercado eficiente em 1970. Cf. Fama (1965).

[42] Para um catálogo relativamente rico de conceitos e estratégias de análise gráfica, cf. Murphy (1999).

HIGH FREQUENCY TRADING (HFT) EM CÂMERA LENTA

adaptação a mudanças nas circunstâncias do mercado – é possível combinar diferentes estratégias e gerenciar também o tamanho das posições em face do risco esperado, o que inviabiliza uma comparação adequada.

Em qualquer caso, em virtude do maior número de negócios realizados, espera-se que esse tipo de técnica incorra em maiores custos de transação, pois haverá pagamento de taxas de corretagem e emolumentos para intermediários e bolsas (além de custos de acesso direto ao mercado ou mesmo de contratação de serviços de *co-location*).

O senso comum sugere, por conseguinte, que não se pode ter uma expectativa de retorno positiva se há intensa negociação, em face dos custos de transação e, ainda, pela maior probabilidade de ocorrência de resultados negativos.

Este é o motivo pelo qual as grandes rentabilidades estimadas para HFTs ou mesmo divulgadas por aqueles que abriram capital causaram certo espanto, levando alguns especialistas a sugerirem que tais resultados só seriam possíveis se essas empresas estivessem praticando condutas ilícitas como *front-running* ou manipulação de mercado.[43]

Ainda, no tocante ao conjunto de informações associadas à hipótese fraca, é importante destacar o argumento de que a negociação com base em dados de mercado – especialmente por meio de algoritmos – resulta em um viés imediatista que não guarda relação à função econômica do mercado em termos de eficiência alocativa, como mencionamos anteriormente (YADAV, 2015, p. 1637 e ss.).[44]

---

[43] Para um estudo sobre a rentabilidade potencial dos HFTs, cf. Moosa e Ramiah (2015). Os autores destacam o uso de expressões hiperbólicas como "terrorismo algorítmico" e "práticas predatórias" na mídia especializada e, através de um estudo quantitativo, defendem a tese de que não há evidências que indicam que HFTs sejam capazes de obter lucros anormais (em face do risco incorrido) e que não há fundamento teórico para acreditar que possam fazê-lo. A rentabilidade das operações seria inversamente proporcional à sua duração (*holding period*). Como os negócios realizados por HFTs têm curta duração, o retorno esperado seria ínfimo.

[44] Para a autora (2015, p. 1644): "*With system-wide use of algorithms, the question becomes whether prices remain fundamentally informative to effectively act as a governance mechanism for capital allocation, allowing investors to make decisions about corporate monitoring and discipline. [...] traders are likely to transact and are able to get to the most lucrative opportunities faster, reducing some of the gains that may accrue to the informed trader. Losing out over time to high-speed algorithmic traders, fundamental traders can see fewer incentives to invest deeply in long-term research and investment. Importantly, lower gains from research can also diminish the motivation of fundamental traders to engage in governance of capital markets, for example, in shareholder monitoring*".

MERCADO E O *HABITAT* DOS ALGORITMOS

Os preços devem refletir o valor intrínseco dos ativos, e as informações utilizadas pelos algoritmos, em regra, não estão associadas a fundamentos econômicos. Adicionalmente, sua atuação poderia minar os incentivos de atuação dos investidores informados (uma espécie de efeito *crowding out*), dadas as distorções geradas na formação dos preços.

As informações associadas aos fundamentos econômicos das companhias e da conjuntura econômica são a matéria-prima considerada na hipótese semiforte. Uma vez divulgados dados sobre novos empreendimentos, novos contratos, operações societárias, demonstrações financeiras, mudanças na administração e outras informações consideradas relevantes, os preços se ajustariam rapidamente para refletir as expectativas dos agentes econômicos a tais eventos.

Testes da hipótese semiforte envolvem estudos de evento (*event studies*), nos quais se procura aferir se, após a divulgação de certa informação relevante, os preços se ajustam a um novo valor intrínseco (e com que velocidade) e, adicionalmente, testes de análises que incorporam, além de dados históricos dos preços, informações sobre os fundamentos econômicos de certo ativo, a fim de prever o retorno esperado, confrontando tal previsão com o retorno observado no período de análise.

Evidências de que o mercado é eficiente têm sido produzidas particularmente por meio de estudos de evento, ainda que exista margem para controvérsia.[45]

Por fim, testes da hipótese forte não têm gerado resultados que permitam afirmar a sua validade. Alguns desses testes utilizam as operações realizadas por *insiders* de companhias e que são divulgadas publicamente (nos Estados Unidos, a divulgação identifica o investidor, ao contrário do que ocorre no Brasil) e os resultados observados para tais operações não podem ser considerados anormais.

Outro tipo de informação privada seria a detida por gestores especializados e o estudo da rentabilidade de certos fundos de investimento demonstra que, no geral, não têm conseguido obter desempenho (ajustado ao risco incorrido) superior à rentabilidade geral do mercado medida por meio de algum índice relevante.

Como corolário da hipótese do mercado eficiente, nenhum investidor conseguiria utilizar uma estratégia de negociação que fosse mais vantajosa

[45] Cf. Reilly e Brown (2012, p. 155).

que a dos demais com base nas informações disponíveis a ele e a todos os demais investidores. Dito de outra maneira, não seria possível *vencer* o mercado, isto é, obter uma rentabilidade da sua estratégia de investimentos superior à rentabilidade agregada do mercado ao longo do tempo.

Recapitulando, podemos identificar três conjuntos de informações que são relevantes para o processo de formação de preços, em menor ou maior grau:

(a) dados históricos de negociação (preços passados, volume financeiro, quantidade negociada, número de negócios);
(b) informações públicas sobre as companhias e a conjuntura econômica; e
(c) informações privadas sobre as companhias e a conjuntura econômica.

Estes são os insumos para o processo de tomada de decisão racional pelos investidores. A Tabela 2 oferece um sumário da relação entre as informações que podem ser utilizadas para a tomada de decisão, os tipos de investidores discutidos até aqui e as formulações de cada versão da hipótese do mercado eficiente a respeito das informações utilizadas por eles.

Tabela 2. Relação entre tipos de informação, tipos de investidores e versões da hipótese do mercado eficiente

Informações irrelevantes	Dados de negociação (informações implícitas ou endógenas)	Fundamentos econômicos (informações explícitas ou exógenas)	Informações privadas
Investidores irracionais (*noise traders*)	Investidores de liquidez (*momentum traders, market makers*)	Investidores informados (*informed traders*)	*Insiders*
Inúteis para a hipótese fraca, pois já estão refletidas no preço		Úteis para a hipótese fraca	
Inúteis para a hipótese semiforte, pois já estão refletidas no preço		Úteis para a hipótese semiforte	
Inúteis para a hipótese forte, pois já estão refletidas no preço			

Fonte: Elaboração do autor com base nas referências indicadas nesta seção.

MERCADO E O *HABITAT* DOS ALGORITMOS

O que se sobressai dessa discussão é o fato de que, assumindo que o mercado possua eficiência informacional (ao menos no nível "semiforte"), esta será assegurada se todos os investidores dispuserem, em pé de igualdade, de acesso às informações relevantes para a tomada de decisão – quando o preço de um ativo tenderá a convergir para seu valor intrínseco.

Surge, portanto, uma relação direta entre a promoção do tratamento equitativo dos agentes econômicos (em termos de acesso à informação), que devem ter todas as informações à sua disposição (transparência) – uma informação correta e completa – e concretizar a eficiência (informacional) do mercado.

Se adotado esse modelo teórico, para que se garanta a eficiência do mercado é necessário corrigir assimetrias de informação.

2.2.1.5. Eficiência e horizonte temporal da atuação dos investidores

Um investidor que observa apenas informações implícitas não consegue antever, em princípio, uma inversão na direção do movimento dos preços. Apenas investidores informados conseguem verificar que houve mudança nos fundamentos econômicos que justificam compras ou vendas e atuam rapidamente para capturar diferenças entre o preço atual e um novo preço-alvo, ainda que não concordem sobre qual será esse novo patamar.

Após algum tempo, os demais investidores observarão o movimento dos preços e amplificarão, com algum atraso, o movimento iniciado pelos investidores informados. Contudo, sua atuação pode causar uma reação exagerada (valorização ou desvalorização excessivas com relação aos fundamentos econômicos) ou mesmo gerar distorções no preço que reflete os fundamentos econômicos, afastando-o do *valor* do ativo.

Por conta disso, é questionável a contribuição para a formação dos preços dada por aqueles que se utilizam de informações implícitas para negociar. As estratégias de especulação de curto prazo podem prejudicar o processo de formação de preços ao relegar os fundamentos econômicos – que estão associados a expectativas de prazos mais longos – e, ainda, induzir os administradores das companhias a comportamentos imediatistas (FROOT, SCHARFSTEIN e STEIN, 1992).

Investidores informados tendem a considerar horizontes mais longos de investimento e, com isso, sua atuação poderá refletir mais adequadamente os fundamentos econômicos, e o preço resultante dos negócios por eles realizados teria, em princípio, uma qualidade superior (YADAV, 2015, p. 1614). É importante frisar que o grupo de investidores informados não se confunde com o de investidores institucionais. No primeiro caso, temos uma classificação conforme as informações utilizadas para a negociação, enquanto no segundo caso temos uma categoria de investidor com base em sua área de atuação e capacidade econômica.

Por outro lado, a presença de investidores de curto prazo aumenta o provimento de liquidez: outros investidores conseguem comprar e vender, entrar e sair com mais facilidade de suas posições. De que adiantaria um mercado com um preço "perfeito" se um investidor, ao constatar que haverá uma valorização ou desvalorização do ativo, não consegue comprá-lo ou vendê-lo em quantidade suficiente? Ou, pior, quando vários investidores informados chegam à mesma conclusão e querem negociar no mesmo sentido, mas não encontram, em quantidade suficiente, quem deseja negociar em sentido oposto?

Ao que tudo indica, se houvesse apenas investidores informados, o mercado seria um mar com águas calmas. A presença dos demais investidores gera perturbações, assim como o vento cria as ondas, das quais pode porventura resultar um mar extremamente furioso. Um mar calmo pode ser a opção para quem deseja chegar a certo ponto a nado sem correr riscos. Mas sem vento, não há como seguir para distâncias maiores (GROSSMAN e STIGLITZ, 1980).

2.2.2. Investidores são racionais?

Em 1980, Grossman e Stiglitz publicaram um artigo que afirmava em seu título a impossibilidade de mercados eficientes em termos informacionais.[46] O argumento dos autores tem como ponto central a existência de um paradoxo na hipótese do mercado eficiente: se há custos de aquisição da informação e o mercado está em equilíbrio de modo que os preços reflitam exatamente todas as informações disponíveis, não há incentivos para que os investidores informados busquem informações para negociar. Todas as oportunidades já teriam sido capturadas por alguém. Você até pode ser o primeiro algumas vezes, mas, após um número considerável de eventos, não será um ganhador contumaz.

[46] GROSSMAN, Stanford J.; STIGLITZ, Joseph E. On the Impossibility of Informationally Efficient Markets. *The American Economic Review*, v. 70, n. 3, Jun. 1980.

MERCADO E O *HABITAT* DOS ALGORITMOS

Essa noção remete à anedota comumente contada entre economistas: se um deles vê uma nota de $ 100 no chão, não se dará ao trabalho de pegá-la (especialmente se houver algum custo envolvido) – se fosse dinheiro de verdade, alguém já teria pegado. Acreditar na perfeita eficiência informacional do mercado é acreditar que a única opção racional é sempre abrir mão de checar se a nota é verdadeira e ficar com o dinheiro.

Se toda a informação está nos preços e não há incentivos para que se obtenham novas informações, então há um ponto de equilíbrio a partir do qual quaisquer novas informações não serão incorporadas ao preço. Então, todos os investidores agem como se fossem não informados e o preço discrepa dos novos fundamentos econômicos disponíveis. Logo, haverá incentivos para que alguém tente atuar com base nas novas informações: se todos são cegos, aquele que vê pode se tornar rei. Essa competição faz com que surjam investidores informados, que levarão os preços para outro patamar e o ciclo se repete.

Disso decorre que a impossibilidade de que uma economia competitiva esteja sempre em equilíbrio. É preciso haver um equilíbrio "com algum grau de desequilíbrio".

A argumentação sobre a "impossibilidade" da eficiência informacional diz respeito à hipótese de que toda informação está no preço, como se o mercado estivesse sempre em equilíbrio (*"at any time prices fully reflect all available information"*, como afirmou Eugene Fama). Como vimos anteriormente, a eficiência informacional não é um estado, um atributo do mercado, mas sim uma medida da velocidade na qual as informações são incorporadas no preço. Dependendo de condições operacionais, dos custos de aquisição, processamento e verificação da informação, essa velocidade será maior (o que é mais desejável) ou menor.

Com a evolução da psicologia econômica, a ideia de racionalidade foi colocada em xeque, a ponto de se cogitar se o mercado racional é, na verdade, um mito.[47] Foram identificados vieses cognitivos, tais como a impossibilidade de rever racionalmente as estimativas iniciais (*anchoring*), de revisar opiniões já formuladas, apegando-se a elas (*belief perseverance*), excesso de confiança nas análises elaboradas (*hindsight bias*) e, ainda, o apego a certa

---

[47] Para uma revisão histórica do debate acerca da hipótese do mercado eficiente da racionalidade dos mercados, cf. Fox (2009).

operação, fazendo com que o investidor aumente sua posição em vez de encerrá-la, na esperança de uma reversão nos preços (*escalation bias*).

Gustavo Franco (2012, p. 45) resume a situação problemática com a seguinte "lei secreta" da economia: "o mercado pode ficar irracional por mais tempo do que você consegue ficar solvente". Se um investidor espera que o preço de um ativo reflita seu valor e faz uma aposta direcional nesse sentido, caso as distorções causadas na formação do preço sejam relevantes, este pode divergir indefinidamente do valor intrínseco projetado, gerando prejuízos ao investidor, que, se persistir por tempo demais na operação, pode experimentar perdas significativas, aproximando-se da insolvência.

Como justificar certas crises econômicas ou a ocorrência de bolhas especulativas? Como explicar por que, em certas ocasiões, o preço de mercado de uma ação é menor que o seu valor patrimonial? A irracionalidade do comportamento de certos indivíduos – ainda que estes sejam maioria – seria compensada pela racionalidade dos demais – mesmo que em minoria –, levando o mercado como um todo a refletir essa racionalidade, como que "guiado por uma mão invisível"?

Seria o movimento dos preços, especialmente os mais significativos, guiado, na verdade, por uma "exuberância irracional"? Essa expressão foi utilizada como título da obra de Robert Shiller, publicada em 2000, que contribuiu para que recebesse o Prêmio Nobel de Economia em 2013. Curiosamente, Shiller compartilhou o prêmio com Eugene Fama, que formulou a hipótese do mercado eficiente no início dos anos 1970, formulação teórica que fundamenta o modelo de racionalidade do mercado.

Também foram detectadas algumas anomalias no funcionamento do mercado, que levaram a questionamentos acerca da sua eficiência informacional. Em alguns casos, nem sempre informações novas e inesperadas são incorporadas rapidamente aos preços de um ativo ou, então, resultam em reações "exageradas", isto é, os preços variam excessivamente com relação ao que se poderia esperar em termos de novo valor intrínseco. Ainda, foram observados períodos de excessiva volatilidade, isto é, de movimentações extremas dos preços, sem que houvesse divulgação de novas informações (MISHKIN e EAKINS, 2012, p. 124-126).

Tais ideias abriram espaço para o desenvolvimento de teorias de finanças comportamentais, possibilitando revisitar os objetivos e mecanismos da regulação do mercado. No entanto, a preocupação com a eficiência do mercado (eficiência informacional) e com a transparência na divulgação

MERCADO E O *HABITAT* DOS ALGORITMOS

de informações ainda é central tanto na regulação norte-americana como na regulação brasileira.[48] Diferentes pressupostos teóricos resultarão em diferentes respostas regulatórias.

Os agentes econômicos podem tomar como matéria-prima dados históricos, informações específicas sobre as companhias ou sobre a conjuntura econômica ou mesmo informações privadas. Esses conjuntos de informações, de acordo com a hipótese do mercado eficiente, seriam relevantes para a formação de preços – especialmente o segundo conjunto de informações, idôneo a fazer com que os preços efetivamente reflitam o valor dos ativos.

A regulação deve atuar para que a eficiência informacional seja a maior possível, pois esta contribui para a eficiência alocativa, como vimos.

Para além da negociação motivada pela reação dos investidores a novas informações divulgadas ao mercado e afastado o caso fortuito de negócios realizados em decorrência de necessidades circunstanciais de recursos (encerro uma posição porque preciso do dinheiro), é possível observar a atuação de uma categoria residual[49] de investidores – os *noise traders*, expressão de difícil tradução.

O significado literal de *noise* é ruído. Talvez possamos nos valer da narrativa do estatístico norte-americano Nate Silver, que ganhou notoriedade por criar modelos que previram corretamente o resultado de eleições nos Estados Unidos. Em *O Sinal e O Ruído* (SILVER, 2013), o autor sugere que vivemos em um mundo em que há informações úteis e informações inúteis.

Com uma analogia baseada no jargão das telecomunicações, a informação fidedigna e verdadeira é designada como "sinal" (por exemplo, um som perfeito de uma melodia). Essa informação é afetada por fatores diversos e normalmente a processamos com *distorções*. Essas anomalias, que "nos afastam da verdade" representam o "ruído" (por exemplo, chiados que ouvimos junto com a música tocada em um disco de vinil).

Nesse sentido, *noise traders* seriam aqueles investidores que tomam suas decisões não com base em informações úteis ou economicamente

---

[48] Sobre a centralidade da informação como parâmetro para o desenvolvimento da regulação e as consequências da adoção dessa premissa, cf. Pitta (2013).

[49] Residual porque insuscetível de ser encontrado um critério homogêneo para agrupar os investidores que atuam sob esse rótulo (em contraposição aos investidores informados, investidores direcionais e formadores de mercado). No entanto, tal categoria não é necessariamente subsidiária ou menos relevante, sendo protagonista em cenários de crises financeiras e bolhas especulativas.

relevantes, mas em informações quaisquer, consubstanciando um grupo bastante heterogêneo. Como explicam Goshen e Parchomovsky (2006, p. 729), a maior preocupação com relação a esses investidores é que costumam agir episodicamente como uma "manada" (*herd*).[50] Os negócios que realizam são motivados por razões espúrias e não se pode atribuir às suas decisões um caráter racional. Tais negócios causam distorções relevantes nos preços, afastando-os do que seria um valor "justo".

Assim, a expressão *noise traders* pode ser compreendida tanto pelo fato de que suas decisões se baseiam em informações inúteis (ruído) como também pelo efeito que sua atuação pode vir a causar no mercado (distorções no preço) – negociam com base em ruídos e, ao fazerem isso, inserem ruído nos preços.

De modo simplificado, designaremos essa categoria como investidores *irracionais*.

Se pensarmos em uma regulação que tem como principal foco a divulgação tempestiva e equitativa de informações, não seria tal regulação inócua se alguns (ou boa parte dos) investidores atuam irracionalmente e com base em informações que não são relevantes (por exemplo, notícias antigas, dicas de sites duvidosos, astrologia, ou mesmo sem fonte alguma)?

Ainda, se é possível detectar anomalias na dinâmica do mercado que nos levam a questionar sua eficiência (tanto alocativa como informacional), faz sentido uma regulação que tome como pressuposto um mercado eficiente?

Se pensarmos que eficiência e transparência são não apenas pressupostos, mas também objetivos da regulação do mercado, então a hipótese do mercado eficiente ainda é um referente teórico relevante.

A hipótese do mercado eficiente pode ser considerada tanto um pressuposto como um ideal, um "norte magnético" para a regulação, ainda que não capture alguns aspectos da dinâmica do mercado, os quais desafiam os pressupostos de racionalidade dos agentes econômicos e eficiência informacional. Os preços nem sempre refletem o valor dos ativos negociados – por exemplo, não é raro observar casos em que as ações são negociadas em um preço inferior ao seu valor patrimonial.

Se esperamos que os preços reflitam o valor dos ativos, que o mercado cumpra seu papel de permitir a troca de riscos entre os agentes (com expectativas pautadas na sua percepção sobre valor e preço), o financiamento

---

[50] Sobre o comportamento dos *noise traders* como manada, cf. Brown (1999).

MERCADO E O *HABITAT* DOS ALGORITMOS

da atividade econômica com o menor custo possível, então tanto a eficiência informacional como um regime de divulgação de informações adequado devem ser fomentados, garantidos pela regulação.

Condutas e falhas de mercado que afastem a dinâmica das negociações desse modelo ideal devem ser desestimuladas, mitigadas ou corrigidas.

A regulação é necessária exatamente porque o mercado apresenta esses desvios em relação ao seu comportamento ideal: só se conserta aquilo que está quebrado.

2.2.3. O que é um mercado equitativo e transparente?

Podemos sintetizar os pressupostos teóricos do funcionamento do mercado discutidos até aqui em três proposições.

Primeiro, os investidores decidem *com base em informações* disponíveis, que orientam suas expectativas sobre as vantagens econômicas que pretendem obter e os riscos aos quais ficarão expostos.

Segundo, a atuação dos investidores, com base na informação, tem *reflexo nos preços* – o mercado (aqui falamos do mercado secundário especificamente) se revela como mecanismo de incorporação, nos preços, das informações disponíveis aos agentes econômicos.

Terceiro, os investidores, ao atuarem em mercado, tomam decisões racionais ou, no limite, segundo uma *racionalidade limitada*.

Em síntese, as forças de oferta e demanda se encontram em mercado, representadas, em grande parte, por investidores racionais que utilizam informações como matéria-prima para a decisão.

No entanto, como premissa do processo de incorporação da informação nos preços, assumimos a presença de investidores que competem entre si e que têm acesso isonômico às informações divulgadas e que todas as informações necessárias para a tomada de decisão estão disponíveis.

Além da eficiência, e para concretizá-la, temos a necessidade de garantir a equidade e a transparência no mercado. Fala-se em *integridade do mercado*. Ao investigar os diferentes significados dessa expressão nas normas de alguns países com mercados relevantes e na literatura especializada, Janet Austin (2017) concluiu que tal conceito pode ter os seguintes desdobramentos:

(a) Eliminação do abuso de mercado, comportamentos pelos quais alguém se coloca em posição mais vantajosa que outra pessoa para obter vantagem indevida (o que inclui uso de informação privilegiada, manipulação de mercado e *front-running*);
(b) Ausência de discriminação no acesso ao mercado para todos os que dele desejarem participar;
(c) Informação transparente e correta sobre os preços dos ativos negociados para todos os participantes ao mesmo tempo;
(d) Informação correta sobre as companhias emissoras para todos os participantes ao mesmo tempo.

Tal visão tem enorme impacto na análise de serviços adquiridos por investidores que utilizam HFT, como *co-location* e acesso direto aos sistemas de negociação e, no caso do mercado norte-americano, *flash orders* e *dark pools*, temas a serem detalhados oportunamente.

Além disso, pode haver conflitos entre a concretização da integridade do mercado (enquanto equidade e transparência) e sua eficiência. Anteriormente, afirmamos que a primeira é pressuposto da segunda. Mas, se HFTs contribuem para a disseminação de informações nos preços dos ativos negociados em diferentes mercados e, para isso, precisam ter acesso privilegiado (e mais rápido) a certas informações, seria adequado sacrificar a equidade e mesmo a transparência para favorecer a eficiência?

Atuar no mercado de capitais é, em essência, tomar decisões com base nas informações disponíveis. Para que o mercado cumpra as funções enunciadas anteriormente, cada investidor deve dispor das informações necessárias para comprar ou vender ativos, assumir ou encerrar posições em contratos.

A divulgação das informações deve ser tempestiva e seu conteúdo completo e correto – temos, assim um mercado *transparente*. Desse modo, cada um saberá em que risco incorre, as perdas que poderá sofrer, os projetos mais atrativos para serem financiados, a medida do risco de sua atividade que pode mitigar, trocando riscos com outros agentes econômicos.

Tal regime, além de suprir as necessidades dos investidores, permite que a atividade dos administradores da companhia seja monitorada, diminuindo os custos de agência na relação entre acionistas (principal) e administradores (agente) (COFFEE, SELIGMAN e SALE, 2007, p. 6).

MERCADO E O *HABITAT* DOS ALGORITMOS

A noção de equidade ou justiça (*fairness*) no mercado significa que todos os investidores devem estar nas mesmas condições de tomar decisões, ao menos em termos de informações necessárias para decidir. É certo que haverá investidores mais sofisticados, com mais experiência ou maior capacidade de processar informações complexas que uma pessoa física que ocasionalmente negocia ações. No entanto, a regulação deve buscar uma paridade de armas, um *level playing field* no tocante à competição entre investidores para as oportunidades de investimento.

Um mercado justo e transparente é, dessa maneira, um mercado em que não há assimetria de informação ou em que esta é mitigada ao máximo e as informações são divulgadas de modo tempestivo (disseminadas de forma imediata e ampla assim que o responsável pela divulgação constatar sua relevância) e sempre corretas e completas.

Desse modo, *manipular* a informação que é matéria-prima para a tomada de decisão pelos investidores implica interferir indevidamente no processo de formação de preços, comprometendo a capacidade de o mercado, de forma agregada, incorporar as informações disponíveis nesses preços. Isto prejudica toda a cadeia de decisões dos investidores, com um efeito cascata (dado que o próprio preço é também matéria-prima para decidir).

É interessante registrar a constatação de André G. Pitta (2013, p. 114) no sentido de que, em 1934, a hipótese do mercado eficiente ainda não havia sido enunciada e o racional da legislação norte-americana envolvia a preocupação com equidade e transparência, como valores relevantes para a regulação.

Diante do exposto, podemos compreender um mercado equitativo, transparente e eficiente, pressuposto e objetivo da regulação como um amálgama de três predicados:

(a) *equidade*: a necessidade de tratamento equitativo entre investidores no sentido de que todos devem dispor da mesma informação, ao mesmo tempo, para decidir;

(b) *transparência*: o imperativo de que todas as informações necessárias para a tomada de decisão devem estar disponíveis ampla e imediatamente, sem erros ou omissões;

(c) *eficiência*: o processo de formação de preços deve assegurar que estes reflitam todas as informações disponíveis (eficiência informacional) utilizadas por investidores racionais que competem entre si, do que decorre que a alocação de recursos pelos investidores não será insuficiente ou excessiva (eficiência alocativa).

2.2.4. Por que regular?

A fim de alcançar certos objetivos, o direito atribui consequências a determinadas ações, orientando a conduta dos destinatários das normas jurídicas. Esse é o modelo clássico de regulação por *comando e controle*, segundo o qual a norma diz aos seus destinatários o que eles devem fazer. Conhecer os incentivos que movem os agentes econômicos nos permite estabelecer o fundamento e o conteúdo de tais normas.

Por que o mercado precisaria ser regulado, afinal?

O direito se preocupa com o *adequado funcionamento* do mercado. Investidores, com base nas informações de que dispõem, negociam de modo a fazer com que o preço reflita tais informações e isso ocorre de modo *eficiente*. Pode haver *falhas* nesse processo – *falhas de mercado*,[51] como a concentração de poder, a formação de monopólios, as assimetrias de informação, as externalidades e o problema dos bens coletivos. A essa lista convencional podemos acrescentar outras preocupações relevantes como irracionalidade e justiça distributiva (STIGLITZ, 2009).[52]

Como discutiremos adiante, o problema do tratamento isonômico dos investidores no mercado de capitais se traduz em um imperativo de mitigação das assimetrias de informação. O dever de melhor execução da oferta do cliente pelo intermediário é uma tentativa de evitar que este venha a auferir vantagem indevida, valendo-se de uma assimetria de informação com respeito àquele.

Veremos também que HFTs geram externalidades negativas ao sobrecarregar os sistemas de informação das bolsas e dos intermediários, impondo-lhes custos que poderão ser repassados aos demais investidores.

A adequada formação dos preços conforme os fundamentos econômicos pode ser considerada um bem coletivo, na medida em que investidores informados contribuem para sua "produção" e investidores irracionais

---

[51] "Ao menos em princípio, as falhas de mercado justificariam a regulação de atividades ou a criação de infraestruturas que o mercado deixou de prover adequadamente" (YAZBEK, 2009, p. 33 e ss.).

[52] Para o autor, não há nenhum fundamento teórico para se acreditar que mercados sem restrição tenderão a promover o bem-estar geral.

MERCADO E O *HABITAT* DOS ALGORITMOS

ou, então, especuladores de curto ou curtíssimo prazo fruem dessas informações e ainda inserem "ruído" nos preços, prejudicando o seu próprio "consumo" da informação, bem como o consumo dos demais.

Estes são apenas alguns exemplos de falhas de mercado que demandam respostas regulatórias.

Os critérios que definem o momento no qual o Estado deve intervir são objeto de disputa. Toda regulação (estatal ou não) tem um impacto, que pode trazer efeitos colaterais cujo custo pode ser maior do que o da falha que se desejava corrigir.

Nos Estados Unidos, onde o debate sobre análise de impacto regulatório (tanto no mercado de capitais como na atuação de outras agências reguladoras) é bastante desenvolvido, um recente memorando elaborado pela SEC sintetiza as etapas que devem preceder a elaboração de uma norma a fim de que sejam consideradas as suas consequências (SECURITIES AND EXCHANGE COMMISSION, 2012):

(a) identificar a necessidade de uma norma e explicitar como tal norma atenderá a essa necessidade;
(b) apresentar o pano de fundo econômico com os pressupostos para a avaliação do impacto da norma (por exemplo, efeitos na eficiência, na competitividade e na capitalização do mercado);
(c) discutir alternativas razoáveis à norma proposta;
(d) considerar o impacto da norma proposta e de suas alternativas em termos qualitativos e quantitativos, fornecendo as melhores evidências possíveis.

Desse modo, diante de um novo fenômeno, de uma nova prática negocial, de uma nova estratégia financeira, tal abordagem nos permite testar a necessidade da criação de uma regulação ou de adaptação da regulação existente.

Consideremos o momento histórico no qual surge a ideia de regular o mercado de valores mobiliários, particularmente nos EUA, país pioneiro na elaboração de uma disciplina jurídica da matéria, ainda na década de 1930.

Após o colapso de 1929, a conjuntura econômica desfavorável e a falta de confiança no mercado por parte dos investidores inviabilizaram o financiamento das companhias por meio do mercado. Constatou-se que havia um interesse público no adequado funcionamento do mercado: "se Wall

Street espirrasse (como fez com intensidade em 1929), a América poderia ficar seriamente doente" (COFFEE, SELIGMAN e SALE, 2007, p. 3).[53] Crises no mercado de capitais podem ter circunstâncias desastrosas na economia real.

Ainda, os investidores precisavam ser protegidos contra a divulgação de informações falsas e contra outras práticas que pudessem levá-los a ter uma percepção equivocada acerca do risco do investimento que fariam.

Em outros termos, verificou-se a existência de *assimetrias de informação* entre investidores e companhias e, adicionalmente, entre investidores e intermediários, administradores e acionistas, e mesmo entre acionistas controladores (se há controle majoritário ou minoritário nas companhias) e acionistas minoritários.

Os administradores das companhias podem ter poucos incentivos para divulgar informações que lhes sejam desfavoráveis ou que favoreçam seus concorrentes, ou podem até mesmo divulgar informações falsas, a fim de influenciar os investidores, tais como demonstrações financeiras fraudadas ou estimativas irreais sobre futuros negócios da companhia. Disso pode resultar o aumento dos custos de supervisão dos administradores pelos acionistas.

Há também assimetrias de informação entre investidores e os demais participantes do mercado (intermediários, analistas, gestores de fundos de investimento).

Elevadas assimetrias de informação podem levar até mesmo ao colapso de determinado mercado, tornando inviável a sua existência, como argumentado por George Akerlof, em seu clássico estudo *The Market for "Lemons"* (1970).[54]

Na seção anterior, vimos que a eficiência informacional dos mercados é uma decorrência da atuação de investidores que decidem racionalmente e competem entre si, negociando com base nas informações de que dispõem. Desse modo, os pressupostos teóricos adotados se relacionam para orientar a regulação no sentido de garantir que, se todos os investidores

---

[53] A enumeração das falhas de mercado nesta seção tomou como base esse texto e Armour *et al.* (2016, p. 55-72).

[54] O autor, ganhador do Prêmio Nobel de Economia em 2001, discute o problema nos mercados de carros usados, de seguros de saúde para pessoas idosas e de contratação de pessoas pouco qualificadas. Sem a presença de mecanismos que corrijam a assimetria de informação, o fenômeno da seleção adversa torna inviável a existência desses mercados.

tiverem igual acesso a todas as informações relevantes para a sua tomada de decisão, então, ao agirem racionalmente, contribuirão para o processo de formação de preços, concretizando a eficiência do mercado.

Este é o discurso que embasa a concepção de que o objetivo da regulação é garantir um mercado eficiente e transparente, o que significa garantir que todos os investidores disponham das informações necessárias para sua tomada de decisão (transparência) e que tenham acesso a essas informações de modo isonômico.

A busca por essa isonomia se traduz no objetivo de *proteger o investidor*, em situação de vulnerabilidade informacional – não é relevante o seu porte econômico, não se trata de uma preocupação com hipossuficiência econômica.

Adicionalmente, a regulação se preocupa com a estabilidade das instituições financeiras, por meio da *redução do risco sistêmico* – dada a dependência mútua existente entre instituições financeiras, se uma delas entrar em colapso, pode ocorrer um efeito dominó que se propagará por todo o sistema econômico.

Em um mercado no qual um mau funcionamento de um algoritmo pode resultar na perda de USD 400 milhões em poucos minutos ou, como no *Flash Crash* de 2010, um mercado perde cerca de USD 1 trilhão em capitalização em um único dia, é preciso haver controle rígido da exposição ao risco pelos investidores, a fim de garantir a compensação e liquidação das operações e evitar que instituições financeiras venham a se tornar insolventes em razão de prejuízos elevados decorrentes de cenários de volatilidade extrema.

Da preocupação com transparência e com a correção de assimetrias de informação, decorrem vários deveres impostos aos participantes de mercado.

2.2.5. Como regular?

Na regulação do mercado secundário de capitais, como veremos na próxima seção, há um protagonismo das regras de microestrutura, as quais, no caso brasileiro, são predominantemente editadas no âmbito da autorregulação.

A Lei n. 6.385/1976 traz normas de desenho institucional e alguns objetivos a serem perseguidos, de modo que as normas infralegais criadas pela CVM no exercício do seu poder normativo conformam o mercado brasileiro. Tais normas são fortemente influenciadas pelos estudos e publicações da IOSCO (PRADO, RACHMAN e COELHO, 2015).

Há diferentes tipos de intervenção regulatória, como requisitos de transparência, regras de conduta e regras de negociação (FLECKNER, 2015).

Podemos ter, ainda, o *controle de acesso* ao mercado, isto é, devem ser atendidos certos requisitos para que determinado agente econômico se torne um emissor, um intermediário, um analista ou um administrador de carteira (ARMOUR *et al.*, 2016, p. 77 e ss.).

Por exemplo, para que uma companhia consiga emitir valores mobiliários, deve passar por um procedimento especial tanto para sua própria avaliação como para avaliação dos termos da oferta que deseja realizar aos investidores. Ou, então, são estabelecidos requisitos e procedimentos a serem seguidos por determinada empresa a fim de que possa administrar um mercado organizado de bolsa ou de balcão.

Adicionalmente, pode-se exigir aprovação prévia para que determinado ativo passe a ser negociado, o que ocorre usualmente com novos contratos derivativos que passarão a ser negociados em mercados organizados.

Uma vez que determinado participante tenha acesso ao mercado, há a preocupação com a contínua divulgação de informações sobre sua atividade – são impostos *deveres de informação (disclosure)*.

As companhias emissoras passam a ter o dever de, em regra, divulgar informações que possam afetar as decisões de investimento dos participantes do mercado. Desse modo, devem divulgar periodicamente suas demonstrações financeiras e outros relatórios.

A regulação pode envolver, ainda, *regras de negociação*, estabelecendo uma sistemática por meio da qual os negócios sejam realizados. Exemplos de regras como essas envolvem a estipulação dos horários do pregão, de leilões de abertura e fechamento para um melhor processo de formação do preço no início e no fim das sessões de negociação, controles de volatilidade que suspendem a negociação em situações extremas, a lógica de funcionamento do livro de ofertas, os tipos de ofertas que podem ser realizados, entre outras.

Com relação à proteção do investidor, a regulação pode se destinar a promover *medidas educacionais* e também a prevenir que seja induzido a negociar ativos cuja complexidade é incompatível com seu conhecimento acerca do mercado e capacidade de utilizar as informações disponíveis para a tomada de decisão (regras de *suitability*).

Ainda, proteger o investidor também significa reprimir condutas ilícitas, que prejudiquem a isonomia entre os agentes econômicos, garantir

MERCADO E O *HABITAT* DOS ALGORITMOS

o acesso tempestivo a todas as informações necessárias para a tomada de decisão e instituir mecanismos de ressarcimento de perdas sofridas em decorrência de falhas, omissões de funcionários dos atores do mercado que prestam os serviços relevantes.

A preocupação com o risco sistêmico se traduz em regras de salvaguarda e cadeias de responsabilidade, que incidem mais intensamente nos processos de compensação e liquidação, os quais têm interface com o sistema bancário. Também podem ser feitas várias exigências aos intermediários no tocante à sua capacidade financeira.

Adicionalmente, a regulação pode estabelecer *regras de conduta* para os participantes, proibindo certas práticas que possam ser consideradas danosas aos objetivos pretendidos. Sendo a informação a matéria-prima da tomada de decisão pelos investidores, pode haver regras que busquem coibir condutas como divulgar informações falsas ou induzir investidores a erro.

Falar, portanto, em proibir a "criação de condições artificiais de demanda e oferta", "manipulação de mercado", fraudes e "práticas não equitativas" parece ser uma decorrência natural dos pressupostos teóricos já enunciados. Vale ainda ressaltar que a vedação ao uso indevido de informação privilegiada decorre da preocupação com o tratamento equitativo dos agentes econômicos.

A disciplina das condutas proibidas pode ser o tema mais relevante da discussão acerca de uma eventual disciplina da atuação dos HFTs em mercado. Afinal, HFTs existem apenas para lucrar por meio da prática de condutas ilícitas, valendo-se da sua maior rapidez e capacidade de processar informações? Sua mera presença em mercado seria uma afronta à isonomia entre investidores? Ou, pelo contrário, ao negociarem, HFTs estão contribuindo para a rápida incorporação das informações nos preços?

Para que se adote um discurso sobre o que deve ser proibido, o que deve ser permitido e o que é irrelevante para o direito em termos de HFT (e de qualquer outra inovação tecnológica), é preciso compreender o mercado secundário, os pressupostos e objetivos da regulação e as próprias peculiaridades do fenômeno sobre o qual nos debruçamos. É preciso verificar os riscos que são criados ou amplificados e as medidas preventivas ou remédios que podem ser eficazes para gerenciar tais riscos.

Nas seções que seguem, detalharemos alguns conceitos necessários para a descrição da atuação dos HFTs, apresentando a estrutura e a microestrutura do mercado secundário.

2.3. Estrutura do mercado secundário

Quais são os serviços oferecidos no mercado de capitais? Quem são os responsáveis por provê-los? Quem edita as "regras do jogo"? Quais desses atores são afetados pela negociação algorítmica e em que medida?

Uma vez emitidos e distribuídos os valores mobiliários aos investidores,[55] dá-se início ao processo de negociação do mercado secundário, do qual participam diversos atores relevantes. Vimos que há ambientes de negociação ou registro de operações mantidos por entidades administradoras de mercados organizados – no Brasil, a única entidade administradora a partir de 2017 é a B3.[56]

Nesta seção detalharemos a distinção entre mercado de bolsa e mercado de balcão, discutiremos a impossibilidade de mercados alternativos como *dark pools* no Brasil e, adicionalmente, apresentaremos algumas considerações úteis para os objetivos deste trabalho acerca da autorregulação no mercado de capitais brasileiro e do regime jurídico dos intermediários.

2.3.1. Mercado de bolsa e mercado de balcão

O que pode ser negociado no mercado brasileiro? Quem pode emitir valores mobiliários? Como se organiza o mercado primário e, posteriormente, como se dá a dinâmica do mercado secundário?

Do mandato legal da CVM definido na Lei n. 6.385/1976, é possível observar uma preocupação com a garantia de um mercado equitativo, eficiente e transparente, onde condutas danosas serão reprimidas e a proteção

---

[55] Tendo em vista a enorme quantidade de trabalhos dedicados ao mercado primário e a importância reduzida do tema para os capítulos subsequentes, não iremos detalhar o regime de registro de emissores e de registro de ofertas públicas, previstos nas ICVM 480/2009 e 400/2003, respectivamente. Para um estudo detalhado e crítico sobre o regime de informação, cf. Pitta (2013).

[56] Por meio do Ofício Circular 013/2017-DP, a B3 definiu todos os produtos autorizados para negociação e registro nos mercados de bolsa e de balcão. A lista compreende derivativos (de ações e ETF, de *commodities*, de índices, de ouro, de taxas de câmbio, de taxas de juros e de títulos da dívida externa), operações estruturadas (rolagem de commodities, rolagem de índices, taxas de câmbio, taxas de juros) e no mercado à vista temos dólar (câmbio pronto), ouro, renda fixa privada, renda variável, empréstimo de ativos e renda fixa pública.Um estudo interessante sobre as características dos derivativos negociados no mercado brasileiro pode ser encontrado em Carreira e Brostowicz (2016).

do investidor é um mandamento primordial. Também na Lei n. 6.385/1976 encontramos um rol de atividades a serem disciplinadas e fiscalizadas, bem como vários conceitos legais e outros termos que não são definidos pela lei (por exemplo, mercado de bolsa e mercado de balcão organizado). Mas no que se traduz, afinal, esse mercado?

Vejamos alguns números antes de detalharmos suas instituições e atores, a fim de dar maior concretude à discussão. No mercado de capitais, como vimos, as companhias podem se financiar por meio da emissão de títulos de dívida (*debt*) ou de participação (*equity*), também referidos, respectivamente, como títulos de *renda fixa* e de *renda variável*. A divisão entre renda fixa e renda variável é um tanto quanto arbitrária e estanque, mas acreditamos que seja a tradução mais adequada para *debt* e *equity*, respectivamente. Como discutimos anteriormente, há instrumentos financeiros que podem ter características híbridas.

Segundo a Anbima (2018), em 2017, o volume total de captação foi 56% maior que o ano de 2016 e foi o maior desde 2010, "quando as operações no mercado de capitais doméstico somaram R$ 243,9 bilhões, influenciadas por uma grande operação da Petrobras". As debêntures foram o instrumento de maior destaque, representando 44,3% do total de captações (sendo 42,7% desse montante destinado à reestruturação de dívidas e 41,3% a capital de giro).

Nos últimos anos, poucas ofertas públicas iniciais (comumente referidas como IPOs – *initial public offers*) e ofertas secundárias (*follow-ons*) têm ocorrido no mercado brasileiro. Mas ainda podemos nos recordar da sequência de sessões comemorativas de abertura de capital, nas quais os executivos de certa companhia junto com executivos da BM&Fbovespa, divulgadas amplamente na mídia. Tal foi o caso da OGX em 2010, o "maior IPO da história", quando foram captados R$ 6,7 bilhões.[57] O que vem depois disso? A festa é eterna? (O caso da OGX sugere que não).

Na Tabela 3, há um resumo do mercado primário brasileiro, apresentando o total captado por companhias entre 2010 e 2016. O total captado via renda fixa tem sido, no geral 5 a 9 vezes superior ao volume financeiro captado em renda variável.

---

[57] OGX FAZ o maior IPO da história da bolsa brasileira. *Exame*, 14 out. 2010. Disponível em: http://exame.abril.com.br/mercados/ogx-faz-o-maior-ipo-da-historia-da-bolsa-brasileira-m0161973/. Acesso em: 03 mar. 2017.

HIGH FREQUENCY TRADING (HFT) EM CÂMERA LENTA

Tabela 3. Captações no mercado de capitais brasileiro entre 2011 e 2017
Comparativo entre renda fixa e renda variável. Valores em R$ milhões

	Renda fixa (*debt*)							Renda variável (*equity*)		
Ano	Debên-tures	Notas pro-missórias	LF	CRA	CRI	FIDC	Total	Ações IPOs	Ações *follow-ons*	Total
2011	50.716	19.649	550	175	13.382	17.485	101.957	7.466	11.516	18.982
2012	89.996	22.652	2.063	254	10.446	7.008	132.419	4.396	9.904	14.300
2013	70.473	21.107	3.950	1.184	15.892	8.252	120.858	17.655	6.240	23.895
2014	75.259	31.268	3.752	2.145	16.254	9.719	138.397	418	14.992	15.410
2015	64.522	13.269	1.450	4.782	9.952	6.111	100.086	873	17.461	18.334
2016	60.598	9.152	1.799	13.132	17.824	4.671	107.176	766	9.967	10.733
2017	88.165	26.730	3.005	11.793	7.214	15.191	152.098	21.408	18.689	40.097

Fonte: Anbima (2018).[58]

Com relação ao mercado secundário, a Tabela 4 reúne alguns dados importantes relativos à capitalização do mercado e estatísticas de negociação no âmbito da B3, a única bolsa brasileira,[59] resultante da fusão entre Bovespa e BM&F em 2008 e, posteriormente, da BM&Fbovespa e da Cetip (principal entidade administradora do mercado de balcão organizado no Brasil) em 2017.

[58] Os dados foram obtidos no Boletim de Mercado de Capitais elaborado mensalmente e disponível no *site* da Anbima. CRA: Certificados de Recebíveis do Agronegócio. CRI: Certificados de Recebíveis Imobiliários. FIDC: Fundos de Investimento em Direitos Creditórios. Anbima (2018).

[59] Em 19 de junho de 2013, a Americas Trading System Brasil (ATS Brasil), *joint-venture* entre a Americas Trading Group (ATG) e a NYSE Euronext, deu entrada no o pedido de autorização junto à Comissão de Valores Mobiliários (CVM) para lançar uma nova bolsa de valores no mercado brasileiro. A ATS ainda não obteve autorização da CVM, especialmente em razão de questões envolvendo os serviços de compensação e liquidação e depósito centralizado de ativos, que serão prestados pela Americas Clearing System S. A. (ACS), sociedade do mesmo grupo da ATS. Ambas participaram ativamente no processo administrativo conduzido no âmbito do Conselho Administrativo de Defesa Econômica (CADE) relativo ao ato de concentração entre BM&FBovespa e Cetip. Cf. Americas Clearing System (2017).

MERCADO E O *HABITAT* DOS ALGORITMOS

Tabela 4. Estatísticas do mercado secundário da B3 entre 2010 e 2016
A tabela não contempla dados de negociação de derivativos

	2011	2012	2013	2014	2015	2016	2017
Companhias listadas	373	364	363	363	359	349	344
Capitalização em 31/dez (R$ bilhões)	2.294	2.524	2.414	2.243	1.912	2.467	3.161
Volume diário médio no segmento Bovespa à vista (R$ milhões)	6.092	6.888	7.097	6.939	6.563	7.101	8.450
Média diária de negócios no segmento Bovespa à vista	475.064	653.998	779.505	819.943	894.493	911.718	927.504

Fonte: B3 (2020c).[60]

Podemos afirmar que, em termos de volume de captação, o mercado de ações (renda variável) tem sido menos significativo em nosso país que o mercado de renda fixa e, por sua vez, os números do mercado secundário (volume financeiro negociado no mercado à vista de ações) têm uma ordem de grandeza inferior em contraste com os números do mercado primário (recursos captados pelas companhias).

Porém, como ressaltamos anteriormente, para além da função de financiamento, o mercado secundário desempenha o relevante papel de permitir a troca de riscos entre os agentes econômicos, o que ocorre não apenas pela negociação de ações, mas sobretudo pela negociação de derivativos.[61]

Desse modo, não podemos afirmar apressadamente que o mercado secundário teria um caráter residual em relação ao mercado primário e

---

[60] Nessa base de dados, é fornecida a média mensal do volume financeiro e do número de negócios e optamos por apresentar a média anual como sendo a média das médias fornecidas pela B3.

[61] As estatísticas relacionadas ao mercado de derivativos envolvem principalmente o número de contratos negociados. Não é possível comparar um "volume financeiro negociado" no mercado de derivativos com o volume financeiro negociado no mercado à vista de ações, porque o risco na exposição em contratos derivativos é aferido a partir do chamado valor nocional, que é uma cifra ideal sobre a qual são calculados os fluxos de caixa a serem pagos e recebidos pelas partes. No segmento BM&F da B3, são negociados contratos futuros de taxas de juros, de taxas de câmbio, de índices de ações e de *commodities*. No segmento Bovespa, são negociadas opções de ações e contratos a termo de ações. Nos mercados de balcão da B3 são registrados contratos a termo, opções e *swaps*.

que este, por seu turno, também seria residual em relação ao mercado de renda fixa, pois estamos falando de operações econômicas distintas, com funções distintas.[62]

Na mídia especializada do mercado de capitais, observamos uma enorme quantidade de notícias que influenciam a tomada de decisão por investidores, incluindo dados de negociação, como a variação do preço de fechamento com base no fechamento do dia anterior (bolsa "sobe" ou "cai" 10%), preços de abertura, máximo e mínimo, quantidade de negócios, volume financeiro operado.

Ao longo do tempo, observamos também períodos mais agitados, com movimentos abruptos nos preços, alternados com fases de estagnação. Vemos referências aos índices de mercado (por exemplo, Índice Bovespa sobe 5%), termômetros projetados para aferir a "temperatura" agregada das expectativas dos investidores, especialmente em face de determinadas divulgações relevantes (anúncios de privatizações, ataques terroristas, resultados de eleições, demonstrações financeiras com resultados inesperados, descoberta de fraudes em determinada companhia, entre outros). Nas capas de revistas, alternam-se manchetes enaltecendo a valorização dos ativos no mercado de bolsa e prognósticos pessimistas em face de crises econômicas.

Mas como tudo isso acontece? Como são realizados os negócios? Onde investidores de curto, médio e longo prazo se encontram? Em termos mais lúdicos, onde está a porta de entrada para esse colorido e glamuroso *carnaval*? Quais as suas principais atrações? Como afirma entusiasticamente o historiador Fernand Braudel (2009, p. 12), "o mercado é uma libertação, uma abertura, o acesso a outro mundo. É vir à tona".

A forma mais rudimentar de mercado que costuma nos ocorrer são as feiras, "com suas desordens, sua afluência, seus pregões, seus odores violentos e o frescor se seus gêneros [...] A feira é o ruído, o alarido, a música,

---

[62] Podemos pensar, por exemplo, que, independentemente do montante pago em prêmios no mercado de seguros no Brasil, esse mercado é fundamental para o desenvolvimento da atividade econômica em face da possibilidade de controlar os riscos a que são expostos os agentes econômicos. Um raciocínio semelhante pode ser aplicado ao mercado secundário, que além de permitir a troca de riscos, permite a agregação das informações disponíveis sobre as companhias nos preços, os quais servem de referencial para a tomada de decisões relevantes no sistema econômico.

MERCADO E O *HABITAT* DOS ALGORITMOS

a alegria popular, o mundo de pernas para o ar, a desordem, por vezes o tumulto".[63]

Não convém comparar os mercados modernos – sobretudo onde os sistemas eletrônicos fizeram reinar o silêncio em substituição à gritaria de outrora – às feiras medievais, mas podemos tomá-las como ponto de partida para a compreensão dos mercados de bolsa e de balcão.

Temos compradores interessados em diversos produtos, para consumo próprio (ou, excepcionalmente, revenda em outro local, em menor escala). Temos também os vendedores que oferecem, atrás de uma banca, os produtos de sua atividade (ou itens adquiridos de um produtor, para revenda). Havendo mais de uma banca oferecendo o mesmo produto, se o preço deste é menor em uma delas, naturalmente os compradores se dirigirão a essa banca e não àquela onde o produto está mais caro.

Desse singelo arranjo, surgem algumas dúvidas importantes. Quem pode vender? O que pode ser vendido? Há limite para o máximo de bancas que podem vender o mesmo produto? Quem pode comprar? A quem o comprador poderá se dirigir no caso de produtos estragados ou com defeito? Se a compra é feita a crédito, apenas o comprador irá responder no caso de inadimplemento? Há padrões mínimos de qualidade dos produtos, moeda ou unidades de medida? Podem os vendedores entrar em conluio e aumentar arbitrariamente os preços?

Todas essas perguntas dizem respeito à organização do mercado, aos atores que nele podem atuar, às informações necessárias para a realização dos negócios, às garantias das obrigações ali assumidas e à atribuição de responsabilidades.

Braudel, citando um autor francês chamado Samuel Ricard, que escreveu em 1686 o *Nouveau négociant*, indica que o termo "bolsa" veio da cidade de Bruges nos países baixos, quando assembleias se realizavam perto de um Hotel chamado *Bourses*, construído por um nobre da família *Van der Bourse* e, por essa razão, ostentava em sua fachada um escudo de três armas dotado de três bolsas.[64]

---

[63] Com a devida licença, permito-me um registro anedótico. Esse fragmento sempre vem à mente do autor quando come pastel nas manhãs de terça na feira atrás da Rua Rocha, onde fica a FGV DIREITO SP e, ainda, quando visita sua cidade natal, Belém do Pará, onde se encontra o famoso mercado do Ver-o-Peso.

[64] "Em Lyon, a Bolsa chamava-se praça dos Câmbios; nas cidades hanseáticas, Colégio dos mercadores; em Marselha, a *Loje*; em Barcelona, tal como Valência, a Lonja. Nem sempre

HIGH FREQUENCY TRADING (HFT) EM CÂMERA LENTA

Voltemos ao presente, distante alguns séculos do cenário romântico descrito por Braudel. Em uma primeira aproximação, a bolsa é um ambiente destinado à negociação de ativos. O ambiente em si onde ocorrem as negociações é administrado por uma entidade. Daí por que a legislação brasileira fala em "mercados organizados de valores mobiliários" e "entidade administradora de mercado organizado", definições trazidas pela Instrução CVM 461/2007:

> Art. 3º Considera-se mercado organizado de valores mobiliários o espaço físico ou o sistema eletrônico, destinado à negociação ou ao registro de operações com valores mobiliários por um conjunto determinado de pessoas autorizadas a operar, que atuam por conta própria ou de terceiros.

Uma primeira decisão envolve a determinação do que será negociado, o que nos remete à definição de valor mobiliário e à dinâmica do mercado primário. Companhias emissoras de valores mobiliários poderão, por meio de um procedimento específico delineado pela lei e pelas normas da CVM, colocar tais valores mobiliários para negociação no mercado.

Cabe à entidade administradora de mercado organizado definir as operações permitidas e as condições em que valores mobiliários possam ser negociados. Vem à nossa mente a imagem dos IPOs celebrados nas principais bolsas do mundo, quando usualmente os dirigentes das companhias proferem discursos e, então, tocam o sino que marca o início da sessão de negociação. Mas para quem esse sino toca?

Poderíamos imaginar uma feira na qual certo agente econômico se encontrasse atrás de uma banca, oferecendo diversos ativos para quem tivesse interesse em adquiri-los. O estoque de ativos seria sua carteira própria e, no curso de uma sessão de negociação, pode comprá-los ou vendê-lo. Ao fazer isso, pode esperar obter lucro a partir do próprio movimento dos preços ou, então, pode ter sido contratado por certa companhia para fomentar a negociação de seus ativos ou para negociar grandes quantidades em determinados momentos. Tais agentes são conhecidos, conforme seu padrão de atuação, como *scalpers, daytraders, locals, market makers* ou *specialists*.[65]

---

tinha edifício próprio, donde uma frequente confusão de nomes entre o local de reunião e a própria Bolsa" (BRAUDEL, 2009, p. 79).

[65] Os termos enumerados não são exatamente sinônimos, mas assim serão considerados para fins desta discussão. O papel de formador de mercado (*market maker*) é especialmente

MERCADO E O *HABITAT* DOS ALGORITMOS

Estamos falando de um tipo específico de agente denominado *dealer*, um provedor de liquidez.[66]

Como vendedores em uma feira, *dealers* devem atrair clientes e a chave para conseguir isso é o modo como gerenciam suas ofertas de compra e de venda, em termos de preços e quantidades. *Dealers* não são apenas vendedores, também podem comprar ativos. Nesse ponto, se assemelham a uma loja de livros usados (os famosos *sebos*), que lucram comprando livros a preços módicos e revendendo-os a preços superiores, ainda que abaixo dos preços de livros novos.

Se certo agente econômico deseja atuar como *dealer* em, digamos, 100 ou 200 ativos ao mesmo tempo, é natural compreender que, uma vez que os sistemas de negociação passaram a ser eletrônicos, é mais vantajoso automatizar as estratégias outrora desempenhadas por seres humanos. A negociação algorítmica, seja ela de alta frequência ou não, é particularmente importante para o bom desempenho de um *dealer*.

Poderíamos pensar em um mercado no qual a oferta é controlada primordialmente por *dealers*, sejam eles contratados para tanto ou voluntários, atuando habitual ou ocasionalmente.

Adicionalmente, poderíamos pensar em um registro central de todos os negócios realizados, indicando preços e quantidades, não necessariamente com registro imediato após a conclusão da operação. Estaríamos, nesse caso, nos aproximado da ideia de um *mercado de balcão organizado*.

Porém, o cenário descrito aqui ainda está incompleto: a oferta de ativos não se dá exclusivamente por meio de *dealers*. Há certa democracia no mercado, na medida em que qualquer investidor, preenchidas determinadas condições de acesso ao ambiente de negociação, pode comprar ou vender. Um investidor de longo prazo, por exemplo, pode negociar poucas vezes no ano ou mesmo nenhuma vez.

A analogia com uma feira encontra aqui uma limitação importante: qualquer investidor pode montar a sua banca e negociar os ativos que têm e, ainda, suas contrapartes não são apenas clientes que passam por ali ocasionalmente, mas também outros investidores com suas bancas próprias,

---

relevante para o bom funcionamento do mercado e detalharemos seu modo de atuação quando tratarmos da dinâmica do livro de ofertas.

[66] *"Dealers are profit-motivated traders who allow other traders to trade when they want to trade"* (HARRIS, 2003, p. 278 e ss.).

em outros locais da feira. Como diminuir os custos de se obter informação sobre os preços? Como saber em que "banca" consigo encontrar as melhores condições?

Se sou comprador, quero pagar o menor preço possível, logo busco a oferta de venda com o menor preço (*ask*). Se sou vendedor, quero obter a maior receita possível, logo busco a oferta de compra com o maior preço (*bid*).

A solução para esse problema é um *sistema centralizado e multilateral*, que possibilita o "encontro" e a "interação" entre ofertas de compra e ofertas de venda. Como alternativa à negociação direta com um formador de mercado, a Instrução CVM 461/2007 traz a seguinte definição no parágrafo único de seu art. 65:

> Considera-se sistema centralizado e multilateral aquele em que todas as ofertas relativas a um mesmo valor mobiliário são direcionadas a um mesmo canal de negociação, ficando expostas a aceitação e concorrência por todas as partes autorizadas a negociar no sistema.

Desse modo, o investidor não precisa se dirigir a uma "banca" de uma feira. Basta identificar o ativo que deseja negociar e encontrará informações agregadas sobre ofertas de compra e de venda, que lhe permitirão decidir se irá ou não negociar em um dado instante.

Esse sistema é implementado por meio de um livro central de ofertas limitadas (*Central Limit-Order Book* ou CLOB). Os negócios são realizados de modo a privilegiar as ofertas com melhores preços e a ordem cronológica de seu envio ao sistema de negociação (regra de *price-time order priority*, exigida no parágrafo único do art. 73 da Instrução CVM 461/2007).

Entender a dinâmica do livro de ofertas é fundamental para que se compreendam as diferentes estratégias de atuação dos HFTs. Por essa razão, discutimos o tema com mais detalhes à frente.

Uma preocupação regulatória importante consiste na visibilidade de ofertas enviadas e negócios realizados para a adequada formação de preços – *transparência pré-negociação* ("pré" porque envolve informações a serem disponibilizadas aos investidores para sua tomada de decisão). Toma-se a eficiência informacional do mercado como pressuposto e também como objetivo: as decisões dos agentes incorporam nos preços

MERCADO E O *HABITAT* DOS ALGORITMOS

a informação que utilizaram para negociar e, assim que possível,[67] os demais agentes devem tomar o novo preço como parâmetro para suas próprias decisões.

Poderíamos pensar, em virtude da descrição fornecida até aqui, que a diferença essencial entre mercado de bolsa e mercado de balcão organizado, as duas espécies de mercados organizados de valores mobiliários, seria a existência de um sistema centralizado e multilateral.

Contudo, esta não é uma conclusão válida diante da previsão do art. 93 da Instrução CVM 461/2007: no mercado de balcão organizado, a negociação pode se dar tanto por meio de formador de mercado como por um sistema centralizado e multilateral – mas também pode se dar pelo mero registro de operação previamente realizada. Esse último modo de atuação só pode ocorrer no mercado de balcão organizado.

Guardemos essa informação, por ora, como a primeira distinção relevante entre essas espécies de mercado. Convém recordar a lição de Ronald Coase (1937), acerca da organização de certa atividade econômica segundo uma hierarquia (*firm*) ou por meio de contratos, com uma divisão de tarefas. Até aqui, falamos apenas em "mercado" e "entidade administradora de mercado".

Há dois aspectos importantes na relação entre investidores e a entidade administradora de mercado: os custos operacionais e a responsabilidade pelo adimplemento das obrigações assumidas.

Ainda que hoje os sistemas de negociação sejam eletrônicos, o relacionamento com o cliente, a manutenção de seus dados cadastrais, a custódia dos recursos depositados, a criação de um canal para atendimento, entre outros serviços, envolve custos elevados que aumentariam a complexidade da atividade de uma entidade administradora de mercado.

Desse modo, é vantajoso que outros agentes desempenhem o papel de gerir a relação com os investidores, agindo como intermediários. Não se trata de intermediação financeira no sentido da realizada no mercado de crédito, mas sim de uma atividade específica de sociedades integrantes do sistema de distribuição, definida na Instrução CVM 505/2011 como:

---

[67] A Instrução CVM 461/2007 faculta às entidades administradoras de mercados de bolsa a divulgação, ao longo da sessão de negociação, de informações sobre negócios realizados com até 15 minutos de atraso. Normalmente, a B3 disponibiliza gratuitamente as informações com atraso e cobra uma taxa dos participantes do mercado para fornecer os dados em tempo real. Os intermediários e outros provedores de informação (por exemplo, Bloomberg e Broadcast) contratam esse serviço junto à B3 e o oferecem a seus clientes.

Art. 1º Considera-se, para os efeitos desta Instrução: I – intermediário: a instituição habilitada a atuar como integrante do sistema de distribuição, por conta própria e de terceiros, na negociação de valores mobiliários em mercados regulamentados de valores mobiliários.

Um intermediário pode atuar como *dealer*, tal qual descrito anteriormente, ou, então, como *broker*, quando efetivamente busca a realização dos negócios pretendidos pelos seus clientes. Por vezes, é comum encontrar a designação *broker-dealer* em artigos e outras publicações na língua inglesa, quando intermediários atuam das duas maneiras.

Além disso, os intermediários desempenham um papel relevante na cadeia de responsabilidade pela liquidação das operações. A entidade administradora deve admitir e controlar as *pessoas autorizadas a operar* no seu ambiente de negociação, estipulando suas classes, seus direitos e responsabilidades.

Tal autorização pode ser dada a intermediários para negociar em nome próprio ou de terceiros, a operadores especiais para negociar em nome próprio ou de intermediários e, para quem negocie em nome próprio a outras pessoas jurídicas, fundos de investimento, diretamente e sem a necessidade de intervenção de intermediário.

Ainda, as operações em um mercado organizado – seja de bolsa ou de balcão organizado – somente podem ser realizadas por pessoa autorizada a operar em tal mercado (arts. 11 e 51 da Instrução CVM 461/2007).

As pessoas autorizadas a operar respondem pelos negócios realizados nos mercados organizados e, por isso, são objeto da regulação de competência do Banco Central, dada a preocupação com o risco sistêmico. As atividades de compensação e liquidação das operações dependem de autorização do Banco Central e a matéria é regulada pela Lei n. 10.214/2001, Resolução CMN n. 2.882/2001 e Circular Bacen 3.057/2001.

No Brasil, até recentemente, a BM&FBovespa era entidade administradora do único mercado de bolsa no país[68] e também administrava um mercado de balcão organizado (segmento iBalcão). A Cetip, criada em 1984 pelo Banco Central e por diversas instituições financeiras como Central de Custódia e Liquidação Financeira de Títulos, era a outra entidade

---

[68] Após a fusão entre Bovespa e Bolsa de Mercadorias e Futuros (BM&F) em 2008. Em 1996, foi criada a Sociedade Operadora do Mercado de Ativos (Soma) pela Bolsa de Valores do Rio de Janeiro e pela Bolsa do Paraná. Hoje a sociedade pertence à B3. Cf. Yazbek (2009, p. 144).

MERCADO E O *HABITAT* DOS ALGORITMOS

administradora de mercado de balcão organizado, tendo recebido autorização da CVM para tanto em 2000 (EIZIRIK *et al.*, 2011, p. 254-255).

Dada a possibilidade de registro de operações previamente realizadas no mercado de balcão organizado, caso estas não tenham contado com a participação direta de um intermediário integrante do sistema de distribuição, a responsabilidade pela liquidação da operação poderá se dar: (a) pela entidade administradora de balcão organizado, se acordado contratualmente com as partes; ou (b) diretamente entre as partes da operação (art. 93 da Instrução CVM 461/2007).

Uma terceira diferença, especialmente importante no que diz respeito à transparência do processo de formação dos preços, diz respeito à maior flexibilidade para o mercado de balcão organizado para divulgar informações sobre os negócios realizados ou levados a registro. A CVM pode autorizar a divulgação diferida, nos termos do art. 105 da Instrução CVM 461/2007.

Uma quarta diferença, ainda, é a não obrigatoriedade de existência de um mecanismo de ressarcimento de prejuízos para a entidade administradora do mercado de balcão organizado.

Tal mecanismo é obrigatório para a entidade administradora do mercado de bolsa, para ressarcir prejuízos decorrentes "da ação ou omissão de pessoa autorizada a operar, ou de seus administradores, empregados ou prepostos, em relação à intermediação de negociações realizadas na bolsa ou aos serviços de custódia" (art. 77 da Instrução CVM 461/2007), caso, por exemplo, de inexecução ou execução infiel de ofertas, de intervenção pelo Banco Central ou encerramento de atividades.

Por fim, a Instrução CVM 461/2007 estabelece requisitos diferenciados de governança para as entidades administradoras de mercado de bolsa e de mercado de balcão organizado.

Para as primeiras, a aquisição de participação direta ou indireta igual ou superior a 15% do seu capital social depende de autorização da CVM, pessoas autorizadas a operar não podem deter mais de 10% do capital social da entidade, é obrigatória a instituição de um Comitê de Auditoria e a maioria dos membros do Conselho de Administração deve ser independente.

Não há tais exigências para as entidades administradoras de mercado de balcão organizado, a não ser a exigência de 25% de membros independentes no Conselho de Administração.

Embora ainda não tenhamos falado com maiores detalhes sobre ilícitos de mercado, podemos afirmar que, pelas diferenças descritas até aqui, não podemos afirmar *em abstrato* que *nunca* pode ocorrer manipulação de preços no mercado de balcão. Se esse mercado dispuser de um sistema centralizado multilateral de negociação, com um livro de ofertas, isto é perfeitamente possível. Dependendo do ativo, também pode ocorrer manipulação com base em informações falsas.

Tabela 5. Diferenças entre mercado de bolsa e mercado de balcão organizado

	Bolsa	Balcão Organizado
Formas de negociação	Sistema centralizado e multilateral e negociação com formador de mercado	Sistema centralizado e multilateral, negociação com formador de mercado e registro de operações previamente realizadas
Responsabilidade pela liquidação das operações	Pessoa autorizada a operar	Pessoa autorizada a operar, mas se registro de operação previamente realizada, pode ser da entidade administradora ou entre as partes.
Divulgação das ofertas enviadas e negócios realizados	Imediata	Pode ser diferida, com divulgação individual ou agrupada
Mecanismo de ressarcimento de prejuízos	Obrigatório	Não é obrigatório
Regras específicas para a entidade administradora	Restrições à composição do capital social, maioria de conselheiros independentes e Comitê de Auditoria obrigatório	Apenas 25% de membros independentes do Conselho de Administração

Fonte: Elaboração do autor com base nas definições contidas na Instrução CVM n. 461/2007.

A manipulação pode ocorrer no mercado de balcão até mesmo se não houver livro de ofertas: em julho de 2017, o Ministério Público Federal ofereceu denúncia contra ex-funcionários de bancos internacionais que teriam combinado o *spread* de contratos a termo de dólar (*non-deliverale forwards*, mais precisamente), pela prática, em concurso formal, dos crimes de cartel (art. 4º, II, *a*, *b*, da Lei n. 8.137/1990) e manipulação de mercado (art. 27-C da Lei n. 6.385/1976).[69]

---

[69] A denúncia foi aditada em setembro de 2017 para incluir o crime de manipulação de mercado. Cf. Pimenta (2017a).

MERCADO E O *HABITAT* DOS ALGORITMOS

Em síntese, nem a Lei n. 6.385/1976 nem a Instrução CVM 461/2007 definem mercado de bolsa e mercado de balcão organizado, mas a norma infralegal institui um regime diferenciado, estabelecendo certos "descontos regulatórios" para as entidades administradoras de mercado de balcão organizado, como indica Margareth Noda (2015).[70]

A autora ressalta, ainda, duas opções regulatórias relevantes para a presente discussão, que são a proibição da múltipla listagem e da internalização sistemática de ordens, que analisamos a seguir.

2.3.2. Mercados alternativos e *dark pools*

No Brasil, uma ação negociada em bolsa não pode ser negociada em um mercado de balcão organizado (art. 57, § 3º da Instrução CVM 461/2007), embora possa ser negociada em mais de uma bolsa ou em mais de um mercado de balcão organizado. Desse modo, não foi possível estabelecer uma concorrência mais acirrada entre as administradoras das duas modalidades de mercados organizados existentes (entre BM&FBovespa e Cetip, no caso), o que geraria oportunidade de arbitragem de preços e outros benefícios associados a uma maior competição pelos serviços de negociação e custódia.

Adicionalmente, a CVM não permite a *internalização sistemática de ordens*, processo definido no âmbito da União Europeia[71] como aquele em que "uma empresa de investimento [...], de modo organizado, frequente e sistemático, negoceia por conta própria executando ordens de clientes fora de um mercado regulamentado ou de um MTF [*multilateral trading facility*]".

Nesse caso, a oferta enviada por um cliente não é levada aos sistemas de negociação dos mercados organizados, quando negócios podem ser

---

[70] Como bem destaca a autora: "Em vista de o sistema de um mercado de balcão poder funcionar de forma muito semelhante ao que ocorre no mercado de bolsa, a forma de diferenciá-los passa a ser importante. Essa diferenciação se dá pela concessão dos chamados 'descontos regulatórios' que reduzem exigências de natureza regulatória para os mercados de balcão. [...] A CVM propositalmente deu um tratamento mais flexível às entidades administradoras do mercado de balcão, visto que esses mercados 'contam com a presença de participantes com um nível mais alto de informação e expertise financeira, a demandar, em um primeiro momento, menor intervenção regulatória, comparativamente aos mercados de bolsa'" (NODA, 2015, p. 22).

[71] DIRECTIVA 2004/39/CE DO PARLAMENTO EUROPEU E DO CONSELHO, de 21 de abril de 2004, relativa aos mercados de instrumentos financeiros, Artigo 4º, n. 1, (7).

realizados sem que as informações resultantes se tornem visíveis aos demais participantes do mercado, o que prejudica a transparência no processo de formação de preços e coloca em risco a isonomia entre investidores (a oferta não necessariamente será executada nas melhores condições).

Se mercado de bolsa e mercado de balcão organizado são as duas espécies de mercados organizados, o mercado de balcão não organizado é uma categoria residual. O art. 59 da Instrução CVM 461/2007, traz as operações com valores mobiliários que podem ser realizadas fora dos mercados organizados (definindo assim o escopo do mercado de balcão não organizado):

> Art. 59. É vedada a negociação, fora de mercado organizado, de valores mobiliários nele admitidos, exceto nas seguintes hipóteses:
> I – negociações privadas;
> II – distribuição pública, durante o período da respectiva distribuição;
> III – integralização de cotas de fundos e clubes de investimento, nas hipóteses admitidas na regulamentação específica;
> IV – evento societário que determine ou permita a substituição ou permuta do valor mobiliário por outro;
> V – alienação em oferta pública de aquisição; e
> VI – em outras hipóteses expressamente previstas em regulamentação baixada pela CVM.

Desse modo, se um intermediário viabiliza a negociação entre seus clientes ou entre estes e consigo mesmo (usando sua carteira própria) sem enviar informações ao sistema de negociação, não se pode falar propriamente em uma negociação privada e há afronta ao dispositivo transcrito. Tais situações não se confundem com as ofertas diretas (intencionais ou não),[72] caso em que as ofertas são efetivamente enviadas para o sistema de negociação.

É nesse contexto que surge a discussão acerca dos *dark pools*.

Uma instituição financeira pode criar um ambiente de negociação próprio sem um livro de ofertas, sem transparência das informações de pré-negociação. Nesse caso, estamos diante de um *dark pool*.

A existência de *dark pools* compromete a transparência de informações relevantes para a tomada de decisão pelos investidores, além de fragmentar a negociação de modo a comprometer a liquidez dos ambientes de

---

[72] Discutiremos a definição de ofertas diretas oportunamente. Cf. B3 (2019g).

MERCADO E O *HABITAT* DOS ALGORITMOS

negociação usuais (transparentes), além de prejudicar o processo de formação dos preços e a eficiência informacional do mercado.[73]

Investidores que desejam negociar grandes quantidades podem preferir esse tipo de mercado, pois conseguirão ocultar a sua demanda por determinado ativo, evitando que outros percebam o impacto que suas operações irão causar e se antecipem, aumentando os preços. Dançando em um baile de máscaras, por assim dizer, sentem-se mais à vontade para mostrar suas reais intenções.

Porém, coisas ruins podem acontecer no escuro. Além da fragmentação no processo de formação de preços e do problema de conflito de interesses na intermediação, que pode resultar em um tratamento não equitativo dos investidores, a instituição que gerencia o *dark pool* pode "vender" informações das ofertas recebidas a certos participantes do mercado, para que estes negociem em condições mais vantajosas que os próprios clientes do *dark pool*.

Paira no ar a suspeita[74] de que HFTs pagariam valores significativos para ter acesso a essas informações e, após negociar com base nelas, conseguir arbitrar os preços em outros sistemas negociação, em um piscar de olhos (ou mais rápido que isso).

Em 2016, Credit Suisse e Barclays desembolsaram em conjunto cerca de USD 150 milhões em acordos celebrados com a SEC relativos a irregularidades em *dark pools* que administravam, incluindo a venda de informações para certos investidores que atuavam como HFTs e falhas na supervisão das operações realizadas e discrepâncias entre o serviço prestado e os termos oferecidos em contrato (SECURITIES AND EXCHANGE COMMISSION, 2016a).

---

[73] A IOSCO define *dark pool* como "qualquer estoque de liquidez que pode ser acessado eletronicamente e que não ofereça transparência na pré-negociação no tocante a ofertas recebidas e ali permaneçam". (No original "any pool of liquidity that can be accessed electronically and provides no pre-trade transparency regarding the orders that are received by (i.e., reside in) the pool". Cf. International Organization of Securities Commissions – Iosco (2011a). São preocupações regulatórias relevantes, segundo a IOSCO: "*The impact on the price discovery process where there is a substantial number of dark orders and/or orders submitted into dark pools which may or may not be published, the impact of potential fragmentation on information and liquidity searches; and the impact on market integrity due to possible differences in access to markets and information*".

[74] Esta é uma das principais acusações feitas no livro *Flash Boys*, de Michael Lewis (2014). A opacidade dos *dark pools* dificulta a verificação da ocorrência dessa prática não equitativa.

Adicionalmente, vale mencionar a existência de uma *class action* ajuizada pela cidade de Providence (Rhode Island) contra a bolsa BATS, alguns intermediários e algumas empresas que atuavam como HFTs por práticas comerciais ilícitas envolvendo a venda de fluxo de ofertas em *dark pools*. Após decisões desfavoráveis aos investidores nas cortes inferiores, o caso foi retomado em dezembro de 2017 por uma decisão da New York Federal Appeals Court (ROBBINS GELLER, RUDMAN & DOWD LLP, 2017; LABATON, 2017).[75]

Suponha que certo intermediário decida lançar uma plataforma eletrônica de negociação acessível apenas a seus clientes, com um sistema centralizado multilateral para interação das ofertas. Ainda, é oferecida garantia de que a oferta será executada nas melhores condições, isto é, se o cliente deseja comprar a mercado, pagará o menor preço entre a melhor oferta de venda presente no sistema do intermediário e a presente no mercado de bolsa.

Nesse caso, o próprio sistema de negociação do intermediário desempenharia o papel de um mercado de bolsa. Certamente, há a preocupação com os serviços de custódia, compensação e liquidação, mas, por ora, deixemos a questão de lado.

Nesse cenário, estaríamos diante de uma espécie de "nível de entrada" de mercado de bolsa, algo semelhante aos chamados *Alternative Trading Systems* (ATS) no mercado norte-americano. Naquele país, em 2015 havia 35 ATS registrados perante a SEC (2015), representando pouco menos de 20% do volume de ações negociadas. Se não há transparência na pré-negociação (livro de ofertas), então o ATS é considerado um *dark pool*, caso contrário é considerado uma *Electronic Communication Network* (ECN).

ATSs foram permitidos no mercado norte-americano a partir de 1998 (SECURITIES AND EXCHANGE COMMISSION, 2016b) com o intuito de fomentar a entrada de competidores com as bolsas nacionais, estimular a inovação tecnológica, garantir tratamento equitativo aos investidores e criar um modelo regulatório flexível, no qual tais sistemas podem optar pelo registro como bolsa (no Brasil, seria o equivalente a uma entidade administradora de mercado de bolsa) ou como intermediário (*broker-dealer*).

Tal norma ficou conhecida como *Regulation ATS* e em 2015 foi elaborada uma proposta de alteração para dar maior transparência à pré-negociação e pós-negociação.

---

[75] Cf. também McNamara (2015).

MERCADO E O *HABITAT* DOS ALGORITMOS

Desde 1975, quando foi realizada uma alteração significativa no *Securities Exchange Act* de 1934, a SEC tem adotado medidas para criar um mercado nacional (*National Market System*) nos Estados Unidos.[76] O NMS representou a abolição de corretagens fixas, permissão de que as ações listadas em uma bolsa possam ser negociadas em outros sistemas (*trading venues*) e a interconexão entre estes, criando uma consolidação dos negócios realizados (*Consolidated Tape*), das cotações (*Consolidated Quotation System*) e permitindo a negociação entre mercados (*Intermarket Trading System*) (NODA, 2015, p. 40-41).

Em 2005, uma nova reforma, conhecida como *Regulation NMS* ampliou ainda mais o escopo das regras anticoncorrenciais (KORSMO, 2014, p. 535-536).

Para viabilizar a comunicação entre os sistemas de negociação e permitir que todos os participantes vejam o que está acontecendo em cada um deles, foi criado um sistema de consolidação de dados de mercado (*Consolidated Market Data*). Ofertas enviadas para *dark pools* ou internalizadas por intermediários não são apresentadas nesse conjunto de dados.

A transparência pós-negociação é assegurada pela apresentação de dados consolidados de negociação (*Consolidated Trade Data*), de modo que todos os participantes do mercado tenham acesso às operações efetivamente realizadas, inclusive em *dark pools*.

A fim de assegurar a melhor execução de ofertas para os investidores, foi criada a regra de proteção de oferta (*Order Protection Rule*): se uma oferta a mercado é enviada, então ela deve ser executada pelo melhor preço obtido dentre todos os integrantes do NMS, isto é, o melhor preço nacional. Se o ambiente de negociação não puder executar a oferta nas melhores condições, então esta deverá ser cancelada ou enviada a outro ambiente, conforme opção do investidor.

Desse modo, temos uma regulação que busca promover a fragmentação do mercado e acirrar a concorrência ao permitir que intermediários atuem uma espécie de *protobolsas* ou um segmento de entrada anterior ao que seria o de um mercado de bolsa.

Na União Europeia, a Diretiva 2004/39/CE, conhecida como MiFID, criou diretrizes uniformes de transparência para todos os ambientes de negociação nos mercados daquele continente, mas permitiu exceções, que

---

[76] Para uma descrição das principais alterações regulatórias envolvendo a SEC, cf. Polise (2017).

HIGH FREQUENCY TRADING (HFT) EM CÂMERA LENTA

levaram à criação de *dark pools*, os quais, em 2016, responderam por 8% do volume total de ações negociadas nos mercados europeus (PETRESCU e WEDEW, 2017). A referida diretiva definiu os chamados sistemas de negociação multilateral (*Multilateral Trading Facility*) como:

> [...] um sistema multilateral, operado por uma empresa de investimento ou um operador de mercado, que permite o confronto de múltiplos interesses de compra e venda de instrumentos financeiros manifestados por terceiros – dentro desse sistema e de acordo com regras não discricionárias – por forma a que tal resulte num contrato em conformidade com o disposto no Título II;

Foge do escopo deste trabalho discutir os benefícios e riscos associados à fragmentação de mercado e o consequente impacto nos custos de negociação, no tempo de execução das ofertas, no provimento de liquidez, na formação de preços e no tratamento equitativo dos investidores.

No entanto, alguns dos conceitos apresentados nesta seção, como *dark pools* e *National Market System*, são importantes para a compreensão das estratégias de atuação dos HFTs, dado que:

(a) HFTs se valem de sua rapidez para explorar discrepâncias nos preços entre os diversos ambientes de negociação;
(b) HFTs são acusados de comprar informações dos provedores de *dark pools* para negociar em condições mais vantajosas que aqueles clientes; e
(c) a atuação por meio de *flash orders*, que serão estudadas oportunamente, suscita preocupações semelhantes às decorrentes das práticas de internalização, preferência e cruzamento de ofertas.

No Brasil, as regras aplicáveis aos mercados de bolsa, balcão organizado e balcão não organizado contidas na ICVM 461/2007 impossibilitam a existência de *dark pools* no estilo dos ATSs do mercado norte-americano.

A par da vertigem causada pelo salto das feiras medievais ao mundo dos HFTs em poucos parágrafos, podemos concluir, sem incorrer em anacronismo, que algumas preocupações são comuns para o adequado funcionamento de qualquer mercado:

MERCADO E O *HABITAT* DOS ALGORITMOS

(a) quem pode negociar;
(b) o que pode ser negociado;
(c) quais são os padrões quantitativos e qualitativos que orientam a negociação;
(d) quais são os padrões éticos que devem ser seguidos pelos participantes;
(e) como garantir o cumprimento das obrigações assumidas e quem deve ser responsabilizado caso certos problemas ocorram; e
(f) como garantir que todos disponham das informações necessárias para a tomada de decisão.

Essas questões serão discutidas na seção dedicada à microestrutura de mercado, em que comentaremos as regras da CVM aplicáveis e também as regras emanadas pela B3.

2.3.3. Autorregulação e normas contratuais da B3

Pela via contratual, a B3 estipula regras de conduta e penalidades aos participantes no âmbito da *autorregulação*, que reforça e complementa a regulação estatal. Por vezes, pode ser mais conveniente ou menos custoso que a disciplina de certo tema seja realizada no âmbito da autorregulação, por conta de sua potencial maior flexibilidade e adequação às rápidas mudanças das circunstâncias de mercado.[77]

As regras da B3 são divulgadas na forma de Regulamentos, Manuais, Ofícios Circulares e Comunicados Externos.[78] Dentre as normas relevantes para a discussão do presente trabalho, temos (entre parênteses a versão consultada, se não houver data a versão disponível no *site* da B3 em 04/01/2018):

(a) Manuais e Regulamentos de *Acesso*: Manual de acesso (16/09/2019) e o Regulamento de acesso (16/09/2019), Manual de acesso à infraestrutura tecnológica da B3 (setembro de 2017), Guia de cadastro (28/08/2017);

---

[77] Cf. Eizirik *et al.* (2011, p. 214).
[78] Cf. B3 (2017a, 2017b e 2020d). Também é possível encontrar esse conjunto de normas no *site* da BSM em: http://www.bsm-autorregulacao.com.br/legislacao-e-regulamentacao/leis-normas-e-regras. Acesso em: 4 jan. 2018.

(b) Manuais e Regulamentos de *Operações*: Regulamento de negociação da B3 (05/08/2019), Manual de procedimentos operacionais de negociação da B3 (16/12/2019), Informações gerais e metodologia de cálculo de túneis de negociação, Procedimentos especiais de negociação;

(c) Manuais e Regulamentos de *Pós-Negociação*: Regulamento da Câmara de Compensação e Liquidação (30/12/2019), Manual de procedimentos operacionais da Câmara de Compensação e Liquidação (30/12/2019), Manual de administração de risco da Câmara de Compensação e Liquidação (20/01/2020), Regulamento da Central Depositária (16/12/2019), Manual de procedimentos operacionais da Central Depositária (16/12/2019).

Podemos afirmar que o cerne das regras de microestrutura de mercado não estatais no Brasil encontra-se nessa lista de documentos, acompanhadas das atualizações e detalhamentos constantes dos Ofícios Circulares e Comunicados Externos. A regulação estatal, por seu turno, tem como marcos principais a ICVM 461/2007 e a ICVM 505/2011.

As regras de conteúdo material da autorregulação são editadas pela B3, com a BSM se responsabilizando pela edição de regras processuais e pela punição aos participantes do mercado que têm vínculo contratual com a B3 (BM&FBOVESPA SUPERVISÃO DE MERCADO – BSM, 2018). A BSM não tem competência para processar e punir investidores e, nesses casos, é realizada uma comunicação à CVM que define se irá ou não iniciar um processo administrativo sancionador.[79] A fiscalização é conduzida de modo coordenado entre B3, BSM e CVM.

A BSM possui autonomia financeira e orçamentária e tem como fonte de financiamento principal a taxa de administração do fundo criado para viabilizar o Mecanismo de Ressarcimento de Prejuízos previsto pela Instrução CVM 461/2007, além da receita decorrente das multas aplicadas aos participantes sob sua jurisdição.

---

[79] Para uma descrição bastante atualizada das regras do processo administrativo sancionador conduzido no âmbito da CVM, cf. Comissão de Valores Mobiliários (2017).

MERCADO E O *HABITAT* DOS ALGORITMOS

As penalidades que podem ser aplicadas pela BSM são definidas em seu Estatuto Social e os processos sancionadores seguem um rito previsto em regulamento específico.[80]

Há articulação entre os processos sancionadores no âmbito da BSM e os conduzidos pela CVM. A Instrução CVM 461/2007 regula a matéria. No art. 44, há o dever de o autorregulador informar à CVM a ocorrência de infrações e os processos administrativos instaurados. No art. 46, § 3º, há o dever de informar o resultado do julgamento dos processos e das sanções aplicadas. As penalidades cabíveis e a coordenação da aplicação de sanções entre autorregulação e CVM encontram-se no art. 49, especialmente nos §§ 4º, 5º e 6º.

É importante ter esse quadro institucional em mente, porque a supervisão e a punição de ilícitos podem ensejar processos administrativos tanto na BSM como na CVM. Intermediários têm o dever de verificar continuamente se seus clientes estão praticando algum ilícito administrativo. No caso de negociação algorítmica, devem supervisionar as operações realizadas, de modo a prevenir falhas operacionais e controlar sua exposição ao risco.

Logo, se há ocorrência de ilícitos, a BSM pode instaurar processo sancionador envolvendo o intermediário e o diretor responsável e, ao mesmo tempo, a CVM irá apurar irregularidades praticadas pelos investidores ou outros integrantes do sistema de distribuição, podendo aguardar ou não a conclusão do processo no âmbito da BSM.

Pode haver situações em que o mandato da autorregulação entre em conflito com interesses da entidade administradora do mercado, especialmente se certa ação implicar diminuição do número de negócios ou do volume financeiro negociado ou, então, um desgaste intenso no relacionamento entre a entidade e seus participantes, os quais, em última análise, também são seus clientes.[81]

---

[80] Tais normas podem ser encontradas no site da BSM em: http://www.bsm-autorregulacao. com.br/legislacao-e-regulamentacao/leis-normas-e-regras.

[81] Para um trabalho com tom crítico sobre regulação e autorregulação no tocante à disciplina das companhias emissoras pela BM&FBovespa, cf. Donaggio (2016). Ainda, Eizirik *et al.* (2011, p. 215-216): "No entanto, os 'clientes' da bolsa, isto é, aqueles que geram as receitas por ela auferidas por meio das operações realizadas em seu sistema de negociação, são justamente as pessoas e entidades que ela tem a obrigação de fiscalizar e, eventualmente, de aplicar sanções. Tal fato pode representar um incentivo a que as funções regulatórias não sejam exercidas de forma eficiente, visto que os responsáveis por tais funções podem se sentir pressionados a não adotar medidas que influenciem negativamente o volume de negócios realizados na bolsa".

HIGH FREQUENCY TRADING (HFT) EM CÂMERA LENTA

Um exemplo inserido no escopo desta pesquisa envolve a solução para o problema da externalidade negativa gerada pelos HFTs no sentido de sobrecarregar os sistemas de informação do intermediário e da própria bolsa.

Quando um HFT envia muitas mensagens ao sistema de negociação, há maior probabilidade de fechamento de negócios, ainda que muitas ofertas venham a ser canceladas rapidamente. Mais negócios significa mais receitas para o intermediário e para a bolsa, do que é natural cogitar que a política de corretagem e outras taxas preveja valores decrescentes a serem pagos conforme o número de negócios executados.

Portanto, HFTs não encontram obstáculos em termos de taxas de corretagem e emolumentos para negociar intensamente, o que impacta a infraestrutura de tecnologia de informação dos sistemas, consumindo processamento, aumentando custo com equipamentos e conectividade.

Além disso, cabe ao intermediário e à bolsa fiscalizar a prática de ilícitos, analisando o fluxo de ofertas e as operações realizadas, bem como monitorar a exposição ao risco de seus participantes. Não seria incorreto afirmar, por conseguinte, que a presença dos HFTs aumenta os custos dos intermediários pelos quais negociam e os custos da bolsa, os quais, eventualmente, podem ser diluídos com os demais investidores.

Investidores que desejam atuar como HFTs adquirem serviços de conectividade com os sistemas de negociação e incorrem em custos para poderem implementar suas estratégias. A precificação desses serviços pode ajudar a minimizar os custos gerados pelos HFTs em alguma medida.

Porém, outro mecanismo tem sido cogitado (ou mesmo implementado) em outros mercados: a imposição de uma taxa quando certo investidor extrapola certo valor para a razão entre o número de ofertas canceladas e o número de ofertas enviadas ou entre o número de ofertas enviadas e o número de negócios realizados.[82]

Nesse caso, o regulador opta por inserir certa punição nos preços pagos pelos HFTs para que exerçam sua atividade. A autorregulação não teria incentivos para infligir em seus clientes tal sanção, cabendo à regulação estatal propor medidas para internalizar as externalidades negativas geradas pelos HFTs, com ingerência na política de tarifação praticada pela bolsa.

---

[82] É o caso da *order-to-trade ratio* implementada no mercado alemão. Cf. Bundesanstalt Für Finanzdienstleistungsaufsicht – BAFIN (2014a).

MERCADO E O *HABITAT* DOS ALGORITMOS

No mercado brasileiro, por exemplo, jamais se cogitou de uma medida dessa natureza, quer por iniciativa da B3, quer por iniciativa do regulador, ainda que os HFTs tenham sido o centro das atenções desde 2010.

Para garantir maior credibilidade por parte dos participantes do mercado, seria desejável a realização de um estudo quantitativo demonstrando que as receitas decorrentes dos serviços contratados pelos HFTs seriam mais do que suficientes para compensar os investimentos em infraestrutura de tecnologia de informação e o aumento dos custos de conformidade com a regulação (i. e. cumprimento de deveres de fiscalização e punição), entre outros impactos causados pela sua presença no mercado. Ou, no mínimo, que os benefícios decorrentes da atuação dos HFTs ajudem a compensar esses custos.

2.3.4. Deveres dos intermediários

A regulação brasileira exige que os negócios nos mercados organizados se deem por meio de *pessoas autorizadas a operar* (termo utilizado pela Instrução CVM 461/2007) e a B3 criou um modelo contendo duas categorias de acesso, os participantes de negociação *plenos* e os participantes de negociação, que detalharemos na próxima seção, quando discutirmos a microestrutura de mercado.

Os participantes de negociação, são, em regra, intermediários regulados pela Instrução CVM 505/2011, aos quais são impostos inúmeros deveres e regras de governança, que visam mitigar o risco de falhas operacionais, minimizar conflitos de interesses, propiciar tratamento equitativo dos clientes e permitir a auditoria das operações realizadas, inclusive da comunicação entre clientes e seus empregados ou prepostos.

A referida instrução traz regras de informação mínima a ser exigida no cadastro dos clientes de um intermediário – dialogando com a Instrução CVM 301/1999, norma de prevenção à lavagem de dinheiro no âmbito de mercado de capitais – e regras sobre cláusulas que devem estar presentes no contrato de intermediação. Os dados cadastrais devem ser atualizados periodicamente pelos clientes em período não superior a 24 meses.

Há, ainda, um dever especial de verificação da adequação dos produtos, serviços e operações ao perfil de risco do cliente, isto é, aferição de *suitability* entre características do investidor – tal como o conhecimento sobre o mercado e sua aversão ao risco – e o risco inerente aos ativos que podem lhe ser oferecidos. Esse dever foi regulado pela Instrução CVM 539/2013.

Os intermediários se dividem em: (a) corretoras de títulos e valores mobiliários (CTVM); (b) distribuidoras de títulos e valores mobiliários (DTVM); e (c) corretoras de mercadorias. As duas principais diferenças históricas entre corretoras e distribuidoras, envolviam o fato de que essas últimas não eram autorizadas a operar no mercado de câmbio e, ainda, não podiam operar diretamente nos ambientes de negociação dos mercados organizados. Tais vedações não existem mais por força da Resolução Bacen n. 3.568/2008 (art. 3º, III) e da Decisão Conjunta CVM-Bacen 17/2009, respectivamente.[83] As corretoras de mercadorias são reguladas pela Instrução CVM 402/2004, podendo atuar no segmento BM&F da B3.

A distinção entre corretoras e distribuidoras pode ser considerada ultrapassada – nem mesmo a Instrução CVM 505/2011 utilizou esses termos, dado que ambas realizam as três atividades previstas no art. 15 da Lei n. 6.385/1976:

> Art. 15. O sistema de distribuição de valores mobiliários compreende:
> I – as instituições financeiras e demais sociedades que tenham por objeto distribuir emissão de valores mobiliários:
> a) como agentes da companhia emissora;
> b) por conta própria, subscrevendo ou comprando a emissão para a colocar no mercado;
> II – as sociedades que tenham por objeto a compra de valores mobiliários em circulação no mercado, para os revender por conta própria;
> III – as sociedades e os agentes autônomos que exerçam atividades de mediação na negociação de valores mobiliários, em bolsas de valores ou no mercado de balcão; [...]

---

[83] A título de curiosidade histórica, da comparação da Resolução Bacen n. 1.655/1989 (corretoras) e da Resolução Bacen n. 1.120/1986 (distribuidoras), podemos encontrar as seguintes diferenças: (a) corretora podia, mas distribuidora não podia: (1) operar em recinto ou em sistema mantido por bolsa de valores; (2) exercer as funções de agente emissor de certificados e manter serviços de ações escriturais; (3) emitir certificados de depósito de ações; (4) intermediar operações de câmbio; (5) praticar operações no mercado de câmbio de taxas flutuantes; (6) praticar operações de conta margem, conforme regulamentação da Comissão de Valores Mobiliários; (b) distribuidoria podia, mas corretora não podia: (1) operar em contas correntes com seus clientes, não movimentáveis por cheques; (2) atuar como interveniente sacadora de letras de câmbio em operações das sociedades de crédito, financiamento e investimento, bem como agir como correspondente de outras instituições autorizadas a funcionar pelo Banco Central do Brasil; (3) conceder a seus clientes financiamento para a compra de valores mobiliários, bem como emprestar valores mobiliários para venda (conta margem).

MERCADO E O *HABITAT* DOS ALGORITMOS

O serviço descrito no item II é a atividade desempenhada pelo *dealer*, nos termos da descrição fornecida anteriormente. Nesses casos, certa companhia pode contratar um formador de mercado, para atuar como *dealer* de seus valores mobiliários e prover liquidez aos investidores. A atividade é regulada pela Instrução CVM 384/2003.

Um investidor abre uma conta em um intermediário de modo semelhante ao que ocorre com a abertura de uma conta corrente em um banco. Alguns investidores podem, por razões de comodidade, abrir mais de uma conta no mesmo intermediário, para segregar determinadas estratégias de atuação no mercado.

Uma vez transferidos os recursos, podem negociar pelos diferentes métodos de acesso oferecidos pelo intermediário, seja por telefone, tratando com operadores que ficam na mesa de negociação, seja por meio de um agente autônomo de investimento ou, então, por canais de negociação eletrônica (matéria tratada pela Instrução CVM 380/2002). Esses últimos, pela sua relevância para a discussão da negociação algorítmica, serão discutidos em seção sobre acesso direto ao mercado.

Investidores estrangeiros (referidos também como *não residentes*) podem atuar no mercado brasileiro conforme a disciplina prevista pela Resolução CMN n. 4.373/2014 e Instrução CVM 560/2015, devendo efetuar registro prévio na CVM. Podem requerer tal registro "o investidor, individual ou coletivo, as pessoas físicas ou jurídicas, fundo ou outra entidade de investimento coletivo, com residência, sede ou domicílio no exterior" (art. 2º da referida norma).

Um eventual estudo empírico sobre HFTs com dados fornecidos pela B3 ou pela CVM poderia revelar, para determinado período, como essa técnica de negociação é utilizada por cada tipo de investidor.

Os intermediários recebem ordens de seus clientes, definidas na ICVM 505/2011 como "ato pelo qual o cliente determina que um intermediário negocie ou registre operação com valor mobiliário, em seu nome e nas condições que especificar" e essas ordens se transformarão em ofertas quando enviadas aos sistemas de negociação.

Em alguns modelos de acesso, ordem e oferta se confundem, mas a CVM utiliza na referida Instrução o termo "ordem" para enfatizar a preocupação regulatória com a comunicação entre o cliente e o intermediário e a relevância da vontade daquele. Os tipos de ordem e os tipos de oferta serão detalhados na próxima seção quando discutirmos as regras de microestrutura referentes às operações no pregão.

A preocupação com eventuais conflitos de interesses na intermediação é refletida nas regras relativas a pessoas vinculadas (art. 25 da ICVM 505/2011) e no dever de melhor execução de ordens (arts. 19 a 21 da ICVM 505/2011), de modo a garantir o monitoramento das negociações do intermediário para que não obtenha vantagem em relação a seus clientes, dada a assimetria de informação existente. Vale destacar, ainda, as seguintes regras gerais contidas na ICVM 505/2011:

> Art. 30. O intermediário deve exercer suas atividades com boa fé, diligência e lealdade em relação a seus clientes.
> Parágrafo único. É vedado ao intermediário privilegiar seus próprios interesses ou de pessoas a ele vinculadas em detrimento dos interesses de clientes.
> Art. 31. O intermediário deve estabelecer regras, procedimentos e controles internos que sejam aptos a prevenir que os interesses dos clientes sejam prejudicados em decorrência de conflitos de interesses.

O dever de melhor execução encontra-se previsto no art. 19 da ICVM 505/2011:

> Art. 19. O intermediário deve executar as ordens nas condições indicadas pelo cliente ou, na falta de indicação, nas melhores condições que o mercado permita.
> Parágrafo único. Para aferir as melhores condições para a execução de ordens, o intermediário deve levar em conta o preço, o custo, a rapidez, a probabilidade de execução e liquidação, o volume, a natureza e qualquer outra consideração relevante para execução da ordem.

Se determinado ativo for negociado em mais de um mercado, é dever do intermediário informar o cliente a respeito (art. 20, III). Este seria o caso, por exemplo, de haver negociação de um ativo em mais de um mercado de bolsa ou em mais de um mercado de balcão organizado (vimos que não é possível em nosso país a negociação simultânea de uma ação no mercado de bolsa e no mercado de balcão organizado, por força da vedação do art. 57, § 3º da ICVM 461/2007).

Por meio da Audiência Pública SDM n. 9/2019, a CVM propôs algumas mudanças no regime do dever de melhor execução (destacamos), diante de um cenário de possível fragmentação de mercado (COMISSÃO DE VALORES MOBILIÁRIOS, 2019a):

MERCADO E O *HABITAT* DOS ALGORITMOS

O regime de melhor execução está presente na regulamentação nos termos dos arts. 19 e 20 da Instrução CVM 505. [...] A alternativa suscitada consistente no *roteamento automático de ordens entre ambientes de negociação foi preterida pela CVM por implicar a obrigatoriedade de conexão do intermediário a todos os ambientes de negociação, bem como privilegiar o critério do preço do ativo para a determinação da melhor execução* (ainda que possa haver inúmeras exceções à regra), o que equivaleria a uma completa reformulação da regulamentação relativa à melhor execução no Brasil. A despeito disso, *a CVM está interessada em receber comentários específicos sobre a adequação da minuta vis-à-vis a alternativa representada pelo roteamento automático de ordens e uma possível introdução de regra similar à Order Protection Rule existente no mercado dos Estados Unidos.* Não obstante a manutenção do regime de melhor execução existente, a Minuta C propõe aperfeiçoamentos significativos, dentre os quais se destaca o *estabelecimento de que o critério para aferição da melhor execução para investidores de varejo (considerados como não qualificados pela regulamentação específica) seja o do desembolso total pela operação.* Ademais, a minuta esclarece que *o intermediário não estará obrigado a ser participante de todos os mercados em que as ordens de seus clientes podem vir a ser executadas, mas que deverá informá-los acerca da existência de outros mercados aos quais o intermediário não tem acesso.*

Os intermediários podem realizar algumas práticas que suscitam preocupações regulatórias (HARRIS, 2003, p. 514 e ss.):

(a) *internalização* ocorre quando um *dealer* executa uma oferta de seu cliente contra sua carteira própria;
(b) se uma oferta é encaminhada para certo intermediário ou formador de mercado em virtude de comissões ou outras vantagens, fala-se em *preferência* (*preferencing*);
(c) cruzamento de ofertas ocorre quando intermediários fecham negócios entre seus clientes, isto é, se A quer comprar e B quer vender e ambos são meus clientes, fecho entre ambos, sem necessariamente enviar a oferta aos sistemas de negociação (*internal order crossing*).

Diante da possibilidade de ocorrência de tais práticas, quando um investidor deseja escolher um intermediário, deve levar em conta não apenas o valor cobrado pela corretagem, mas também a reputação do intermediário no tocante ao atendimento do dever de executar suas ofertas nas "melhores condições que o mercado permita" (art. 19 da Instrução CVM 505/2011).

HIGH FREQUENCY TRADING (HFT) EM CÂMERA LENTA

Dados os imperativos de equidade e transparência, a preocupação regulatória com essas práticas diz respeito à garantia de que a oferta será executada nas melhores condições e, ainda, ninguém que já tenha uma oferta pendente no livro de ofertas seja preterido. Em outros termos, busca-se resguardar a prioridade com base no preço e na ordem cronológica de envio das ofertas. São muitos os incentivos para que o intermediário ofereça condições menos favoráveis aos seus clientes em prol de benefícios próprios de diversas naturezas.

Ademais, podemos nos perguntar se essas práticas efetivamente auxiliam investidores a encontrarem uns aos outros, na medida em que há diminuição da transparência no fluxo de ofertas.

Desse modo, coloca-se o debate acerca da influência de tais condutas na liquidez do mercado: se a transparência é relativizada, investidores que negociam grandes lotes podem se beneficiar, provendo liquidez, mas as informações no livro de ofertas ficam incompletas e a decisão racional dos investidores é afetada.

Ainda, aqueles que colocam ofertas de modo mais agressivo podem se sentir desestimulados a negociar dessa forma, dado que os melhores preços não garantirão a execução de suas ofertas, o que pode levar ao aumento do *spread* e, consequentemente, a uma menor liquidez (HARRIS, 2003, p. 522).

Cada intermediário deve implementar regras, procedimentos e controles internos – escritos e passíveis de verificação – para atender às regras da ICVM 505/2011.

Além dos deveres já mencionados nesta seção, destacamos a necessidade de identificação do comitente final[84] nas ordens que transmita, ofertas que coloque e operações que execute ou registre e também o arquivamento das ordens recebidas, inclusive gravação das ordens enviadas pelos seus clientes por telefone ou outro sistema de transmissão de voz.

Para capacitar os intermediários e avaliar a qualidade dos serviços por eles prestados, a B3 (2019b) criou o Programa de Qualidade Operacional

---

[84] As regras para identificação do comitente final encontram-se nos arts. 22 e 23 da ICVM 505/2011 e no Ofício Circular 053-2012, sendo a regra geral a indicação em até 30 minutos após a realização de negócio comandado pela mesa de operações do Participante. Conquanto a identificação e a reespecificação de negócios sejam questões relevantes de microestrutura de mercado, não consideramos ser um tema diretamente conectado aos riscos decorrentes da negociação algorítmica e, por essa razão, não avançaremos neste tópico.

MERCADO E O *HABITAT* DOS ALGORITMOS

(PQO)[85] composto de dois roteiros que funcionam como *checklists* para a verificação das melhores práticas em conformidade com as normas do Banco Central, da CVM e as regras editadas pela B3.

O Roteiro Básico do PQO traduz os requisitos e práticas operacionais relativos a essas normas e o Roteiro Específico traz requisitos adaptados ao posicionamento estratégico e a complexidade do negócio e dos serviços prestados, permitindo a concessão de cinco selos de qualidade: *Execution Broker, Retail Broker, Agro Broker, Carrying Broker* e *Nonresident Investor Broker.*

Para os fins deste trabalho, estamos particularmente interessados no Roteiro Básico do PQO (B3, 2019c), que traz 156 itens divididos em 15 capítulos temáticos que cobrem todo o escopo da prestação de serviços dos intermediários, incluindo as melhores práticas para, dentre outros temas, cadastrar clientes, *suitability*, execução de ordens, liquidação de negócios, administração de custódia de ativos e posições, gerenciamento de risco, controles internos, supervisão de operações e prevenção à lavagem de dinheiro e atividades relacionadas à governança dos sistemas de informação.

O que ocorre quando um algoritmo perde o controle e começa a enviar ordens de grandes quantidades? Pode um intermediário ignorar o fato de que um de seus clientes negocia por meio de algoritmos? Quais informações seus clientes devem fornecer a respeito de eventual negociação algorítmica que venham a conduzir? Quais são os controles internos que devem existir para a gestão de erros operacionais? Pode o intermediário oferecer informações sobre as ofertas de seus clientes a investidores específicos segundos antes de enviar essas ofertas ao sistema da bolsa?

Questões como as do parágrafo anterior – que aparecerão nas partes subsequentes deste texto no estudo específico dos HFTs – poderão ser respondidas, ao menos em parte, pela análise das regras de microestrutura de mercado e o Roteiro do PQO é uma referência importante para essa discussão, ao sistematizar as principais preocupações regulatórias concernentes aos serviços prestados pelos intermediários.

Vale mencionar ainda a atuação da Associação Nacional das Corretoras e Distribuidoras de Títulos e Valores Mobiliários, Câmbio e Mercadorias (Ancord), que inclui no seu quadro de associados as corretoras e distribuidoras e os agentes autônomos de investimento (AAIs). No desenho institucional do mercado de valores mobiliários no Brasil, a Ancord representa os

---

[85] Cf. também o Ofício Circular 068/2015-DP.

interesses dos intermediários e atua no credenciamento de AAIs e na sua supervisão e autorregulação segundo um código de conduta, mas desde 2016 essas atividades foram suspensas em razão de uma ação civil pública proposta pelo Ministério Público Federal (ANCORD, 2018).[86]

A seguir, daremos um passo adicional na direção do fenômeno que pretendemos compreender – a atividade de HFT – ao detalhar o processo de negociação, destacando, para além da estrutura do mercado, as interações entre investidores, intermediários e entidade administradora de mercado de bolsa. Para essa última, utilizaremos a partir de agora o termo "bolsa", para maior concisão no texto.

2.4. Microestrutura do mercado secundário

Nesta seção, detalharemos as regras de microestrutura de mercado no Brasil conforme a divisão temática proposta pela B3 ao organizar seus manuais a regulamentos: acesso ao mercado, negociação (operações) e pós-negociação.

2.4.1. Acesso ao Mercado

Um longo caminho nos separa da época em que os negócios no mercado de bolsa eram realizados por meio do pregão viva-voz. Optamos por suprimir uma narrativa histórica acerca desse percurso, limitando-nos apenas a uma descrição do modelo de negociação existente no final de 2019, um modelo predominantemente *eletrônico*.[87]

Na seção anterior, fizemos menção a um procedimento de abertura de conta em um intermediário, com a posterior transferência de recursos a fim de que um investidor possa negociar no mercado. Há alguns detalhes que foram omitidos nessa descrição. Em primeiro lugar, cada intermediário é um participante de negociação que tem um vínculo contratual com a B3, que estabelece as *condições de acesso* ao mercado. Então, cada cliente,

---

[86] A autorização para atuar como entidade de credenciamento de AAIs foi concedida pela CVM em 28/08/2012. Cf. Comissão de Valores Mobiliários (2012).

[87] Para um breve relato sobre os principais marcos históricos da negociação eletrônica em nosso país, cf. Noda (2010, p. 41 e ss.).

MERCADO E O *HABITAT* DOS ALGORITMOS

ao abrir a sua conta, acessará o mercado organizado pela B3 por meio de um intermediário.

O cliente poderá transmitir suas ordens a um funcionário ou preposto do intermediário por telefone, e-mail ou outra forma de comunicação e este, então, irá colocar uma oferta no sistema de negociação da B3 (atualmente denominado *PUMA Trading System*, que substitui o Mega Bolsa em 2015).[88]

Um intermediário também pode oferecer a seus clientes um canal eletrônico de negociação conhecido como *home broker*, que consiste em uma interface gráfica para visualização do livro de ofertas de determinado ativo, envio de ordens (ativo, quantidade, preço, tipo de ordem), consulta de posição em ativos, movimentação financeira e histórico de ordens, entre outras funcionalidades. Esse serviço existe no Brasil desde 1999 (NODA, 2010, p. 42). A ICVM 380/2002 trouxe normas e procedimentos para a realização de operações por meio da Internet.

O controle do envio da oferta pelo intermediário possibilita a verificação de respeito aos limites operacionais (o quanto o cliente pode operar) e também a aplicação de filtros de controle de risco de pré-negociação.

Há, ainda, outras modalidades de acesso que detalharemos oportunamente, dentre as quais temos especial interesse no acesso direito ao mercado (*direct market acess* – DMA), por meio do qual investidores podem viabilizar a negociação algorítmica de alta frequência.

As condições de acesso ao mercado foram reguladas pela então BM&Fbovespa por meio do Ofício Circular 078/2008-DP,[89] com a estipulação de taxas (de credenciamento, licenciamento e manutenção) e condições de emolumentos mínimos mensais, exigências financeiras e de depósitos de garantias (notadamente as destinadas ao Fundo de Desempenho Operacional e ao Mecanismo de Ressarcimento de Prejuízos).

Pelo Ofício Circular 045/2014-DP, foi estabelecido um novo modelo de acesso estratificado, contendo as seguintes categorias:

---

[88] Para maiores informações sobre o PUMA, cf. B3 (2020e). Ainda, cf. Takkar e Pinheiro (2015).

[89] Nessa norma, também foram estabelecidas modalidades de acesso com base em critérios geográficos (acesso pleno para todas os estados e DF, acesso regional para estado que não seja SP, RJ e DF com investidores domiciliados naquele estado, acesso pioneiro para estados considerados como região pioneira). No segmento BM&F, o acesso foi bipartido em direitos de negociação e direitos de liquidação.

(a) *Participante de Negociação Pleno* (PNP): intermediários detentores de direitos de acesso aos sistemas de negociação;

(b) *Participante de Negociação* (PN): intermediários que realizam operações próprias ou atuam para seus comitentes (investidores) por meio de PNPs, no modelo operacional conhecido como "por conta e ordem"[90] (caso das corretoras associadas ao Banco do Brasil e à Caixa Econômica Federal).

Cada participante de negociação deve atender permanentemente ao Programa de Qualificação Operacional (PQO, mencionado na seção anterior) para manter a autorização de acesso. Podem requerer o acesso à B3 as sociedades corretoras de títulos e valores mobiliários, as distribuidoras de títulos e valores mobiliários, as corretoras de mercadorias, os bancos de investimento e os bancos múltiplos com carteira de investimento.

O acesso pode ser requerido para o Segmento Bovespa (renda variável e renda fixa privada) ou para o Segmento BM&F (derivativos financeiros e de *commodities* e ouro).

Os Participantes de Negociação são considerados "pessoas autorizadas a operar", definição trazida nos arts. 51 e 52 da ICVM 461/2007 e devem se sujeitar à fiscalização e aplicação de penalidades pela BSM (arts. 36 e 48 da ICVM 461/2007).

No Manual de Acesso (B3, 2019d), a B3 estabelece requisitos econômicos e financeiros para outorga da autorização de acesso, definindo faixas de risco e os respectivos valores exigidos para patrimônio líquido (PL) mínimo e ativo financeiro desvinculado (AFD) mínimo. Para cada faixa de risco também são estabelecidos valores de depósitos de garantia mínima não operacional (GNM).

As sessões de conexão ao sistema de negociação são segregadas de modo a possibilitar a identificação de sua origem: (a) mesa de operações da corretora (sessão Mesa de Operações); (b) diretamente pelo investidor (sessão DMA); (c) gestores de recursos (sessão gestor); e (d) repassadores de ordens (sessão Repassador).[91]

---

[90] Essa modalidade se refere aos bancos múltiplos com carteira de investimento que realizem a intermediação de operações de comitentes por meio de um ou mais Participantes de Negociação Plenos (PNPs).

[91] O mecanismo de repasse de ordens será descrito oportunamente.

MERCADO E O *HABITAT* DOS ALGORITMOS

2.4.1.1. Acesso Direto ao Mercado (DMA)

A expressão Acesso Direto ao Mercado (referida como *Direct Market Access* – DMA ou *Direct Electronic Access* – DEA) pode ter dois significados (INTERNATIONAL ORGANIZATION OF SECURITIES, 2011b, p. 16; JOHNSON, 2010, p. 15-16):

(a) automação do roteamento de ofertas (*automated order routing*): o acesso direto aos sistemas de negociação da bolsa para um investidor por meio dos sistemas de informação e infraestrutura tecnológica de um intermediário; ou

(b) acesso patrocinado (*sponsored access*): acesso direto aos sistemas de negociação da bolsa sem a necessidade de passagem pelos sistemas do intermediário, exceto controles de risco pré-negociação.

Essa definição pressupõe que os controles de risco pré-negociação se situam nos sistemas de informação do intermediário, caso típico de mercados fragmentados, em que a existência de múltiplos ambientes de negociação faz com que o *gatekeeper* mais adequado para a verificação dos limites operacionais seja o intermediário. Nesse cenário, haveria uma terceira modalidade de acesso direto, o acesso patrocinado "nu" (*naked sponsored access*), que prescindiria da passagem da oferta pelos controles de risco pré-negociação do intermediário, possibilitando maior rapidez no fluxo de execução.

A preocupação com o risco operacional e com o risco sistêmico fez com que os reguladores considerassem a modalidade de *naked sponsored access* como prejudicial aos mercados. Esse tipo de acesso foi proibido pela SEC no mercado norte-americano em 2010 (SECURITIES AND EXCHANGE COMMISSION, 2010b).

No Brasil, a discussão sobre *naked sponsored access* perde um pouco o sentido (mas não o debate regulatório sobre *direct market access*) pois a existência de uma única bolsa levou a uma solução diferente: o controle de risco pré-negociação é feito pela própria bolsa (pelo sistema LINE, que descreveremos posteriormente), o *gatekeeper* mais adequado para a nossa estrutura de mercado.

Para a implementação de negociação algorítmica, além do acesso aos sistemas de negociação para envio de ofertas, é necessário obter um fluxo de dados acerca de todos os ativos em negociação, os seus respectivos livros de ofertas atualizados periodicamente e os negócios realizados. Atualmente, essas informações são fornecidas por meio do sinal de difusão *Unified Market Data Feed* (UMDF), um serviço comercializado pela B3, que "fornece informações de eventos que ocorrem para todos os ativos negociados no *PUMA Trading System*, como o livro de ofertas e suas atualizações, negócios realizados, estados de instrumentos, dados estatísticos, e serviços de alta disponibilidade, sincronização e recuperação de mensagens" (B3, 2020f).[92]

Após a tomada de decisão pelo algoritmo, o envio da oferta pode se dar via sistemas do intermediário ou pode ser enviado diretamente ao sistema de negociação da bolsa, como se fosse uma oferta enviada via intermediário. A segunda opção tem como vantagem a maior rapidez no envio da mensagem, o que naturalmente faz com que seja a preferida por HFTs.

Em 2008, a BM&Fbovespa publicou o Ofício Circular 021/2008-DP, que descreveu o então novo modelo de negociação de acesso direito ao mercado (DMA), após a conclusão do desenvolvimento da plataforma de negociação *Global Trading System* (GTS), trazendo a seguinte informação:

> O modelo de DMA representa para o cliente final o acesso direto ao ambiente eletrônico de negociação em bolsa, autorizado por uma corretora e sob a responsabilidade desta, o que lhe permite enviar as próprias ofertas ao sistema de negociação e receber, em tempo real, as informações de difusão ao mercado, incluindo o livro de ofertas.

Com esse modelo, segundo a BM&Fbovespa, os clientes dos intermediários passariam a ter maior autonomia operacional para controle das suas ofertas, maior velocidade de execução, redução de erros operacionais e viabilidade para programação de estratégias por meio de negociação algorítmica. Foram estabelecidos os seguintes modelos de DMA:

(a) DMA1 – Tradicional: roteamento de ofertas via infraestrutura tecnológica (física) da corretora,[93] antes de alcançarem o sistema de negociação. A corretora deve possuir um sistema de gerenciamento das ofertas de seus clientes (*order management system* – OMS);

---

[92] Há um segundo produto, *UMDF Conflated*, destinado à apresentação de dados em telas de consulta e outras aplicações que não envolvam negociação algorítmica.

[93] O Ofício Circular 021/2008-DP utilizava a expressão "corretora" em vez de intermediário ou participante de negociação e preferimos manter esse termo na descrição.

(b) DMA2 – via Provedor: uma empresa presta o serviço de DMA e seus sistemas, em conjunto com os sistemas da bolsa, controlam o vínculo entre o cliente e a corretora (a infraestrutura tecnológica desta não é utilizada);

(c) DMA3 – via Conexão Direta: o envio de ofertas é feito por conexão direta com o sistema de negociação da bolsa, que é responsável por manter o vínculo lógico entre o cliente e a corretora, bem como garantir o respeito aos seus limites operacionais e monitorar sua atividade.

(d) DMA4 – via *Co-location*: as ofertas do cliente são geradas por software instalado em equipamento hospedado em espaço físico disponibilizado pela bolsa, que mantém o vínculo lógico entre cliente e corretora. O cliente gerencia o equipamento por meio de acesso remoto e é responsável pelo software que gerencia as suas ofertas.

O tipo de acesso (DMA1-4) deve ser informado como um dos atributos da oferta enviada ao sistema de negociação, a fim de permitir a auditoria das mensagens decorrentes desse modelo de acesso. O controle do risco pré-operacional nessa configuração poderia ser realizado por meio de um sistema fornecido pela bolsa (LINE) ou sistema do próprio intermediário, que deveria estabelecer parâmetros máximos de ofertas e de posições por instrumento e de posições por grupos de instrumentos.

A CVM deferiu em agosto de 2010 o pedido de autorização formulado pela BM&Fbovespa, com algumas condições (COMISSÃO DE VALORES MOBILIÁRIOS, 2010):

(a) demonstração de que o sistema de negociação não ficaria sobrecarregado pelo aumento do fluxo de ofertas (sobretudo pela atuação dos HFTs);

(b) a elaboração de um projeto para o aperfeiçoamento dos controles de risco, "visando à pronta detecção de práticas não equitativas e de manipulação de mercado";

(c) a inserção de "cláusula que obrigue a submissão prévia de todas as ofertas inseridas no sistema de negociação aos controles pré--negociação que cumpram as condições mínimas estabelecidas pela própria Bolsa, que deve se responsabilizar pela efetividade dos referidos controles".

A nova estrutura de acesso aos sistemas de negociação, contemplando os modelos DMA1 (Tradicional), DMA2 (via Provedor), DMA3 (via Conexão Direta) e DMA4 (via Conexão Direta – *Co-location* Corretora e Investidor para BM&F e apenas Investidor para Bovespa), foi, então, autorizada pela BM&Fbovespa a partir de 01/09/2010, conforme o Ofício Circular 030/2010-DP.

Adicionalmente, convém destacar que o vínculo lógico entre o cliente e a corretora significa que esta poderá autorizar ou suspender o acesso do cliente ao sistema de negociação, definir limites operacionais a serem verificados antes do envio das ofertas e acompanhar a atividade do cliente.

Posteriormente, em março de 2011, a CVM autorizou o modelo DMA4 (*co-location*) Corretora para o segmento Bovespa, ressalvando que "os critérios para seleção de clientes que poderão utilizar essa forma de acesso devem ser objetivos e imparciais" e que o serviço deve ser acessível a todos os clientes do intermediário (COMISSÃO DE VALORES MOBILIÁRIOS, 2011). A contratação desse modelo para o segmento Bovespa foi permitida pela BM&Fbovespa a partir de 23/05/2011 (Ofício Circular 023/2011-DP).

O modelo mais recente de conectividade aos sistemas da B3 foi definido pelo Ofício Circular 063/2017-DP, passando a vigorar a partir de 13/11/2017. As conexões foram reclassificadas em dois tipos:

(a) Conexão de participante de negociação pleno (PNP): utilizada por PNP para registrar ofertas em nome próprio ou por conta e ordem de PN ou de comitentes. A essa conexão estão vinculadas a conexão mesa de operações e a conexão assessor.

(b) Conexão direta patrocinada: utilizada exclusivamente por comitente para registrar ofertas em nome próprio, sob responsabilidade de PNP ou de PN.

Destaca-se a mudança de terminologia, de "corretora" para "participante de negociação" e, ainda, os papéis de provedor independente de solução tecnológica (Provedor) e os comitentes cujos equipamentos podem ser hospedados dentro da área de *co-location* da B3.

As ordens enviadas pelos comitentes no acesso direto ao mercado sempre estarão sob a responsabilidade do participante de negociação e poderão ser transformadas em ofertas diretamente no sistema de negociação da B3

MERCADO E O *HABITAT* DOS ALGORITMOS

ou, então, por meio de roteamento de ofertas entre o sistema do participante ou de um provedor independente e o sistema da B3.

O comitente, participante de negociação ou provedor independente que tiver equipamento na área de *co-location* da B3 pode receber, enviar e rotear ordens, receber e distribuir dados de mercado, monitorar seus equipamentos e as transações nele realizadas e, ainda, hospedar aplicações para processamento e distribuição de dados relativos a negociações.

As empresas provedoras de soluções tecnológicas de negociação no mercado só passaram a ter a permissão de hospedar seus equipamentos na área de *co-location* da B3 a partir de 06/03/2017 (Ofício Circular 015/2017-DP), quando surgiu a modalidade *Co-location Provedor*. Antes, apenas o participante do mercado ou o cliente/comitente poderiam hospedar seus equipamentos na B3.[94] Com isso, abrem-se novas possibilidades de modelos de negócios de acesso ao mercado.

Todas as ofertas e operações provenientes da área de *co-location* da B3, dos comitentes classificados como HFT e quaisquer comitentes que sejam administradores de solução de execução (com conexão PUMALink) devem se submeter ao sistema de controle de risco de pré-negociação LINK, a fim de mitigar o risco operacional e o risco de contraparte (eventual inadimplemento).

Destacamos os critérios adotados pela B3 para classificar os comitentes como HFT (destacamos):

> Para classificar os comitentes como de alta frequência (HFT), a B3 utiliza os seguintes parâmetros e informações: (i) *número de mensagens e intervalo de tempo entre as mensagens transmitidas ao ambiente de negociação*; (ii) *número de negócios e intervalo de tempo entre os negócios fechados*; e (iii) outros parâmetros, a critério da B3. As contas de comitentes classificados como de alta frequência (HFT) deverão obrigatoriamente ser assim identificadas nas respectivas ofertas, ainda que tenham sido enviadas por meio da conexão mesa de operações.

O Participante de Negociação Pleno deve, entre outras atribuições, supervisionar a atividade por meio de suas conexões e ter a capacidade de cancelá-las, cumprir e garantir o cumprimento da obrigatoriedade do

---

[94] Havia a possibilidade de hospedagem de equipamentos de empresas provedoras de DMA2 e de infraestrutura tecnológica intermediária (vendors) no Centro de Processamento de Dados (CPD) da BM&FBovespa, conforme os termos do Ofício Circular 002/2014-DP.

uso da ferramenta de controle de risco pré-negociação, definir limites operacionais para todos os comitentes.

A negociação algorítmica – não necessariamente de alta frequência – é possível por diferentes modelos, até mesmo menos sofisticados que DMA4. Os "robôs de investimento" (*robo advisors*) ainda não têm um patrimônio considerável sob sua gestão (menos de R$ 1 bilhão em julho de 2020). Magnetis, Monetus e Vérios são as principais plataformas brasileiras, que não fazem frente aos USD 43 bilhões sob gestão de Wealthfront e Betterment, principais plataformas norte-americanas (MARTINS, 2020).

Para ilustrar a discussão, podemos citar duas empresas que oferecem esses serviços no mercado brasileiro para investidores de varejo.

A SmartBot (www.smartbot.com.br) permite que um "robô" opere a partir de indicadores previamente escolhidos, gerenciando seu risco por meio de ofertas *stop-loss*. O investidor pode formular a sua própria estratégia ou escolher uma dentre várias disponíveis em uma "Loja de Estratégias", sempre com a possibilidade de testar sua efetividade com base em dados de negociação pretéritos. Os negócios podem ser realizados em um ambiente simulado ou em ordens efetivamente enviadas ao sistema da B3. Ao pagar uma mensalidade, o software é integrado ao sistema do intermediário, que envia as ordens conforme os parâmetros fornecidos (a empresa tem um contrato de roteamento de ordens com cada intermediário por meio do qual opera). As ordens são enviadas como se tivessem sido emitidas por meio do *home broker* (modelo DMA1).

Já a Follow (www.tradefollow.com.br) tem um modelo semelhante, mas as estratégias são variadas, permitindo escolher acompanhar a carteira de certos gestores ou mesmo estratégias adotadas por usuários da rede, que são "copiadas" por algoritmos baseados em aprendizado de máquina (*machine learning*). O foco, nesse caso, não é exatamente nos parâmetros de negociação, mas sim em estratégias associadas a pessoas específicas. Curiosamente, é possível adotar certas estratégias em sentido inverso, isto é, apostar contra elas, caso sejam recorrentemente perdedoras.

2.4.1.2. *Co-location*

A oferta do serviço de *co-location*, segundo o modelo DMA4 foi descrita inicialmente pela BM&Fbovespa em maio de 2009, pelo Ofício Circular 028/2009-DP. As ofertas são geradas por um programa instalado em

MERCADO E O *HABITAT* DOS ALGORITMOS

equipamento hospedado em ambiente disponibilizado pela bolsa. Esse equipamento pode ser acessado remotamente por aquele em nome de quem as ofertas são enviadas. O modelo, portanto, abrange a locação de espaço físico e suporte técnico pela bolsa, ficando o cliente responsável pela aquisição e gerenciamento dos equipamentos e a instalação, manutenção e atualização de softwares.

As modalidades previstas originalmente para o serviço de *co-location* eram *Corretora* e *Investidor*, dependendo de quem é responsável pelo equipamento. No primeiro modelo, a corretora pode distribuir o acesso a diversos clientes e no segundo modelo o investidor pode negociar por meio de diversas corretoras.

Na definição desse novo modelo de acesso ao mercado, ficaram evidentes preocupações com o risco pré-operacional e com o monitoramento do fluxo de ofertas e negócios realizados via *co-location*, bem como a certificação dos programas utilizados.

Em 2011, passou a ser possível a empresas do mesmo grupo econômico compartilharem o modelo DMA4 *Co-location* Investidor (Ofício Circular 001/2011-DP).

Adicionalmente, a partir de 01/05/2012, todas as ofertas e os negócios provenientes do modelo de acesso DMA4 *Co-location* passaram a ser submetidos à ferramenta de controles de risco de pré-negociação LINE (Ofício Circular 014/2012-DP). Posteriormente, a partir de 29/03/2013 (Ofício Circular 067/2012-DP), todas as ofertas e os negócios de comitentes classificados como HFTs, a despeito do modo de DMA adotado, passaram a ser submetidos à ferramenta LINE (a obrigatoriedade desse controle era aplicável apenas aos modos DMA3 e DMA4), o que é um indício de que HFTs estavam utilizando ou o modo DMA Tradicional, negociando via intermediário, ou o modo DMA 2, negociando por meio de um provedor, sem contratar os serviços de *co-location* ou de conexão direta com os sistemas da bolsa.

Essa suposição é interessante na medida em que uma das características estruturais da atividade de HFT é a busca por minimização da latência. Por que HFTs não estariam contratando serviços de *co-location* ou conexão direta? Duas hipóteses podem ser enunciadas a respeito: custos dos serviços cobrados pela bolsa e tentativa de fugir do radar da regulação e autorregulação, inclusive dos controles de risco pré-negociação.

O critério informado pela BM&Fbovespa à época é o mesmo que foi adotado no modelo de acesso mais recente (Ofício Circular 063/2017-DP), envolvendo o número de mensagens e o intervalo de tempo entre as mensagens transmitidas pelo investidor ao sistema eletrônico de negociação, o número de negócios e intervalo de tempo entre os negócios fechados pelo investidor e outros, a critério da BM&Fbovespa.

Optou-se, assim, por um conceito operacional de HFT baseado em critérios estatísticos, que não se confunde com o conceito de HFT utilizado para concessão de descontos nas taxas de negociação (ver próxima subseção). Temos aqui também um indício da existência de HFTs no mercado brasileiro que não optaram pela política especial de tarifação para investidores de alta frequência.

Dentre as sanções aplicáveis pela não utilização da ferramenta LINE, encontra-se a possibilidade de cancelamento das sessões no sistema de negociação, limitação do fluxo de ofertas de um dado intermediário e exigência de depósito de garantias adicionais.

A submissão à ferramenta LINE veio a ser estendida para investidores HFT que negociam via Sessão Mesa de Operações e Sessão Assessor, para além da Sessão DMA (Ofício Circular 083/2013-DP). Desse modo, independentemente da forma de acesso adotada, ainda que não seja DMA, os investidores classificados como HFTs pelos critérios estatísticos supramencionados passaram a ter suas ofertas e negócios submetidos ao controle de risco de pré-negociação desde 03/02/2014.

As sucessivas alterações das regras para inserir no controle de risco pré--negociação investidores classificados como HFTs por critérios estatísticos, e não apenas aqueles que aderiam à política especial de tarifação, indicam a possibilidade de existência de investidores que se valem da atividade de HFT e não utilizam DMA4 *Co-location* ou não utilizam sequer sessões DMA ou, ainda, não optaram pelos descontos fornecidos pela bolsa.

Um ponto da Política Comercial de *Co-location* da B3 que entendemos ser relevante para a presente discussão é a equidistância de cabeamento (B3, 2017b):

> Com o objetivo de manter a isonomia de condições e a igualdade na qualidade de serviço prestada a todos os clientes da B3, foi decidido que todos os cabos possuem o mesmo comprimento, sendo os cabos para administração das aplicações, negociação ou circuitos dedicados.

MERCADO E O *HABITAT* DOS ALGORITMOS

Desse modo, a distância percorrida pelo sinal dentro da rede da B3 é a mesma para todos aqueles que contratam o serviço de *co-location*. Embora esta seja uma medida que procure garantir a isonomia entre os participantes do mercado que podem pagar por esse serviço, podemos questionar qual seria a diferença entre a discriminação de serviços entre investidores que pagariam mais para ter cabos menores e investidores que pagam mais para enviar suas ofertas a partir de computadores nas instalações da bolsa. A equidistância de cabeamento, nesse sentido, teria um valor meramente retórico, dado que a igualdade em questão – já concretizada pela oferta de *co-location* – é apenas formal: quem pode e está disposto a pagar, tem menor latência.

2.4.1.3. Credenciamento de HFTs e política de tarifação

Em outubro de 2008, a BM&FBovespa decidiu modificar, por meio do Ofício Circular 070/2008-DP, sua política de tarifação para conceder benefícios "aos participantes que tenham maior capacidade de negociação e que, por essa razão, esteja inserindo liquidez nos mercados". Com isso, foi implementada uma metodologia de descontos por volume.

No Ofício Circular 076/2008-DP, foi estabelecido que os investidores com acesso direto ao mercado ou caracterizados como *algorithmic traders* teriam descontos adicionais, desde que credenciados junto à bolsa, em um processo em que são "analisadas as condições técnicas do cliente e a lógica operacional a ser desenvolvida".

Uma política de tarifação específica para HFTs foi implementada apenas em 2010, tendo como marco inicial o Ofício Circular 028/2010-DP, representando um modelo "desenvolvido a partir de ampla e produtiva discussão com os participantes do mercado", inserido em um "projeto contínuo da Bolsa de estimular a liquidez de seus mercados". Na sequência, temos a afirmação de que os investidores de alta frequência "oferecem o benefício inequívoco de proporcionar liquidez aos mercados administrados pela Bolsa" e que os demais investidores também se beneficiarão pois "encontrarão um mercado mais líquido e com spreads mais estreitos, resultado da presença de investidores de alta frequência". Veremos adiante que nem toda liquidez é benéfica.

Para fazer jus ao desconto, o investidor deve se credenciar junto ao Centro de Controle BM&FBovespa (CCB), para análise de suas condições técnicas e lógica operacional. As tarifas são decrescentes em função do volume realizado (apenas na segunda fase do programa, a partir de janeiro de 2011, seria possível consolidar o volume por meio de diferentes corretoras).

A qualificação como HFT é atribuída a uma conta específica do investidor, segregada das suas demais contas.

A versão mais recente da política de tarifação para investidores de alta frequência foi estabelecida pelo Ofício Circular 071/2017-DP, que trouxe um novo fluxo de credenciamento. Os descontos são válidos apenas para operações *daytrade* nas contas em que o investidor estiver cadastrado no perfil HFT.

Como discutido anteriormente, a fim de submeter todas as operações de HFTs à ferramenta de controle de risco pré-negociação LINE, a B3 adotou um conceito operacional de HFT baseado em critérios estatísticos (número de mensagens, intervalo entre mensagens, número de negócios, intervalo entre negócios) desde março de 2013, critério esse mantido no modelo atual de conectividade estabelecido pelo Ofício Circular 063/2017-DP.

Vale mencionar, ainda, que desde 2013 foi estabelecida uma Política de Controle de Mensagens (Ofício Circular 039/2013-DP), que substitui um modelo de contratação de faixas de ofertas por minuto que vigorava anteriormente. Essa política passa a ser aplicada para cada conta de um intermediário[95] e inclui as ofertas enviadas, atualizadas e canceladas. Com isso, usuários que enviam um elevado número de mensagens ao sistema de negociação passam a ter que pagar uma penalidade por excesso de mensagens em cada conta e ativo.

A fórmula para o cálculo da penalidade toma como base uma razão (*ratio*) para cada ativo e uma franquia mensal para o ativo, parâmetros estabelecidos conforme o grupo ao qual o ativo pertence, segundo seu nível de liquidez (medido pelo volume financeiro negociado para ativos do segmento Bovespa e o número de contratos no segmento BM&F).

O fluxo de mensagens, negócios e volume do formador de mercado é segregado, afastando a aplicação da Política de Controle de Mensagens.

A leitura das regras descritas sugere um modelo adequado de incentivo à negociação (custos diminuem para maior volume) e desestímulo ao envio de um número excessivo de mensagens (penalidade por excessos). No entanto, na indisponibilidade de dados públicos sobre a memória de cálculo

---

[95] Não sendo informada conta na oferta, será atribuída a conta da corretora responsável.

dos valores utilizados na fórmula de apuração do excesso de mensagens e também na indisponibilidade de estatísticas acerca do número e natureza de investidores e intermediários punidos com a regra, não podemos formular qualquer conclusão sobre a efetividade dessas políticas.

De acordo com a base de dados operacionais presente na seção de Relações com Investidores no *site* da B3, as estatísticas de negociação referentes a HFTs no segmento Bovespa deixaram de ser divulgadas a partir de dezembro de 2013 (B3, 2020c). Nesse segmento, em 2017, a média diária de volume financeiro negociado por meio de *co-location* ficou em torno de R$ 2,06 bilhões (15% do total do mercado) e a média diária do número de negócios por meio dessa modalidade de conexão ficou em torno de 388 mil negócios (39% do total).

No segmento BM&F, a média diária de contratos negociados por HFTs foi de 2,4 milhões de negócios, representando 26,7% do total, mas esta é uma estatística muito distorcida, dado que ela simplesmente soma o número de contratos negociados em mercados distintos do mesmo segmento (câmbio, índices, mini-índices e *commodities*), e a negociação de mini-índice representa 90% do número apresentado.

Podemos concluir que a B3 não tem prezado pela melhor transparência possível na divulgação de estatísticas sobre HFTs por não haver critérios claros para a definição da B3 sobre quem são os HFTs – se apenas aqueles que se declaram como tal para ter menores custos de negociação, se investidores assim classificados por critérios estatísticos (nem detalhar quais são esses critérios) ou se investidores que negociam por meio de *co-location* –, pela ausência de dados mais detalhados, indicando a participação em cada mercado do segmento BM&F, e por não divulgar, desde dezembro de 2013, os dados de negociação de HFTs no segmento Bovespa.

Adicionalmente, convém destacar que não encontramos dados públicos acerca de quantos investidores podem ser classificados como HFTs no mercado brasileiro no passado recente.

2.4.2. Negociação

Na B3, os negócios são realizados em sessões denominadas *pregões*. Cada pregão se inicia com um leilão (*call*) de abertura, seguido da sessão regular de negociação, que vem a ser encerrada por um leilão de fechamento. A dinâmica da negociação se dá com base em ofertas (*order-driven markets*), em que compradores e vendedores se encontram em um ambiente por meio de intermediários (*brokers*) (HARRIS, 2003, p. 89 e ss.). Os horários de negociação são definidos pela B3 e são atualizados periodicamente em razão do Horário Brasileiro de Verão.[96]

O *Regulamento de Operações* e o *Manual de procedimentos operacionais de negociação da B3* são as principais referências para as discussões desta seção (B3, 2019e e 2019g).

Mencionamos anteriormente que a comunicação entre o cliente e seu intermediário é uma "ordem" e essa, quando enviada aos sistemas de negociação, se transforma em uma "oferta".

A seguir, veremos os conceitos de ordem e oferta e os respectivos tipos de cada uma delas admitidos pela B3, apresentaremos a lógica do livro de ofertas, descreveremos a função do formador de mercado, o papel dos leilões de abertura e fechamento e, por fim, as regras destinadas ao controle da volatilidade dos ativos e do risco pré-negociação (envolvendo os limites operacionais de cada investidor).

2.4.2.1. Ordens e ofertas

Ordem é o "ato pelo qual o cliente determina que um intermediário negocie ou registre operação com valor mobiliário, em seu nome e nas condições que especificar" (ICVM 505/2011, art. 1º, V).

As ordens podem ser enviadas por escrito, por telefone ou outros sistemas de transmissão de voz ou sistemas eletrônicos de conexões automatizadas (art. 12 da ICVM 505/2011), devendo haver registro do horário de recebimento, cliente que as emitiu e condições para sua execução.

Há vários tipos de ordem que podem ser enviados pelos investidores (B3, 2019g, Título II, seção 4). Vejamos os tipos relevantes para a discussão sobre negociação algorítmica.

O cliente pode especificar apenas o ativo e a quantidade que deseja comprar (vender), sendo que o preço de execução será determinado conforme o melhor preço de venda (compra) existente no livro – esta é uma

---

[96] A partir de 19/02/2018, o horário de negociação para o segmento Bovespa se inicia com a pré-abertura, das 09:45 às 10:00, seguida do horário regular de negociação das 10:00 às 16:55 e sucedido pelo *call* de fechamento das 16:55 às 17:00 (Ofício Circular 007/2018-PRE).

MERCADO E O *HABITAT* DOS ALGORITMOS

ordem a mercado. Se for estipulado o preço máximo (mínimo) pelo qual deseja compra (vender), temos uma *ordem limitada*.

Uma *ordem administrada* é aquela cuja execução é delegada ao intermediário pelo cliente, que especifica apenas o ativo e a quantidade. Uma ordem *stop* é aquela que determina o preço a partir do qual deverá ocorrer a execução (HARRIS, 2003, p. 79).[97]

Por seu turno, ofertas "são atos pelos quais os participantes autorizados manifestam a intenção de realizar a compra ou a venda de ativos ou derivativos, por meio de participantes de negociação plenos ou participantes de negociação, sob responsabilidade de um ou mais participantes de negociação, registrando os termos e as condições no sistema de negociação" (B3, 2019g, Título II, seção 4.3).

A distinção entre ordem e oferta, no caso, é mais perceptível no cenário em que um cliente envia uma mensagem ou efetua uma ligação a um operador no intermediário, proferindo uma *ordem*, e este a converte em *oferta*, ao inserir as condições nas quais se deseja realizar o negócio no sistema de negociação.

No modelo de *home broker* ou, de um modo geral, de acesso direto ao mercado, a diferença entre ordem e oferta perde um pouco o sentido.

A ordem limitada pode ser mapeada diretamente em uma oferta limitada, estabelecendo um limite máximo (mínimo) para compra (venda). Do mesmo modo, uma ordem a mercado resulta em uma oferta a mercado,

---

[97] Uma ordem *stop* determina que, quando certo preço for atingido, seja enviada uma ordem limitada para o livro. Assim, há dois preços que precisam ser especificados: o preço de gatilho e o preço da ordem limitada que será enviada se o primeiro preço for atingido. Esse tipo de ordem é útil para determinar uma perda máxima aceitável ao se assumir uma posição ou, ainda, para a proteção de uma posição ao longo do tempo, se o preço de gatilho for alterado à medida que os preços seguem uma direção favorável (*stop* móvel). Em movimentos muito abruptos, o preço da ordem limitada pode não ser atendido e outras ordens a melhores preços podem ficar à frente no livro – nesse caso, diz-se que os preços "pularam" o *stop*. Por exemplo, para proteger uma posição comprada, você pode especificar um preço de gatilho de $ 10,00, de modo que, se algum negócio for fechado abaixo desse preço, então deve ser enviada uma ordem limitada ao preço de $ 9,96. Se os preços se movimentarem muito rápido e os negócios estiverem sendo realizados a, digamos, $ 9,92, a ordem limitada de venda ficará no livro junto com as demais ordens limitadas, não havendo certeza alguma de que será executada no curto prazo. Logo, a ordem limitada a ser enviada no contexto de uma ordem *stop* não tem garantia de execução.

HIGH FREQUENCY TRADING (HFT) EM CÂMERA LENTA

executada ao melhor limite de preço oposto no mercado quando ela é registrada.

Para atender a uma ordem administrada, o intermediário deve se valer dos diversos tipos de oferta existentes no sistema de negociação.

Uma *oferta stop* – proveniente de uma ordem *stop* – é (B3, 2019g, Título II, seção 4.3.1, III)

> [...] oferta que será registrada no livro central de ofertas quando atingido o preço de disparo, nela especificado. A operação deverá observar o preço compreendido entre o preço de disparo e o preço limite nela estabelecido.

Vale mencionar, ainda, a *oferta direta*, definida como "oferta composta por oferta de compra e oferta de venda de determinado ativo ou derivativo registradas simultaneamente por um mesmo preço e pelo mesmo participante de negociação pleno ou participante de negociação no ambiente de negociação, representando, simultaneamente, o comitente comprador e o comitente vendedor" (B3, 2019g, Título II, seção 4.3.1, IV) e as *ofertas com quantidade aparente (iceberg orders)* (HARRIS, 2003, p. 85),[98] as quais ocultam a quantidade total a ser negociada, sendo apresentada no livro de ofertas apenas uma fração desse montante, a qual, uma vez executada, é substituída por uma nova fração, podendo ou não garantir a prioridade de ordem de chegada, conforme as regras do sistema de negociação.

No caso das ofertas com quantidade aparente, observa-se o sacrifício da transparência na pré-negociação, pois quem observa o livro de ofertas não dispõe da informação completa acerca da quantidade de determinado ativo que se deseja negociar.

Há outras classificações possíveis para as ofertas, conforme seu prazo de validade: *para o dia* (válida apenas para aquele pregão), *para data especificada* (válida até certa data), *até cancelar* (válida enquanto não for cancelada), *tudo ou nada* (execute totalmente ou cancele), *execute ou cancele* (execute o que puder e cancele o saldo restante) (HARRIS, 2003, p. 83; COMISSÃO DE VALORES MOBILIÁRIOS, 2014, p. 291).

---

[98] Os investidores podem fornecer instruções sobre como desejam que as quantidades de sua ordem limitada sejam apresentadas como ofertas no livro. O termo *iceberg order* deriva do fato de que apenas uma pequena porção do total da ordem é visível no livro. Nos manuais da B3, utiliza-se a expressão *ofertas com quantidade aparente*.

MERCADO E O *HABITAT* DOS ALGORITMOS

Além dos clientes (comitentes finais), têm acesso ao sistema de negociação os gestores de ordens (administradores de carteira), repassadores e intermediários. Os gestores de ordens aglutinam as ordens recebidas de seus clientes e, posteriormente, alocam os negócios realizados entre eles. O repasse de operações (autorizado pelo art. 26 da ICVM 505/2011) consiste em um mecanismo de roteamento de ofertas entre participantes de negociação que viabiliza uma divisão de trabalho entre intermediários.

Alguns ativos contam com formadores de mercado (*market makers*) devidamente credenciados e com obrigações contratuais (parâmetros de atuação) de oferta de quantidades mínimas e *spread* mínimo a ser observado no livro de ofertas, além de percentual de participação nos negócios realizados durante o pregão. Para esses negócios, os formadores de mercado contratados contam com isenções em emolumentos e taxas de negociação.

Pode haver formadores de mercado independentes, isto é, que não são credenciados como tal e que não têm contrato com o emissor de determinado valor mobiliário e procuram auferir lucros com base na exploração da variação do *spread* ao longo do pregão. Como vimos anteriormente, essa é uma das estratégias de negociação que pode ser implementada por meio de HFT.

2.4.2.2. Livro de ofertas

À medida que vão sendo enviadas as ofertas para cada ativo durante o pregão, ocorre um agrupamento em duas filas: uma fila de oferta de compras e uma fila de oferta de vendas. A prioridade envolve o preço (menor preço de venda e maior preço de compra têm maior prioridade) e a ordem de chegada (no mesmo preço, ofertas mais antigas têm maior prioridade). A alteração de quantidade ou preço de uma oferta muda sua prioridade.

Com isso, forma-se um "cabo de guerra" entre compradores e vendedores. A diferença entre a melhor oferta de compra (*ask*) e a melhor oferta de venda (*bid*) é chamada de *spread*. Há várias formas de visualização de um livro de ofertas e algoritmos devem criar sua própria representação interna para avaliar a liquidez existente em um dado momento. Para ativos menos líquidos, o *spread* tende a ser maior.

A escolha entre enviar uma oferta a mercado (que será executada contra o melhor preço na ponta oposta presente no livro) ou uma oferta limitada depende da disposição do investidor a esperar que o preço de sua oferta

HIGH FREQUENCY TRADING (HFT) EM CÂMERA LENTA

limitada seja atingido e, além disso, a possibilidade de que isto não ocorra (FOUCAULT, PAGANO e RÖELL, 2013, p. 20).

Oferecemos uma descrição detalhada do livro de ofertas ao discutirmos a prática de *spoofing* no próximo capítulo. Por ora, convém destacar apenas a dificuldade operacional de construção de um livro de ofertas em um mercado fragmentado, onde um dado ativo pode ser negociado em diferentes sistemas de negociação. Qual é o melhor preço de compra ou de venda?

Uma primeira resposta a essa pergunta consiste na sugestão de uma consolidação das melhores ofertas em todos os sistemas de negociação, criando um *preço nacional*, como é o caso da já mencionada *National Best Bid Offer* (NBBO) no mercado norte-americano. Mas há um custo para se desenvolver um sistema como este e também para processar a informação. Ainda, o que fazer quando a oferta do cliente é roteada para o sistema onde estava presente a melhor oferta, mas esta veio a ser executada? Como garantir o cumprimento do dever de melhor execução (*best execution*) pelo intermediário nesses casos? Esta é uma preocupação regulatória relevante para os reguladores em cujas jurisdições o mercado é fragmentado, como veremos no próximo capítulo.

Outra questão controvertida que (ainda) não tem aplicação direta no mercado brasileiro diz respeito ao modelo de precificação das taxas de corretagem chamado de *assymetric pricing* ou *maker-taker fee schedule* (LINTON, O'HARA e ZIGRAND, 2013, p. 220). Nesse modelo, há ambientes de negociação que propiciam rebates de corretagem aos investidores que proveem liquidez, isto é, àqueles que enviam ofertas limitadas e cobram dos que consomem liquidez (enviam ofertas a mercado). Além do benefício do provimento de liquidez, esse modelo permite a competição entre bolsas, pois as entrantes no mercado podem praticar políticas agressivas de rebates para atrair um fluxo de ofertas para seu sistema de negociação. Essa competição pode resultar em menores custos de negociação.

2.4.2.3. Leilões e *calls* de abertura e fechamento

Antes do início de cada pregão, existe uma fase de pré-abertura, destinada ao registro de ofertas para formar o preço que servirá de base para o início da negociação.[99] Este é o *call* de abertura ou leilão de abertura, ao fim do

---

[99] B3, 2019g, Título II, seção 5.

MERCADO E O *HABITAT* DOS ALGORITMOS

qual o preço será calculado conforme as regras de leilão que descreveremos a seguir.

Após o *call* de abertura, é iniciado o procedimento de negociação contínua, com a colocação de ofertas de compra e de venda no livro e sua execução regular. Ao fim do pregão, ocorre um *call* de fechamento (ou leilão de fechamento), para que seja fixado o preço de fechamento do ativo para aquele dia (que não coincidirá com o preço de abertura do pregão seguinte, o qual será formado a partir de um novo *call* de abertura).

Durante o *call* de abertura e o *call* de fechamento e em situações excepcionais, como a divulgação de um fato relevante durante o horário de pregão ou a violação de um limite de oscilação intradiário de um ativo, a negociação contínua é substituída por um procedimento de *leilão*, em que as ofertas vão sendo colocadas sem que sejam executadas imediatamente. Após certo período de tempo, é calculado o preço pelo qual serão realizados os negócios, considerando as ofertas a mercado colocadas durante o leilão e as ofertas limitadas presentes no livro (B3, 2019g, Título II, seção 5).

Enquanto o leilão não é concluído, os participantes são informados de seu *preço teórico*, que é uma estimativa do preço de execução dos negócios ao fim do leilão – ofertas de compra com preço maior que o preço teórico e ofertas de venda com preço menor que o preço teórico serão atendidas em sua totalidade.

Durante o leilão, é possível construir uma curva de demanda e uma curva de oferta para o ativo, a partir das quantidades e dos preços presentes no livro. O preço final pode ser interpretado como a interseção entre essas duas curvas (FOUCAULT, PAGANO e RÖELL, 2013, p. 22).

Os leilões permitem uma melhor formação de preços, evitando movimentos abruptos nos preços (COMISSÃO DE VALORES MOBILIÁRIOS, 2014, p. 293-294). Durante sua duração, os participantes do mercado dispõem de mais informações sobre a demanda ou oferta de determinado ativo, à medida que novas ofertas são colocadas e conjugadas com as ofertas limitadas presentes no livro.

2.4.2.4. Risco de pré-negociação

Qual é a quantidade máxima que pode ser colocada em uma oferta? Os parâmetros quantitativos para os ativos negociados no segmento Bovespa foram definidos no Ofício Circular 014/2016-DP. São rejeitadas as ofertas que ultrapassem 1% do total de ativos emitidos. Para as ofertas com quantidade aparente, é necessário divulgar, no mínimo, 10 lotes padrão (Ofício Circular 028/2017-DO).

Tais medidas são suficientes para evitar uma oferta excessiva que cause uma perturbação significativa nos preços ou que inviabilize a liquidação do negócio? A resposta é negativa. Os limites de negociação (ou limites operacionais) devem ser definidos por instrumento, considerando seu nível de liquidez, e por investidor, considerando sua capacidade financeira, aferida a partir das informações cadastrais. Desse modo, surge a necessidade de instituição de mecanismos de mitigação de risco de pré-negociação, associado a falhas no envio de ofertas aos sistemas de negociação (risco operacional) e/ou à impossibilidade de adimplemento das obrigações posteriores (risco de crédito).

Ao descrever as regras sobre credenciamento de investidores de alta frequência, vimos que há um Centro de Controle responsável pela avaliação das condições técnicas e da lógica operacional de cada postulante. Conquanto o procedimento de avaliação não tenha sido detalhado pela B3, certamente um de seus resultados envolve o estabelecimento de limites operacionais por instrumento, expressos em termos de volume financeiro ou quantidade máxima de determinada oferta e de exposição total (posição corrente comprada ou vendida, conforme o caso).

Em 2008, a BM&FBovespa implementou o GTSLiNe (Ofício Circular 044/2008-DP), que possibilitava o estabelecimento dos seguintes limites (expressos em números de contratos, por ser relativo ao segmento BM&F): tamanho máximo de ordens de compra e venda de instrumento, posição máxima por instrumento na data de negociação e posição máxima por instrumento subjacente (considerando todos os vencimentos de um mesmo contrato futuro e todas as séries de um mesmo contrato de opção). Antes de uma ordem ser aceita (e convertida em oferta), tais limites eram verificados e, se desrespeitados, implicavam a rejeição da ordem. No modelo DMA4 *Co-location* Investidor foi determinada a utilização obrigatória da ferramenta, sendo faculdade do intermediário sua utilização no modelo DMA4 *Co-location* Corretora (Comunicado Externo 013/2009-DO).

No segmento Bovespa, a ferramenta MegaLine só foi implementada a partir de setembro de 2010 (Comunicado Externo 011/2010-DP, apenas para acesso DMA3 e DMA4), estabelecendo limites financeiros máximos para ordem e posição por instrumento e também limites financeiros de posição comprada e posição vendida por *instrumento-equivalente*.

O *PUMA Trading System* veio substituir os sistemas Mega Bolsa (segmento Bovespa) e GTS (Segmento BM&F) como plataforma de negociação unificada (Ofício Circular 041/2011-DP). A migração teve início no segundo semestre de 2011. Com isso, houve mudanças no desenho do controle do risco de pré-negociação. As conexões ao novo sistema passaram a ser realizadas por meio de uma nova interface de entrada de ordens denominada *Entry Point* a partir de novembro de 2011 (Comunicado Externo 006/2011-DI) para o segmento BM&F e a partir de setembro de 2012 para o segmento Bovespa (Comunicado Externo 021/2012-DI), necessariamente submetidas à ferramenta LINE.

A B3 frisa que a utilização do sistema LINE não elide a responsabilidade do intermediário pelo controle do risco de pré-negociação de seus clientes.

Em julho de 2017, a B3 iniciou consulta pública para novas regras de atribuição de limites na ferramenta LINE (Comunicado Externo 067/2017-DO), reforçando o dever de definição da capacidade econômica do investidor e detalhando a metodologia de cálculo de risco de execução, definido como "risco de perda severa decorrente de erro de execução no envio de ofertas ao sistema de negociação".

Adicionalmente, a proposta trouxe regras de governança para atribuição dos limites operacionais, a serem definidos por um comitê de risco de crédito constituído na estrutura organizacional do participante de negociação e também a previsão de um relatório trimestral sobre a capacidade econômica dos investidores compulsoriamente sujeitos à ferramenta LINE.

2.4.2.5. Controles de volatilidade

Existe algum limite intradiário máximo de variação de preços de um ativo? Existe alguma quantidade limite que, se ultrapassada, requer uma lógica de formação de preços distinta do procedimento padrão do livro de ofertas? Em cenários de volatilidade extrema, pode ocorrer suspensão da negociação de todos os ativos? Qual é o critério para definir os limites da volatilidade do mercado como um todo?

Essas questões estão ligadas a regras que procuram garantir a integridade do mercado por meio de controles de volatilidade.

Nos sistemas de negociação da B3, os limites de oscilação inferior e superior são referidos como *túneis de negociação*, de três tipos (B3, 2018):

(a) túnel de *rejeição*: ofertas foram dos limites são rejeitadas, de modo a minimizar erros operacionais;

(b) *túnel de leilão*: se seus limites são atingidos, inicia-se automaticamente um leilão do ativo com tempo de duração e possibilidades de prorrogação variando conforme a liquidez do ativo e a variação observada;

(c) *túnel de proteção*: limites destinados a determinar a prorrogação de *calls* de abertura e fechamento, visando aprimorar o processo de formação de preços.

Os túneis de *rejeição* e de *leilão* foram implementados no sistema GTS (para o segmento BM&F) a partir de abril de 2009 (Ofício Circular 022/2009-DP). No segmento Bovespa, a implementação de limites de oscilação intradiários se deu a partir de setembro de 2010 (Ofício Circular 037/2010-DP), implicando o início automático de um leilão, impossibilitando o fechamento de negócios acima do limite estabelecido (antes disso já havia um limite de oscilação entre dois negócios consecutivos).

No decorrer do pregão, é calculado continuamente o *preço médio ponderado do ativo* (Ofícios Circulares 035/2014-DP e 030/2015-DP), que serve de centro para o túnel de negociação, o qual tem como limites inferior e superior um percentual definido com base nas características do ativo.

O túnel de *proteção* foi implementado no segmento BM&F a partir de dezembro de 2015 (Ofícios Circulares 136/2015-DP e 093/2016-DP), sendo definido como

> [...] o intervalo de variação de preços estabelecido pela BM&Fbovespa, com o objetivo de prorrogar, automaticamente, o encerramento dos leilões ou dos *calls* de abertura e de fechamento, caso o preço teórico infrinja seus limites inferior e superior. O cálculo dos referidos limites é efetuado considerando-se o preço do negócio realizado antes do início do leilão, ou, quando da ausência deste, os preços de fechamento ou de ajuste do contrato.

Ainda, pode ocorrer suspensão de toda a negociação por violação aos limites intradiários de oscilação do índice Ibovespa, mecanismo denominado

MERCADO E O *HABITAT* DOS ALGORITMOS

circuit breaker (B3, 2019g, Título II, seção 10). Se o índice Ibovespa experimentar uma queda de 10% (em relação ao preço de fechamento do pregão anterior), a negociação é interrompida por 30 minutos. Se, após a retomada dos negócios, a desvalorização atingir 15%, há nova interrupção por 1 hora. Se a oscilação negativa chegar a 20%, os negócios serão suspensos por prazo a ser definido pela B3. A regra não é válida para a última meia hora de pregão.[100]

A título de ilustração, em 18/05/2017, ocorreu interrupção dos negócios às 10h 21min, no dia seguinte à divulgação, pelo jornal *O Globo*, de acusações contra o presidente Michel Temer, feitas por um dos controladores do frigorífico JBS (REUTERS, 2017). Ainda, durante a grande volatilidade decorrente da crise de 2008, *circuit breakers* eram bastante frequentes.

No *Flash Crash* de 06/05/2010, a desvalorização intradiária máxima do índice Ibovespa foi de 6,38% (com subsequente fechamento em queda de 2,31%), não tendo sido acionado o mecanismo de *circuit breaker* (LEITE, 2010).

2.4.3. Pós-negociação

2.4.3.1. Compensação e Liquidação

Para a liquidação de negócios envolvendo ações e derivativos de ações, a B3 conta com a Câmara de Ações, por meio da qual exerce a função de contraparte central das operações,[101] mitigando o risco de inadimplência ou atraso no cumprimento das obrigações. Há outras câmaras, como a de Ativos e a de Câmbio.

De acordo com a B3, todas essas câmaras estão sendo integradas em uma única[102] Câmara de Compensação e Liquidação da BM&Fbovespa (Câmara

---

[100] "Se a interrupção da negociação ocorrer na última hora da sessão de negociação, o horário de encerramento será prorrogado por, no máximo, 30 (trinta) minutos para reabertura e negociação ininterrupta dos ativos e dos derivativos" (B3, 2019g, Título II, seção 10.1, I).

[101] Lei n. 10.214/2001, Art. 4º Nos sistemas em que o volume e a natureza dos negócios, a critério do Banco Central do Brasil, forem capazes de oferecer risco à solidez e ao normal funcionamento do sistema financeiro, as câmaras e os prestadores de serviços de compensação e de liquidação assumirão, sem prejuízo de obrigações decorrentes de lei, regulamento ou contrato, em relação a cada participante, a posição de parte contratante, para fins de liquidação das obrigações, realizada por intermédio da câmara ou prestador de serviços.

[102] Com isso, a gestão das garantias (colaterais) depositados pelos investidores se torna mais eficiente, pois operações em diferentes segmentos poderão utilizar uma única garantia. Cf. B3 (2017c).

BM&Fbovespa) para realizar o registro, a compensação, a liquidação e o gerenciamento de risco de operações com todos os ativos negociados nos segmentos da B3.[103]

Cada participante contrata uma instituição financeira para atuar como membro de compensação perante a Câmara da B3, a fim de garantir o cumprimento das obrigações assumidas em decorrência da sua própria negociação ou de seus clientes.

Desse modo, a B3 pode monitorar o risco dos participantes, administrar garantias e aplicar salvaguardas. É interessante notar que essa atividade não foi descentralizada para os intermediários: a entidade administradora de mercado de bolsa não é obrigada a garantir a liquidação das operações. Este é um dever da *pessoa autorizada a operar*, mas sua implementação acaba envolvendo a contratação do serviço de compensação e liquidação oferecido pela B3, incluso nas condições de acesso ao mercado.

A compensação e a liquidação das operações realizadas pelos investidores por meio dos participantes PN ou PNP se dão mediante os chamados *membros de compensação*,[104] instituições financeiras cadastradas perante a Câmara da B3 com esse papel específico. Cada participante de negociação pleno ou participante de liquidação deve contratar um membro de compensação ou pode ele mesmo ser um membro de compensação.

Há ainda o participante de liquidação, com acesso apenas ao ambiente de empréstimo de ativos e sem acesso aos sistemas de negociação, de modo que as operações realizadas nesses sistemas devem ser repassadas a ele segundo um mecanismo chamado "repasse".

Com isso, têm-se várias camadas de responsabilidade que visam mitigar os diversos riscos inerentes à atividade de negociação. A Figura 3, a seguir, apresenta as diferentes possibilidades. O investidor, em nome de quem são

---

[103] De acordo com o Ofício Circular 047/2017-DP: "Em 11/08/2017, o Banco Central do Brasil (BCB) e a Comissão de Valores Mobiliários (CVM) concederam à B3 as autorizações necessárias à implementação da 2ª fase do Projeto de Integração da Pós-Negociação (IPN-V2), que consiste na migração das operações relativas aos mercados de renda variável e renda fixa privada para a Câmara de Compensação e Liquidação da BM&FBOVESPA (Câmara BM&FBOVESPA). Tendo recebido as autorizações necessárias dos órgãos reguladores e tendo concluído os testes da nova plataforma da Câmara BM&FBOVESPA, comunicamos o encerramento das atividades de compensação, liquidação e de gerenciamento de riscos da atual Câmara de Ações da BM&FBOVESPA em 25/08/2017 (sexta-feira) e a implementação da 2ª fase do Projeto de Integração da Pós-Negociação (IPN-V2) em 28/08/2017 (segunda-feira)".
[104] Para mais detalhes, cf. B3 (2019i).

efetuadas as operações, é designado "comitente" nos regulamentos da B3 e também na Instrução CVM 505/2011.

Figura 3. Cadeia de responsabilidades no processo de liquidação de operações

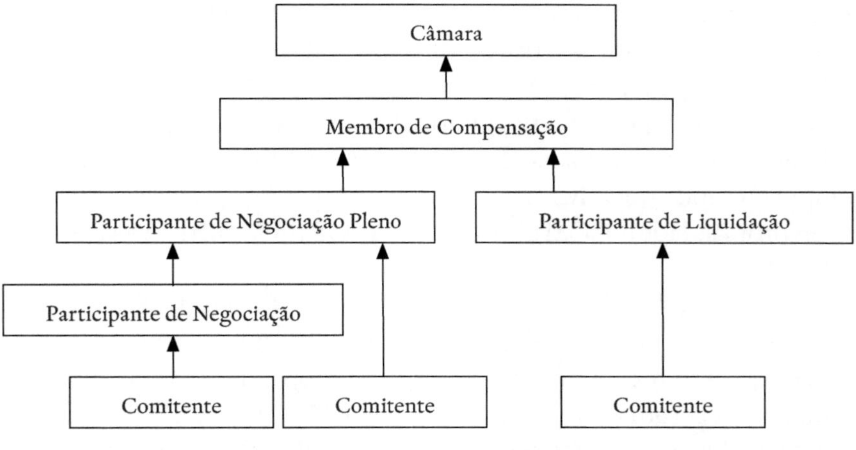

Fonte: Reprodução de diagrama constante de manual da B3 (2020b).

No mercado de balcão organizado é possível que a responsabilidade pela liquidação da operação meramente levada a registro não seja atribuída a uma pessoa autorizada a operar ou nem mesmo à entidade administradora.

2.4.3.2. Custódia e Depositária Central

No que diz respeito à pós-negociação, é conveniente registrar que podem ser oferecidos os serviços de custódia de valores mobiliários (Instrução CVM 542/2013) e de depósito centralizado de valores mobiliários (Instrução CVM 541/2013).

Os serviços de custódia de valores mobiliários são prestados pelos agentes de custódia (corretoras e distribuidoras de títulos e valores mobiliários, bancos de investimento, bancos comerciais ou bancos múltiplos), que representam os investidores perante a Central Depositária da BM&Fbovespa, a qual presta o serviço de depósito centralizado, definido no art. 23 da Lei n. 12.810/2013 como

O depósito centralizado, realizado por entidades qualificadas como depositários centrais, compreende a guarda centralizada de ativos financeiros e de valores mobiliários, fungíveis e infungíveis, o controle de sua titularidade efetiva e o tratamento de seus eventos.

Além das posições mantidas na Central Depositária, as companhias emissoras podem contratar agentes escrituradores, para manter o registro de informações relativas à titularidade dos valores mobiliários. O serviço é disciplinado pela Instrução CVM 543/2013.

Na Central Depositária são guardados os ativos em regime de propriedade fiduciária e é realizado o controle de sua titularidade (quando você compra ou vende um ativo, é nesse ambiente que é registrada a transferência da propriedade) (COMISSÃO DE VALORES MOBILIÁRIOS, 2014a, p. 249-251).

No Brasil, é adotado o modelo de beneficiário final (art. 15 da Instrução CVM 541/2013), em que o depositário central mantém contas individualizadas, que são movimentadas pelos prestadores de serviço de custódia (agentes de custódia ou custodiantes) (NODA, 2015, p. 27). Desse modo, é possível identificar a posição de cada investidor. Esse modelo é adotado em poucos países. O investidor recebe informações sobre sua posição tanto da central depositária como do agente de custódia.

Assim como o Sistema de Transferência de Reservas que integra o Sistema de Pagamentos Brasileiro se beneficia de ter um único cadastro de todas as contas dos bancos para viabilizar a movimentação dos recursos, a existência de uma única central depositária facilita a transferência de titularidade dos ativos quando de sua negociação.

Caso houvesse mais de uma central depositária, deveria haver comunicação entre elas de modo a permitir a consolidação das contas para que o lançamento a débito de uma e a crédito de outra pudesse ser efetuado. Viabilizar essa comunicação seria um processo relativamente complexo e custoso, sendo mais fácil haver competição a nível de agente de custódia com a consolidação na central depositária única.

Quando o Conselho Administrativo de Defesa Econômica (CADE) apreciou o ato de concentração envolvendo BM&Fbovespa e Cetip para a criação da B3, ao discutir a definição do *mercado relevante* para fins de análise dos efeitos do referido ato, foram considerados distintos os mercados de negociação e bolsa e balcão (a par das distinções meramente regulatórias

MERCADO E O *HABITAT* DOS ALGORITMOS

indicadas anteriormente, ignorando a compreensão do mercado secundário como um todo),[105] além dos mercados de prestação de serviços de depósito, registro, e de pós-negociação (CONSELHO ADMINISTRATIVO DE DEFESA ECONÔMICA – CADE, 2016a).[106]

Foi detectado um problema concorrencial exatamente no segmento de depósito central, por ser um serviço considerado essencial para o funcionamento do mercado. A B3 hoje detém o monopólio desse serviço e há barreiras de entrada significativas, em razão dos altos custos associados à obtenção de autorização para a atuação como central depositária (autorização do Banco Central, conforme Circular 3.743/2015 e da CVM, conforme Instrução CVM 541/2013, conforme delegação dada pela Lei n. 12.810/2013) (CONSELHO ADMINISTRATIVO DE DEFESA ECONÔMICA – CADE, 2016b).

A atividade pode se beneficiar de ganhos de escala, decorrentes da construção de sistemas de alta capacidade, confiabilidade e redundância.

O CADE entendeu que a existência de outra central depositária no país seria ineficiente. Por essa razão, aprovou o ato de concentração impondo, dentre outras restrições que a B3 deve dar tratamento isonômico entre todos os participantes da central depositária que vierem a contratar esse serviço, criar um comitê específico para definir produtos e preços para esses clientes e outras medidas de governança para garantir a qualidade dos serviços prestados (CONSELHO ADMINISTRATIVO DE DEFESA ECONÔMICA – CADE, 2017c).

Com isso, procurou-se mitigar o risco de discriminação de novos entrantes, por meio de preços e regras de acesso ao serviço de central depositária (considerado como um mercado relevante à parte, para fins da análise do CADE), para o qual haveria características de *monopólio natural*.[107]

Mas por que essa digressão sobre concorrência no mercado secundário?

---

[105] No Relatório da Conselheira Cristiane Alkmin Junqueira Schmidt (suprimidos grifos do original): "Grosso modo, a BVMF é uma empresa monopolista verticalizada no mercado de bolsa de valores mobiliários e, também, na bolsa de mercadorias e futuros no Brasil. Já a Cetip é a líder no mercado de balcão (do duopólio existente da Cetip e da BVMF) nesse país. A sobreposição horizontal entre as atividades das Requerentes, assim, ocorre somente no mercado de balcão e com relação a alguns poucos produtos. No tocante à bolsa, não há sobreposição horizontal". Cf. Conselho Administrativo de Defesa Econômica (2017b).

[106] O DEE não aceitou os argumentos de eficiência alegados pela BM&FBovespa e pela Cetip.

[107] Entendeu o CADE que este *não* seria o caso dos serviços de compensação e liquidação (também chamados serviços de *clearing*) prestados pela Câmara de Compensação de

HIGH FREQUENCY TRADING (HFT) EM CÂMERA LENTA

Como mencionamos anteriormente, a concentração ou fragmentação de mercado guarda estreita relação com o papel dos investidores que se valem de negociação algorítmica, de alta frequência ou não, tanto pela sua atuação como arbitradores de preços em praças distintas como pela dinâmica da execução das ordens.

Em outros pontos deste texto, fizemos menção à concentração do mercado brasileiro, especialmente quando discutimos os *Alternative Trading Systems* (ATS), um modelo que permite a dupla listagem, fomenta a inovação tecnológica e a competitividade entre provedores de serviços de negociação. Se fosse adotado esse modelo no Brasil, um intermediário seria uma espécie de *protobolsa* e os mais eficientes poderiam vir a se tornar entidades administradoras de mercado de bolsa.

Associamos a competição a menores custos de negociação. No entanto, a fragmentação pode ter efeitos negativos sobre a eficiência informacional, a equidade e a transparência, os pressupostos e objetivos da regulação.

Não é nosso objetivo discorrer sobre todos esses efeitos,[108] mas um deles é particularmente relevante: se um mesmo ativo é negociado em múltiplos mercados de bolsa e de balcão organizado, para garantir a execução da oferta de um investidor nas melhores condições é imprescindível consolidar todos os livros de oferta, para que se computem a melhor oferta de compra (*bid*) e a melhor oferta de venda (*ask*).

Em outros termos, para que não seja sacrificado o valor da equidade e se mantenha uma adequada transparência na pré-negociação, é necessário implementar um sistema nacional semelhante ao caso dos Estados Unidos. Resta a dúvida sobre quem deveria arcar com os custos do desenvolvimento e da manutenção de um sistema dessa complexidade.

A B3 deveria ser obrigada a criar tal sistema e, posteriormente, novos entrantes amortizariam os custos pagando uma espécie de licença? Ou tal sistema deveria ficar a cargo de uma associação de instituições financeiras como a Anbima ou uma associação de corretoras e distribuidoras como a Ancord? Talvez a CVM devesse implementar a solução com recursos obtidos via orçamento público? Seria essa uma boa decisão em termos de políticas públicas, isto é, um investimento em um mercado estigmatizado

Liquidação da B3, para os quais poderia haver concorrência. Cf. Conselho Administrativo de Defesa Econômica (2017a).

[108] Para uma discussão detalhada sobre o tema, cf. Noda (2015).

MERCADO E O *HABITAT* DOS ALGORITMOS

por certo elitismo em detrimento de, por exemplo, financiamento de direitos fundamentais? Ou poder-se-ia afirmar, ao melhor estilo dos fariseus, que recursos públicos que poderiam ser utilizados para camadas menos favorecidas da população estão sendo desperdiçados para que ricos possam "jogar na bolsa" pagando menos.

Uma solução seria deixar que os próprios agentes econômicos garantissem a convergência de preços por meio de arbitragem entre praças, no que aqueles que se valem de negociação algorítmica seriam protagonistas.

Podemos nos perguntar se sequer poderíamos cogitar essa opção, quando sabemos que, historicamente, poucos ativos têm liquidez suficiente para justificar esse tipo de atuação, seja no mercado de ações ou de derivativos. Ainda, se não forem obrigados a prover liquidez, algoritmos podem simplesmente "desaparecer" em cenários de aumento drástico da volatilidade, amplificando o problema.

Um livro de ofertas fragmentado dificultaria a tomada de decisão, o *spread* poderia aumentar e os custos de negociação aumentariam, compensando eventual diminuição obtida pela competição entre entidades administradoras de mercados de bolsa.

Outra preocupação relacionada ao tema dos HFTs envolve a dificuldade de controle da exposição ao risco por investidores. Não havendo um único mercado de bolsa, apenas os intermediários poderiam realizar tal tarefa, tornando sua atividade mais complexa e custosa e, ainda, mitigando o risco sistêmico de modo ineficiente, dado que cada intermediário tem apenas uma visão parcial da posição de cada investidor.

Se hoje cada intermediário tem o dever de "conhecer seu cliente" (*know your client*), então também tem o dever de "conhecer seu robô" (*know your robot*),[109] expressão cunhada por Ilene Patrícia Najjarian, advogada da União que atua na Procuradoria Federal Especializada junto à CVM.

Assim, parte de um eventual sobrepreço cobrado pela B3 deriva de um custo que hoje é assumido por ela e que é repassado, em alguma medida,

---

[109] Evitaremos neste texto a utilização da palavra "robô" como substituta ou sinônimo de "algoritmo". Embora seja um termo de uso mais corrente, a robótica envolve, para além de algoritmos, sistemas de hardware para desempenhar diversas funções que não ocorrem apenas no mundo virtual, tais como reconhecimento de imagens, deslocamento, movimentação de articulações, servomecanismos, entre outras funcionalidades que extrapolam um simples programa de computador.

para aqueles que atuam como membros de compensação e participantes de negociação.

Em síntese, a expectativa de diminuição dos custos de negociação pode ser frustrada pelo aumento da complexidade, dos custos com sistemas de informação, aumento do *spread* e diminuição de liquidez. O assunto não pode ser discutido com foco apenas com foco no preço dos serviços cobrados pelos intermediários e pelas entidades administradoras de mercados organizados e é um tema a ser inserido na agenda de pesquisa sobre a regulação do mercado de capitais.

3. *Too fast to stop*? Formulando respostas regulatórias

Suponhamos que seja vedada a atividade de HFT no mercado secundário. O que justificaria tal proibição? Haveria alternativas ou mecanismos de "controle de velocidade"? Qual é o conceito *operacional*[1] de HFT necessário para sua aplicação? Seria realmente possível aplicar essa norma?

Neste capítulo procuraremos responder a essas perguntas, identificando as principais preocupações regulatórias a partir dos riscos criados ou potencializados pelos HFTs e, com base em estudos realizados e medidas já adotadas por reguladores de diversas jurisdições – especialmente nos Estados Unidos e Inglaterra e discussões no âmbito da IOSCO –, procuraremos catalogar as respostas regulatórias possíveis.

A discussão foi organizada conforme as seguintes preocupações regulatórias que envolvem a atividade de HFT:[2]

(a) a possibilidade de prática de condutas ilícitas;
(b) o comprometimento da equidade no tratamento de investidores e da transparência das informações disponíveis para tomada de decisão;

---

[1] Por que falamos em *conceito operacional* e não apenas em *conceito*? No primeiro capítulo, vimos que a terminologia é emprestada dos métodos quantitativos das ciências sociais, especialmente da ciência política. Operacionalizar um conceito é sinônimo de definir uma métrica (adequada) para uma variável representativa do conceito que se deseja estudar. O conceito de liquidez, por exemplo, pode ser medido pelo tamanho do *spread* do livro de ofertas ou, então, pelo volume diário médio negociado, entre outras possibilidades.

[2] Essa sistematização foi resultante do agrupamento de riscos associados aos HFTs descritos nas fontes utilizadas nesta pesquisa, principalmente artigos publicados entre 2010 e 2017 sobre o tema, em conjunto com relatórios produzidos pela IOSCO, SEC e CFTC (Estados Unidos), ESMA (União Europeia), AFM (Holanda) e ASIC (Austrália).

HIGH FREQUENCY TRADING (HFT) EM CÂMERA LENTA

(c) o aumento dos riscos operacional e sistêmico, associados ao impacto na volatilidade do mercado e outras externalidades negativas geradas pela presença dos HFTs; e

(d) o aumento do risco à integridade do mercado, associado ao impacto na formação de preços, na eficiência e na liquidez.

Recuperando a síntese do debate sobre HFT apresentada no primeiro capítulo, podemos relacionar essas preocupações às seguintes controvérsias:

(a) a possibilidade de prática de condutas ilícitas:

- HFTs permitem novas formas de manipulação de mercado, aproveitando-se de sua velocidade para antecipar-se aos demais investidores (arbitragem de latência como *front-running*) e capacidade de enviar e cancelar ofertas rapidamente para induzi-los a erro (*spoofing* e *layering*).

(b) o comprometimento da equidade no tratamento de investidores e da transparência das informações disponíveis para tomada de decisão:

- HFTs possuem vantagens indevidas por ter acesso aos dados de negociação antes dos demais investidores, em razão das tecnologias de minimização de latência (alta velocidade de conexão, proximidade geográfica dos sistemas das bolsas e serviços de *co-location*).
- Ao utilizarem o mecanismo de *flash orders*, HFTs, além de comprometerem a equidade do mercado, também afetam a sua transparência.

(c) o aumento dos riscos operacional e sistêmico, associado ao impacto na volatilidade do mercado e outras externalidades negativas geradas pela presença dos HFTs:

- O eventual malfuncionamento de algoritmos, especialmente no caso de HFTs, pode gerar e amplificar movimentos abruptos no mercado, aumentando a volatilidade.

TOO FAST TO STOP? FORMULANDO RESPOSTAS REGULATÓRIAS

- Em momentos críticos do mercado (como o *Flash Crash*), HFTs deixam de negociar, criando um vácuo de liquidez que ajuda a propagar movimentos bruscos, aumentando a volatilidade.
- Pelo elevado número de mensagens intradiárias, HFTs geram externalidades negativas aos demais participantes de mercado, pois sobrecarregam os sistemas de informação das bolsas e intermediários e dificultam as atividades de supervisão de mercado conduzidas pelos reguladores e autorreguladores.

(d)   o aumento do risco à integridade do mercado, associado ao impacto na formação de preços, na eficiência e na liquidez:

- A atividade de HFT, em geral, contribui para o aumento da liquidez e diminuição do *spread* do livro de ofertas, reduzindo custos de negociação.
- A liquidez fornecida por HFTs muitas vezes é apenas aparente, porque procuram induzir a demanda ou a oferta ou porque negociam pequenos lotes a fim de detectar grandes investidores e antecipar-se a eles, elevando seu custo de negociação.
- HFTs contribuem para a eficiência informacional do mercado ao reagirem rapidamente a novas informações, fazendo--as serem refletidas nos preços e propagando-as em múltiplos mercados. Por tomarem decisões com base em informações de curto prazo.
- HFTs inserem ruído nos preços, comprometendo a eficiência informacional e prejudicando a eficiência alocativa.

Catalogamos um conjunto de mecanismos regulatórios para lidar com cada uma dessas preocupações. A descrição desses mecanismos, sua justificativa e as consequências de sua adoção são o objeto das próximas seções. Trata-se de uma divisão com algum grau de arbitrariedade e, no decorrer do texto, verificaremos a sobreposição de vários temas.

Nesse sentido, o presente capítulo se divide em quatro seções. A primeira seção é dedicada ao estudo de novas formas de praticar ilícitos de mercado, elencando remédios possíveis e apresentando alguns casos que nos permitem compreender melhor cada prática irregular e como garantir a eficácia das proibições. A segunda seção é dedicada aos problemas de

HIGH FREQUENCY TRADING (HFT) EM CÂMERA LENTA

tratamento equitativo dos investidores em face da atividade de HFT e listamos algumas propostas para mitigar ou, ao menos, justificar alguma desigualdade entre investidores e o sacrifício da transparência do mercado. Na terceira seção, analisamos como os HFTs podem influenciar especificamente os atributos de volatilidade, liquidez e eficiência do mercado, potencializando o risco de mercado, o risco operacional e o risco sistêmico. A quarta seção, por fim, enumera as respostas regulatórias possíveis.

Uma ressalva metodológica importante com relação ao texto deste capítulo é a de que os casos selecionados não representam uma amostra a partir da qual se deseja fazer inferências ou generalizações a respeito dos HFTs. Esses casos servem apenas para ilustrar os debates colhidos das fontes utilizadas nesta pesquisa e explicitar algumas especificidades do *enforcement* das regras destinadas a tutelar o regular funcionamento do mercado. Por essa razão, procuramos os casos mais citados nos textos consultados e também aqueles com detalhes que consideramos relevantes para as discussões aqui propostas, sem nenhuma pretensão de constituir uma amostra representativa de toda a atuação dos reguladores sobre o tema.

3.1. Condutas ilícitas: manipulação de mercado 2.0[3]

A narrativa do livro *Flash Boys* teve como tema principal a relação quase direta entre HFTs e ilícitos de mercado[4] ou, de modo mais abrangente, conforme a nomenclatura europeia, o "abuso de mercado". É importante ressaltar que não seria adequado afirmar que HFTs aumentam "o risco de prática de condutas ilícitas", porque a proibição de certas condutas, em

---

[3] A expressão "manipulação de mercado 2.0" dialoga com a ideia de "*insider trading* 2.0" no artigo de James J. Angel e Douglas M. McCabe (2017). Os autores discutem a assimetria de informação gerada pela comercialização de acesso mais rápido a informações por provedores de notícias e cotações. Esse debate é mapeado na seção deste capítulo em que relacionamos HFT com a equidade e transparência do mercado.

[4] Por exemplo, cf. Lin (2017). Nas palavras do autor (p. 1281): "*As financial markets become more sensitive to the confluence of new media technology and new financial technology, mass misinformation schemes to manipulate the marketplace will certainly become more prevalent. Financial markets will likely witness more audacious and innovative schemes to disrupt and distort the marketplace with bad data and false information in the coming years*". Ainda, "*new cybernetic market manipulation schemes that leverage modern technologies like electronic networks, social media, and artificial intelligence are more harmful than traditional schemes*".

última análise, está associada à mitigação de um ou mais riscos. Assim, certa forma de manipulação de mercado pode afetar tanto a equidade e transparência do mercado como o provimento de liquidez ou mesmo o risco operacional e o risco sistêmico, conforme o caso.

Discutiremos normas administrativas e penais no Brasil e em jurisdições selecionadas, sem uma preocupação rigorosa com a esfera punitiva, pois procuramos dar ênfase à descrição das condutas proibidas e à justificativa da proibição,[5] deixando para outros estudos a discussão sobre desenho institucional do sistema de repressão a essas condutas, adequação e proporcionalidade das penas aplicáveis e qualidade do *enforcement*.

Por que proibir certas condutas no âmbito do mercado de capitais? Conforme as funções econômicas desempenhadas pelo mercado, é necessário garantir seu regular funcionamento, expresso nos termos descritos nos capítulos precedentes: equidade, transparência, eficiência, proteção ao investidor e mitigação do risco sistêmico, conforme os princípios da IOSCO e, ainda, assegurar o provimento de liquidez e controlar a volatilidade.

No entanto, como apresentaremos a seguir, as discussões jurídicas usualmente não usam conceitos econômicos como referentes, valendo-se de valores etéreos como a "credibilidade no mercado"[6] ou mesmo categorias jurídicas tradicionais como o "a proteção do patrimônio do

---

[5] Na discussão das condutas e de sua justificativa, ignorando as diferenças entre esfera penal e esfera administrativa, adotamos, o pressuposto de que não há distinção ontológica entre ilícitos penais e ilícitos administrativos, cabendo ao legislador efetuar uma escolha política acerca da gravidade das penas aplicáveis a cada infração. Para um resumo das discussões sobre o tema na doutrina brasileira e estrangeira, cf. Costa (2013, p. 144 e ss.).

[6] João Carlos Castellar entende que o bem jurídico tutelado pelo crime de manipulação de mercado é a confiança, "mola propulsora do crescimento do mercado", um atributo com referente mais claro no ser humano. Este também seria o bem jurídico tutelado pelo crime de *insider trading*, dado que a confiança é afetada em razão da violação do princípio de igualdade de oportunidades. O autor discorda da tutela do regular e transparente funcionamento do mercado, "inda que se especifique a livre competição e a lealdade entre os seus participantes como bens imediatos" (CASTELLAR, 2008, p. 75-106). Não seria possível, assim, dar dignidade de bem jurídico a um "mero conjunto de operações de compra e venda de títulos, que se convencionou chamar de 'mercado de capitais', [...] uma entidade abstrata", não havendo um interesse individual. Com o devido respeito à posição do autor, tal afirmação ignora ou subestima todos os pressupostos teóricos apresentados anteriormente neste texto, a respeito das relevantes funções econômicas desempenhadas pelo mercado de capitais e seu protagonismo no modo de produção capitalista. Não se trata de um "mero conjunto de operações", como se estivéssemos diante de pessoas sentadas em uma mesa de pôquer.

investidor".[7] Há exceções, que procuram investigar o significado do que seria o regular funcionamento do mercado,[8] aproximando-se dos objetivos de transparência, eficiência e equidade.

No direito penal, em razão da imprescindibilidade do conceito de bem jurídico, o estudo dos crimes contra o mercado de capitais, desde a alteração da Lei n. 6.385/1976 pela Lei n. 11.303/2001, procura encontrar uma justificativa para a incriminação das condutas de uso indevido de informação privilegiada, manipulação de mercado e exercício irregular de certas profissões de mercado regulamentadas pela CVM.

---

[7] Ao examinar os candidatos a bem jurídico nos crimes contra o mercado de capitais, Leonardo Alonso identifica o patrimônio dos investidores, a igualdade de oportunidades entre investidores, a confiança dos investidores no mercado, os interesses da sociedade emissora de valores mobiliários (geradora de informações privilegiadas) e o correto funcionamento do mercado de valores mobiliários (expresso em termos de proteção aos investidores, igualdade entre eles e transparência das informações). Sobre esse bem jurídico em particular, sustenta o autor que: "Dentro de uma proposta de bem jurídico voltada necessariamente a um referencial individualizado e com vistas à garantia da dignidade humana, a noção de correto funcionamento do mercado é por demais aberta, soando muito mais como justificação para uma intervenção penal, o que vai de encontro com a função limitadora do bem jurídico. Nesses termos, defender o correto funcionamento do mercado como bem juridicamente protegido parece aproximar a tutela penal do Mercado de Capitais de um indesejável direito penal simbólico" (ALONSO, 2009, p. 155). Tal fundamento justificaria mais adequadamente a tutela pela via do direito administrativo, mas não pelo direito penal. Conclui que o bem jurídico tutelado pelos crimes contra o mercado de capitais é o interesse patrimonial dos investidores, especialmente em razão da garantia constitucional do direito de propriedade, um direito fundamental vinculado à dignidade humana.

[8] Para Cézar Roberto Bitencourt e Juliano Breda, são bens jurídicos tutelados pelo delito de manipulação de mercado: transparência, regularidade na formação de preços dos valores mobiliários e igualdade de oportunidade para o ingresso e a atuação no mercado (BITENCOURT e BREDA, 2014, p. 392 e ss.). Os autores mencionam, ainda, a proteção à confiança dos agentes econômicos e um fim mediato de proteger o seu patrimônio. Eizirik *et al.* sustentam que a vedação à manipulação de mercado visa a proteger a "estabilidade do mercado de capitais [...], o processo de formação de preços dos valores mobiliários no mercado, evitando a sua alteração artificial e o consequente logro dos investidores" – não pode haver alteração das "regras do jogo" tampouco engano dos investidores. Os autores defendem a ideia de que a eficiência é um atributo do funcionamento regular do mercado de capitais (EIZIRIK *et al.*, 2011, p. 540). Denis Morelli, ao comentar os crimes previstos na Lei n. 6.385/1976, conclui que todos eles buscam tutelar o regular funcionamento do mercado de capitais e a sua higidez, com a proteção da confiança e a manutenção da estabilidade do mercado (MORELLI, 2015, p. 610-611).

No direito administrativo sancionador, especialmente no tocante aos ilícitos definidos pelas normas da CVM, quando muito, encontramos referências a discussões no campo penal. Embora o conceito de bem jurídico-penal não seja utilizado como parâmetro para a criação de normas administrativas e sua interpretação, não se pode cogitar que o Estado possa criar condutas sem nenhum tipo de limitação ou justificativa.[9]

O legislador brasileiro também parece ter dificuldades com a terminologia, haja vista a mudança trazida pela Lei n. 13.506/2017 na descrição do tipo penal (destacamos):

> Art. 27-C. Realizar operações simuladas ou executar outras manobras fraudulentas *destinadas a elevar, manter ou baixar a cotação, o preço ou o volume negociado de um valor mobiliário*, com o fim de obter vantagem indevida ou lucro, para si ou para outrem, ou causar dano a terceiros:
> Pena – reclusão, de 1 (um) a 8 (oito) anos, e multa de até 3 (três) vezes o montante da vantagem ilícita obtida em decorrência do crime.

Anteriormente, na redação original dada pela Lei n. 10.303/2001 (destacamos):

> Art. 27-C. Realizar operações simuladas ou executar outras manobras fraudulentas, *com a finalidade de alterar artificialmente o regular funcionamento dos mercados de valores mobiliários em bolsa de valores, de mercadorias e de futuros, no mercado de balcão ou no mercado de balcão organizado*, com o fim de obter vantagem indevida ou lucro, para si ou para outrem, ou causar dano a terceiros:

Convém destacar o esforço de Marcelo Constenaro Cavali (2017, p. 141 e ss.) para definir o bem jurídico-penal desse delito, em pesquisa pioneira que resultou na sua tese de doutoramento pela Faculdade de Direito da

---

[9] "Quanto aos requisitos para a criminalização de condutas, deve o legislador atender aos parâmetros de dignidade penal, ou seja, de justiça e adequação aos fins, que congregam diversos institutos bastante discutidos na doutrina penal, quais sejam: a observância da afetação de bem jurídico-penal como um limite à sua atividade; o respeito aos princípios de subsidiariedade e fragmentariedade do direito penal, bem como as regras de proporcionalidade e legalidade, em suas diferentes vertentes, dentre outros. Já no que tange aos requisitos para a criação de ilícitos administrativos, embora sejam menos estritos, não pode o legislador atuar sem amarras. Assim, devem-se respeitar, ao menos, os espaços de exercício do núcleo de direitos fundamentais, a legalidade e a proporcionalidade" (COSTA, 2013, p. 146).

Universidade de São Paulo. O autor recupera o conceito de *capacidade funcional* do mercado, formulado por Sigfried Kümpel (2007, p. 24-25), o qual se desdobra em três vertentes: institucional (acesso à demanda e oferta), operacional (custos de negociação) e alocativa (eficiência na alocação dos recursos escassos para investimentos com melhores rendimentos esperados em face do risco incorrido).

Dado o quadro teórico exposto anteriormente, podemos relacionar o conceito de capacidade funcional alocativa com a eficiência do mercado, tanto eficiência informacional (o processo de formação dos preços, que incorporam rapidamente todas as informações disponíveis), como eficiência alocativa (como os preços estão "corretos", a alocação de recursos é ótima – cada alternativa de investimento recebe os recursos proporcionalmente ao seu valor).

Os aspectos de equidade e transparência são pressupostos para a eficiência do mercado e também objetivos a serem perseguidos por si mesmos, e podemos relacioná-los à capacidade funcional institucional descrita por Kümpel.

Cavali sugere que a compreensão da capacidade funcional alocativa nos possibilita avaliar a relevância das funções econômicas do mercado de capitais, permitindo visualizar aquilo que o direito procura tutelar.[10]

Assim, procurando detalhar o que outros autores designam superficialmente por "regular funcionamento do mercado" ou "estabilidade do mercado", Cavali afirma ser o bem jurídico tutelado no crime de manipulação de mercado a capacidade funcional alocativa desse mercado.

Esse entendimento pode ser harmonizado com os seguintes considerandos da Diretiva 2014/57/AS[11] sobre abuso de mercado:[12]

---

[10] Tal valor preenche as características de um verdadeiro bem jurídico supraindividual, pois seus benefícios não podem ser fruídos de modo exclusivo por ninguém (consumo não rival). Cf. Cavali (2017, p. 149). O autor também procura explicitar a dignidade constitucional da capacidade funcional alocativa do mercado que justifique sua elevação ao status de bem jurídico.

[11] Diretiva 2014/57/UE do Parlamento Europeu e do Conselho, de 16 de abril de 2014, relativa às sanções penais aplicáveis ao abuso de informação privilegiada e à manipulação de mercado (abuso de mercado). Disponível em: http://eur-lex.europa.eu/legal-content/PT/TXT/HTM L/?uri=CELEX:32014L0057&from=PT. Acesso em: 19 jul. 2016.

[12] Nos considerandos (11) e (12), nota-se um juízo de lesividade que tem como referente a "integridade do mercado" e não o patrimônio dos investidores afetados.

TOO FAST TO STOP? FORMULANDO RESPOSTAS REGULATÓRIAS

(1) A criação de um mercado financeiro integrado e eficiente e o reforço da confiança dos investidores pressupõem que seja garantida a integridade do mercado. O bom funcionamento dos mercados dos valores mobiliários e a confiança do público nesses mercados são uma condição essencial do crescimento económico e da prosperidade. As situações de abuso de mercado prejudicam a integridade dos mercados financeiros e a confiança do público nos valores mobiliários, nos instrumentos derivados e nos índices de referência. [...]

(11) Para efeitos da presente diretiva, o abuso de informação privilegiada e a transmissão ilícita de informação privilegiada deverão ser considerados graves, nomeadamente, quando o impacto na integridade do mercado, o lucro real ou potencial daí resultante ou as perdas evitadas, o nível de danos causados ao mercado ou o valor global dos instrumentos financeiros negociados sejam elevados. [...]

(12) Para efeitos da presente diretiva, a manipulação de mercado deverá ser considerada grave, nomeadamente, quando o impacto na integridade do mercado, o lucro efetivo ou potencial daí resultante ou as perdas evitadas, o nível de danos causados ao mercado, o nível da alteração do valor do instrumento financeiro ou do contrato de mercadorias à vista ou o montante dos fundos inicialmente utilizados sejam elevados, ou quando a manipulação tenha sido perpetrada por uma pessoa que esteja empregada ou que trabalhe no setor financeiro ou numa autoridade de supervisão ou regulação.

A especificação dos valores que se deseja tutelar é fundamental para a formulação e uma convicção acerca do impacto da atuação dos HFTs no mercado. Na seção que segue, veremos como esse ilícito é descrito no Brasil e em outras jurisdições, a fim de verificar, posteriormente, se estratégias consideradas ilícitas (antigas e novas) podem ser praticadas (e potencializadas) por HFTs.

3.1.1. A proibição à manipulação de mercado

Como um investidor pode orientar sua conduta de modo a saber o que é permitido e o que é proibido no tocante à manipulação de mercado?

No Brasil, a norma a ser aplicada para a repressão de condutas lesivas à equidade e à eficiência informacional do mercado no âmbito administrativo é a ICVM 08/1979, que traz quatro definições utilizadas como referência na descrição dos ilícitos administrativos em todos os estudos sobre o tema, que se iniciam com o conceito de "criação de condições artificiais de demanda, oferta ou preço" e vão até "práticas não equitativas", a quarta e última definição trazida naquela norma.[13]

Vimos que um dos objetivos centrais da regulação é minimizar a assimetria de informação, para que todos os investidores possam ter oportunidades iguais e competir entre si de modo a fazer com que a informação disponível seja incorporada nos preços de modo eficiente.

O imperativo de transparência exige que toda a informação relevante para a tomada de decisão esteja disponível. O imperativo de equidade exige que todos os investidores tenham igual acesso a essa informação.

Qualquer prática não equitativa no mercado de capitais é um meio fraudulento destinado a induzir ou manter alguém em erro, como se pode depreender da definição trazida pela ICVM 08/1979:

> II, d) prática não equitativa no mercado de valores mobiliários, aquela de que resulte, direta ou indiretamente, efetiva ou potencialmente, um tratamento para qualquer das partes, em negociações com valores mobiliários, que a coloque em uma indevida posição de desequilíbrio ou desigualdade em face dos demais participantes da operação.

Pelo envio de um grande número de ofertas em situações específicas, torna-se possível alterar a percepção dos demais investidores acerca da demanda e oferta de certo instrumento financeiro, uma conduta proibida pela ICVM 08/1979 sob a rubrica de "criação de condições artificiais de demanda e oferta".

Convém destacar que, ao considerar que negociar consiste no envio de mensagens aos sistemas de negociação e não necessariamente concretizar negócios (operações), damos um sentido mais amplo ao vocábulo "negociação".

O que parece ser uma afirmação um tanto quanto cerebrina, na verdade é fundamental para a interpretação da definição de "criação de condições artificiais de demanda, oferta ou preço de valores mobiliários" contida na Instrução CVM 08/1979: "aquelas criadas em decorrência de *negociações* pelas quais seus participantes ou intermediários, por ação ou omissão dolosa provocarem, direta ou indiretamente, alterações no fluxo de ordens de compra ou venda de valores mobiliários".

---

[13] Cf. Santos, Wellisch e Osorio (2012, p. 105 e ss.) e Eizirik *et al.* (2011, p. 56 e ss.).

Na descrição da conduta de criação de condições artificiais de demanda e oferta não se exige que negócios sejam efetivamente realizados, podendo todo o processo ser conduzido por meio de ofertas inseridas e canceladas no livro. Busca-se punir o mero *blefe*, ao interpretar o vocábulo *negociação* não como a efetiva realização de negócios, mas sim como o envio de ofertas de compra e venda, do qual podem ou não resultar negócios.

Por exemplo, se certo investidor busca induzir a demanda por meio de ofertas sucessivas de compra – sem que sejam realizados negócios – para que o preço de determinado ativo atinja certo patamar onde se encontra uma oferta limitada de venda que desejava executar desde o princípio, podemos dizer que a demanda artificial foi criada em "decorrência de negociações"?

Em outros termos, se o *spread* era tal que as ofertas de compra foram se acumulando a preços cada vez maiores até que se aproximassem do melhor preço de venda, mas, nesse processo, nenhum negócio foi realizado, teria sido praticada alguma conduta ilícita? Ou ilícito seria apenas o caso em que efetivamente ocorressem negócios a preços cada vez maiores e, apenas então, a oferta limitada do investidor fosse alcançada e executada?

O primeiro cenário é mais provável como decorrência da atuação dos HFTs, quando a indução da demanda e oferta se dá dentro do *spread*. Se utilizado um conceito estrito de "negociação" (o que seria recomendável, dado que se trata de uma norma sancionadora), a conduta poderia ser considerada "manipulação de mercado", isto é, "qualquer processo ou artifício destinado, direta ou indiretamente, a elevar, manter ou baixar a cotação de um valor mobiliário, induzindo, terceiros à sua compra e venda", nos termos da Instrução CVM 08/1979.

Surge, porém, outro problema: a interpretação da expressão "cotação". Uma cotação seria o valor de ofertas presentes no livro ou o valor dos negócios realizados? A mera mudança do valor das ofertas no livro representa uma alteração nas cotações? Uma cotação é concebida segundo a estrutura de uma oferta limitada, é um conjunto de três informações, o preço, o ativo e a quantidade (O'HARA, 2010).[14] É, portanto, um indicativo de interesse em negociar, visível para os demais participantes de mercado.

---

[14] O'Hara (2010) discute a dificuldade em conceituar o que seria uma cotação, na medida em que ambientes sem transparência na pré-negociação admitem a expressão do interesse em negociar sem precisão em termos de preço e quantidade.

Essa discussão ilustra a importância da precisão terminológica para a aplicação adequada das normas jurídicas envolvendo ilícitos de mercado. Interpretações demasiadamente restritivas das expressões "negociação" e "cotações" podem fazer com que certas condutas usualmente atribuídas a HFTs (como *layering* e *spoofing*) não sejam consideradas ilícitas de acordo com as normas vigentes, ao menos na esfera administrativa.[15]

A imputação adequada é essencial tanto para a acusação como para a defesa, além de possibilitar que os investidores orientem sua conduta de acordo com a norma, compreendendo o seu conteúdo, o comando por ela exarado.

Para orientar seu comportamento conforme a norma, seus destinatários precisam de alguma densidade na descrição da conduta proibida.

No direito norte-americano, as condutas de manipulação de preços, *front-running* e de *insider trading* são abrangidas pelas regras § 9(a)(2), § 10(b) do *Securities and Exchange Act* de 1934 e a Rule 10b-5, de conteúdo relativamente amplo, a qual busca coibir a prática de fraudes ou quaisquer outras formas de engano no mercado. Veja-se a redação original da norma, em inglês:

> 9 (a) *It shall be unlawful for any person, directly or indirectly, by the use of the mails or any means or instrumentality of interstate commerce, or of any facility of any national securities exchange, or for any member of a national securities exchange – (2) To effect, alone or with 1 or more other persons, a series of transactions in any security other than a government security, any security not so registered, or in connection with any security-based swap or security-based swap agreement with respect to such security creating actual or apparent active trading in such security, or raising or depressing the price of such security, for the purpose of inducing the purchase or sale of such security by others.* [15 U.S.C § 78i(a)(2)]
>
> 10 *It shall be unlawful for any person, directly or indirectly, by the use of any means or instrumentality of interstate commerce or of the mails, or of any facility of any national securities exchange (b) To use or employ, in connection with the purchase or sale of any security registered on a national securities exchange or any security not so registered, or any securities-based swap agreement any manipulative or deceptive*

---

[15] Uma tentativa adicional poderia ser realizada considerando o ilícito como "prática não equitativa", um conceito amplo que compreende práticas "de que resulte, direta ou indiretamente, efetiva ou potencialmente, um tratamento para qualquer das partes, em negociações com valores mobiliários, que a coloque em uma indevida posição de desequilíbrio ou desigualdade em face dos demais participantes da operação".

device or contrivance in contravention of such rules and regulations as the Commission may prescribe as necessary or appropriate in the public interest or for the protection of investors. [15 U.S.C § 78j(b)]

10b-5 *Employment of manipulative and deceptive devices.*

It shall be unlawful for any person, directly or indirectly, by the use of any means or instrumentality of interstate commerce, or of the mails or of any facility of any national securities exchange,

(a) *To employ any device, scheme, or artifice to defraud,*

(b) *To make any untrue statement of a material fact or to omit to state a material fact necessary in order to make the statements made, in the light of the circumstances under which they were made, not misleading, or*

I *To engage in any act, practice, or course of business which operates or would operate as a fraud or deceit upon any person, in connection with the purchase or sale of any security.* [17 C.F.R. §240.10b-5]

Naquele país, a regra não é imune a críticas – especialmente pela sua abertura semântica. Seu conteúdo foi forjado por diversos precedentes, cujo estudo foge ao escopo deste trabalho.[16] Trata-se de uma vedação à utilização de meios fraudulentos ou enganosos, à divulgação de informações falsas e à omissão de informações materiais. O item as da Rule 10b-5 se aproxima da descrição de prática não equitativa reproduzida anteriormente.

Adicionalmente, o *Commodity Exchange Act* de 1936, que regula a negociação de derivativos de *commodities* e contratos futuros em geral, foi emendado pelo *Dodd-Frank Act* em 2010, passando a trazer, além da proibição mais geral à manipulação de preços, a vedação específica à prática de *spoofing* nos mercados regulados pela CFTC.

O texto da vedação geral é (destacamos):

§6c. Prohibited transactions (a) In general
Prohibition
It shall be unlawful for any person to offer to enter into, enter into, or confirm the execution of a transaction described in paragraph (2) involving the purchase or sale of any commodity for future delivery (or any option on such a transaction or option on a commodity) or swap if the transaction is used or may be used to—

---

[16] Para um estudo dos principais precedentes e doutrinas elaborados a partir da regra, cf. Loss e Segliman (2004, p. 901 e ss.).

(A) hedge any transaction in interstate commerce in the commodity or the product or byproduct of the commodity; (B) determine the price basis of any such transaction in interstate commerce in the commodity; or (C) deliver any such commodity sold, shipped, or received in interstate commerce for the execution of the transaction.

(2) Transaction

A transaction referred to in paragraph (1) is a transaction that—

(A)(i) is, of the character of, or is commonly known to the trade as, a *"wash sale"* or *"accommodation trade"*; or (ii) is a *fictitious sale*; or

(B) *is used to cause any price to be reported, registered, or recorded that is not a true and bona fide price.*

A conduta de *spoofing* foi incluída de modo autônomo na § 6c (a) (5) (destacamos):

§6c. Prohibited transactions (a) In general [...]

(5) Disruptive practices

It shall be unlawful for any person to engage in any trading, practice, or conduct on or subject to the rules of a registered entity that—

(A) violates bids or offers;

(B) demonstrates intentional or reckless disregard for the orderly execution of transactions during the closing period; or

I is, is of the character of, or is commonly known to the trade as, "spoofing" (*bidding or offering with the intent to cancel the bid or offer before execution*).

Discutiremos a conduta de *spoofing* e sua congênere *layering* em seção específica. Ainda na legislação norte-americana, temos os seguintes tipos penais aplicáveis ao caso de manipulação de mercado:

[18 U.S.C. § 1343 Fraud by wire, radio, or television] Whoever, having devised or intending to devise any scheme or artifice to defraud, or for obtaining money or property by means of false or fraudulent pretenses, representations, or promises, transmits or causes to be transmitted by means of wire, radio, or television communication in interstate or foreign commerce, any writings, signs, signals, pictures, or sounds for the purpose of executing such scheme or artifice, shall be fined under this title or imprisoned not more than 20 years, or both. If the violation occurs in relation to, or involving any benefit authorized, transported, transmitted, transferred, disbursed, or paid in connection with, a presidentially declared major disaster or emergency, or affects a financial institution, such person shall be fined not more than $1,000,000 or imprisoned not more than 30 years, or both.

[18 U.S.C. § 1348 Securities and commodities fraud] Whoever knowingly executes, or attempts to execute, a scheme or artifice—

(1) to defraud any person in connection with any commodity for future delivery, or any option on a commodity for future delivery, or any security of an issuer with a class of securities registered under section 12 of the Securities Exchange Act of 1934 (15 U.S.C. 78l) or that is required to file reports under section 15(d) of the Securities Exchange Act of 1934 (15 U.S.C. 78o(d)); or

(2) to obtain, by means of false or fraudulent pretenses, representations, or promises, any money or property in connection with the purchase or sale of any commodity for future delivery, or any option on a commodity for future delivery, or any security of an issuer with a class of securities registered under section 12 of the Securities Exchange Act of 1934 (15 U.S.C. 78l) or that is required to file reports under section 15(d) of the Securities Exchange Act of 1934 (15 U.S.C. 78o(d));

shall be fined under this title, or imprisoned not more than 25 years, or both.

No âmbito da União Europeia, a definição de manipulação de mercado na Diretiva 2015/54/AS é extremamente didática e abrange as modalidades indicadas anteriormente:

Artigo 5º

2. Para efeitos da presente diretiva, a manipulação de mercado abrange as seguintes atividades:

a) Realizar uma operação, colocar uma ordem ou praticar qualquer outra atividade ou conduta que:

i) dê indicações falsas ou enganosas no que respeita à oferta, à procura ou ao preço de um instrumento financeiro ou de um contrato de mercadorias à vista que com ele esteja relacionado, ou

ii) fixe a um *nível anormal ou artificial o preço* de um ou mais instrumentos financeiros ou de um contrato de mercadorias à vista que com eles esteja relacionado,

exceto se as razões pelas quais a pessoa realizou a transação ou colocou a ordem sejam legítimas e essa transação ou ordem observem as práticas de mercado aceites sobre a plataforma de negociação em causa;

b) Efetuar uma operação, colocar uma ordem, ou praticar qualquer outra atividade ou conduta que *afete o preço* de um ou mais instrumentos financeiros

HIGH FREQUENCY TRADING (HFT) EM CÂMERA LENTA

ou de um contrato de mercadorias à vista que com eles esteja relacionado, recorrendo a procedimentos fictícios ou a quaisquer outras formas de engano ou artifício;

c) Divulgar informações nos meios de comunicação social, incluindo a Internet, ou por quaisquer outros meios, com indicações falsas ou enganosas no que respeita à oferta, à procura ou ao preço de um instrumento financeiro ou de um contrato de mercadorias à vista que com eles esteja relacionado, ou que fixem o preço de um ou vários instrumentos financeiros ou de um contrato de mercadorias à vista a um nível anormal ou artificial, quando as pessoas que fizerem a divulgação obtiverem, para si próprias ou para outrem, uma vantagem ou um benefício da divulgação das informações em questão; ou

d) Transmitir informações falsas ou enganosas, fornecer dados falsos ou enganosos, ou praticar qualquer conduta que manipule o cálculo de um índice de referência.

Ainda no âmbito da União Europeia, a *European Securities and Markets Authority* (ESMA) definiu, no contexto de caraterização de abuso de mercado (*"market abuse"*) a seguinte prática (EUROPEAN SECURITIES AND MARKETS AUTHORITY – ESMA, 2015, p. 20-21):

e. Submitting multiple or large orders to trade often away from the touch on one side of the order book in order to execute a trade on the other side of the order book. 21 Once the trade has taken place, the orders with no intention to be executed will be removed – usually known as layering and spoofing. This practice may also be illustrated the following additional indicator of market manipulation:

i. The indicator described in paragraph 9(f)(i). [9 (f) (i). High ratio of cancelled orders (e.g. order to trade ratio) which may be combined with a ratio on volume (e.g. number of financial instruments per 20 order).]

Nesses casos, para além da preocupação com a transparência e a equidade que norteou a discussão sobre práticas não equitativas, uso indevido de informação privilegiada e fraude em um contexto de vedação à criação de assimetrias de informação, *ao cogitarmos uma conduta especializada de manipulação, ressaltamos a proteção à eficiência do mercado*, especialmente no caso de manipulação de informações implícitas.

As condutas, como descritas, evidenciam a preocupação com o processo de formação de preços, a disseminação de informação correta nos preços e a adequada percepção, pelos agentes econômicos, dos riscos associados aos ativos que negociam, fomentando uma alocação ótima dos recursos no sistema econômico. Estamos diante de uma preocupação bastante concreta: o regular funcionamento do mercado a partir dos predicados de equidade, transparência e eficiência, consoante os princípios da regulação enunciados pela IOSCO.

O ilícito de manipulação de mercado – tanto na esfera penal como na administrativa – se assemelha ao estelionato na medida em que comporta múltiplas formas de concretização de artifício para manter ou induzir terceiros em erro no tocante a decisões de investimento, produzindo assimetrias de informação. Com a criação de novos instrumentos financeiros e novas formas de negociar, a prática de fraudes torna-se mais complexa, o que dificulta sua detecção, a elaboração de peças acusatórias (e também de defesa) e a formação de convicção pelo julgador acerca da ilicitude da conduta.

Algumas condutas específicas foram identificadas como formas de praticar esse ilícito sendo associadas, na esfera administrativa, a um dos quatro comportamentos proibidos pela ICVM 08/1979 (criação de condições artificiais de demanda, oferta e preço, manipulação de mercado, operação fraudulenta e prática não equitativa).

Vejamos algumas dessas condutas, que podem ser praticadas com ou sem o auxílio de algoritmos, segundo uma taxonomia proposta por Michael Siering *et al.* (2017).[17]

Pump and dump é a conduta pela qual um agente compra determinado instrumento financeiro e dissemina informações falsas com vistas a gerar expectativas positivas (*pump*), causando um aumento nos preços para, então, vender sua posição com lucro (*dump*) antes que o preço retorne ao nível normal. A operação simétrica a esta, envolvendo a venda inicial de instrumento financeiro associada à divulgação de informações falsas negativas para compra posterior, denomina-se *short and distort* ou *trash and cash*.

Se a liquidez de um instrumento financeiro for tal que um agente consiga obter grandes quantidades de modo a controlar a oferta desse

---

[17] Os autores oferecem uma "taxonomia da manipulação de mercado", pois entendem que uma imprecisão terminológica sobre as diversas condutas e suas características dificulta a atividade de supervisão de mercado para detecção de fraudes. Para discussões dessas condutas no âmbito do direito brasileiro, cf. Eizirik *et al.* (2011, p. 537-554) e Santos, Wellisch e Osorio (2012, p. 110-128).

instrumento e, com isso, a variação dos preços em um período curto de tempo, temos a prática de *cornering* (os demais agentes ficam "encurralados"). Nesses casos, investidores que precisam encerrar posições vendidas deverão realizar compras a preços inflados, fenômeno denominado *squeezing* (tais agentes são "espremidos").

Essa situação ocorre eventualmente com lançadores de opções de compra, quando, na proximidade do vencimento destas, seu ativo subjacente experimenta altas significativas de preços. Analogamente, para evitar que opções de compra sejam exercidas, pode-se, por meio da manipulação, buscar uma queda nos preços do ativo subjacente. A manipulação específica dos preços do ativo subjacente de opções na proximidade de seu vencimento é denominada *capping* (manipulação envolvendo calls) ou *pegging* (manipulação envolvendo *puts*).

Há algumas formas de manipulação envolvendo as informações presentes no livro de ofertas (*bid* – melhor oferta de compra, *ask* – melhor oferta de venda e as demais ofertas limitadas com suas quantidades). Um agente pode aumentar (diminuir) sucessivamente a melhor oferta de compra (venda), sem necessariamente ter a intenção de concretizar o negócio, buscando provocar um aumento (diminuição) nos preços, praticando as condutas de *advancing the bid* (*reducing the ask*). Essa prática é denominada de *ramping*, quando realizada por HFTs, que inserem e cancelam ofertas a melhores preços em alta velocidade.

A conduta de *spoofing* diz respeito à colocação de ofertas limitadas por um agente que não tem a intenção de executá-las e sim induzir os demais investidores a erro com relação à demanda e à oferta de certo instrumento. Obtendo um movimento favorável a certa oferta que efetivamente desejava concretizar, o agente cancela as ofertas ilegítimas. Quando várias ofertas limitadas ilegítimas são colocadas de modo a fazer com que o melhor preço de compra (venda) seja aumentado (diminuído), temos a prática de *layering* (*order book fade*).

Dedicamos a próxima seção ao estudo das condutas de *layering* e *spoofing* pela relevância da sua associação à negociação algorítmica (seja de alta frequência ou não) indicada nas fontes utilizadas nesta pesquisa e nos casos julgados especialmente nos Estados Unidos.

Duas condutas adicionais representam manipulação de mercado associadas à negociação algorítmica e a HFTs. Para inferir se há ofertas ocultas de grandes quantidades, um agente pode enviar ofertas de pequenas quantidades sem necessariamente ter a intenção de negociá-las, apenas visando a detectar a liquidez na ponta de compra ou na ponta de venda. Tal prática é denominada *pinging* ou *quote sniffing*.

Um algoritmo também pode ser programado para enviar ofertas ilegítimas com o único intuito de inferir o funcionamento de outro algoritmo que está atuando no livro de determinado instrumento em um dado instante (tipicamente um algoritmo de formador de mercado), quando a prática é denominada *algo quote sniffing*.

Quote stuffing envolve a prática pela qual um algoritmo envia uma quantidade elevada de ofertas de modo a sobrecarregar o sistema de negociação, visando criar uma vantagem em relação aos demais investidores. Discutiremos as práticas de detecção de liquidez e *quote stuffing* em seção própria posteriormente.

Ainda, dois ou mais agentes em conluio podem ser contrapartes em negócios simulados (*matched orders*), que aparecem para os demais investidores como legítimos, influenciando sua percepção sobre preço, quantidade e volume do instrumento negociado. Se o mesmo investidor é o beneficiário final dos negócios realizados por meio de duas contas distintas pertencentes ao mesmo investidor temos as chamadas *wash sales*.[18] De modo geral, com ou sem conluio de agentes, a geração de negócios falsos com vistas a induzir uma demanda e oferta artificial por certo instrumento financeiro denomina-se *painting the tape*.

Os leilões de abertura e fechamento são cruciais para a adequada formação de preços de determinado instrumento financeiro. Como vimos

---

[18] No Brasil, a B3 denomina tais negócios como "operações de mesmo comitente", conhecidas vulgarmente no mercado como "Zé com Zé". Por vezes, especialmente em razão da negociação automatizada por meio de algoritmos, esse tipo de negócio não representa uma fraude em si mesmo: pode haver colisão acidental entre ofertas geradas por algoritmos atuando em contas distintas. Um relatório periódico dessas operações é enviado à CVM para averiguação de irregularidades. O procedimento de tratamento de operações de mesmo comitente foi estabelecido pelo Ofício Circular BM&FBovespa 033/2012-DP de 15 de junho de 2012. Antes de 01/08/2012, tais operações eram canceladas automaticamente no Segmento Bovespa e não era possível alocar compra e venda de um negócio para um mesmo comitente no Segmento BM&F. De acordo com o referido Ofício Circular, "o processo de acompanhamento e análise de operações de mesmo comitente, implantado pela BM&FBOVESPA, consiste na coleta de evidências que diferenciam operações de natureza não sistemática e não intencional (decorrentes da dinâmica das estruturas de mercado) daquelas de natureza sistemática e intencional e que criam condições artificiais de mercado".

anteriormente, há regras específicas para esses momentos sensíveis do pregão. Por vezes, o preço de abertura ou de fechamento de determinado instrumento pode influenciar o resultado de uma posição detida por determinado investidor em um derivativo daquele instrumento ou em um indicador de desempenho (a rentabilidade de um fundo de investimento ou um índice de ações). Nesses casos, quando um agente tenta influenciar a formação de preços nos leilões de fechamento (abertura) por meio de ofertas ilegítimas, temos a prática de *marking the close* (*marking the open*).

Vale mencionar, ainda, condutas relacionadas a conflitos de interesse na intermediação que seriam consideradas espécies do gênero abuso de mercado previsto na União Europeia, embora se distanciando das práticas descritas nos parágrafos anteriores que são mais relacionadas a tentativas de criar assimetria de informações com base no livro de ofertas.

Front-running é a conduta de um operador de um intermediário que, de posse de informação acerca de fluxo de ofertas iminente em certo instrumento financeiro (por exemplo, relevante oferta de compra ou de venda), utiliza essa informação para negociar esse instrumento, obtendo lucro pela antecipação ao movimento subsequente nos preços. No Brasil, essa conduta é considerada pela CVM como prática não equitativa.[19]

Se um operador em um intermediário realiza negócios em nome de um de seus clientes de modo excessivo, a despeito dos interesses deste, a fim de auferir receitas por meio de taxas de corretagem, temos a prática de *churning*, considerada pela CVM operação fraudulenta.[20]

Desse modo, vemos que há várias formas de manipulação de mercado (ou, de modo mais amplo, o abuso de mercado) que não envolvem, necessariamente, a negociação algorítmica. Essa, porém, consegue viabilizar a prática dessas condutas com maior eficácia, rapidez e dificuldade de detecção.

Nas próximas seções, analisaremos as condutas destinadas a produzir liquidez apartente (*layering* e *spooing*), detecção de liquidez (*pinging*) e sobrecarga no sistema (*quote stuffing*).

O ilícito descrito no livro *Flash Boys*, semelhante ao *front-running*, é denominado de *latency arbitrage* e optamos por discuti-lo em seção específica

---

[19] Por exemplo, Comissão de Valores Mobiliários (2002 e 2005).
[20] Cf. BM&FBOVESPA Supervisão de Mercado (2011). Cf. Comissão de Valores Mobiliários (2015, 2018a, 2018b e 2018c).

TOO FAST TO STOP? FORMULANDO RESPOSTAS REGULATÓRIAS

sobre o risco da atividade de HFT ao tratamento isonômico de investidores no mercado, por considerar que a conduta não é ilícita em si, devendo ser discutida à luz do imperativo de equidade no mercado.

3.1.2. É proibido blefar: *layering* e *spoofing*

Layering e *spoofing* são espécies de estratégias do gênero *momentum ignition* (SECURITIES AND EXCHANGE COMMISSION, 2010a),[21] definido pela SEC como um artifício pelo qual, por meio de uma sequência de ofertas ou de negócios, é possível criar um movimento direcional de curto prazo no preço de determinado instrumento financeiro, movimento esse que favorece o investidor que detinha uma posição prévia e que conseguiu efetivamente provocá-lo.

Suponha que certo investidor detenha uma posição comprada de um instrumento financeiro e, então, envie diversas ofertas limitadas envolvendo grandes quantidades em diferentes níveis (ou camadas) abaixo do melhor preço de compra. A configuração do livro de ofertas resultante gera um efeito ilusório de que a demanda pelo instrumento financeiro está aumentando (criação de condições artificiais de demanda, poderíamos dizer), o que pode fazer com que seu preço suba no curtíssimo prazo. Se o movimento for favorável a quem enviou as ofertas limitadas, estas são canceladas, e o investidor vende a posição montada previamente, com lucro.

A prática descrita no parágrafo anterior é semelhante à conhecida estratégia (de "baixa frequência", digamos) denominada *pump and dump* ou, se realizada no sentido inverso ao descrito nesse exemplo, *trash and cash* (ou *bear raid*). A diferença reside no fato de que essas práticas são realizadas por meio da divulgação de informações falsas aos investidores (informações explícitas), enquanto a criação de liquidez aparente representa uma geração de informações falsas referentes ao livro de ofertas (informações implícitas). Em síntese, alguém pode enviar ao mercado ofertas limitadas sem a intenção de executá-las com o intuito de induzir os demais investidores a negociarem de modo a provocar um movimento artificial nos

---

[21] De acordo com a IOSCO (2011b): "*Spoofing: is an abusive practice where the use of displayed limit orders are used to manipulate prices; layering: with this strategy a layers the book with multiple bids and offers at different prices and sizes, generating an enormous volume of orders and high cancellation rates of 90% of more. The orders also may have an extremely short duration before they are cancelled if not executed, often of a second or less*".

preços. Tal conduta acresce *ruído* à informação presente no livro de ofertas, tornando-o menos confiável.

A noção de que as ofertas ilegítimas (*non bona fide orders*) se espalha por diversos níveis ou camadas de preços faz com que a conduta descrita anteriormente seja denominada de *layering*. Se a falsa liquidez é criada não por camadas de ofertas limitadas, mas sim por ofertas com quantidades desproporcionais às presentes no livro (criando a ilusão de que se trata de que há um investidor disposto a negociar uma grande quantidade do instrumento financeiro), a técnica é denominada *spoofing*.

Spoofing é outra expressão proveniente da prática de redes de computadores e segurança da informação. Tome-se, por exemplo, a seguinte definição:[22]

> *Masquerading* ou *spoofing* é uma forma tanto de engano como de usurpação. A vítima acredita que se comunica com uma entidade diferente daquela com que realmente interage. Por exemplo, se um usuário tenta se conectar a um servidor na internet, mas encontra um outro servidor que se identifica como aquele originalmente desejado, diz-se que o usuário foi *spoofed*. De modo similar, se um usuário tenta baixar um arquivo, mas um hacker alterou o ambiente para que seja enviado um arquivo diferente como se fosse o desejado, também há *spoofing*. [...] Embora seja primariamente uma forma de engodo, [*spoofing*] é utilizado como forma de tomar controle sobre um sistema, quando um usuário comum se faz passar por um usuário administrador ou um usuário com privilégios especiais.

Vimos anteriormente que o *Commodity Exchange Act*, alterado pelo *Dodd-Frank Act*, passou a trazer uma vedação específica à conduta de *spoofing* definindo-a como "enviar oferta de compra ou de venda com a intenção de cancelá-la antes de ser executada" ("*bidding or offering with the intent to*

---

[22] No original: "*Masquerading or spoofing, an impersonation of one entity by another, is a form of both deception and usurpation. It lures a victim into believing that the entity with which it is communicating is a different entity. For example, if a user tries to log into a computer across the Internet but instead reaches another computer that claims to be the desired one, the user has been spoofed. Similarly, if a user tries to read a file, but an attacker has arranged for the user to be given a different file, another spoof has taken place. [...] Although primarily deception, it is often used to usurp control of a system by an attacker impersonating an authorized manager or controller. Integrity services (called 'authentication services' in this context) counter this threat*" (BISHOP, 2002, section 1.2 – Threats).

cancel the bid offer before execution"). Em outros termos, é proibido *blefar* no mercado secundário de capitais.

A vedação mais genérica contida anteriormente trazia grandes dificuldades à acusação de práticas de *spoofing* (SAR, 2017), pois era necessário provar que a oferta seria idônea a causar uma distorção nos preços (que se tornam *non bona fide prices*) e que efetivamente ocorreu tal distorção e esta era a intenção do agente, mas, com a nova redação, é necessário demonstrar "apenas" que a oferta foi enviada sem a intenção de ser executada, sendo irrelevante a capacidade do agente de causar uma distorção nos preços e a efetiva concretização dessa distorção.

No Brasil, a BM&FBovespa Supervisão de Mercados (BSM, 2016) define *layering* como

> [...] prática abusiva que cria liquidez artificial no livro do ativo via camadas de ofertas em níveis sucessivos de preços com o objetivo de influenciar investidores a superar a barreira criada pela camada e gerar negócios do lado oposto do livro.

E *spoofing* como

> [...] prática abusiva que cria liquidez artificial com ofertas de tamanho fora do padrão do livro de ofertas com o objetivo de influenciar investidores a superar a oferta artificial e gerar negócios do lado oposto do livro". Em ambos os casos, após a realização de negócios bem-sucedidos pelo manipulador, a liquidez artificial na forma de oferta fora do padrão é cancelada.

No entanto, a colocação de ofertas limitadas nem sempre tem o intuito manipulativo. O investidor pode decidir enviá-las para assegurar sua posição na fila de compra (ou de venda). Poderíamos cogitar que o cancelamento superveniente seria um indício de que as ofertas foram colocadas sem o propósito de ser executadas, mas o investidor pode alegar, em sua defesa, que, após o mercado ter se afastado dos preços dessas ofertas, não seria mais economicamente vantajosa a concretização dos negócios, por isso o cancelamento subsequente.

Distinguir ofertas ilegítimas – enviadas sem a intenção de serem executadas – de ofertas legítimas, mas que, em virtude da própria estratégia de negociação, não é tarefa trivial.

HIGH FREQUENCY TRADING (HFT) EM CÂMERA LENTA

Nesse sentido, a existência de uma posição prévia que se beneficiaria de um movimento artificialmente causado poderia ser um indício relevante a ser considerado para a caracterização do ilícito, assim como o cancelamento no caso de um movimento favorável, na direção das ofertas ilegítimas, isto é, se fossem colocadas ofertas de compra e, quando o preço se aproximasse delas para que fossem executadas, estas fossem canceladas.

Questão controvertida envolve o enquadramento das práticas de *layering* e *spoofing* nos ilícitos descritos na ICVM 08/1979. Como as ofertas colocadas no livro são ilegítimas, a conduta pode representar a criação de condições artificiais de demanda ou oferta, com negociações que provocam "alteração no fluxo de ordens".

Há uma questão redacional que afasta a imputação da colocação de "ofertas fantasma" (*phantom orders*) nessa conduta: as condições artificiais são criadas como decorrência de *negociações*. Dependendo da interpretação do termo "negociações", a mera colocação de ordens poderia não corresponder à efetiva negociação e uma eventual imputação deveria se dar pelo ilícito de manipulação de mercado.[23] Sendo esse o caso, a ênfase na acusação (e defesa) se desloca da artificialidade da demanda ou oferta (se havia ou não intenção de que as ofertas enviadas fossem executadas) para a influência do artifício escolhido no movimento dos preços, ou seja, se as ofertas enviadas seriam aptas a efetivamente alterar os preços e induzir terceiros a comprar e vender.

Vejamos um exemplo que nos permitirá compreender um pouco melhor a dinâmica da prática de *spoofing*.

No livro central de ofertas encontramos um conjunto completo de ofertas de compra e de venda enviadas pelos investidores, especificando as quantidades e preços desejados. Há um livro de ofertas para cada ativo negociado (cada ação, cada opção, cada contrato futuro, etc.). As ofertas de compra são enfileiradas em ordem crescente de preços e decrescente de tempo (privilegiando quem está disposto a pagar mais e chegou antes)

---

[23] Nos termos da ICVM 08/1979, manipulação de preços no mercado de valores mobiliários é a utilização de qualquer processo ou artifício destinado, direta ou indiretamente, a elevar, manter ou baixar a cotação de um valor mobiliário, induzindo, terceiros à sua compra e venda. Por seu turno, condições artificiais de demanda, oferta ou preço de valores mobiliários são aquelas criadas em decorrência de negociações pelas quais seus participantes ou intermediários, por ação ou omissão dolosa provocarem, direta ou indiretamente, alterações no fluxo de ordens de compra ou venda de valores mobiliários.

e as ofertas de venda em ordem decrescente de preços e crescente de tempo (privilegiando quem está disposto a vender por menos e chegou antes).

Diariamente, ocorrem sessões de negociação denominadas pregões.[24] Cada pregão se inicia com um leilão de abertura, em que investidores determinam quanto desejam comprar ou vender de certo ativo e a que preço estão dispostos a fazê-lo. Após certo período de tempo, calcula-se o preço de abertura, que não será necessariamente idêntico ao preço de fechamento do pregão anterior. Então, tem-se uma sessão contínua de negociação na qual os investidores enviam ao livro principalmente dois tipos de ofertas: *ofertas a mercado* e *ofertas limitadas* (HARRIS, 2003, p. 73 e ss.).

Na oferta limitada, o investidor especifica a quantidade desejada e o preço máximo que está disposto a pagar no caso de compra ou o mínimo que está disposto a receber no caso de venda.

Na oferta a mercado, o investidor especifica a quantidade desejada e se sujeita ao melhor preço de compra (se deseja vender) ou ao melhor preço de venda (se deseja comprar) existentes no livro no momento em que sua oferta é recebida.

A diferença entre o melhor preço de compra (primeiro da fila nas ofertas de compra) e o melhor preço de venda (primeiro da fila nas ofertas de venda) denomina-se *spread*. Durante todo o pregão, esses valores são alterados conforme demanda e oferta pelos investidores, em uma espécie de cabo de guerra. Em um dado instante, podem ser fechados negócios por preço superior ou igual à melhor oferta de compra (*bid*) e inferior ou igual à melhor oferta de venda (*ask*), a fim de respeitar os critérios de prioridade do livro de ofertas.

Suponha que eu deseje comprar 500 ações PETR4 a $ 10,00. Vou ao livro de ofertas de PETR4 e vejo que a melhor oferta de compra é de 300 ações a $ 10,02, seguida de 200 a $ 10,01 e a melhor oferta de venda é de 200 ações a $ 10,04, seguida de 300 por $ 10,05. Posso enviar uma oferta limitada de compra de 500 a $ 10,00, que só virá a ser executada após terem sido contemplados os investidores que estão dispostos a pagar mais (comprando a $ 10,01 e $ 10,02) ou, então, posso enviar uma oferta a mercado,

---

[24] A descrição aqui apresentada é um breve resumo de procedimentos descritos em B3 (2019g).

que resultará na compra de 200 ações a $ 10,04 e 300 ações a $ 10,05, com preço médio (ponderado) de $ 10,0406.

Observe que, pela minha impaciência, paguei $ 0,0406 a mais do que desejava ($ 10,00). O *spread*, portanto, representa um custo de oportunidade a ser incorrido pelo investidor impaciente. Por outro lado, se os preços começassem a subir, a oferta colocada a $ 10,00 poderia jamais vir a ser executada. Isto mostra que há certa tensão ao se enviar uma oferta: é preciso especificar o preço de modo a evitar incorrer em um custo adicional desnecessário, mas, ao mesmo tempo, garantir que a oferta seja contemplada.

Esse é um exemplo da tomada de decisão corriqueira de um investidor direcional e de um investidor de liquidez. Suponha agora que, no caso descrito, aparecesse uma oferta de compra de 10.000 ações de PETR4 a $ 10,03: o investidor que deseja comprar a $ 10,00 muito provavelmente ficaria receoso de que sua oferta não venha a ser executada, dado que é iminente um movimento ascendente dos preços.

Fala-se, nesse caso, que surge uma "pressão compradora", pela relevante quantidade colocada em preços superiores. Para que a ordem de compra de 500 ações a $ 10,00 seja executada, primeiro será necessário executar a de 10.000 a $ 10,03, depois a de 300 a $ 10,02, e, então, a de 200 a $ 10,01.

Se outros compradores aparecerem, as ofertas de venda começarão a ser "agredidas" (este é o jargão utilizado quando uma oferta a mercado é enviada, fechado negócio com uma oferta limitada já presente no livro) e o preço do ativo irá subir no curtíssimo prazo.

Investidores direcionais e investidores de liquidez precisam tomar uma decisão. Como quem participa de um leilão de obras de arte e começa a ver o item desejado receber lances cada vez mais altos, podem (a) cobrir as novas ofertas; (b) desistir da operação; ou, ainda, (c) aguardar o fim da euforia (opção não existente em um leilão tradicional).

A Figura 4, a seguir, apresenta um exemplo de oferta limitada e de oferta a mercado.

Figura 4. Exemplo de oferta limitada e oferta a mercado

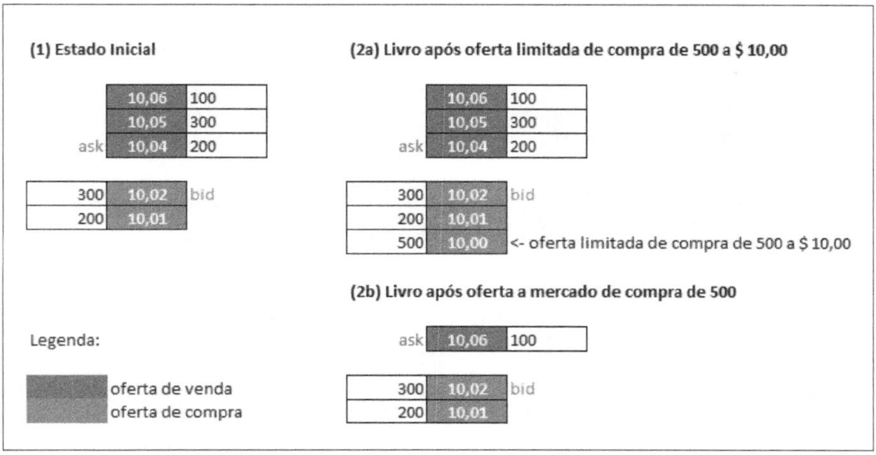

(1) Estado Inicial			(2a) Livro após oferta limitada de compra de 500 a $ 10,00		
	10,06	100		10,06	100
	10,05	300		10,05	300
ask	10,04	200	ask	10,04	200
300	10,02	bid	300	10,02	bid
200	10,01		200	10,01	
			500	10,00	<- oferta limitada de compra de 500 a $ 10,00

(2b) Livro após oferta a mercado de compra de 500

Legenda:

			ask	10,06	100
	oferta de venda		300	10,02	bid
	oferta de compra		200	10,01	

Fonte: Elaboração própria.

Se a nova oferta foi colocada com a intenção firme de ser executada por outro investidor que realmente desejava comprar 10.000 PETR4 a $ 10,03, tudo parece normal. Contudo, e se essa oferta foi colocada por alguém que, na verdade, está *blefando*, procurando sugerir que os preços irão aumentar no curtíssimo prazo, quando, na verdade, tem uma oferta de venda de 1.000 PETR4 um pouco mais acima, digamos a $ 10,10?

Com isso, espera-se fazer o preço subir $ 0,07 no curto prazo, induzindo outros investidores a comprar até que atinja a sua oferta.

Nesse caso, afirma-se que o investidor que coloca tal ordem está oferecendo uma *liquidez aparente* ou uma liquidez fantasma (*phantom liquidity* ou *ghost liquidity*). Está fornecendo uma informação falsa acerca da demanda pelo ativo – uma demanda *artificial* que se contrapõe a uma demanda *real*, manipulando as informações implícitas de modo a criar condições artificiais de demanda pelo ativo. Está, assim, induzindo terceiros a acreditarem que as cotações irão subir no curto prazo. Este é um exemplo clássico da prática que se convencionou chamar de *spoofing*.[25]

A Figura 5, a seguir, apresenta um exemplo de situação de tomada de decisão após novas ofertas.

---

[25] Para uma descrição bastante didática, cf. BM&FBovespa Supervisão de Mercado – BSM (2017b).

Figura 5. Exemplo de situação de tomada de decisão após novas ofertas

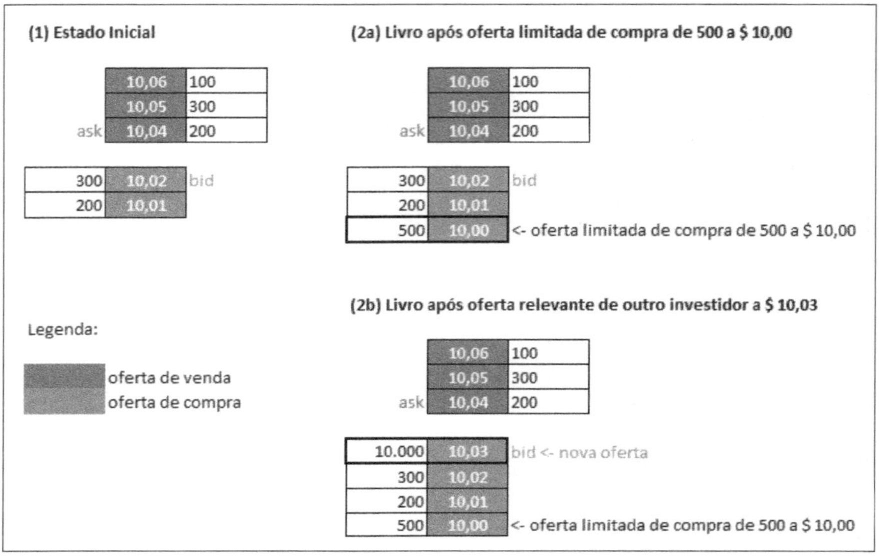

Fonte: Elaboração própria.

O primeiro caso de *spoofing* praticado por algoritmos no Brasil foi julgado pela CVM em 13/03/2018 (PIMENTA, 2017b; COMISSÃO DE VALORES MOBILIÁRIOS, 2018d).

Para a manipulação de informações relativas ao livro de ofertas, a decisão de investidores direcionais ou de investidores de liquidez pode ser afetada pela informação incorreta acerca da demanda pelo ativo, o que pode inserir distorções nos preços. Tais distorções, por seu turno, podem levar investidores informados a erros nas suas avaliações. O efeito nos *noise traders* é imprevisível. Se desejamos proteger a eficiência informacional do mercado, com o adequado processo de formação de preços, então a conduta de manipulação de informação implícita tal como descrita é reprovável.

Um dos pontos mais sensíveis dessa argumentação envolve a comprovação de que a oferta não era genuína, mas foi enviada com o intuito de induzir os outros investidores a acreditarem que havia maior demanda compradora.

A BSM indica dois tipos possíveis de *spoofing* (BM&FBOVESPA SUPERVISÃO DE MERCADO, 2016). No primeiro caso, têm-se: (1) inserção da oferta que se deseja executar (*oferta pretendida*); (2) criação de falsa liquidez (tamanho) no lado oposto; (3) reação dos investidores à falsa liquidez; (4) agressão da oferta desejada colocada em (1); (5) cancelamento da falsa liquidez.

No segundo caso: (1) criação de falsa liquidez (tamanho) no lado oposto ao que se deseja negociar; (2) reação dos investidores à falsa liquidez; (3) agressão das ofertas dos investidores que reagiram; (4) cancelamento da falsa liquidez.

A prática de *layering*, de acordo com a BSM, difere da de *spoofing* porque a criação de falsa liquidez se dá por meio de camadas (*layers*) de ofertas em níveis sucessivos de preços.

A entidade autorreguladora do mercado de bolsa da B3 é responsável por supervisionar os intermediários para que cumpram os deveres previstos na ICVM 505/2011, notadamente no art. 32, I e IV,[26] conjugada com os Regulamentos de Operações dos Segmentos Bovespa e BM&F, que preconizam que os intermediários não devem contribuir para a prática de ilícitos de mercado. Também merece destaque o item 126 do Roteiro Básico do Programa de Qualificação Operacional da B3 (2019c) aplicável aos participantes do mercado, ao preconizar que:

> O Participante deve monitorar todas as operações e ofertas por ele intermediadas, com o propósito de identificar, avaliar, registrar, coibir e comunicar, pelo menos ao diretor responsável, as situações definidas na regulamentação vigente como Práticas Abusivas, de que são exemplos: criação de condições artificiais de demanda, oferta ou preço; manipulação de preços; operações fraudulentas; práticas não equitativas; Layering; Squeezing; Quote Stuffing; Spoofing.

Idealmente, CVM, BSM e Ancord poderiam trabalhar em conjunto para a publicação de um Parecer de Orientação a fim de explicitar as práticas que são legítimas e as proibidas, de modo semelhante ao que foi feito pela CFTC após a criação do ilícito autônomo de *spoofing* pelo *Dodd-Frank Act* de 2010. Desse modo, os investidores poderiam orientar sua conduta de

---

[26] ICVM 505/2011, Art. 32. O intermediário deve: I – zelar pela integridade e regular funcionamento do mercado, inclusive quanto à seleção de clientes e à exigência de garantias; [...] IV – informar à CVM sempre que verifique a ocorrência ou indícios de violação da legislação que incumba à CVM fiscalizar, no prazo máximo de 5 (cinco) dias úteis da ocorrência ou identificação.

acordo com a norma (com o conteúdo delimitado pelos reguladores) e os intermediários poderiam implementar rotinas de supervisão adequadas à prevenção da prática desses ilícitos e, se verificada, providenciar a comunicação tempestiva às autoridades.

Vejamos, a partir de agora, alguns casos selecionados[27] de *spoofing* e *layering* com a finalidade de ilustrar os argumentos de acusação e defesa, o padrão de atuação dos acusados e o modo como algumas jurisdições têm apreciado a questão. Gostaríamos de destacar os seguintes achados com relação a esses casos:

(a) Na acusação, podem ser utilizados estudos estatísticos sobre as operações e os resultados obtidos, com a pretensão de demonstrar sua atipicidade, contando com a ajuda de peritos.

(b) As autoridades podem buscar evidências de que a plataforma de negociação utilizada foi desenvolvida ou alterada para facilitar o cancelamento de ofertas ou a geração rápida de ofertas em diferentes níveis de preços.

(c) A alegação de vagueza da descrição das condutas é um argumento de defesa relevante, mas não foi acolhido nos casos aqui discutidos.

(d) São formas de detecção de casos: denúncias de investidores que se sentiram prejudicados, investigações conduzidas pelas bolsas ou na atividade de supervisão de mercado desempenhada pelos reguladores.

Entre os indícios que podem ser considerados aptos a determinar que a intenção do manipular era, de fato, corromper o processo de formação de preços, podemos destacar:

(a) Capacidade das ofertas de influenciarem a tomada de decisão pelos investidores, em face do *spread* e da liquidez do ativo.

(b) Atipicidade das operações, dos resultados e da taxa de cancelamento de ofertas, com relação ao histórico do próprio investidor e dos demais investidores em contextos comparáveis.

---

[27] Como ressaltamos no início deste capítulo, a seleção se deu com base no número de vezes em que esses casos foram discutidos nas fontes utilizadas nesta pesquisa e, ainda, na riqueza de detalhes que permitem ilustrar dificuldades no *enforcement* de normas aplicáveis à atividade de HFT.

TOO FAST TO STOP? FORMULANDO RESPOSTAS REGULATÓRIAS

(c) Nexo de causalidade entre as ofertas artificiais e o movimento dos preços, isolando o efeito de outras possíveis causas.
(d) Efetivo movimento dos preços na direção das ofertas artificiais.
(e) Efetiva execução da(s) oferta(s) colocada(s) na ponta oposta do livro.
(f) Tempo de permanência da oferta artificial no livro antes de ser cancelada.
(g) Ausência de motivação legítima para a inserção e cancelamento das ofertas.
(h) Inserção e cancelamento de ordens por meio de algoritmos que tenham sido programados para evitar que as ofertas artificiais sejam executadas.
(i) Recorrência do padrão de atuação.

3.1.2.1. PAD BSM 5/2016 e PAS CVM N. 19957.005977/2016-18 (Caso Paiffer)

Primeiro, temos o PAD BSM 5/2016 (BM&FBOVESPA SUPERVI-SÃO DE MERCADO – BSM, 2017a), que envolve uma corretora e seu Diretor de Relações com o Mercado no tocante aos deveres de diligência em razão de operações supostamente ilícitas realizadas por um de seus clientes, que teria praticado *spoofing*.

A BSM considerou que a conduta de *spoofing* deveria ser enquadrada na alínea "a" do inciso "I" da ICVM 08/1979, criação de condições artificiais de demanda, oferta e preço: o participante teria criado tais condições em decorrência de *negociações*,[28] as quais, por ação dolosa, provocaram alterações no fluxo de ordens de compra ou de venda de valores mobiliários.

As operações supostamente ilícitas foram realizadas em 100 pregões entre agosto de 2014 e março de 2015, envolvendo pouco mais de 1.800 estratégias, gerando mais de 6.200 negócios e um benefício financeiro de R$ 682.568,00, primordialmente no segmento BM&F. A corretora foi acusada de contribuir para a prática do ilícito e seu Diretor de Relações com o Mercado de ter falhado em seu dever de zelar pela integridade e regular funcionamento do mercado, consubstanciando violação do art. 32, I

---

[28] Discutimos anteriormente a interpretação de "negociações" como a realização de negócios e, também, o envio de ofertas, não se restringindo ao primeiro significado.

da ICVM 505/2011) e do item 22.3.2(3)(5b) do Regulamento de Operações do Segmento Bovespa e do item 4.2(2)(ix) do Regulamento de Operações do Segmento BM&F.

A corretora foi informada pela BSM dois meses após o início das operações suspeitas, e também em julho de 2015, de que deveria prestar esclarecimentos. Em ambas as ocasiões entendeu que não havia irregularidade nas operações e o Diretor de Relações com o Mercado, segundo a BSM, "demonstrou não compreender a natureza das infrações cometidas" pelo seu cliente.

O padrão de atuação envolvia: (1) inserção de oferta de compra ou de venda de determinado ativo no melhor preço do mercado e com prioridade de execução (oferta pretendida); (2) oferta de lote expressivo na ponta contrária; (3) criação de "pressão" artificial para atrair investidores; e (4) cancelamento da oferta de lote expressivo.

O cliente da corretora enviava ofertas de lotes expressivos, cancelando 97,27% delas após permanecerem no livro, em média, por quatro segundos. As demais 2,73% ofertas de lotes expressivos foram reduzidas em 80% do seu tamanho original quando da execução da oferta pretendida (a oferta que efetivamente se deseja executar para auferir lucro com o movimento induzido). Esta seria a prova do dolo: tal dado comprovaria que o cliente não tinha intenção de executar as ofertas de lotes expressivos que enviava ao sistema de negociação.

A acusação citou ainda o precedente do PAS CVM 12/2010 em que a relatora Dir. Luciana Dias afirmou que (COMISSÃO DE VALORES MOBILIÁRIOS, 2014b):

> [...] a potencial criação tanto de aparente demanda quanto de aparente oferta de valores mobiliários contribui para a transmissão de um sinal ilusório ao mercado quanto à liquidez de um determinado título e, consequentemente, pode prejudicar a confiança e a higidez do mercado. Por isso, as operações feitas com finalidades alheias ao mercado têm sido interpretadas como a criação de uma condição artificial.

Em sua defesa, a corretora ressaltou a adequada organização e funcionamento de seus controles internos e indicou que os limites operacionais de seu cliente estavam adequados, que as ofertas foram executadas diretamente por ele via DMA e que as ofertas "artificiais" poderiam ter sido executadas a qualquer momento, dadas a liquidez dos ativos em questão e a distância do melhor preço na maioria dos casos. Entendeu ser impossível afirmar que teria ocorrido intenção de induzir ou de pressionar o mercado.

A corretora também trouxe argumentos estatísticos para descartar qualquer atipicidade na suposta artificialidade do tamanho dos lotes das ofertas, procurando desqualificar a qualificação de "lotes expressivos". Ainda, a curta duração das ofertas seria compatível com estratégias de mercado que buscam capturar pequenas variações nos preços propiciada pela alta volatilidade dos ativos.

O argumento de que as ofertas poderiam ser executadas a qualquer momento em razão da liquidez do ativo negociado procura descaracterizar a ideia de que não havia risco nas operações e o blefe não seria de todo ilusório: alguém poderia "pagar para ver as cartas". De modo semelhante, um argumento de defesa em casos de *insider trading* é o fato de que, quanto maior a duração da posição, maior a exposição ao risco pelo investidor, o que descaracterizaria o padrão de entrada e saída rápidas (*short swing*) normalmente utilizado como indício pela acusação.[29]

Veremos nos casos descritos à frente que, além de procurar demonstrar a atipicidade do cancelamento de ofertas com relação a outros investidores, a acusação procurou evidências de que o software utilizado foi programado especificamente para cancelar rapidamente as ofertas de grandes quantidades no caso de começarem a ser executadas parcialmente ou, então, para, de algum modo, minimizar a probabilidade de execução das ofertas ilegítimas.

O processo foi encerrado pela celebração de um Termo de Compromisso pelo qual a corretora se obrigou a pagar R$ 100 mil e o seu diretor a pagar R$ 50 mil.

---

[29] Veja-se, por exemplo, o PAS CVM SP2013/0094, em que a condenação se deu com base em sete indícios, ainda que não tenha sido provado que o acusado teve acesso à informação privilegiada. Um desses indícios foi o padrão de *short swing*, com entrada e saída rápida no ativo. Comissão de Valores Mobiliários (2017a). Cf. também Comissão de Valores Mobiliários (2014a, p. 587): "Os indícios mais utilizados para avaliar a existência de insider trading são os seguintes: (i) intensidade das operações em período suspeito; (ii) existência ou não de habitualidade na negociação do papel; (iii) existência de fundamento para as operações". Importante mencionar que, recentemente, a CVM passou a analisar também as gravações das ordens de negociação entre cliente e corretora a fim de verificar indícios de utilização de informação privilegiada.

A conduta do administrador de carteira, José Joaquim Paiffer, e da investidora, Paiffer Management Ltda. – ME, foi julgada pela CVM no PAS 19957.005977/2016-18 (RJ2016/7192) em 13/03/2018, com imputação pela alínea "b" do inciso "I" da ICVM 08/1979 (manipulação de preços), portanto, uma imputação distinta da considerada pela BSM no PAD 05/2016 (criação de condições artificiais de demanda, oferta ou preço).

Teriam sido realizadas 463 estratégias de *spoofing* entre 01/10/2013 e 08/09/2014, com ativos de alta liquidez: contratos futuros de dólar e de Índice Ibovespa, opções de Vale S.A. e de Petróleo Brasileiro S.A. – Petrobras. Entre 01/08/2014 e 31/03/2015, por meio de outra corretora, foram detectadas estratégias de *spoofing* em 100 pregões, resultando em um benefício de R$ 682,5 mil para José Joaquim Paiffer. Já para a Paiffer Management, o benefício teria sido de cerca de R$ 855 mil entre 06/03/2013 e 08/07/2015.

A estratégia de *spoofing*, segundo a Acusação, procurava favorecer a realização de negócios em níveis de preço que fossem convenientes aos acusados, meio da redução do *spread* do livro de ofertas no momento da execução da estratégia. As quantidades das ofertas artificiais teriam sido capazes de atrair outros investidores na ponta oposta do livro. Os critérios para caracterização da artificialidade das ofertas nas operações indicadas foram:

> 10. Foram consideradas artificiais as ofertas que constavam no lado oposto do livro até o 5º nível de preço no momento em que foi executado negócio em nome do cliente, e que atendiam simultaneamente as seguintes características: (i) ofertas de tamanho pelo menos 1,8 vezes maior que a soma de todas as outras ofertas constantes no mesmo lado do livro do ativo, até o 3º nível de preço; (ii) ofertas 6 vezes maiores que o tamanho médio praticado pelo mercado nos 3 pregões que antecederam o negócio e; (iii) que tenham permanecido menos de 10 segundos no livro do ativo.

De acordo com a corretora, José Joaquim Paiffer operava por conta própria e executava ele mesmo sua estratégia, possivelmente por meio de algoritmos. Após ter sido contatado pela área técnica da CVM, Joaquim Paiffer indicou que havia dois operadores que foram contratados por ele para realizar *daytrades* em seu nome, que as quantidades consideradas expressivas estavam dentro dos limites de risco impostos pela corretora e que eram muito inferiores às quantidades negociadas nos ativos ao longo do dia, razão pela qual deveriam ser consideradas ofertas firmes, que eram canceladas de acordo com parâmetros legítimos de negociação.

Os dois operadores mencionados negaram ter tomado as decisões que conduziram às operações e afirmaram que seu papel se limitava a sugerir oportunidades.

O entendimento do Dir. Henrique Machado reproduzido a seguir sintetiza a fundamentação da decisão da CVM quanto à materialidade da infração (destacamos):

21. Conforme dados objetivos extraídos do sistema de negociação, *a Acusada executou esse padrão de operação milhares de vezes com 97,27% de taxa de cancelamento integral da oferta expressiva após intervalo de permanência de 4s, em média, no livro de ofertas dos contratos.*

22. Evidentemente, *não é irregular ter ofertas em ambos os lados do livro, no de ofertas de venda e no de ofertas de compra. Também não é irregular registrar ofertas expressivas em qualquer desses lados. E tampouco é irregular cancelar rapidamente qualquer um desses registros.* Entretanto, *quando esses elementos são organizados propositalmente em processo destinado a alterar a cotação de um valor mobiliário induzindo terceiro à sua compra ou venda*, tem-se por caracterizada a manipulação de preços de que trata o inciso I c/c II, "b", da Instrução CVM n° 8/79, modalidade *spoofing.*

23. Nessa modalidade, o processo destinado a alterar a cotação de preços e induzir terceiros a sua compra ou venda requer, de um lado, a existência de uma oferta de magnitude suficiente a alterar cotação de um ativo e, de outro, a existência de uma outra oferta do mesmo participante que se beneficia da variação de preço.

24. Ao mesmo tempo, *o curtíssimo intervalo de permanência da oferta expressiva, corroborado pelo alto índice de cancelamento dessa mesma oferta e pelo padrão reiterado de operação*, evidenciam a conduta preordenada do participante. Ou seja, demonstra de forma objetiva que no início da estratégia de atuação já não havia a intenção de concretizar a oferta expressiva, mas, tão somente, induzir terceiros a adquirir seus ativos do outro lado do livro de ofertas.

Sobre a divergência da imputação entre BSM e CVM, assim se manifestou o Dir. Gustavo Borba (PIMENTA, 2018):

5 – O objetivo principal, nesses casos, parece ser a manipulação de preços, mas esse desiderato final é atingido por meio da criação de condições artificiais de demanda.

6 – Nesse contexto, e buscando subsídios no direito penal, entendo ser aplicável ao caso o princípio da consunção ou da absorção, segundo o qual a infração principal, que define o objetivo do infrator, absorve as outras infrações que constituem meios para atingir o propósito final [...].

7 – No caso, o objetivo final seria a manipulação de preços (com o que se permitiria a realização da operação nas condições desejadas), o que seria realizado por meio de criação de condições artificiais de demanda (ordem artificial no outro lado do "livro").

A respeito dos critérios para a caracterização do *spoofing*, assinalou o Dir. Henrique Machado:

27. Neste contexto, bem andou a Acusação ao avaliar os critérios estabelecidos pela BSM. Primeiro, porque são parâmetros extraídos da prática de mercado observada diretamente nos sistemas de negociação. Segundo, porque resultam da discussão com representantes do próprio mercado regulado. E, terceiro, porque já foram ampla e previamente divulgados aos intermediários e investidores-alvo.

28. A rigor, ao invés de insurgirem-se contra os critérios e contra o prévio conhecimento ou não deles, deveriam os Acusados ter se preocupado em demonstrar que suas ofertas não eram expressivas nem anormais e que, portanto, não teriam o condão de alterar a cotação de ativos. Nesse mister, inservíveis eventuais alegações de que, no final do pregão, o volume total de contratos negociados ao longo do dia e nas duas "pontas" seria superior à oferta expressiva. Ou ainda de que as cotações de preços, ao longo do dia, "andaram" no mesmo sentido da oferta. Tais argumentos desconsideram a premissa fundamental de que a manipulação em apreço se encerra em curtíssima janela temporal.

O administrador de carteira e a investidora foram condenados ao pagamento de multas de R$ 684.000,00 e R$ 1.710.000,00, respectivamente, equivalentes a duas vezes o valor da vantagem econômica obtida, calculada pelo diferencial de *spread* entre o preço da melhor oferta (vendedora ou compradora) antes e depois da estratégia de *spoofing*.

3.1.2.2. Processo CVM nº 19957.006019/2018-26 (Caso Heitor Dezan)

Em 01/10/2019, o primeiro caso de *layering* no Brasil foi julgado pela CVM, tendo sido relatado pelo Presidente Marcelo Barbosa. Heitor Dezan realizou diversas estratégias consideradas como *layering* entre 07/01/2013 e 31/08/2017 envolvendo diversos ativos e por meio de diversos intermediários, resultando em 8.982 negócios e em um benefício financeiro de R$ 1.379.163,02, calculado pela diferença de preços entre a melhor oferta antes de sua atuação e o preço do negócio efetivamente executado multiplicada pela quantidade de ativos envolvidos no negócio.

A Acusação considerou as seguintes etapas para a caracterização das estratégias ilícitas, que teriam buscado criar uma falsa pressão compradora ou vendedora no livro, de modo a alcançar ofertas-alvo na ponta oposta:

(a) Criação de falsa liquidez, com a inserção de ofertas artificiais ao lado oposto do livro em relação àquelas verdadeiramente pretendidas, formando camadas de ofertas sem o real propósito de serem executadas e, assim, alterando o *spread* do livro de ofertas, com a intenção de atrair investidores para incluir ou melhorar suas ofertas.

(b) Registro, pelo investidor, da oferta de compra ou de venda desejada em um lado do livro (antes ou depois da criação de falsa liquidez).

(c) Execução do negócio desejado em condições propiciadas pela falsa liquidez.

(d) Após a realização da operação pretendida, as ofertas artificiais são canceladas.

Os parâmetros de detecção utilizados pela CVM foram:

(a) A inserção de, no mínimo, 4 ofertas artificiais no intervalo de 10 minutos com o propósito de influenciar investidores.

(b) Antes ou depois do posicionamento do Acusado.

(c) Seguido da execução do negócio pretendido.

(d) Do cancelamento de todas as ofertas artificiais após a etapa anterior.

Para subsumir a conduta à descrição da manipulação de preços da ICVM 08/1979 foi utilizado o seguinte argumento:

(a) *Utilização de processo ou artifício*: inserção de ofertas artificiais no livro de ofertas.

(b) *Destinados a promover cotações enganosas, artificiais*: a inserção das ofertas artificiais objetiva causar pressão compradora ou vendedora, levando à consecução de negócio previamente pretendido na outra ponta do livro a preço distinto do que o mercado estaria efetivamente praticando, provocando cotações enganosas.

(c) *Induzindo terceiros a negociar valores mobiliários cujas cotações foram artificialmente produzidas*: o artifício utilizado induz terceiros a negociar valores mobiliários com base na pressão compradora ou vendedora causada pelas ofertas artificiais.

(d) *Presença do dolo, ainda que eventual, de alterar as cotações e induzir terceiros a negociar com base nessas cotações falsas*: as características das ofertas artificiais inseridas deixam claras a intenção do investidor de causar pressão compradora ou vendedora no ativo para viabilizar negócio pretendido em preço distinto do qual o mercado estava negociando o ativo.

Um ponto relevante do voto do presidente Marcelo Barbosa envolveu a possibilidade de um dos argumentos de defesa ser a impugnação dos critérios utilizados para detecção de *layering* ou *spoofing* – ausentes no caso do defendente: "insurgir-se contra estes critérios pode ser uma estratégia de defesa válida para demonstrar que não estariam presentes todos os elementos do tipo administrativo, vulnerando a acusação".

Na análise do dolo do acusado, assim se manifestou o Relator:

68. Com efeito, não me parece plausível o argumento do Acusado de que suas operações teriam fundamento econômico próprio, dado que Heitor Dezan inseria ordens em patamares crescentes de preços de um lado do livro e, minutos depois, executava uma nova ordem do outro lado do livro de ofertas e cancelava as demais ofertas. E isso, vale reforçar, repetidamente, e com diferentes ativos.

69. A implementação dessa estratégia em pequenas janelas temporais, de forma sistemática, torna pouco convincente a tese de que a inserção e o cancelamento de ordens se deram por motivos diferentes daqueles suscitados pela SMI.

70. Vale ainda ressaltar que, além de as operações com padrões irregulares terem ocorrido durante anos e de forma reiterada, diversos intermediários

questionaram Heitor Dezan sobre suas operações, apontando indícios de irregularidades e, em alguns casos, solicitando que se abstivesse de realizar operações daquela natureza. Ainda assim, o Acusado manteve-se firme em sua estratégia, o que resultou no bloqueio de sua conta em diversas corretoras. E a cada conta bloqueada, Heitor Dezan passava a atuar – da mesma forma – por meio de outra corretora, como demonstrado pela Acusação.

Com respeito aos critérios para configuração de *layering* e *spoofing*:

> 93. Por fim, e sem desconsiderar os esforços empregados pela SMI (muitas vezes em conjunto com a BSM) na prevenção, orientação e supervisão destas novas práticas de manipulação de mercado, considero importante a discussão e implementação de medidas no sentido de garantir maior previsibilidade e segurança aos regulados quanto à reprovabilidade dessas condutas e quanto aos critérios utilizados pelo regulador para identificá-las. Parece-me importante que esses critérios e os motivos pelos quais foram escolhidos sejam expostos, justificados e amplamente divulgados ao mercado.

De um lado, fixar limites objetivos e explícitos permitiria aos destinatários da norma burlá-la a partir de pequenas variações nesses limites. De outro lado, a ausência de limites gera insegurança e a possibilidade de arbitrariedade na definição do que é e do que não é permitido.

O intervalo de tempo de dez minutos parece ser muito longo para que a prática seja apta a produzir os resultados pretendidos e inconsistente com o critério adotado para caracterização da conduta congênere de *spoofing* pela BSM, considerado no julgamento do PAS CVM n. 19957.005977/2016-18, quando é considerado que a oferta artificial tenha permanecido no livro por apenas dez segundos. Como assinalou o diretor Henrique Machado na ocasião, a manipulação em apreço se encerra em curtíssima janela temporal:

> Ao mesmo tempo, o curtíssimo intervalo de permanência da oferta expressiva, corroborado pelo alto índice de cancelamento dessa mesma oferta e pelo padrão reiterado de operação, evidenciam a conduta preordenada do participante. Ou seja, demonstra de forma objetiva que no início da estratégia de atuação já não havia a intenção de concretizar a oferta expressiva, mas, tão somente, induzir terceiros a adquirir seus ativos do outro lado do livro de ofertas.

HIGH FREQUENCY TRADING (HFT) EM CÂMERA LENTA

Não é trivial determinar por quanto tempo um ruído produzido por uma oferta artificial pode influenciar a tomada de decisão por outros agentes de mercado. Em princípio, quanto maior o tempo no qual a oferta permanece no livro, mais fraco é o grau em que a oferta artificial (ou ofertas artificiais) seja(m) determinante(s) para a colocação de ofertas subsequentes.

O critério da SMI para *layering* também difere do critério adotado para *spoofing* no sentido de que não estabelece o tempo mínimo de permanência da oferta no livro antes de seu cancelamento para que seja considerada artificial. Em um mercado com forte presença de investidores que se valem de negociação algorítmica, dez minutos representam uma eternidade tanto para a inserção de ofertas artificiais como para seu cancelamento, possibilitando a agressão das ofertas artificiais pelos demais participantes de mercado.

No limite, uma janela temporal dessa magnitude só seria aceitável em papéis de baixa liquidez. Daí, em vez de adotar um valor de tempo único para todos os ativos, o intervalo de tempo que caracteriza a manipulação poderia ser uma função da liquidez média do ativo e também de medidas de tendência central e de dispersão da série de observações do tempo de permanência das ofertas no livro para aquele ativo nos pregões em análise.

As práticas de *spoofing* e *layering* são intimamente relacionadas à negociação algorítmica, de sorte que a inserção de ofertas artificiais e seu cancelamento são extremamente rápidos, de execução inviável por seres humanos. Se a negociação é feita manualmente, embora seja necessário ter critérios objetivos de detecção, devemos considerar outras variáveis para distinguir ofertas legítimas de ofertas artificiais e distinguir um manipulador de um *market maker* voluntário, nos casos de papéis de menor liquidez. Quanto maior o tempo de permanência das ofertas no livro, mais fraco se torna o argumento de que sejam artificiais e que sejam idôneas a alterar o regular funcionamento do mercado.

3.1.2.3. Navinder Singh Sarao

O nome de Navinder Singh Sarao não aparece nenhuma vez no relatório conjunto elaborado pela SEC e pela CFTC acerca do *Flash Crash* e suas possíveis causas, publicado em 30 de setembro de 2010 (SECURITIES AND EXCHANGE COMMISSION; COMMODITY FUTURES TRADING COMMISSION, 2010). No entanto, cinco anos depois, seu nome aparece como um dos protagonistas relevantes dos eventos de 06/05/2010, em razão de ter implementado um algoritmo que atuou ativamente naquele pregão, aplicando uma "pressão vendedora da ordem de USD 200 milhões" nos minicontratos futuros do índice S&P500, o principal instrumento financeiro cuja crise de liquidez deflagrou a movimentação abrupta nos preços.[30] Desse modo, Navinder Sarao teria sido um dos vilões do *Flash Crash*, não por ter causado o evento, mas por ter amplificado seus efeitos negativos.

De acordo com a CFTC, em mais de 400 pregões entre 2009 e 2015, Navinder Singh Sarao teria utilizado variações agressivas e persistentes de *spoofing*, envolvendo grandes quantidades em ofertas ilegítimas no mercado de minicontratos futuros do índice S&P500 (COMMODITY FUTURES TRADING COMMISSION – CFTC, 2015a). Com isso, Sarao teria obtido lucros da ordem de USD 40 milhões no período. Embora faça menção ao termo *spoofing* na imputação, a acusação menciona, na verdade, um algoritmo de *layering*. Vimos anteriormente que *spoofing* e *layering* são considerados equivalentes na definição legal do *Commodity Exchange Act*, alterada pelo *Dodd-Frank Act*.

Esse algoritmo colocava de quatro a seis ofertas limitadas de venda de grandes quantidades no livro, a preços muito próximos umas das outras. Cerca de 99% dessas ofertas eram canceladas. Em certos dias, esse único investidor era responsável por 40% do total de ofertas de venda colocadas no livro no pregão. A média das ofertas resultantes era significativamente maior (504 minicontratos) que a média dos demais investidores (7 minicontratos).

Adicionalmente, eram colocadas ofertas que eram canceladas rapidamente em outros níveis de preço, de modo a amplificar o resultado do algoritmo principal, tendo como alvo do blefe outros algoritmos. A CFTC denominou essa técnica de *flash spoofing*.

---

[30] Conforme a versão oficial da SEC e da CFTC, foi justamente um algoritmo de determinado investidor que iniciou uma venda de 75.000 minicontratos futuros do índice S&P500, com valor nocional de USD 4,1 bilhões. A venda deveria ter sido realizada de modo pausado e em quantidades menores, mas uma falha no algoritmo fez com que as ofertas de venda fossem colocadas muito rapidamente, eliminando a liquidez existente no livro. HFTs começaram a prover liquidez, inserindo ofertas de compra, mas, a partir de um dado momento, passaram a ser tomadores de liquidez, realizando vendas que exacerbaram a queda nos preços. Sarao teria sido um desses HFTs, mas seu nome não aparece no relatório da SEC e da CFTC.

As operações foram feitas na própria conta de Sarao e também na conta da Nav Sarao Futures Limited PLC. É importante destacar uma afirmação essencial na acusação elaborada pela CFTC[31] (em tradução livre):

> Muitos participantes do mercado, a partir de informações presentes no livro de ofertas, consideram a relação entre quantidades de compra e de venda no processo de tomada de decisão. Por exemplo, se a quantidade agregada nas ofertas de venda é muito superior à quantidade agregada nas ofertas de compra, os participantes do mercado podem acreditar que haverá uma queda iminente nos preços e negociarão de acordo com esta percepção. De modo similar, se o equilíbrio de ofertas de compra e de venda muda abruptamente, os participantes de mercado irão crer que as novas ofertas representam mudanças genuínas na oferta e demanda e negociarão de acordo com este novo cenário

Há vários pressupostos teóricos nessa afirmação envolvendo a tomada de decisão racional pelos investidores e a relevância das informações presentes no livro de ofertas, representando a essência da ofensividade das condutas de *spoofing* e *layering*, com a geração de uma assimetria de informação que compromete o processo de formação dos preços e o provimento de liquidez.

Um dos indícios apresentados no caso foi o pedido de Sarao ao fornecedor da plataforma de negociação para que criasse uma funcionalidade de *"cancel if close"*, isto é, de cancelamento da oferta se o preço se aproximar dela e também a possibilidade de, com um único clique, enviar ofertas em diferentes níveis de preço (característica da prática de *layering*) e que qualquer execução parcial resultasse no cancelamento da oferta.

Sarao foi acusado de violar a proibição de *spoofing* (§ 4c(a)(5)(C) do *Commodity Exchange Act*) e, para os atos praticados antes de 2010, a vedação à manipulação e fraude daquele estatuto (§6(c)(1) and (3)).

Em 11/02/2015, uma acusação contra Sarao também foi feita na esfera criminal pelo FBI (UNITED STATES DEPARTMENT OF JUSTICE, 2015), resultando na sua prisão em Londres, onde residia, e posterior

---

[31] *"Many market participants, relying on the information contained in the Order Book, consider the total relative number of bid and ask offers in the Order Book when making trading decisions. For instance, if the total number of sell orders significantly outweighs the total number of buy orders, market participants may believe a price drop is imminent and trade accordingly. Similarly, if the balance of buy and sell orders changes abruptly, market participants may believe the new orders represent legitimate changes to supply and demand and therefore trade accordingly"*. Cf. Commodity Futures Trading Commission – CFTC (2015b).

extradição para os Estados Unidos em 07/11/2016, quando declarou-se culpado, celebrando um *plea agreement*. O lucro decorrente de práticas ilícitas foi de USD 12,8 milhões. (UNITED STATES DEPARTMENT OF JUSTICE, 2016).

Sarao celebrou um acordo com a CFTC em 14/11/2016 (COMMODITY FUTURES TRADING COMMISSION, 2016a), obrigando-se a restituir o ganho obtido ilicitamente (USD 12.871.587,26) e uma multa civil de USD 25.743.174,52, além de sofrer proibição de negociação e registro nos mercados regulados pela CFTC.

Uma reportagem investigativa realizada por jornalistas da Bloomberg indicou que até o início de 2017, o governo norte-americano não recebeu a maior parte desse valor e Sarao conseguiu pagar sua fiança porque seus pais hipotecaram a casa em que vivem. De modo melancólico, a reportagem conclui (VAUGHAN, 2017, em tradução livre):

> enquanto isso, Sarao está de volta ao seu quarto. O computador que lhe causou tantos problemas está empoeirado em algum depósito de provas em Washington. Dependendo de quanto as autoridades forem capazes de recuperar, ele passará o resto de sua vida pagando a quantia que deve. Se eles [o governo] realmente quisessem receber, poderiam afastar a proibição de negociar, sugere um de seus advogados: ele conseguiria ganhar esse dinheiro rapidamente.

3.1.2.4. Michael Coscia

USA v. Michael Coscia foi um caso relevante de *spoofing* com base na previsão do *Commodity Exchange Act*, julgado em 2015 (UNITED STATES DISTRICT COURT, 2015 e 2016).[32] Coscia negociava contratos futuros de *commodities* desde 1998 e era sócio e gerente da *Panther Energy Trading LCC* desde 2007, uma empresa de investimentos que adotava a técnica de HFT. A partir de agosto de 2011, implementou um algoritmo que lhe permitia enviar e cancelar rapidamente ofertas (na escala de milissegundos) de modo a conseguir comprar (vender) contratos a preços menores (maiores) em 17 mercados da CME Group e 3 mercados da ICE Futures Europe Exchange. Com esse artifício, auferiu lucro de USD 1,4 milhão em dez semanas entre agosto e outubro de 2011.

---

[32] Cf. também: Commodity Futures Trading Commission (2013).

HIGH FREQUENCY TRADING (HFT) EM CÂMERA LENTA

Em sua defesa, Coscia alegou que a vedação à prática de *spoofing* é demasiado vaga (*"the CEA's anti-spoofing provision is void for vagueness"*), assim como as normas antifraude constantes do mesmo estatuto. Pela abertura excessiva da norma, não seria possível distinguir as ofertas legítimas das ilegítimas.[33] O termo *"spoofing"* não faria parte do jargão usual dos operadores de futuros de *commodities*, o que poderia ser ilustrado pela própria necessidade de a CFTC ter publicado uma interpretação da norma em novembro de 2010 e várias discussões no âmbito desse regulador atestando a dificuldade de precisar o significado de *"spoofing"*. Em março de 2011, a CFTC, após várias discussões, publicou uma espécie de "parecer de orientação" sobre como interpretar a proibição de *spoofing*.

Apenas em 2013, a CFTC teria descrito como prática de *spoofing* a conduta de enviar ou cancelar ofertas de compra ou venda com a intenção de criar movimentos artificiais nos preços para cima ou para baixo (*"submitting or canceling bids or offers with intent to create artificial price movements upwards or downwards"*).

Antes de prosseguirmos, é curioso notar que uma alegação como esta poderia ser feita no direito brasileiro quando, afirmando que a excessiva abertura dos ilícitos descritos pela ICVM 08/1979 impossibilitaria a orientação da conduta conforme a norma. O argumento consubstanciaria uma espécie de "erro de proibição", excludente de culpabilidade no direito penal. A divulgação, pela CVM, de um ato administrativo não normativo como um Ofício Circular ou Parecer de Orientação para esclarecer qualquer vagueza ou ambiguidade em uma de suas normas também poderia ser apontada como indício de que sequer o regulador sabia exatamente o que estava proibindo.

À época dos fatos, não havia tal esclarecimento e, adicionalmente, Coscia alegou que o movimento dos preços resultante de sua atuação não era "artificial" e que suas ofertas permaneceriam no livro por um período entre 100 e 450 milissegundos, o que poderia ser considerado normal para um padrão típico de uma estratégia implementada por HFT.

---

[33] Argumento original: *"Coscia argues that the anti-spoofing provision is unconstitutionally vague because it fails to offer any ascertainable standard that separates spoofing from legitimate trade practices such as partial-fill orders (larger-than-necessary orders entered to ensure a sufficient quantity is obtained) and stop-loss orders (orders that are programmed to execute only when the market reaches a certain price)"* (UNITED STATES DISTRICT COURT, 2015).

O testemunho de um dos programadores do algoritmo idealizado por Coscia trouxe a informação de que havia um *"timer"* que controlava o tempo no qual as ofertas permaneceriam no livro, a fim de minimizar a probabilidade de que fossem executadas. Ainda, assim que fosse detectada a execução parcial dessas ofertas, elas eram imediatamente canceladas.

A acusação ainda trouxe uma comparação estatística do comportamento de Coscia em relação a outros HFTs sugerindo que a quantidade média de suas ofertas e a razão entre ofertas canceladas e negócios realizados eram muito superiores ao que poderia ser considerado "típico" para a atividade de HFT. Em algumas bolsas nas quais atuava, sua taxa de cancelamento chegava a 99% das ofertas.

A CFTC exigiu a devolução do resultado obtido com a conduta ilícita e o mesmo montante em multa civil, resultando em uma condenação de USD 2,8 milhões.

A Corte (*United States District Court, N.D. Illinois, Eastern Division*) não acolheu os argumentos de Coscia para afastar a decisão de pronúncia por um júri, proferida em 01/10/2014 (UNITED STATES DEPARTMENT OF JUSTICE, 2014),[34] indicando não haver evidência de que as ofertas por ele enviadas seriam executadas em certas circunstâncias. Ele teria, assim, enviado tais ofertas deliberadamente com a intenção de cancelá-las.

Coscia foi considerado culpado por um júri – um procedimento iniciado em 26/10/2015 e que durou sete dias – e, posteriormente, condenado a trinta e seis meses de prisão, seguidos de um período de supervisão de dois anos (*supervised release*).[35] Seu pedido por um novo julgamento foi negado em 06/04/2016 e sua condenação criminal foi mantida pela *United States Court of Appeals for the Seventh Circuit* em 07/08/2017 (UNITED STATES COURT OF APPEALS FOR THE SEVENTH CIRCUIT, 2017).[36]

---

[34] Em United States Department of Justice (2014), é possível encontrar o conteúdo da decisão (*indictment*).

[35] Coscia também foi condenado por fraude, por ter induzido os demais investidores a erro, em uma interpretação mais abrangente do que seria, nas palavras da norma antifraude, "*a false statement or material misrepresentation, or concealed a material fact*". A manipulação de preços seria, assim, uma forma de "*material misrepresentation*".

[36] Em United States Court of Appeals for the Seventh Circuit (2017), é possível encontrar uma descrição detalhada de todas as etapas do processo e, ainda, o conteúdo de alguns testemunhos e outros elementos decisivos para a condenação de Michael J. Conscia. Adicionalmente: Meister *et al.* (2017).

3.1.2.5. Igor B. Oystacher

A prática de *spoofing* também pode ser realizada manualmente, ainda que a competição com algoritmos (especialmente HFT) possa sugerir que seres humanos não têm chance na corrida pelos lucros, particularmente em ativos mais líquidos.

A gigante Citadel foi desafiada por um ser humano, Igor B. Oystacher, dono da gestora de capital próprio *3 Red Trading LLC*, quando, a partir de maio de 2013, viu os resultados de sua negociação nos minicontratos futuros do índice S&P 500 se deteriorarem. Após investigações conduzidas pela própria Citadel e por outras bolsas, as ofertas de Oystacher se mostraram as responsáveis pelas perdas experimentadas por grandes investidores em 51 pregões entre dezembro de 2011 e janeiro de 2014, envolvendo diversos contratos futuros de índices de ações e de *commodities* (COMMODITY FUTURES TRADING COMMISSION, 2015c).[37]

Em vez de criar um algoritmo para decidir quando negociar ou para automatizar o envio de ofertas, Oystacher observava o mercado e utilizava algumas ferramentas de apoio à negociação. Ele programou os botões de seu mouse para enviar ofertas de grandes e de pequenas quantidades e, ao mesmo tempo, um software modificava a quantidade padrão, inserindo um ruído aleatório para que as quantidades não seguissem um padrão detectável.

Assim que os preços começavam a se afastar do patamar de suas ofertas ilegítimas, ele as cancelava e, então, colocava uma oferta agressiva[38] na

---

[37] Adicionalmente, um *site* bastante didático contendo informações sobre o caso é "The Oystacher Question". Disponível em: https://theoystacherquestion.com/. Acesso em: 10 jan. 2018.

[38] Essa oferta agressiva era do tipo *"iceberg order"*, isto é, a quantidade total não era apresentada, mas era garantida a prioridade de tempo e preço no livro, de modo a garantir a probabilidade de sua execução total. Ainda, na ferramenta utilizada, havia uma funcionalidade denominada *"wash blocker"* que previne a execução de ofertas contra outras já presentes no livro enviadas pelo mesmo investidor – com isso, era fácil cancelar as ofertas ilegítimas pelo envio da oferta legítima na direção contrária Reproduzimos aqui a descrição do padrão de atuação apontada pela CFTC: "*1. placing at least one, and in many instances multiple 'spoof orders' on one side of the market with the intent to cancel these orders before execution; 2. placing these orders at or near the best bid or offer price as passive orders, behind existing orders; 3. placing these orders for a large number of contracts, at least doubling the number of contracts offered or bid at those price levels or better, to create the false impression of market depth and book pressure on that side of the market, in order to induce other market participants (including both manual tl'aders and those using computer algorithms to make trading decisions) to place orders on the same side of the market; 4. canceling all of the spoof order(s)*

TOO FAST TO STOP? FORMULANDO RESPOSTAS REGULATÓRIAS

direção em que se movimentavam as ofertas dos demais investidores – induzidos a erro por ele – para que fosse executada com lucro, encerrando uma posição montada previamente.

Na acusação, a CFTC valeu-se de um estudo estatístico realizado pelo professor Hendrik Bessembinder, da Arizona State University, para verificar a ocorrência de um padrão de negociação (*flip pattern*) de um dado investidor que envolve uma sequência cancelamento de ofertas limitadas em uma ponta (compra ou venda) e a execução subsequente, após um curto intervalo de tempo, de ofertas localizadas na ponta inversa (venda ou compra).[39] Esse padrão seria extremamente raro, mas consistia em 28.000 ofertas realizadas por Oystacher no período de análise. Não foi indicado, contudo, o total de lucros obtidos pela prática de *spoofing*.

Em sua defesa, Oystacher produziu seus próprios estudos estatísticos. Em julho de 2016, a Corte de Illinois negou o pedido de medida cautelar (*Motion for Preliminary Injunction*) formulado pela CFTC para impedir que Oystacher continuasse a negociar, impondo a ele a adoção de certas medidas de *compliance* e a elaboração de relatórios de monitoramento de suas operações.

As medidas de *compliance* dizem respeito à obrigação de utilização de duas ferramentas de negociação destinadas a reduzir a quantidade das ofertas de Oystacher e a velocidade de cancelamento, desenvolvidas pelo diretor de *compliance* da 3 Red e apresentadas perante a Corte, que, na motivação de sua decisão, deu a entender que, se a prática continuasse a ser realizada, mas em menores quantidades e com cancelamentos mais lentos, não haveria ilicitude na conduta.

Em dezembro de 2016, Oystacher celebrou um acordo com a CFTC (*consent order*), obrigando-se a pagar uma multa de USD 2,5 milhões e ter sua atividade de negociação supervisionada por um período de três anos,

---

simultaneously within one second of entry, largely before they could execute; 5. using the 'avoid orders that cross' functionality to place 'flip' order(s) as aggressive order(s) which would simultaneously (within 5 milliseconds) cancel any opposite order(s) at the same or better price. The aggressive flip order(s), except in one instance, then traded against market participants that had joined the 'spoof orders' before those market participants could assess and react to the updated market information; and 6. often placing the aggressive flip orders as partially visible 'iceberg' orders to maximize the likelihood they would be filled" (COMMODITY FUTURES TRADING COMMISSION, 2015d).

[39] *"A flip is 'a cancellation of an order [that was] followed by an opposite side order entry within 0.005 seconds and at the same or better price'".* Cf. Sar (2017, p. 405).

além de abster-se de praticar a conduta de *spoofing* (COMMODITY FUTU-RES TRADING COMMISSION, 2016b). Também foi imposta a obrigação de observância das medidas de *compliance* descritas no parágrafo anterior, o que gera duas perplexidades.

Primeiro, embora a norma *anti-spoofing* proíba o envio de ofertas sem a intenção de serem executadas, o acordo sinaliza uma permissão para essa prática, desde que em menores quantidades e com cancelamentos em intervalos de tempo mais curto.

Segundo, admite-se implicitamente que não é nociva a conduta de *spoofing* se há restrição de quantidades e rapidez no cancelamento para um caso individual envolvendo um *ser humano*, mas permanece a ausência de restrição a quantidades e duração de ofertas no livro para algoritmos em geral. Dito de outro modo, por que um ser humano seria capaz de comprometer a integridade do mercado ao negociar rapidamente (por isso deve ser restringida a sua atuação), mas um algoritmo HFT não seria (por isso não há restrição a estes)?

3.1.3. Outras práticas ilícitas

A prática de detecção de liquidez (*liquidity detection*), também chamada de antecipação de ofertas (*order anticipation*) consiste em negociar de modo a inferir um fluxo iminente de ofertas, prevendo o que determinados investidores farão, tendo como base a distribuição de demanda e oferta observável no livro de ofertas.

Os investidores, com base na informação do livro de ofertas – sejam seres humanos que visualizam esse livro e o interpretam segundo sua experiência, sejam algoritmos que processam os dados sobre a liquidez existente e tomam decisões segundo parâmetros previamente programados – se posicionam adequadamente, conforme suas previsões.

A presença de uma oferta relevante (ou, de modo agregado, uma quantidade relevante em um conjunto de ofertas) em um dos lados (compra ou venda) sinaliza para o mercado que poderá ocorrer um movimento significativo no curtíssimo prazo, como vimos ao discutir as práticas de *layering* e *spoofing*.[40] No entanto, adotamos aqui a perspectiva inversa, qual

---

[40] Obviamente, esse expediente pode ser utilizado para mascarar a demanda e podem ser colocadas ofertas de quantidades significativas exatamente para induzir os demais investidores

seja, a de um agente que analisa o livro no qual se pressupõe que todas as ofertas ali presentes sejam legítimas, isto é, tenham sido enviadas com o intuito de serem executadas.

Uma grande demanda na ponta comprada sugere um aumento de preços e um grande número de ofertas na ponta vendida sugere que pode ocorrer uma queda de preços.

Um agente que consegue detectar esse possível movimento antes dos demais pode se posicionar a preços melhores, de sorte que, quando a grande quantidade vir a ser negociada e os preços se movimentarem em consequência disso, aquele agente poderá obter algum lucro. O êxito da estratégia depende da capacidade de detectar padrões de atuação dos demais investidores presentes no livro e, ao mesmo tempo, agir rapidamente quando for encontrada uma oportunidade.

Se a maior parte dos investidores de varejo (*retail investors*) está interessada em obter o melhor preço presente no livro de ofertas e negociar pequenas quantidades, os grandes investidores – especialmente investidores institucionais – desejam ocultar suas ofertas por deter informação valiosa para os demais participantes do mercado no curtíssimo prazo e buscam um mecanismo para garantir o melhor preço possível de modo a evitar que uma sucessão de negócios em pequenas quantidades faça com que o preço se movimente em uma direção desfavorável.[41]

Em um mercado fragmentado como o norte-americano, além do movimento dos preços no próprio livro de ofertas que é analisado pelo agente, há oportunidades nas demais bolsas, pois, se um investidor deseja comprar (vender) grandes quantidades de determinado ativo, seria possível comprar (vender) o mesmo ativo a preços melhores em outros ambientes

---

a erro, como as práticas de *spoofing* e *layering* discutidas na seção anterior. A situação não é muito distinta do que se observa em um jogo de *Texas Hold'em Poker*, quando um apostador com uma mão considerada forte começa a realizar apostas elevadas ou a aumentar as apostas dos demais. Nesses casos, os demais jogadores podem optar por dois caminhos: (a) abrir mão do que já apostaram e abandonar aquela rodada; (b) inferir que se trata de um blefe e cobrir as apostas, indo até onde sua gestão de risco permitir, correndo o risco de perder o valor apostado ou, então, ganhar de seu oponente, desmascarando o blefe.

[41] *"Retail investors who are price takers simply seek the best price at the lowest execution cost. In contrast, institutional investors have the traditional block positioning concern along with the risk of being front-run. Retail investors may require small order execution at the best available market prices. Institutional investors, however, may prefer to trade large orders at slightly inferior prices ahead of smaller orders at superior prices"* (YOON, 2010).

de negociação para, então, encerrar tais posições com a venda (compra) para esse investidor.

Por um lado, tal conduta pode ser interpretada como um provimento genuíno de liquidez, em que qualquer lucro obtido pelo agente seria uma remuneração pelo trabalho de agregar as ofertas de múltiplas bolsas. Em sentido oposto, essa prática poderia ser considerada predatória porque o próprio investidor que demanda grande quantidade poderia ter seu mecanismo de verificação das melhores condições de negociação nas diferentes bolsas, considerando as diversas taxas incidentes no processo e, com isso, sendo capaz de obter um preço final menor. Nessa perspectiva, o aparente provimento eficiente de liquidez teria como contrapartida um aumento dos custos de negociação.

A segunda perspectiva descrita no parágrafo anterior é exatamente o motivo da irresignação de Brad Katsuyama, protagonista da narrativa *Flash Boys*, ao constatar que "o mercado está viciado" (*the market is rigged*). Seu algoritmo de execução de grandes ofertas deixara de conseguir as melhores condições nas diferentes bolsas porque, segundo ele, HFTs seriam capazes de detectar a sua atividade, antecipando-se à execução das suas ofertas e oferecendo-lhes o ativo desejado a preços menos vantajosos.

No gênero da antecipação de ordens encontra-se a prática de *front-running*,[42] cuja manifestação clássica é aquela em que o operador que trabalha no intermediário toma ciência de uma oferta de grande quantidade de um cliente e, antevendo o impacto dessa oferta nos preços, assume uma posição antes que tal oferta seja enviada aos sistemas de negociação.

---

[42] O termo *front-running* designa tradicionalmente uma prática ilícita segundo a qual um participante do mercado (normalmente um operador em um intermediário), de posse de informação acerca de oferta relevante de certo investidor (informação que tem algum tipo de dever fiduciário de resguardar), negocia buscando obter benefício em razão da iminente movimentação dos preços (uma oferta relevante de compra poderá deslocar os preços para cima no curto prazo). Nessa nova modalidade de *front-running*, o agente não tem o dever de guardar informação alguma cerca de determinada oferta relevante, da qual toma conhecimento em função da sua maior rapidez de acesso aos sistemas de negociação e de processamento de informações. Desse modo, consegue antecipar um aumento na demanda e oferta e se posicionar adequadamente, antecipando-se ao movimento direcional que projeta para o curtíssimo prazo. Aprofundaremos mais adiante a descrição de condutas ilícitas que podem ser praticadas por HFTs.

Um exemplo de estratégia direcional seria a prática de *quote matching* (também conhecida como *penny jumping*), uma modalidade passiva de *front-running*.[43]

Supondo que um agente consiga identificar uma oferta capaz de produzir certo movimento no mercado (advinda de certo intermediário e segundo um certo padrão de envio de tempo ou de quantidade, por exemplo), então ele coloca ofertas limitadas ligeiramente melhores que esta (se ofertas de compra, poucos centavos acima da oferta supostamente relevante; se de venda, poucos centavos abaixo).

Se a sua oferta é executada, o mercado se move na direção esperada, o agente consegue lucrar com a operação, caso contrário, consegue se desfazer delas com pequenas perdas, executando negócios contra a oferta relevante à qual se antecipou.

Questão controvertida envolve a realização dessa prática por um investidor ao qual não é atribuído nenhum dever fiduciário para com aqueles que enviarão ofertas com potencial de impacto nos preços. Ou seja, a antecipação decorre da habilidade do investidor em detectar, por sua conta e risco, que outro investidor deseja negociar uma grande quantidade de ativos.

Em um cenário já obsoleto de pregão viva-voz, um operador que fosse capaz de inferir que outro operador recebera uma oferta de grande quantidade poderia tentar se antecipar a esse movimento. Após a confirmação de que se trata de uma oferta de quantidade relevante, um algoritmo pode implementar uma estratégia direcional não muito distinta da que seria adotada por um operador em um ambiente de pregão viva-voz que inferisse que outro operador estivesse executando uma oferta relevante.

Uma das possibilidades de inspeção da demanda consiste na técnica chamada *pinging*, também conhecida por seus sinônimos *sniping*, *sniffing* e *phishing* (ALDRIDGE, 2013, p. 201). O termo *ping* é oriundo da programação de redes de computadores, designando sistemas utilizados para detectar se certo computador está acessível ou não em uma rede Internet Protocol (IP).

Essa estratégia é descrita na narrativa do livro *Flash Boys*: por meio de um arranjo com o mercado na bolsa BATS que usualmente atraía a execução dos principais intermediários em virtude de sua política de corretagem, os HFTs eram capazes de verificar que ofertas relevantes iriam ser roteadas

---

[43] Cf. Harris (2003, p. 248).

HIGH FREQUENCY TRADING (HFT) EM CÂMERA LENTA

para outras bolsas (a quantidade no mercado BATS era insuficiente para atendê-las) e, com isso, conseguiam executar as ofertas antes desse investidor nos outros mercados para negociar com ele a preços mais (menos) elevados se a oferta era de compra (venda).

A detecção da quantidade demandada se dava por meio da inspeção da rotina de roteamento da ordem (se a compra era de, digamos, 10.000 e apenas 500 eram negociadas na bolsa BATS, era possível verificar o roteamento das ofertas relativas à quantidade remanescente – 9.500 – e antecipar-se à sua execução).

Temos, assim, um exemplo de conduta que pode ser considerada predatória que é consequência do fato de certo intermediário privilegiar o roteamento das ofertas para certa bolsa, o que é uma prática de preferência (*preferencing*), como descrito anteriormente (SCOPINO, 2015).

Pela existência de uma única bolsa no mercado brasileiro e a existência de um único livro de ofertas para cada ativo (sem *dark pools* ou a autorização para internalização de ofertas), consideramos inviável a prática de *pinging* em nosso país tal como descrita nos parágrafos anteriores.

Contudo, é perfeitamente possível no Brasil a prática de *quote matching* ou quaisquer outras formas de antecipação de ofertas que envolvam a detecção de padrões de negociação em um único livro de ofertas e a ação rápida para obter vantagem com base no padrão detectado.

Por exemplo, nos casos em que se utiliza um tipo de oferta que oculta a verdadeira quantidade a ser negociada (*iceberg order*), apresentando apenas uma fração desta, um HFT pode enviar ofertas com lotes mínimos e verificar se são atendidas rapidamente e pelo mesmo intermediário, inferindo que se trata de uma oferta relevante e adotando uma estratégia de *order anticipation*.

Quote stuffing é outra variação de manipulação de mercado que pode ser praticada por HFTs. Em uma visão mais ingênua do fenômeno, um investidor, por meio de um algoritmo, poderia enviar um número exorbitante de mensagens de modo a congestionar os sistemas de negociação, com o intuito de causar atrasos na comunicação com todos os demais participantes do mercado, ou mesmo inviabilizar essa comunicação (ALDRIDGE, 2013, p. 201).

A objeção mais óbvia a essa prática seria a de que o sistema de negociação ficaria mais lento ou inacessível para todos os investidores, inclusive o causador do ataque. Nesse sentido, não haveria nenhum benefício a ser extraído da utilização desse estratagema.

Contudo, poderíamos pensar em uma leitura diferente do que seria *quote stuffing*. Considerando que todos os algoritmos devem processar informações sobre o livro de ofertas (ou múltiplos livros de ofertas de vários instrumentos financeiros, se necessário), a inclusão ou alteração de um número significativamente grande de ofertas por um único investidor introduziria uma espécie de ruído na comunicação entre o sistema de negociação e os demais investidores. Estes teriam que processar todos esses dados e consolidar o livro de ofertas para recalcular os parâmetros de decisão, consumindo, com isso, precioso tempo de processamento.

Por outro lado, o investidor que promoveu as alterações artificiais no livro, conseguiria processar as informações mais rapidamente, pois descartaria as mensagens que enviou com a intenção de dificultar a comunicação. Conseguiria, assim, ter uma visão *sem ruídos* do livro de ofertas (dado que conhece o ruído que ele mesmo inseriu).

É curioso notar que, ao procurar esclarecer o conteúdo da proibição de *spoofing* no *Commodity Exchange Act* introduzida em 2010 pelo *Dodd-Frank Act*, a CFTC forneceu quatro descrições de condutas, duas das quais se amoldam à descrição de *quote stuffing* fornecida nos parágrafos anteriores (as duas primeiras, em destaque, correspondendo ao envio de ofertas de modo a sobrecarregar certo sistema de negociação ou provocar atraso na negociação de outrem) (SAR, 2017, p. 400):

> (i) *"submitting or cancelling bids or offers to overload the quotation system of a registered entity,"*
>
> (ii) *"submitting or cancelling bids or offers to delay another person's execution of trades,"*
>
> (iii) *"submitting or cancelling multiple bids or offers to create an appearance of false market depth,"* and
>
> (iv) *"submitting or canceling bids or offers with intent to create artificial price movements upwards or downwards."*

Podemos ainda considerar a possibilidade de *quote stuffing* não como uma prática intencional, mas como uma "tragédia dos comuns" decorrente da competição por velocidade (HARDIN, 1968, p. 1243-1248): os recursos dos sistemas de informação são exauridos por alguns poucos investidores que competem entre si em escalas de tempo ínfimas (nanossegundos ou milissegundos) (GAI, YAO e YE, 2013).[44] Assim, o mercado seria tomado por um "ruído" que seria maior que o "sinal", uma espécie de "poluição".

Em 2010, a Trillium Capital foi condenada pela FINRA, autorregulador dos intermediários no mercado norte-americano, a pagar um total de USD 1 milhão em multas por *quote stuffing* e manipulação de mercado (COMSTOCK, 2010).

No entanto, uma análise mais detida da descrição do ilícito praticado nos leva à conclusão de que se tratou de um caso de *spoofing*, isto é, de criação de falsa liquidez por meio de ofertas com quantidades desproporcionais que viriam a ser canceladas após a movimentação dos preços. Esse caso exemplifica a dificuldade na compreensão, pelo regulador e pelos julgadores, das estratégias descritas neste tópico e também a complexidade da imputação.

3.2. Equidade e transparência: *insider trading 2.0*

Nesta seção, considerarmos a equidade no tratamento de investidores e a transparência na negociação. Aprofundaremos a discussão sobre a alegação de que HFTs possuem vantagens indevidas por terem acesso aos dados de negociação antes dos demais investidores, em razão das tecnologias de minimização de latência (alta velocidade de conexão, proximidade geográfica dos sistemas das bolsas, acesso direto ao mercado e serviços de *co-location*) e que, adicionalmente, ao utilizarem o mecanismo de *flash orders*, HFTs, além de comprometerem a equidade do mercado, também afetam a sua transparência.

3.2.1. *Co-location* e acesso direto ao mercado

O acesso direto ao mercado, os serviços de *co-location* e a maior capacidade de processamento de informações de mercado desafiam o postulado do tratamento equitativo dos investidores – podemos afirmar que estes se

---

[44] No estudo de Gai, Yao e Ye (2013), os testes que envolvem a série de dados considerada pelos autores corroboraram a hipótese de que essa "tragédia" esteja ocorrendo: *"The traders who generate stuffing may also delay themselves, but they still have the economic incentive for stuffing as long as it slows other traders more. This is generally the case because the generators of stuffing do not need to analyze the data they generate and they know exactly when the stuffing will occur".*

encontram em pé de igualdade? Podemos falar em paridade de armas no tocante ao acesso à informação e a oportunidades de negociação?

Em 1975, quando a SEC propôs a criação de um "mercado nacional" nos Estados Unidos, a preocupação principal dizia respeito aos incentivos existentes para que a negociação ocorresse em melhores condições para grandes investidores em razão de seu poder de barganha frente aos intermediários, relegando a segundo plano a maior parte dos investidores de varejo (*retail investors*) (GOULD, 2011, p. 290).

Embora a analogia entre bolsa e cassino seja inadequada, a noção de equidade no tratamento dos investidores busca evitar a percepção de que o mercado é um jogo de dados viciados. Quando um investidor envia uma oferta, desejando negociar determinada quantidade a certo preço ou a mercado, o imperativo de equidade faz com que seja necessário executar aquela oferta no melhor preço existente em todos os ambientes de negociação. Se há informação relevante a ser divulgada por uma companhia (ou informação relevante presumidamente contida nos dados de negociação), é preciso garantir que todos tenham acesso, ao mesmo tempo, a essa informação, para que possam tomar decisões.

Quando uma bolsa oferece serviços de *co-location*, os investidores que contratam tais serviços dispõem de algoritmos e têm acesso privilegiado às informações de negociação (último preço, ofertas de compra e de venda, volume, número de negócios), ainda que por frações de segundo. Do mesmo modo, provedores de notícias também podem vender um serviço especial de acesso com antecedência de alguns segundos em relação ao público em geral (ANGEL E MCCABE, 2017).[45]

Tais vantagens representariam uma violação do pressuposto teórico de tratamento equitativo dos investidores? Serviços de *co-location*, na verdade, não seriam uma forma de comercializar "informação relevante ainda não divulgada ao mercado", expressão aqui tomada em sentido amplíssimo?[46] Esse tipo de serviço é compatível com a regulação vigente?

---

[45] Angel e Mccabe (2017) trazem vários exemplos de provedores de notícias que vendem esse serviço.

[46] Se tomarmos a definição do art. 2º da Instrução CVM 358/2002, aliado ao modelo de decisão racional dos investidores e levando em conta que as informações sobre preço, quantidade, volume e número de negócios (informações implícitas) são utilizadas para a tomada de decisão, por que não poderíamos considerá-la como informação *relevante*?

Consideremos o caso norte-americano. Quando apresentamos as peculiaridades desse mercado, vimos que, em virtude da *Regulation NMS* e da existência de múltiplas bolsas, certo ativo tem, em cada uma delas, seu livro de ofertas.

Pela *Order Protection Rule*,[47] se uma oferta é enviada para uma determinada bolsa, a fim de que seja verificada a possibilidade de sua execução, é preciso confrontar o valor e quantidade desejados com a *National Best Bid and Offer* (NBBO).

Esse número é calculado por um sistema central, que consolida as melhores ofertas de compra e de venda para o ativo em todas as bolsas em que é negociado. Se há melhor condição para a oferta ser executada em outra bolsa, então deverá ser roteada (encaminhada) para essa bolsa, a fim de que seja executada, senão é processada na própria bolsa para a qual foi enviada. Todo o processo leva algum tempo para ser realizado: o envio da oferta, o cálculo do NBBO, o roteamento da oferta para outra bolsa que tenha o NBBO.

Investidores podem codificar seus próprios programas para o cálculo do NBBO ou, se forem mais rápidos que a oferta que segue seu curso normal, podem se antecipar a ela, de modo que toda a lógica de negociação, pelo menos para a maioria dos investidores, se dê com base em preços defasados (*stale prices*).

Conceber uma resposta regulatória para esse problema não é tarefa simples, pois a controvérsia diz respeito a uma noção de equidade que é pressuposto da regulação do mercado. Talvez, se os benefícios trazidos pela presença dos HFTs forem suficientemente relevantes, então haveria oposição menos intensa ao tratamento desigual.[48]

---

[47] *"As part of Regulation NMS, the trade-through rule requires that all trades must be executed at the best price nationwide, even if it means a trading center has to fill a customer order through its competitor upon failure to provide the best bid or best offer. For instance, under this rule, if a trading center cannot match a marketable 34 buy order at the best national offer, it can either (1) cancel and return that order to the customer, or (2) route the order to another trading center that does display the best price, and therefore, fill the order. This way, all trading centers are linked not only by the consolidated quotation data, but also in terms of trade execution"* (YOON, 2010, p. 919).

[48] *"The necessarily imprecise notion of unfairness makes it somewhat difficult to say who might be 'injured' by these practices. The principal worry is that they will, over time, result in a transfer of resources away from long-term and retail investors to short-term and technologically sophisticated investors, without any compensating benefit to such investors or to market efficiency in general"* (KORSMO, 2014, p. 565).

TOO FAST TO STOP? FORMULANDO RESPOSTAS REGULATÓRIAS

Investidores de "varejo" (*retail investors*) que negociam esporadicamente via *home broker* seriam realmente prejudicados? Se considerarmos que sua atuação é esporádica, tal que a duração média de suas posições seja de dias ou meses, uma variação dos preços nesse período não tornaria irrelevante uma diferença de poucos centavos pagos a mais na hora da negociação? Esse custo adicional na operação não poderia ser compreendido como o custo de um serviço fornecido não apenas pelos HFTs, mas por outros algoritmos, ao permitirem a redução do *spread*, aumentar o provimento de liquidez (especialmente em lotes pequenos) e agilizar a execução das ofertas?

Ou será que a preocupação, digamos, *não é por alguns centavos*?[49] Talvez o cerne do problema envolva o aumento agregado do custo de negociação para todos os participantes, decorrente de uma apropriação injustificada por investidores parasitários.

Qual é o benefício trazido pelos HFTs que legitimaria seus lucros? Ou não se lhes pode exigir benefício, sendo o fundamento da sua rentabilidade a sua maior eficiência com relação aos demais participantes? Não é essa maior eficiência, conhecimento e capacidade de adquirir, processar e verificar informações que tem legitimado a rentabilidade das maiores instituições financeiras e investidores institucionais desde sempre?[50]

A ideia de que HFTs são puramente parasitas que predam as ofertas de grandes instituições financeiras pode ser vista por outra perspectiva: tais instituições podem não ter investido o suficiente no desenvolvimento de seus próprios algoritmos, que se tornaram menos eficientes. Uma regulação repressiva sobre HFTs pode, na verdade, em vez de proteger investidores de varejo, estar protegendo algoritmos ineficientes de investidores institucionais.

Por outro lado, receosos de terem seus grandes lotes ou a lógica de execução de seus algoritmos descobertos por HFTs, esses investidores podem se dirigir a ambientes de negociação alternativos como *dark pools*,

---

[49] O que dizer de um *hacker* que invade 1 milhão de contas correntes em bancos e subtrai de cada uma delas $ 1? O dano ao patrimônio de cada investidor é irrisório, mas a vantagem indevida de modo agregado é relevante.

[50] "[...] *regulators should resist the temptation to protect sophisticated entities from the consequences of their own negligence*" (KORSMO, 2014, p. 603). Pensamos nessa proposição menos como uma afirmação e mais como uma provocação, no contexto deste trabalho.

quando disponíveis, o que prejudica o provimento de liquidez para os demais investidores.

Os HFTs seriam, nesse sentido, o resultado de uma evolução natural de inovações tecnológicas no mercado – algoritmos mais eficientes – e a negociação algorítmica parece ser protagonista no que ocorre no livro de ofertas no curto prazo.

Outro argumento acerca da presença de HFTs no livro de ofertas é o de que a confiança no mercado está sendo minada pela disseminação da cultura do medo diante da falta de informação sobre o fenômeno,[51] comumente associado à prática de ilícitos de mercado, o que, como vimos, não é uma decorrência necessária da negociação algorítmica, seja ela de alta frequência ou não.

Um dado adicional relevante para esta discussão consiste na constatação de que boa parte dos investidores de varejo não negocia diretamente, mas sim por meio de fundos. Por essa razão, estes não seriam afetados por esse problema, pois os que efetivamente vão a mercado em seu nome – investidores institucionais e instituições financeiras – se valem de algoritmos para realizar suas operações ou, ao menos, têm condições de se valer de técnicas sofisticadas de negociação.[52]

Em síntese, ao falarmos de equidade no mercado, é preciso explicitar a verdadeira contraparte dos HFTs, se investidores de varejo ou investidores institucionais e grandes instituições financeiras.

Uma ressalva a essa afirmação seria a de que o imperativo de equidade deve ser aplicado indistintamente a *todos* os investidores, independente do porte do participante de mercado. Podemos realmente afirmar que há significativa assimetria de informação HFTs e grandes instituições

---

[51] Por exemplo, consideremos uma opinião emitida no fórum de dicussões do Tabb Group, consultoria que realizou estudos extensivos sobre o tema: *"A critical step toward regulation that will strengthen confidence in the electronic market is to start defining the undefined and educate the market rather than cultivate fear in the absence of knowledge. Regulators should understand that speed is not analogous to manipulation"* (MORGAN, 2014).

[52] Tal argumento toma como premissa o fato de que gestores utilizariam em fundos pulverizados, por assim dizer, algoritmos de qualidade semelhante àqueles utilizados para gerir recursos de fundos exclusivos ou da carteira própria da instituição financeira. Parece-me irreal adotar essa premissa no caso brasileiro ou mesmo cogitar da possibilidade de serem utilizadas estratégias de negociação avançadas (ou automatizadas) para fundos com elevado número de cotistas (geralmente fundos com elevada taxa de administração, que até justificaria o uso de recursos sofisticados de investimento, por exemplo).

TOO FAST TO STOP? FORMULANDO RESPOSTAS REGULATÓRIAS

financeiras? Estas são hipossuficientes em termos informacionais em relação àqueles?[53]

Quando comparamos investidores de varejo e investidores institucionais, vemos que, embora todos tenham acesso aos dados relevantes para a tomada de decisão – ao menos em seu estado bruto, como dados de negociação, fatos relevantes, comunicados ao mercado – a regulação não leva em conta a existência de uma assimetria de informação decorrente das vantagens detidas pelos investidores institucionais, como a maior capacidade de processar esses dados, contratar analistas de mercado, contar com maior experiência de seus profissionais e técnicas mais sofisticadas de negociação.

Em outros termos, se todos têm acesso aos dados brutos na origem ao mesmo tempo, não haveria nenhuma violação do imperativo de equidade por parte dos investidores institucionais, em razão de serem mais eficientes.

Por outro lado, à luz dessa constatação, podemos nos perguntar o que há de errado se temos um certo grupo de investidores que paga mais caro para ter acesso aos dados de mercado e notícias com alguns segundos de antecedência e é capaz de processar informações e agir mais rapidamente que os investidores institucionais. Por que a primeira assimetria de informação – entre investidores de varejo e investidores institucionais – é tolerada, mas a segunda assimetria – entre investidores institucionais e HFTs – seria necessariamente resultado de práticas não equitativas?

A vantagem fornecida aos HFTs é ligeiramente diferente na oferta de serviços de *co-location* ou de conexões de alta velocidade com as bolsas: HFTs têm acesso a informações *antes* dos demais investidores.

A atuação dos HFTs seria, nesse sentido, uma nova forma de *insider trading 2.0*.[54] Essa expressão ganhou popularidade pela sua utilização por Eric T. Schneiderman, Attorney General de Nova Iorque, durante um evento em

---

[53] Uma provocação adicional pode ser elaborada considerando que a regulação usualmente presume que investidores qualificados ou investidores profissionais "sabem o que estão fazendo", como, por exemplo, no regime diferenciado de informação para as ofertas de debêntures por esforços restritos previsto na ICVM 476/2009.

[54] Como discutido em Angel e Mccabe (2017). Os autores concluem que: *"While 'Insider Trading 2.0' may have gotten headlines, the phrase is misleading. Despite the allegations of the New York Attorney General, the sale of faster access to data is not 'market manipulative insider trading' in the classical sense. Such news-based trading is not manipulative as it does not move prices away from fundamental value, but actually helps the market get to the fundamental value even faster, even if only by a few seconds. This, of course, does not mean that all computerized trading strategies are beneficial".*

HIGH FREQUENCY TRADING (HFT) EM CÂMERA LENTA

2013 (NEW YORK STATE OFFICE OF THE ATTORNEY GENERAL, 2013), quando lamentou que, durante os anos 1960, as pessoas mantinham uma ação por uma média de cinco anos e hoje, quando muito, por uma média de cinco dias. Schneiderman frisou que "no mundo dos HFTs, dois segundos são uma eternidade", ao discutir a celebração de um acordo com a Thomson Reuters para que esta parasse de comercializar pesquisas da Universidade de Michigan[55] com cinco minutos de antecedência para alguns investidores e com dois segundos de antecedência entre estes e um grupo de clientes "vip", antes da divulgação para o público em geral (LATTMAN, 2013).

Pode-se argumentar que, com relação aos serviços de *co-location* e acesso direito ao mercado, se estes são oferecidos nas mesmas condições a todos os participantes do mercado, então não haveria tratamento não equitativo – o que ocorreria apenas se houvesse algum tipo de discriminação.[56] Nesse sentido, a equidade teria um conteúdo procedimental (uma igualdade *formal*): regras iguais para todos.

No entanto, embora a oferta desses serviços permita que, em teoria, qualquer investidor venha a adquiri-los, na prática são poucos os que dispõem dos recursos necessários para tanto. Claramente, aqueles que pagam pelas tecnologias de minimização da latência acreditam que estão adquirindo uma vantagem competitiva.

A contrapartida à desigualdade de fato ou material seria a sua contribuição ao mercado no provimento de liquidez que beneficiaria investidores de longo prazo:[57] o mercado se tornaria mais eficiente, por isso o sacrifício da equidade em uma perspectiva substantiva seria tolerável. A presença

---

[55] Trata-se do *University of Michigan Consumer Sentiment Index*, utilizando como um termômetro das expectativas dos consumidores (e sua disposição para gastar) e uma variável *proxy* do otimismo ou pessimismo dos investidores e das empresas com relação à economia. Para maiores informações, cf. University of Michigan (2018).

[56] Cf. Angel e Mccabe (2013, p. 592).

[57] Angel e Mccabe (2013, p. 592) colocam a questão da necessidade da presença de formadores de mercado e arbitradores segundo o véu da ignorância: "*A Rawlsian veil of ignorance provides a useful insight. Traders in the 'original condition' would not know what kind of investor they would be: poor non-participant, retail investor, institutional investor, HFT user, regulator, etc. What is the best outcome for the worst of these? In other words, would these investors choose a world that permitted co-location even though they did not know what kind of investor they were? We believe they would, as the arbitrageurs and market makers improve the quality of the market for everyone. Although the market makers and arbitrageurs compete vigorously with each other, no one has to trade with them. Even the*

dos HFTs seria nociva apenas nos casos em que efetivamente houvesse imposição de perdas a outros investidores: são os usos que são dados a tecnologia e não a tecnologia em si mesma que permitem a aferição do que é equitativo e do que não é (ANGEL e MCCABE, 2013, p. 594).[58]

Assim, é possível conceber a atividade de HFT apenas como uma nova forma de realizar práticas corriqueiras do mercado, só que em uma velocidade muito maior. Sem evidências claras de que a tecnologia em si é nociva, a regulação deveria considerar apenas a supervisão e punição de condutas ilícitas (VAZQUEZ, 2017).

3.2.2. *Latency arbitrage*

O debate acerca da admissibilidade da utilização de tecnologias de diminuição de latência e oferecimento de serviços de *co-location* e acesso privilegiado a informações relevantes para a tomada de decisão (dados de negociação, notícias por provedores jornalísticos) também é apresentado sob o rótulo de uma forma de negociar designada por *latency arbitrage* (ANGEL e MCCABE, 2017, p. 12) ou *structural strategies* (SECURITIES AND EXCHANGE COMMISSION, 2010a).

Latência é o intervalo de tempo entre o momento no qual o dado de negociação é recebido pelo algoritmo até o recebimento, pelo sistema de negociação, da oferta enviada como decorrência da lógica interna do algoritmo, após o processamento do dado de entrada. Esse intervalo de tempo compreende tanto a duração do processamento das informações pelo algoritmo (fator que depende apenas do próprio agente, da sofisticação do algoritmo e dos equipamentos em que é executado) e a duração do percurso dos dados na rede que conecta o algoritmo ao ambiente de negociação, o qual depende da velocidade de conexão contratada e da distância física entre os equipamentos (NETHERLANDS AUTHORITY FOR THE FINANCIAL MARKETS – AFM, 2010, p. 16).

Quando a SEC publicou sua *Concept Release* sobre a estrutura do mercado secundário em 2010, uma das estratégias típicas de atuação por meio

---

non-investor gains from the benefits that properly functioning capital provide to society, as well functioning capital markets foster an efficient allocation of capital to productive uses".

[58] Já nos reportamos a essa ideia quando falamos da dicotomia entre estruturas e condutas e da possibilidade de a regulação ser orientada pelas últimas.

HIGH FREQUENCY TRADING (HFT) EM CÂMERA LENTA

da técnica de HFT apresentada envolveu a utilização da maior velocidade para obter oportunidades decorrentes de diferenças nos preços de um mesmo ativo.

Por exemplo, em um mercado fragmentado, se um agente consegue calcular o melhor preço em todos os ambientes de negociação (no mercado norte-americano, o preço nacional ou NBBO) mais rapidamente que os demais, pode tentar se antecipar a estes, que negociarão com base em informações defasadas. Na próxima seção, veremos também que o mecanismo das *flash orders* também permite que um agente tome conhecimento de uma oferta e, caso aja rapidamente, consiga obter lucro com baixo ou nenhum risco.

Como mencionamos anteriormente, a antecipação decorre da capacidade tecnológica do agente para detectar certa demanda e antecipar-se a ela, sem a existência de algum dever fiduciário. Estaríamos diante de um ilícito de *front-running*? Entendemos que, para a configuração típica de *front-running*, deve haver, além da antecipação pelo agente, um dever fiduciário deste para com o investidor cuja negociação é prejudicada.

Pode-se cogitar até mesmo se há algum ilícito de mercado sendo praticado, sendo difícil determinar qual o nível de mitigação da equidade no mercado que configura uma prática não equitativa, isto é, "aquela de que resulte, direta ou indiretamente, efetiva ou potencialmente, um tratamento para qualquer das partes, em negociações com valores mobiliários, que a coloque em uma indevida posição de desequilíbrio ou desigualdade em face dos demais participantes da operação", nos termos da ICVM 08/1979.

O acesso privilegiado a dados de negociação ou uma maior velocidade na execução de ofertas proveniente de um serviço de *co-location* configuraria uma "indevida posição de desequilíbrio ou desigualdade" entre participantes do mercado? As bolsas deveriam deixar de oferecer serviços de *co-location*? Os provedores de notícias deveriam ser proibidos de oferecer "pacotes *premium*" para seus clientes de modo que certas informações estariam disponíveis a eles em tempo real e aos demais clientes com alguns segundos de atraso?

Se houvesse concorrência significativa entre bolsas, de modo que algumas oferecessem serviços de *co-location* e outras não, os investidores poderiam decidir por onde atuariam, isto é, se percebessem que os custos de negociação são maiores em determinada bolsa (em virtude da atuação dos HFTs, capazes de obter melhores preços pelo acesso privilegiado aos

TOO FAST TO STOP? FORMULANDO RESPOSTAS REGULATÓRIAS

dados de negociação), então poderiam redirecionar seus negócios para outra bolsa.[59]

Ao propor a bolsa IEX no mercado norte-americano, Brad Katsuyama, o protagonista do livro *Flash Boys*, procurou introduzir um mecanismo capaz de frear a atuação de algoritmos ultrarrápidos (ROSOV, 2016), na esperança de atrair um fluxo de ofertas de investidores que se sintam prejudicados pela atividade de HFT com o aumento de seus custos de negociação, isto é, por aqueles que entendem que o mercado está viciado (*rigged*).

Se não há ilícito na oferta de acesso privilegiado a dados de negociação ou ao envio mais rápido de ofertas aos sistemas das bolsas pelo acesso direto ao mercado, então haveria ilícito na oferta de um mercado restrito de informações privilegiadas em que companhias abertas, antes da divulgação de fatos relevantes, ofertasse o conteúdo dessas divulgações a investidores institucionais?[60]

Notamos nessa sugestão um exemplo de sacrifício da equidade em prol de maior eficiência informacional e melhoria no processo de formação de preços. Por que o sacrifício da equidade nesse segundo caso seria injustificado, mas considerado razoável no caso de serviço de *co-location* e acesso direto ao mercado? Esta é uma questão que pode ser explorada em pesquisas adicionais.

A velocidade de envio de ofertas aos sistemas de negociação também pode ser utilizada para explorar discrepâncias no custo de execução quando do alguns ambientes de negociação remuneram ofertas limitadas (provedores de liquidez) com rebates e cobram taxas de quem envia ofertas a

---

[59] Esta é a solução proposta por Charles Korsmo, a de que a própria dinâmica da concorrência entre bolsas seria capaz de endereçar a ameaça à equidade no tratamento dos investidores – e o consequente aumento dos custos de negociação para a maior parte destes, por conta dos HFTs. Tal solução seria inaplicável ao mercado brasileiro e no mínimo ingênua no tocante ao mercado norte-americano, onde todas as bolsas têm incentivos significativos para oferecer esses serviços, aumentando suas receitas. Cf. Korsmo (2014, p. 596).

[60] Já mencionamos esse exemplo anteriormente neste texto. Tal oferta aprimoraria o processo de formação dos preços, em teoria, porque os investidores institucionais (presumidos investidores informados) conseguiriam decidir de modo a produzir um impacto nos preços mais próximo ao valor intrínseco de determinado ativo. Ainda, a remuneração obtida pela companhia nesse mercado restrito incentivaria a divulgação de informações nos casos em que não há incentivos para tanto (quando as notícias são ruins, por exemplo). Apenas em um segundo momento os demais investidores teriam acesso ao fato relevante. Para mais detalhes sobre essa proposta, cf. Haeberle e Henderson (2017).

mercado (tomadores de liquidez) e outros ambientes adotam uma política de preços contrária, ou seja, é possível arbitrar variações nos preços entre diferentes ambientes envolvendo ofertas limitadas e ofertas a mercado e o sistema de precificação *maker-taker* já mencionado anteriormente. É discutível a contribuição desse modo de negociação para o processo de formação de preços ou mesmo para o provimento de liquidez.

Considerando uma analogia com o mundo dos esportes, as tecnologias utilizadas para a atividade de HFT podem ser interpretadas como uma forma de *"doping"*, quando esteroides fornecem vantagens competitivas para um atleta e, ao mesmo tempo, prejudicam a integridade do esporte, dos adversários e do próprio atleta. Por outro lado, a inovação tecnológica pode ser interpretada também como um novo paradigma naquela modalidade de esporte, obtido a partir de estudos científicos válidos, permitindo maior eficiência na atividade (BUHPHATI, 2010, p. 399).

Seja na regulação norte-americana ou na União Europeia, o acesso privilegiado de algoritmos a informações não é um ilícito (BALP e STRAMPELLI, 2018).[61]

Nas fontes utilizadas nesta pesquisa, não foi encontrada sugestão de proibição de serviços de *co-location* ou de acesso privilegiado a dados de negociação. As possíveis respostas regulatórias ao problema do tratamento equitativo dos investidores envolvem, no geral, a imposição de "freios" à atividade de HFT, discutidos na última seção deste capítulo.

---

[61] De acordo com Balp e Strampelli (2018): *"What's more, though there's an argument that news wires can violate insider trading laws and Regulation Fair Disclosure (Reg FD) when they prematurely disseminate corporate information, the Securities and Exchange Commission seems to tolerate this type of information inequality. By contrast, insider trading rules do not to apply to early access to trade data, and paying for a subscription to direct market-data feeds from securities exchanges does not violate Rule 10b-5, or Reg FD. In the European Union, where the principle of equal access to information is explicitly embraced by Regulation No. 96/2014/EU concerning market abuse, the sale of faster access to exchanges' proprietary feeds also falls outside insider trading rules".* Os autores sustentam que deve ser adotada uma interpretação das regras vigentes para que não seja permitida a distribuição de dados de modo privilegiado a apenas um grupo restrito de clientes. Defendem, ainda, a imposição de freios à atividade de HFT. Tais medidas, contudo, dependeriam de uma avaliação do impacto da negociação dos HFTs sobre a eficiência alocativa do mercado.

3.2.3. *Flash orders*

Outra prática controvertida associada à atividade de HFTs envolve as chamadas *flash orders*, que receberam especial atenção da SEC na formulação de respostas regulatórias ao *Flash Crash* (KORSMO, 2014, p. 561).[62]

O que é exatamente uma *flash order*? No caso do mercado brasileiro, em que não há múltiplas bolsas e não há a regra de execução necessária pela NBBO, seria possível haver *flash orders*?

Suponha que um investidor deseja realizar uma compra a mercado de um determinado ativo e envia uma oferta para o sistema de negociação de determinada bolsa. Se o melhor preço de venda do ativo naquela bolsa for, digamos, R$ 5,17, mas o melhor preço de venda nacional, calculado com base nos livros de ofertas de todas as bolsas seja R$ 5,15, então, pela *Order Protection Rule*, a bolsa poderá cancelar a oferta ou roteá-la para a bolsa que tem o melhor preço nacional (NBBO).

No entanto, a regulação norte-americana prevê uma exceção a essa regra.[63] Em 1978, antes da existência de um preço nacional, a SEC exigia das bolsas que, ao consolidar as informações sobre as ofertas recebidas para disponibilizá-las aos demais participantes do mercado, poderia deixar de incluir aquelas ofertas que fossem executadas ou canceladas imediatamente

---

[62] As *flash orders* são discutidas em detalhe em Harris e Namvar (2016). Nas palavras dos autores: *"Flash orders are marketable orders that an exchange momentarily exposes to a limited number of qualified low latency dealers when the exchange cannot otherwise immediately fill the order at the national best bid or offer (NBBO). If a dealer is willing to fill the order at the NBBO or better, the exchange then executes the order. Otherwise it routes it to a market center with a better posted price. The limited order exposure and the failure to immediately route to better prices make the practice controversial"*.

[63] Reg NMS Rule 602 (17 C.F.R. 242.602): *§242.602 Dissemination of quotations in NMS securities. (a) Dissemination requirements for national securities exchanges and national securities associations. (1) Every national securities exchange and national securities association shall establish and maintain procedures and mechanisms for collecting bids, offers, quotation sizes, and aggregate quotation sizes from responsible brokers or dealers who are members of such exchange or association, processing such bids, offers, and sizes, and making such bids, offers, and sizes available to vendors, as follows:*
*(i) Each national securities exchange shall at all times such exchange is open for trading, collect, process, and make available to vendors the best bid, the best offer, and aggregate quotation sizes for each subject security listed or admitted to unlisted trading privileges which is communicated on any national securities exchange by any responsible broker or dealer, **but shall not include:***
(A) *Any bid or offer executed immediately after communication and any bid or offer communicated by a responsible broker or dealer other than an exchange market maker which is cancelled or withdrawn if not executed immediately after communication;* [...].

após seu recebimento. Assim, outros ambientes de negociação sequer teriam notícia de que essas ofertas teriam sido enviadas, recebendo apenas informações sobre sua execução ou cancelamento.[64]

Essa exceção deu origem à seguinte prática. Antes de enviar a oferta para os demais participantes de mercado (entre eles, outras bolsas ou ATSs concorrentes), a bolsa envia a informação sobre a quantidade e preço desejados para clientes que desejam negociar o ativo, mas que optaram por não aparecer no livro de ofertas, ocultando sua demanda por aquele ativo. Por uma fração de segundo, esses clientes recebem um *"flash"* da oferta e podem decidir se desejam executá-la ao melhor preço de venda nacional (NBBO). Quando aceitam realizar o negócio, a oferta enviada é executada imediatamente após o seu envio à bolsa e, por isso, não é comunicada aos demais participantes de mercado, conforme a exceção prevista na Reg NMS 602(a)(1)(i)(A).

Desse modo, a regra geral de que o negócio precisa ser executado pela NBBO (no exemplo, a R$ 5,15 e não a R$ 5,17) é obedecida, mas o investidor que havia colocado sua oferta limitada em outro ambiente de negociação é preterido, sendo atendido em seu lugar aquele que recebeu a *flash order* e aceitou executá-la.

Ocorre, desse modo, uma violação da prioridade com base no momento de inserção das ofertas no livro (considerando um livro nacional consolidado). Entendemos não haver problema no caso de o investidor que recebe a *flash order* melhorar a oferta NBBO (no exemplo anterior seria o caso de o investidor decidir vender por menos de R$ 5,15), pois a prioridade de preço é obedecida. O comprometimento da equidade ocorre quando, para preços iguais, a prioridade de momento de inserção da oferta é violada.

Na dinâmica das *flash orders*, temos três participantes: aquele que envia a ordem a mercado (*submitter*), aquele que tem a melhor oferta em outra bolsa (*maker*) e aquele que recebe a *flash order* e decide se cobre a oferta do *maker* (*responder*).[65]

---

[64] O histórico da regra é exposto pela SEC na proposta de sua revogação em 2009, a qual não havia sido levada a efeito até o final da elaboração deste texto em fevereiro de 2018. Cf. Securities and Exchange Commission (2009).

[65] Cf. Harris e Namvar (2016).

As *flash orders* permitem que os negócios sejam realizados no âmbito da mesma bolsa, cujo aumento da receita com emolumentos é favorecido pela prática. O investidor pode, ao enviar a oferta, indicar se deseja o roteamento para outra bolsa, caso esta não tenha a NBBO (nesse caso, o custo da realização do negócio aumenta em função de uma taxa de roteamento).

Para que seja possível obter algum benefício nessa fração de segundo na qual a oferta é divulgada, os investidores que recebem a *flash order* devem ser capazes de receber, avaliar e responder ao sistema de negociação da bolsa antes que a oferta seja roteada para outra bolsa, o que faz com que HFTs se tornem os mais aptos a concretizar essa dinâmica de negociação.

Antes de discutirmos especificamente a relação entre *flash orders*, equidade e transparência, vejamos algumas consequências dessa dinâmica de negociação que nos permitirão avaliar se eventual sacrifício da equidade poderá ser compensado por outros benefícios em termos de liquidez e custos de negociação.

3.2.3.1. Efeitos no *spread* e desdobramentos anticoncorrenciais

As *flash orders* representam uma exceção à regra geral de que toda informação sobre negociação deve estar disponível aos investidores, ao permitir que as bolsas omitam dos demais participantes a real demanda de compra ou de venda por determinado ativo.

O livro de ofertas, no caso, pode ser considerado incompleto e um investidor que coloca uma determinada oferta a certo preço pode ver vários negócios sendo realizados por aquele preço e, ainda que não tenha nenhum outro investidor na sua frente no livro, não consegue executar a sua oferta, sendo preterido.

Nesses casos, se uma ou poucas bolsas detêm um grande número de *responders* a quem enviam as *flash orders* antes de encaminhá-las a outras bolsas, aqueles investidores que desejam enviar ofertas limitadas a preços mais agressivos (maior preço de compra e menor preço de venda) em bolsas menores (que fariam com que fossem a NBBO e, assim, seriam atendidos) podem deixar de fazê-lo, dado que a probabilidade de execução é reduzida e, com isso, o *spread* do ativo tenderia a aumentar.

Haveria, assim, um efeito *crowding out* de investidores interessados em negociar agressivamente. Ainda, o fluxo de ofertas restaria concentrado em poucos ambientes de negociação, prejudicando a concorrência entre bolsas e ATSs (HARRIS e NAMVAR, 2016).[66]

Por meio das *flash orders*, uma bolsa pode deliberadamente evitar que uma oferta seja encaminhada para outra bolsa (onde está a NBBO), o que pode ser compreendido como um aspecto anticoncorrencial – o que equivaleria a uma das práticas congêneres da internalização de ofertas estudada previamente. No fluxo de ofertas, bolsas menores seriam preteridas e, com isso, as bolsas maiores tenderiam a dominar o mercado, adquirindo maior poder para fixar suas taxas de negociação a valores mais altos.

Malgrado o potencial efeito danoso à concorrência entre bolsas, as *flash orders* contribuem para um aumento da concorrência entre investidores em busca do melhor preço. Um *responder* pode cobrir ou mesmo melhorar a NBBO. Nesse sentido, poderia haver uma tendência à diminuição do *spread*, em contraposição ao argumento de aumento do *spread* pela recorrente preterição de investidores que desejam negociar de modo mais agressivo.

3.2.3.2. Combinação de *latency arbitrage* e prática não equitativa

Um problema adicional que pode decorrer da existência das *flash orders* é a prática não equitativa pelo *responder* em relação ao *submitter*. Se esse último envia uma oferta de compra a mercado, o *responder*, ao receber a *flash order* pode decidir não cobrir a NBBO e, ao mesmo tempo, se suspeitar que se trata de um grande comprador que irá enviar mais ofertas, pode se antecipar e comprar as quantidades ofertadas nos melhores preços para, posteriormente, vendê-las ao *submitter* a um preço maior, presumindo que este provavelmente continuará a enviar ofertas de compra, perseguindo um preço ascendente. Essa prática é semelhante à descrita no livro *Flash Boys* como principal razão pela qual os HFTs podem afetar a integridade do mercado e relacionada à ideia de arbitragem de latência (*latency arbitrage*).

---

[66] Vale a pena reproduzir o argumento de Harris e Namvar (p. 2): "*Since flash trading reduces intermarket order routing, it reduces the advantage that Makers gain from quoting better prices at other exchanges. Flash trading thus reduces the incentives to quote aggressively at secondary exchanges that do not receive as much order flow as larger exchanges. This issue may significantly affect public welfare if flash trading facilities cause Makers to submit less aggressive orders at secondary exchanges, which would cause spreads to widen, negatively impacting all traders. Moreover, the withdrawal of Makers from secondary exchanges would impair secondary exchanges in their competition with primary exchanges for order flow, which could lead to higher fees at primary exchanges*".

A ocorrência reiterada de práticas não equitativas resultaria no aumento dos custos de negociação (o investidor executará suas ofertas em condições cada vez piores). Com isso, um investidor que monitore esses custos poderá redirecionar suas ofertas para outras bolsas, se o mercado for fragmentado e houver concorrência. Logo, se a possibilidade de *flash orders* em certa bolsa for acompanhada desse ilícito praticado por HFTs, então a própria bolsa pode ser prejudicada pela perda de clientes que desejam negociar grandes lotes.

3.2.3.3. Tempo de execução e custos de negociação

As *flash orders* podem ser benéficas porque permitem ao investidor que deseja executar sua oferta a mercado encontrar maior liquidez – pois consegue acessar investidores que não desejam publicizar sua demanda e, eventualmente, melhores preços –, pois a oferta será executada ou pela NBBO ou por um preço menor.

Além disso, pode haver redução no tempo de execução, dado que a oferta não é roteada para outra bolsa. Como há um mercado nacional, a NBBO pode mudar muito rapidamente. Quanto maior o tempo de execução, maior a probabilidade de que a oferta do investidor não mais encontre o melhor preço representado pela NBBO em outra bolsa – a oferta pode chegar lá e a NBBO pode ter sido executada em benefício de outro investidor. Dessa maneira, em um mercado muito líquido, o aumento no tempo de execução pode representar maior custo de negociação, em virtude do rápido deslocamento dos preços (a NBBO pode piorar para uma oferta a mercado). Por isso, o benefício da redução do tempo de execução pode ser um argumento contrário à proibição das *flash orders*.

Ainda, nos casos em que uma oferta é encaminhada a outra bolsa, o investidor pode pagar, além dos emolumentos e corretagem da execução do negócio, uma taxa de roteamento da oferta. Dependendo do caso, as *flash orders* podem representar menor custo de negociação, uma vez que afastam o custo de roteamento da oferta.

3.2.3.4. *Flash orders*, equidade e transparência

Flash orders podem ser interpretadas como um tratamento favorecido para investidores com alta capacidade tecnológica, violando o pressuposto da equidade do mercado. Por que expor certa oferta primeiro a alguns investidores privilegiados? Não seria mais razoável esperar que, uma vez apresentada a oferta a todo o mercado, aumentaria a probabilidade de sua execução e, ainda, em melhores condições?

Assim, os interesses de investidores de longo prazo podem estar sendo comprometidos pelos interesses de investidores de curto prazo, que investiram recursos significativos em tecnologias para aproveitar as oportunidades que lhes são dadas pelas *flash orders* (SECURITIES AND EXCHANGE COMMISSION, 2009).[67]

O problema do tratamento desigual se manifesta de modo análogo ao discutido na seção anterior, quando tratamos dos serviços de *co-location*. A regra é o tratamento equitativo dos investidores, deixando-os em pé de igualdade para processar as informações que embasam suas decisões.

Tomado em termos absolutos, esse imperativo levaria à proibição de qualquer tratamento privilegiado para certos grupos de investidores. Por outro lado, é possível excepcionar essa regra se tal desigualdade é um sacrifício compensado por benefícios trazidos ao mercado.

No caso dos HFTs, a compensação viria na forma de maior liquidez, menor *spread*, menor tempo de execução das ofertas e maior número de negócios (e receitas auferidas pelas bolsas e intermediários), além de maior competição entre investidores (no caso, entre HFTs), o que se traduziria em melhores preços, ao menos em teoria.

Trata-se de uma decisão regulatória que deve levar em conta estudos sobre esses benefícios, quantificando-os e verificando se esse aspecto constitutivo da técnica de negociação designada por HFT – a busca por menor

---

[67] O regulador norte-americando coloca esse conflito da seguinte maneira (p. 16): *"In its analysis of flash order types, the Commission will consider the interests of long-term investors and the extent to which they are helped or harmed by these orders, rather than on the interests of professional short-term traders that may have invested in sophisticated trading systems capable of responding to flash orders. The interests of long-term investors and professional short-term traders in fair and efficient markets often will coincide. Indeed, vigorous competition among professional short-term traders can itself lead to very important benefits for long-term investors, including narrower spreads and greater depth. If, however, the interests of long-term investors and professional short-term traders conflict, the Commission previously has emphasized that 'its clear responsibility is to uphold the interests of long-term investors.' The Commission preliminarily believes that, in today's highly automated trading environment, the exception for flash orders from Exchange Act quoting requirements may no longer serve the interests of long-term investors and could detract from the efficiency of the national market system".*

latência na comunicação com os sistemas de informação das bolsas – seria compatível com os objetivos pretendidos pela regulação.

No caso específico das *flash orders*, é preciso ter em mente que a prática estimula a oferta de liquidez oculta, isto é, a negociação por investidores que não desejam revelar suas ofertas no livro, assim como nos *dark pools*.[68]

Já existem formas de auxiliar esses investidores como, por exemplo, ofertas com lotes ocultos (*iceberg orders*), em que cada lote é colocado no livro imediatamente após a execução de um lote, consubstanciando, na realidade, uma oferta muito maior. Tal prática, hoje aceita sem questionamento, não seria também uma violação dos pressupostos de maior transparência e equidade possíveis no mercado?

Outro ponto a ser considerado é a tolerância de assimetrias de informação em práticas corriqueiras do mercado, quando os operadores especiais no pregão viva-voz (ou no mercado norte-americano os *trading floor specialists*) tinham acesso privilegiado às ofertas para conduzirem seus negócios.[69]

Por ocasião da proposta de proibição das *flash orders*, a SEC se manifestou no sentido de que as desvantagens são maiores que os benefícios decorrentes dessa prática (HARRIS, 2003, p. 24). Contudo, a regra não foi aprovada e o assunto deixou de ser discutido pelo regulador norte-americano. A SEC recebeu inúmeras manifestações dos participantes do mercado, mas não emitiu comunicado oficial sobre eventuais alterações da regra proposta ou mesmo a justificativa para a ausência de discussões adicionais.[70]

Nesta seção, optamos por não ir além da abordagem do problema e nos restringimos aos debates realizados no âmbito da SEC, pelo fato de a quase totalidade das fontes utilizadas nesta pesquisa não discutir a questão com algum nível de detalhe em outras jurisdições e sinalizar que tanto a

---

[68] Ao propor a proibição das *flash orders*, a SEC indicou a possibilidade de criação de um mercado de duas camadas (*two-tiered market*), um transparente e acessível a todos, mas com informações incompletas sobre liquidez, e um mercado paralelo, acessível apenas a participantes específicos.

[69] *"There were a number of historical instances where certain exchange members, such as specialists, had access to quote information before it was publicly displayed. Flash orders are arguably 'no different than the old stock exchange floor, where some players got to see or overhear floor brokers before trades hit the tape' and where specialists maintained a book containing limit orders"* (YOON, 2010, p. 935). No mesmo sentido, cf. Harris (2003, p. 104 e ss.).

[70] Os comentários dos participantes de mercado enviados à SEC podem ser encontrados em Securities and Exchange Commission (2011).

HIGH FREQUENCY TRADING (HFT) EM CÂMERA LENTA

ocorrência como a vedação a essa prática só teriam sido relevantes para o mercado norte-americano. O tema das *flash orders* pode ser inserido em uma agenda de pesquisas adicionais sobre HFTs e qualidade de mercado, considerando o conteúdo dos comentários dos participantes de mercado enviados à SEC até o final de 2010, bem como discussões semelhantes em outras jurisdições.

No mercado brasileiro, há apenas uma única bolsa e, em princípio, sequer poderíamos cogitar da possibilidade de existência de *flash orders* se respeitados os critérios da Instrução CVM 505/2011.

No entanto, é possível pensar em algumas formas de implementar mecanismos com efeitos semelhantes envolvendo a internalização de ofertas em intermediários, especialmente nos casos em que o intermediário negocia com sua carteira própria ou intervém para prover liquidez para algum de seus clientes.[71]

Suponha-se, por exemplo, que um intermediário receba uma oferta a mercado de um investidor e, antes de colocá-la no livro (único, gerenciado pela bolsa, o que levaria à imediata execução do negócio), envia as informações da oferta a seus clientes ou para si mesmo, ao negociar com sua carteira própria.

Nesse caso, se um cliente do intermediário (ou ele mesmo, por sua carteira própria) decide realizar o negócio, pode enviar para o sistema de negociação da bolsa um *negócio direto* ao melhor preço (de compra ou de venda), internalizando a oferta, isto é, realizando o negócio internamente no intermediário, sem atender aos clientes que já estavam no livro, o que é possível desde que o negócio ocorra dentro do *spread*.[72]

Nesses casos, o intermediário pode executar uma oferta a mercado de um de seus clientes em condições menos favoráveis que as de outro cliente seu ou mesmo de sua carteira própria. Por exemplo, se o *spread* de determinado ativo está entre 10,01 e 10,04, e um cliente envia uma oferta de compra a mercado, esta deveria ser executada a 10,04, melhor oferta de venda. Porém, o intermediário pode adquirir a quantidade disponível

---

[71] Agradeço aos colegas de CVM Andre Passaro, Eduardo Busato e Marcos Galileu por discussões que contribuíram para o desenvolvimento dos exemplos que seguem.

[72] No caso de ações, é obrigatória à negociação no mercado organizado de valores mobiliários no qual o emissor tem seus valores mobiliários negociados (Cf. art. 57, § 4º c/c art. 4º da ICVM 461/2007).

TOO FAST TO STOP? FORMULANDO RESPOSTAS REGULATÓRIAS

a 10,04 e, posteriormente, vender mais caro para seu cliente, em uma configuração típica de *front-running*.

3.2.3.5. Respostas regulatórias específicas

A opção regulatória mais direta com relação às *flash orders* seria proibi-las, o que foi cogitado pela SEC em 2009, como já mencionamos, o que poderia prejudicar os investidores que desejam ocultar sua demanda por determinado.

Uma alternativa seria a adoção de regimes de informação de pré-negociação – permitindo ao investidor (*submitter*) que decida se aceita que sua oferta seja apresentada a *responders* ou se necessariamente deve ser *roteada* a outra bolsa, fechando negócio com o *maker* ou, então, cancelando a oferta – e também de pós-negociação, quando pode ser exigido do participante do mercado que apresente percentual de negócios internalizados ou percentual de *flash orders*.

Adotar esse regime de informação significa presumir que o investidor, ao negociar via certa bolsa ou intermediário, seja capaz de avaliar o risco de ser preterido ou, no caso brasileiro, de ter como contraparte do seu negócio um intermediário.

Para mitigar o risco de utilização das *flash orders* para práticas não equitativas, poderia ser proibida a venda (compra), pelo *responder*, do mesmo ativo e quantidade de que comprou (vendeu) do (ao) *submitter* por um curto intervalo de tempo, digamos, 1 segundo.[73] Desse modo, ainda que tenha se antecipado ao *submitter*, o responder não conseguiria encerrar sua posição imediatamente, aumentando seu tempo de exposição no mercado, desincentivando a prática de *front-running*. Entendemos haver dois problemas nessa proposta.

Primeiro, sua operacionalização demandaria um alto grau de sofisticação nos sistemas de negociação para impedir a negociação nesse curto

---

[73] *"The SEC should make it illegal for Responders to take liquidity on the same side at a price equal or better than the price of a flash order within one second of seeing that order. Responders who actually fill the flash order or are trading to fill another flash order should be exempt from this restriction. Although this restriction would impose some programming burden on Responders, it should not significantly affect their legitimate business models because in most instances, they make, rather than take, markets. Since Responders can take liquidity in correlated securities without restriction, a one-second delay in taking a market should prove minimally constraining"* (HARRIS e NAMVAR, 2016, p. 11).

HIGH FREQUENCY TRADING (HFT) EM CÂMERA LENTA

intervalo de tempo. Seria muito difícil detectar a realização do ilícito na atividade de acompanhamento de mercado e o *enforcement* da proibição.

Quem exatamente estaria proibido de negociar? O mesmo beneficiário final da oferta? A mesma conta naquele intermediário? O mesmo algoritmo (se houvesse identificação única dos algoritmos)? O que impediria que uma ponta da operação estivesse em um intermediário e outra ponta em outro intermediário? A proibição de negociação pelo mesmo beneficiário final da oferta representaria um sério inconveniente, pois certo investidor pode, ao mesmo tempo, estar utilizando vários algoritmos e várias contas para negociar um ativo. A medida teria o efeito colateral de bloquear a atuação (presumida regular) de outros algoritmos do mesmo investidor naquela janela de tempo.

Em segundo lugar, a proibição traz como premissa a ideia de que a operação deverá ser muito rápida e objetivar um curto movimento dos preços. Embora estejamos no universo de negociação de alta frequência em que quase tudo ocorre em menos de um segundo, se uma oferta de quantidade relevante é detectada, o movimento dos preços pode durar mais tempo, digamos, 5 a 10 segundos ou mesmo um intervalo maior, perceptível até mesmo para os operadores humanos.

Conquanto o risco de exposição aumente pela necessidade de maior duração da operação, talvez ainda haja incentivos suficientes para que a prática continue a ser realizada – seria mitigado o risco de um *"flash front-running"* apenas.

Em qualquer caso, se permitidas as *flash orders*, a supervisão de mercado deve considerar o risco de práticas não equitativas e buscar aprimorar a aplicação das normas que vedam essa conduta.

A fim de melhorar a formação de preço e incentivar a realização de negócios em melhores condições que a NBBO, uma resposta regulatória possível seria a promoção de *flash auctions*, isto é, de um leilão entre os *responders* no curtíssimo intervalo de tempo antes de a oferta ser roteada para outra bolsa.[74]

---

[74] *"Exchanges should be encouraged to conduct a sealed bid auction among the Responders during the flash period to allocate the flash order to the Responder offering the best price. The bids should not be subject to any minimum price variations since they will be hidden. This regulation would have the effect of allowing slower electronic traders to compete effectively in the flash facility. At the end of the auction, the responder's offers would be allocated to the flash order according to price-time precedence. The resulting price improvements should benefit Submitters"* (HARRIS e NAMVAR, 2016, p. 11).

TOO FAST TO STOP? FORMULANDO RESPOSTAS REGULATÓRIAS

Tal medida teria como efeito colateral possível o aumento do tempo de execução da oferta, o que, como vimos, pode representar em alguns casos a perda da possibilidade de o investidor executar a oferta a mercado pela NBBO – quando esta for roteada para outra bolsa (no caso de não haver *responders* interessados), o negócio poderá ser executado em piores condições.

Ainda, seria possível exigir do *responder* que sempre melhorasse a oferta recebida, obrigando-o a negociar a um preço de venda (compra) que seja menor (maior) que a NBBO. Com isso, seria mais justificável o sacrifício da transparência nas informações e da equidade no tratamento dos investidores, que teria como contrapartida uma diminuição do custo da negociação.

No Brasil, indicamos que a discussão sobre as *flash orders* pode ser transposta para um problema de internalização de ofertas por intermediários, com risco de preterição de outras ofertas já presentes no livro, privilegiando negócios realizados para carteira própria do intermediário ou por pessoas a ele vinculadas ou, então, a outros clientes, quando da implementação de estratégias de formação de mercado (*market making*), provimento de liquidez (*liquidity provision*) e negociação de grandes lotes (*client facilitation*).

Assim, os intermediários devem adotar regras, procedimentos e controles internos relativos à execução de ofertas, para que possam obter as melhores condições para seus clientes (art. 20 da ICVM 505/2011). Nas regras da B3, o Ofício Circular 053/2012-DP estabelece que:

(a) os participantes de mercado devem adotar política de operações de pessoas vinculadas e carteira própria;
(b) ao registrar cada oferta, o intermediário deve armazenar indicação de operação de pessoa vinculada ou de carteira própria;
(c) o cliente de cada intermediário deve informar em seu cadastro se autoriza ou não que a carteira própria do Participante ou as pessoas a ele vinculadas possam atuar na contraparte de suas operações.

Ainda, o Roteiro do Programa de Qualidade Operacional da B3, discutido no capítulo anterior, inclui em seu item 44 que o "Participante deve dispor de instrumentos de controles que, em caso de concorrência de Ordens, permitam que as Ordens de Clientes tenham prioridade sobre as operações de carteira própria e de pessoas vinculadas".

Com base na ICVM 505/2011, o Roteiro Básico do PQO prevê em seu item 46 que o intermediário deve publicar em seu *site* em destaque e com

HIGH FREQUENCY TRADING (HFT) EM CÂMERA LENTA

periodicidade mensal os percentuais de negócios de pessoas vinculadas e negócios com carteira própria em face do total de negócios do intermediário naquele mês e, ainda, o percentual dos negócios de pessoas vinculadas que tiveram como contraparte clientes do intermediário.

3.3. HFTs, integridade do mercado e riscos operacional e sistêmico

Nesta seção, utilizaremos a classificação de riscos proposta por Otávio Yazbek (2009, p. 23-24),[75] além de considerar as definições da IOSCO,[76] que identifica a redução do risco sistêmico como um dos objetivos basilares da regulação,[77] juntamente com a proteção dos investidores e a garantia de que os mercados sejam justos (*fair*), eficientes e transparentes.

Dentre os princípios aplicáveis ao mercado secundário que decorrem desses objetivos, encontram-se a gestão adequada de posições relevantes, a mitigação do risco de crédito e a proteção do regular funcionamento do mercado (INTERNATIONAL ORGANIZATION OF SECURITIES COMMISSIONS, 2010, p. 3).[78]

Nesse sentido, a regulação é sensível ao eventual inadimplemento de obrigações pelos investidores (e, em decorrência disso, pelos intermediários) na etapa de liquidação das operações, o que pode conduzir a um efeito cascata indesejado.

Idealmente, a falência de um intermediário não deveria resultar em perdas para seus clientes ou suas contrapartes. Por isso, além de requisitos de capital mínimo e outras exigências feitas pela legislação às instituições financeiras, os intermediários devem ser capazes de monitorar a exposição de seus clientes, gerenciando a margem deles exigida para certas operações.

Passemos, então, à análise da relação entre os conceitos de volatilidade, risco operacional e risco sistêmico e à discussão da atuação de algoritmos

---

[75] Não utilizaremos a noção de risco típica da teoria das finanças, a qual envolve principalmente risco de mercado (diversificável e não diversificável), que é um elemento central dos modelos de tomada de decisão de investimento.

[76] Em especial, International Organization of Securities (2016).

[77] Cf. International Organization of Securities Commissions (2010).

[78] No original: "*Regulation should aim to ensure the proper management of large exposures, default risk and market disruption*".

– especialmente quando falham – como preocupação regulatória relevante e das respostas possíveis para os problemas apontados. Agregando conceitos econômicos à discussão jurídica, como temos feito ao longo de todo este trabalho, adotamos o pressuposto de que "Direito e Finanças não podem trabalhar de modo independente dado que esta procura explicar os fatores que influenciam o valor de um ativo financeiro e aquele procura estabelecer regras e instituições que viabilizam a criação de tal valor" (FOX, FOX e GILSON, 2016).

3.3.1. Risco sistêmico e volatilidade

Ao final de cada pregão, certo investidor pode ter realizado inúmeras operações envolvendo vários instrumentos financeiros. A entrega de um ativo em face do pagamento do preço (liquidação da operação) poderia ser realizada para cada par parte-contraparte. Essa liquidação poderia ser imediata (recursos saem da conta do comprador e ações saem da custódia do vendedor) ou, então, ocorreria após certo período, sendo criado um procedimento para pagamento e entrega.[79]

Outra possibilidade seria a de, no fim do dia, uma entidade central calcular o saldo líquido em cada ativo e os valores a pagar ou receber referentes a cada investidor. Esse procedimento é denominado de *compensação*, quando se calculam os direitos e obrigações de cada investidor referentes a cada ativo.[80]

---

[79] Nesta seção, apresentamos uma simplificação do processo de liquidação descrito nos manuais operacionais da B3. Para uma descrição completa, cf. B3 (2019g) (*Manual de procedimentos operacionais de negociação da B3*). O primeiro modelo descrito nesse parágrafo é o de *pagamento-contra-entrega* (*delivery-versus-payment*). A verificação da regularidade da operação, da solvência dos investidores, a complexidade dos diferentes mercados globais interconectados, faz com que a opção mais comum seja o estabelecimento de um ciclo de liquidação das operações. Cf. Schwartz e Francioni (2004, p. 282).

[80] O processo de compensação e liquidação descrito nesta seção é comumente referido nos textos em inglês como *clearing* and *settlement*. *"The clearing agent matches the buyr and the seller records and confirms that both traders agreed to the same terms. [...] Settlement agents help traders settle their trades. They receive cash from buyes and securities from sellers. [...] Under net settlement, for each client, the settlement agent nets the buys and sells in each security to a single net security position"*. Cf. Harris (2003, p. 37-38).

Nesse cenário, a possibilidade de inadimplemento ainda dependeria apenas do investidor, consubstanciando o chamado *risco de crédito*.[81] O investidor pode não ter os recursos financeiros para honrar a operação ou pode não ter o ativo para entrega à sua contraparte.

O conceito de *risco sistêmico* no domínio econômico tem como pressuposto a noção de que uma crise sistêmica – aquela que afeta um número considerável de instituições financeiras – no sistema financeiro poderá ter consequências negativas relevantes para o funcionamento da economia e o próprio bem-estar dos agentes econômicos.[82]

O inadimplemento de um valor relevante (por exemplo, como a posição do investidor que deu origem ao *Flash Crash*[83] ou como resultado da insolvência de um intermediário) pode comprometer o funcionamento das demais instituições financeiras e participantes do mercado. Para o adequado funcionamento do sistema econômico é necessário, portanto, evitar a propagação da insolvência.

Para mitigar esses riscos, pode ser criada uma cadeia de responsabilidades,[84] calculando-se também a posição líquida de cada intermediário, permitindo uma compensação multilateral em que a entidade administradora do mercado figure como *contraparte central*: é a vendedora para todas

---

[81] Tomaremos aqui como sinônimos as expressões risco de crédito, risco de contraparte (*credit conterparty risk*) e risco de inadimplemento (*default risk*). Para um conjunto de definições sobre os riscos envolvidos no processo de compensação e liquidação, cf. Schwartz e Francioni (2004, p. 277), Rechtschaffen (2014, p. 148 e ss.) e Schmidt (2011, p. 81). Esse último traz uma síntese que acreditamos ser válido reproduzir (destaques no original): *"there is **market risk** resulting from unexpected changes in the market prices, interest rates, or foreign exchange rates. Other types of financial risk include **liquidity risk, credit risk**, and **operational risk**. The liquidity risk being closely related to the market risk is determined by a finite number of assets available at given price. Another form of the liquidity risk (so-called cash-flow risk) refers to the inability to pay off debt on time. Credit risk arises when one of the counterparts involved in a financial transaction does not fulfill its obligation. Finally, operational risk is a generic notion for unforeseen human and technical problems, such as fraud, accidents, and so on"*.

[82] Para um estudo detalhado sobre risco sistêmico, cf. Bandt, Hartmann e Peydró (2010).

[83] Outro exemplo envolveu o fundo Long Term Capital Management (LTCM), cuja recapitalização pelo setor privado foi intermediada pelo Federal Reserve em 1998, ilustrando que posições significativas no mercado de capitais são uma potencial fonte de risco sistêmico. Cf. Rechtschaffen (2014, p. 148-150).

[84] Quando você negocia com alguém, este é a sua contraparte para fins da conclusão do negócio (pagamento do preço e entrega dos ativos), mas em termos de compensação e liquidação, há dois níveis adicionais: o intermediário e a entidade administradora. Ambos podem ser chamados a responder por eventual inadimplemento, de modo subsidiário.

as operações de compra e a compradora para todas as operações de venda (MURPHY, 2013, p. 130).

Adicionalmente, podem ser instituídas salvaguardas como um fundo especial para liquidar operações em cenários específicos ou, então, um regime de exigência de garantias dos intermediários.[85] A dinâmica de compensação e liquidação é regulada por meio de regras de pós-negociação.[86]

Em suma, o risco sistêmico diz respeito à integridade do sistema financeiro, tendo em vista a interdependência entre os agentes econômicos que o compõem, estando diretamente ligado ao conceito de risco de crédito.

Para honrar as obrigações contraídas, um dado investidor deve levar em consideração o chamado *risco de mercado*, intimamente ligado à noção de *volatilidade*.

Um investidor normalmente atua tomando como base certo retorno esperado em face do risco incorrido. Este é um dos pressupostos da teoria da carteira (*portfolio*) (BODIE, KANE e MARCUS, 2014, p. 117 e ss. e 206 e ss.), discutida no âmbito das finanças. Ao decidir investir em um ativo, um agente econômico considera o chamado *prêmio de risco*, isto é, a diferença entre o retorno esperado para o ativo e a taxa de juros livre de risco para o horizonte do investimento.

Risco de mercado é a possibilidade de um movimento adverso dos preços, do que resultarão perdas sofridas pelo investidor em razão da desvalorização de instrumentos financeiros em sua carteira (HARRIS, 2003, p. 448; REILLY e BROWN, 2012, p. 20).[87] Esse risco estará relacionado diretamente com a noção de volatilidade.

Volatilidade é um conceito relacionado à variabilidade dos preços de determinado instrumento financeiro: é uma medida de risco de mercado.[88] Ao

---

[85] Nesse sentido, vejam-se as regras de Contribuição para o Mecanismo de Ressarcimento de Prejuízos (MRP), Depósito de Garantias e Requisitos Econômicos e Financeiros para os participantes de negociação e outros atores presentes no mercado no Manual de Acesso da B3 (2019d).

[86] Discutimos as especificidades do mercado brasileiro no capítulo anterior, com base nas regras da BM&FBovespa.

[87] Se uma carteira é composta por um único ativo, o risco da carteira decorre unicamente do risco de serem obtidos retornos negativos para aquele ativo, o qual decorre de especificidades desse ativo (*risco sistemático*) e, ao mesmo tempo, de fatores macroeconômicos (*risco não sistemático*).

[88] Cf. Hagin (2004, p. 131 e ss.); Adicionalmente Harris (2003, p. 410 e ss.) e Reilly e Brown (2012, p. 21). Essa métrica geralmente envolve uma medida de dispersão em uma série temporal de retornos (variação percentual) de um ativo.

HIGH FREQUENCY TRADING (HFT) EM CÂMERA LENTA

discutirmos o modelo de escolha racional dos investidores, mencionamos que a aversão ao risco implica exigir maiores retornos para maiores riscos. Se o mercado se torna mais volátil (mais arriscado), isto pode afastar os investidores.

Uma grande volatilidade de certo instrumento financeiro ou do mercado como um todo contribuiu para o aumento da incerteza quanto aos retornos esperados de investimento, levando os agentes econômicos a assumir posições menores, diminuir ou mesmo encerrar posições existentes. É sabido que quem compra uma ação dificilmente verá uma linha reta ascendente nos preços ao longo do tempo: sempre há flutuações. A frequência e a magnitude dessas flutuações é o que se objetiva medir por meio da volatilidade – logo, sempre há alguma volatilidade.[89]

Para grande parte dos investidores – notadamente os de longo prazo – é de pouca relevância a movimentação intradiária ou diária dos preços dos ativos, ao menos quando tal variação se dá dentro de parâmetros estatisticamente previsíveis. Uma vez tomada a decisão de investimento com base em uma expectativa de valorização de determinado ativo em certo horizonte de tempo, a posição assumida poderá ser encerrada quando o alvo de preço for atingido ou quando certo prazo limite for alcançado (FABOZZI, 2002).[90]

Esse tipo de *aposta direcional* envolve uma exposição da posição ao risco de perdas se os preços se moverem na direção contrária (risco de mercado). Por isso, além de estabelecer metas de preço-alvo e prazo, o investidor também pode (e deve) estipular uma perda máxima que deseja suportar, dado que os preços não se movem em uma única direção: há altos e baixos

---

[89] Cf. Schwartz e Francioni (2004, p. 93). Segundo os autores, volatilidade é como "colesterol", há "boa" volatilidade e "má" volatilidade. No primeiro caso, os preços se movimentam conforme novas informações são recebidas, verificadas, processadas e utilizadas pelos investidores em suas operações (*volatilidade fundamentalista*). Além disso, a volatilidade viabiliza a remuneração dos provedores de liquidez (como o caso dos formadores de mercado). A "má" volatilidade resulta de ruídos diversos inseridos nos preços e estratégias direcionais (*volatilidade técnica*). Para o funcionamento regular do mercado, é preciso minimizar esse segundo tipo de volatilidade.

[90] O processo de investimento possui várias etapas, dentre as quais a alocação dos recursos em diversas classes de ativos, constituindo uma carteira (*portfolio*). Uma carteira de ações pode simplesmente reproduzir a composição de certo índice de ações (uma estratégia passiva) ou, então, selecionar aquelas cuja expectativa de valorização é elevada. O preço alvo resultante do processo de *valuation* é o que baliza tais expectativas.

TOO FAST TO STOP? FORMULANDO RESPOSTAS REGULATÓRIAS

dentro de um único pregão e ao longo de vários dias de negociação; contudo, para quem acredita que há uma tendência de alta (baixa) e compra (vende) determinado ativo, após sucessivos recuos e recuperações, os preços deverão atingir patamares cada vez maiores (menores).

Fala-se, desse modo, em *tendência*, uma ideia importante para investidores que tomam suas decisões com base no comportamento histórico dos preços. Na análise gráfica, tem-se o ditado "a tendência é sua amiga" (*the trend is your friend*) (MURPHY, 2009, p. 49 e ss.).

Contudo, podem ocorrer variações de preços de magnitude estatisticamente atípica com relação ao passado recente de certo ativo. Por exemplo, suponha que, em uma sequência de 100 pregões, uma ação teve desvalorização máxima em um único dia de 2% e valorização máxima de 3%. Então, em um dia fatídico, o preço de fechamento é, digamos, 7% menor que o do pregão anterior.

Sem nos preocuparmos com uma linguagem estatística precisa, podemos afirmar que estamos diante de uma desvalorização *atípica*,[91] a qual é um sinal importante para os investidores no sentido de reverem as decisões tomadas e as informações de que dispõem.

Quando alguém assume uma posição comprada, ao estipular a perda máxima, deve levar em consideração um movimento adverso que esteja disposto a suportar e que, ao mesmo tempo, esteja dentro de uma faixa de recuo estatisticamente previsível, pois, nesses casos, o preço poderá cair após a compra, mas voltar a subir dentro de alguns pregões, na direção esperada pelo investidor.

Investir em certos ativos será mais arriscado do que em outros em função da expectativa de haver movimentos adversos mais intensos. Isto ocorrerá nos casos em que os preços se movem com "maior facilidade" (fala-se em instrumentos mais voláteis). A escolha do termo certamente tem inspiração na química, quando uma substância é tida como mais volátil que outra se tem maior facilidade de passar do estado líquido para o estado de vapor ou gasoso. Nota-se que a volatilidade é uma grandeza *relativa*: seja

---

[91] A atipicidade pode ser aferida por meio de medidas de dispersão. Podemos considerar atípicas, por exemplo, as oscilações superiores a 2 desvios-padrão a partir da média dos últimos 60 pregões. Esse tipo de abordagem é utilizado no processo de *value-at-risk*, para mensurar a exposição total de certa carteira e, eventualmente, limitá-la. Cf. Jorion (2001, p. 81 e ss.).

para uma substância ou para um ativo, a volatilidade é considerada com base em um referencial.

Quanto maior a volatilidade de certo ativo, um investidor tenderá a montar posições menores ou mesmo abster-se de fazê-lo, por aversão ao risco.

A volatilidade também influencia as medidas de avaliação do desempenho de carteiras (ELTON, 1995, p. 620). Para duas carteiras que obtêm a mesma valorização em certo período, pode ser mais desejável aquela que experimentou menos oscilações ao longo do tempo, pois isso significa que a outra carteira não foi ótima: teria sido possível obter certo retorno com menor exposição a risco. É o equivalente a ir de um ponto A para um ponto B por meio de um teleférico ou por meio de uma montanha-russa: chega-se ao destino, mas as emoções experimentadas nos trajetos variam significativamente.

Outra razão pela qual o aumento de volatilidade é indesejável diz respeito também à gestão de riscos de uma posição ao longo do tempo, quando se negociam derivativos. No caso de opções de ações ou contratos a termo, se o movimento dos preços se acentua na direção desfavorável ao detentor da posição, pode ocorrer *chamada de margem*,[92] ou seja, o investidor pode ser convocado a depositar recursos adicionais para garantir que honrará o compromisso futuro no vencimento.

Ao provisionar os recursos em sua conta no intermediário, o investidor toma como base certa expectativa de risco para sua posição. Movimentações

---

[92] De acordo com a B3, a "margem requerida do comitente corresponde ao risco da sua carteira, o qual é definido como o maior custo potencial de encerramento das posições nela contidas". Com o aumento do risco, há maior aumento desse custo potencial, do que decorre uma exigência de depósito adicional ao valor já fornecido como margem para a montagem da posição. Cf. B3 (2020b). Problema mais grave ainda ocorre no caso de contratos futuros, em que há fluxo de caixa em cada pregão, envolvendo pagamento ou recebimento de ajuste diário. Ao montar uma posição em contrato futuro, o investidor deve depositar certo valor como margem e, ainda, manter um valor em sua conta corrente no intermediário. Ao longo do tempo, se em dado pregão a movimentação dos preços lhe foi favorável, receberá um valor em sua conta, caso contrário desta será debitado o valo correspondente à variação diária que lhe tenha sido desfavorável. No caso de contratos futuros de commodities agropecuárias, fluxos excessivos de ajustes diários podem tornar a operação pouco atrativa para produtores rurais, que teriam que imobilizar recursos importantes para suas atividades rotineiras (o que não é um problema no caso de margem de garantia, para a qual são aceitos ativos menos líquidos, tais como títulos públicos ou ações).

extremas podem fazer com que sejam demandados valores cada vez maiores, aumentando o custo de oportunidade da operação.

Pelo exposto nos parágrafos anteriores, podemos concluir que *maior volatilidade implica maior risco*,[93] tanto risco de mercado (maior probabilidade de movimentos adversos) como de crédito (maior probabilidade de inadimplemento) e, em última análise, risco sistêmico (maior probabilidade de insolvência e de efeitos cascata que comprometam a integridade do sistema financeiro).

Um bom mercado, portanto, é como a água em temperatura ambiente: transparente, líquido e pouco volátil.

3.3.2. Risco operacional: *rogue algorithms* e *flash crashes*

Adicionalmente, se ocorrerem erros humanos ou de sistemas de informação no ambiente de negociação, estamos diante do *risco operacional*,[94] definido pela B3 como "risco de perdas decorrentes de deficiências em sistemas de informação, controles internos e execução de processos" (B3, 2020b, p. 7).

Tais problemas podem abranger do colapso de um sistema de consolidação de ofertas (*matching engine*) e construção/atualização do livro a uma colocação de oferta limitada por um operador a uma quantidade ou um preço diferente do especificado pelo seu cliente. Podemos cogitar, também, falhas na comunicação entre os diversos sistemas envolvidos (cliente, corretora, bolsa), que são geograficamente distribuídos.

No caso de um erro de quantidade, especialmente se houver alguns zeros a mais, o risco operacional pode contribuir para a manifestação de risco de crédito ou até mesmo de risco sistêmico: o erro pode levar o investidor a deter uma posição muito maior do que a que desejava assumir, para a qual não dispõe de recursos disponíveis para a liquidação.

Fat finger (literalmente "dedo gordo") é uma expressão comum no dia a dia do mercado. Suponha que um operador, ao inserir uma oferta a mercado de 10.000 ações de certo ativo, acidentalmente coloca um zero a mais.

---

[93] A economia real se beneficia de um menor nível de volatilidade. Investidores exigirão um maior prêmio de risco de a volatilidade aumenta. Cf. Sornette e Von Der Becke (2011, p. 6).

[94] *"Another important risk dimension is associated with so-called operational risks, resulting from infrastructure disruptions, computer bugs, hacking and others, collectively known as 'cyber-risks'"* (SORNETTE e VON DER BECKE, 2011, p. 15).

HIGH FREQUENCY TRADING (HFT) EM CÂMERA LENTA

Na digitação de um texto, seria algo parecido com a troca de um "M" por um "B", transformando um *milhão* e *bilhão* (KORSMO, 2014, p. 527).

Dependendo do tipo de oferta e da quantidade presente no livro, as operações decorrentes podem resultar em uma movimentação significativa dos preços. Fala-se que as ofertas no livro são "varridas" pela enorme oferta que veio a ser executada. Para prevenir esse tipo de situação, é comum que existam controles de volatilidade implementados no âmbito das bolsas, que disparam leilões quando é inserida no livro uma oferta de quantidade acima de determinado patamar, ou mesmo que imponham um limite máximo de quantidade por investidor, intermediário ou ativo. O intermediário, ao menos em teoria, também pode controlar os limites de exposição de seus clientes, filtrando ofertas como esta, por meio de controles de risco pré-negociação.

Ao transpor para um algoritmo a lógica de execução de ofertas e de tomada de decisão, espera-se eliminar o risco de ocorrência de erros humanos. No entanto, poderão ocorrer problemas na execução do próprio algoritmo ou, então, poderão ser observados resultados inesperados, em virtude de erros no projeto ou na criação do código do programa a ser executado ou da impossibilidade de antecipação exaustiva desses erros, dada a complexidade de certos algoritmos (o que não difere muito da dificuldade enfrentada ao se elaborar uma norma para antever todos os efeitos de sua aplicação – um *código* de um programa talvez não seja tão diferente de um *código* jurídico).

No controle de qualidade do software produzido, um programa é submetido a um plano de teste,[95] em que sua execução é, por assim, dizer, "ensaiada" de acordo com diversos cenários possíveis. Nesse processo, o produto final pode ser colocado em funcionamento trazendo consigo vícios ocultos, presumindo-se que não tenha sido criado para causar distorções nos preços de modo intencional.

Em inglês, a expressão *rogue algorithms* é utilizada para os algoritmos que manifestam esse risco. O vocábulo *rogue* pode ser traduzido de diversas

---

[95] De acordo com as melhores práticas da engenharia de software, a codificação requer estratégias defensivas (antecipação de erros durante a execução), utilização de estruturas padronizadas para organização do código (*design patterns*), revisão do código-fonte pelos pares (*peer review*), execução de testes pelos próprios desenvolvedores (*debugging*), produção de documentação adequada e testes de integração em diferentes níveis de controle de qualidade. Para uma visão geral dessas práticas, cf. McConnel (2004).

formas, denotando alguém que age por conta própria, um fugitivo, rebelde ou renegado. Enfim, considera-se metaforicamente que o algoritmo deixou de cumprir as tarefas para as quais havia sido programado.

Considerando a relação entre risco operacional, risco sistêmico e a ocorrência de erros, convém mencionar o caso de Nick Leeson, um jovem irlandês que, em três anos, foi responsável por quebrar um dos bancos mais antigos da Inglaterra (o Barings Bank). Sua autobiografia, escrita a partir da prisão, se transformou em um filme intitulado *Rogue Trader*.[96] Responsável por uma filial do banco em Cingapura, Leeson decidiu contabilizar todos os resultados financeiros de erros operacionais em uma "conta erro" criada por ele. Várias operações não autorizadas foram registradas nessa conta, que mascarava o desempenho da equipe gerenciada por Leeson.[97]

Por seu conhecimento acerca de negociações com derivativos, o desempenho (fraudulento) de suas operações e a habilidade de captar clientes, Leeson se tornou uma "estrela" no quadro de funcionários do Barings Bank. Isto permitia que ele solicitasse recursos à matriz em Londres sob o pretexto de utilizá-los como depósito de margem para novas operações com derivativos, quando, na verdade, iriam cobrir suas perdas. Leeson era responsável por realizar as operações em nome do banco e, ao mesmo tempo, contabilizá-las, uma falha no desenho dos controles internos que lhe permitiu adulterar os resultados de suas operações.

No início de 1995, um terremoto ocorrido no Japão teve repercussões turbulentas no mercado asiático, fazendo com que uma posição alavancada montada por Leeson para amortizar as perdas que se acumulavam indefinidamente na "conta erro", fez com que o prejuízo aumentasse de cerca de £ 200 milhões no final de 1994 para um montante de £ 800 milhões, levando o Barings à falência. Leeson tentou fugir após deixar um bilhete com um pedido de desculpas, mas foi preso e condenado a seis anos e meio de prisão.[98]

---

[96] O filme foi produzido em 1999, estrelado por Ewan McGregor e recebeu no Brasil o título *A Fraude*. Link para a entrada do filme na Internet Movie Database: http://www.imdb.com/title/tt0131566/.

[97] Os parágrafos que seguem resumem parte do estudo de caso de Oliveira e Garcia (2013).

[98] A história teve tanto impacto na mídia inglesa, que o o uniforme utilizado por Leeson nas rodas de negociação de contratos derivativos foi leiloado por £ 21 mil em 2007. Cf. Wearden (2007).

A contabilização de erros e os controles internos sobre a alocação de negócios são uma preocupação regulatória relevante porque os efeitos de irregularidades podem ser catastróficos. No Brasil, a CVM prevê na ICVM 505/2011, art. 23, § 3º que "O intermediário pode reespecificar operações em que tenha ocorrido erro operacional, desde que este seja devidamente justificado e documentado, nos termos das regras editadas" pela B3.

No item 7 do Roteiro do PQO da B3, temos que cada intermediário "deve registrar todas as ocorrências de operações lançadas na Conta Erro e na Conta Erro Operacional,[99] bem como os motivos que levaram a tais lançamentos". Ainda, o item 50 prevê que o lançamento nessas contas deve se dar apenas em razão de erros operacionais, vedando explicitamente as operações de "carteira própria e aquelas destinadas a fomentar a liquidez de valores mobiliários (formador de mercado e/ou *facilitation)*".

Para leilões ou *calls* de abertura e fechamento, a B3 também editou normas específicas para o cancelamento de ofertas originadas por erro operacional. Tais regras encontram-se nos Ofícios Circulares 016/2017-DP e 027/2017-DO.

Estamos interessados, no contexto do estudo da atividade de HFT, na possibilidade de falhas na execução dos algoritmos, de modo a enviar ofertas que causem perturbações relevantes no mercado, tais como o *Flash Crash* de 2010 ou, como reportam alguns autores, *mini-crashes*[100] em ativos específicos em diversos mercados. Um erro operacional pode desencadear um choque de volatilidade, que pode levar a vários inadimplementos, contribuindo para a insolvência de participantes do mercado. A interconexão entre os mercados facilita o contágio de instituições financeiras em nível mundial.

Optamos neste texto por traduzir a expressão *rogue algorithm* como *algoritmo errante*, realçando o aspecto de que estamos diante de um risco de erro operacional. Presume-se que o algoritmo não havia sido implementado

---

[99] Conforme o glossário do PQO (B3, 2018e), Conta Erro é a "conta automaticamente criada pela BM&FBOVESPA que recebe operações não alocadas para Comitentes" e Conta Erro Operacional é a "conta utilizada para os Participantes realocarem operações por motivo de erro operacional, exceto para realocações oriundas de DMA e repassador de Ordens, que são alocadas na Conta Erro".

[100] *"Mini-flash-crashes in single stocks seem to happen rather frequently. Nanex identifies "thousands" of mini-crashes over the last few years"* (SORNETTE e VAN DER BECKE, 2011, p. 15).

com o propósito original de realizar operações fraudulentas ou manipulação de mercado.

Vale reproduzir a "lição aprendida" no *Flash Crash*, de acordo com a SEC e a CFTC (SECURITIES AND EXCHANGE COMMISSION; COMMODITY FUTURES TRADING COMMISSION, 2010, p. 6, em tradução livre):

> Em condições de pressão no mercado, a execução automatizada de ofertas de venda em grandes quantidades pode gatilhar movimentos dramáticos de preços, especialmente se o algoritmo não considerar o preço como parâmetro. Adicionalmente, a interação entre programas de execução automatizada e estratégias de negociação algorítmica pode rapidamente erodir a liquidez e desestabilizar os mercados. Como os eventos de 6 de maio demonstraram, um alto volume de negociação não é necessariamente um indicador confiável de liquidez.

HFTs contribuem para o aumento do volume (financeiro e de quantidade) negociado no mercado. Mas esse volume não é necessariamente sinônimo de liquidez. A partir de certo ponto, a liquidez excessiva pode resultar em um mercado instável, suscetível a efeitos mandada (*herding*), conduzindo a choques de volatilidade, a *crashes*.

Os benefícios de redução dos custos de transação e a redução do *spread* e, em termos gerais, a utilidade da liquidez para o sistema econômico pode ter retornos decrescentes, ocorrendo uma saturação em determinado patamar de elevado nível de liquidez ou mesmo um declínio da utilidade, dado o aumento da volatilidade e dos riscos associados. Assim, formadores de mercado (*market makers*) podem se transformar em destruidores de mercado (*market breakers*) (SORNETTE e VAN DER BECK, 2011, p. 5-6).

A versão oficial apresentada pela SEC e pela CFTC sobre o *Flash Crash* considerou um algoritmo errante como causa raiz do evento (SECURITIES AND EXCHANGE COMMISSION; COMMODITY FUTURES TRADING COMMISSION, 2010). Um investidor decidiu realizar uma venda de USD 4,1 bilhões em minicontratos futuros do índice S&P500 e a operação foi dividida em pequenos lotes para execução por meio de algoritmos. No caso, não ocorreu exatamente um *fat finger* no sentido de erro de quantidade, mas o algoritmo foi codificado de modo ineficiente, permitindo a venda de grandes quantidades do ativo em um curto período.

O algoritmo em questão utilizou um recurso chamado *volume clock* (EASLEY e PRADO, 2012).[101] Algoritmos operam segundo ciclos, delimitados não necessariamente por unidades de tempo, mas por *eventos*. Cada ciclo envolve a avaliação do estado atual (parâmetros de entrada relevantes para o algoritmo), a tomada de decisão e uma ação (envio, atualização ou cancelamento de oferta ou nenhuma ação). Um evento pode ser a chegada de uma nova oferta no livro, a execução de um negócio ou, então, a negociação de certa quantidade de ativos.

Em um jogo de xadrez, não faria sentido algum obrigar o jogador a executar um movimento a cada minuto, embora possa ser estipulado um intervalo máximo para a jogada. Portanto, o relógio interno de um algoritmo – especialmente de HFTs – não necessariamente leva em conta o tempo transcorrido. Não se busca a rapidez em si mesma, mas sim encontrar rapidamente o melhor movimento possível, antes dos demais competidores.

No caso do investidor que deflagrou o *Flash Crash*, a implementação do algoritmo foi tal que o decurso do tempo foi ignorado e cada nova oferta era enviada após a execução bem-sucedida de certa quantidade de ativos: a meta de execução consistia em enviar ofertas de 9% do volume negociado no último minuto, sem considerar preço ou tempo de execução, isto é, assim que essa quantidade era atendida, calculava-se a quantidade executada no último minuto e enviava-se nova oferta.

Com isso, a venda de 75.000 minicontratos de S&P 500, correspondendo a um valor nocional de USD 4,1 bilhões, foi executada em cerca de 20 minutos.

Para além do *Flash Crash*, outros casos de algoritmos errantes que resultaram em movimentos drásticos nos preços (e prejuízos para os clientes que os utilizavam) envolveram o Infinium Capital Management em 03/02/2010 e o Knight Capital Group, em 01/08/2012.[102]

No primeiro caso, o Infinium utilizou um novo algoritmo para negociação de contratos futuros de petróleo. O sistema de controle de riscos da gestora parou de funcionar e inúmeras ofertas foram realizadas de modo descontrolado, resultando em uma perda de cerca de USD 1 milhão em cerca de 20 segundos, quando foi negociado cerca de 4% do volume diário

---

[101] Conforme Easley e Prado (2012): "*For the HFT trader, the name of the game is not to move as fast as possible, but rather to make the best possible move (before a competitor does) with the information revealed*".
[102] Cf. Witzman e Meyer (2011) e Spicer (2011).

médio do ativo. Além desse prejuízo, o Infinum foi multado em USD 850 mil por condutas danosas ao mercado (*acts detrimental to the market*), incluindo também falhas operacionais de seus algoritmos em outras duas datas em outubro de 2009).

No curso das investigações, descobriu-se que o algoritmo não havia sido testado segundo o protocolo tradicional da Infinium (geralmente de seis a oito semanas), mas experimentado apenas por cerca de duas horas. Seus parâmetros de encerramento das operações após detecção de falhas (*shutdown*) também não estavam configurados adequadamente.

A fala de um dos comissários da CFTC é emblemática no tocante ao receio demonstrado pelo mercado à presença dos HFTs: "[...] esses sistemas de negociação ultrarrápidos [...] tentam capturar micro dólares em milissegundos. Eu me pergunto se eles adicionam algum valor ao mercado. [...] Sequer precisam se registrar junto ao regulador. Isto precisa mudar" (COMMODITY FUTURES TRADING COMMISSION, 2011).

No segundo caso, envolvendo o Knight Capital Group, em uma manhã de agosto de 2012, um algoritmo foi responsável por causar movimentos drásticos nos preços de ações de cerca de 150 companhias, causando valorizações de até mesmo 100% em poucos minutos.

Durante meia hora, os negócios realizados resultaram em um total de USD 440 milhões em perdas, correspondente a três vezes o faturamento do grupo, que era responsável por cerca de 10% do volume negociado na NASDAQ e NYSE à época.

As bolsas cancelaram alguns dos negócios realizados, mas a maior parte das perdas foi suportadas pelo Knight Capital, que era uma companhia aberta: suas ações sofreram desvalorização de 75% e, mesmo após aporte de recursos por grupos que tentaram socorrer a empresa, esta foi vendida para uma de suas concorrentes.

Adicionalmente, a Knight Capital celebrou acordo de USD 12 milhões com a SEC por não ter controles internos capazes de prevenir adequadamente os riscos operacionais decorrente de sua atuação (SECURITIES AND EXCHANGE COMMISSION, 2013). O regulador norte-americano indicou ainda a inexistência de controles e procedimentos para o desenvolvimento e testes de software e sua colocação em produção (*deployment*), pois foi exatamente um algoritmo mal testado e colocado para execução sem o devido cuidado que causou o problema. No caso, a regra violada foi a Market Access Rule (Rule 15c3-5):

HIGH FREQUENCY TRADING (HFT) EM CÂMERA LENTA

17 CFR 240.15c3-5 – *Risk management controls for brokers or dealers with market access. [...]*

(c) The risk management controls and supervisory procedures required by paragraph (b) of this section shall include the following elements:

(1) Financial risk management controls and supervisory procedures. The risk management controls and supervisory procedures shall be reasonably designed to systematically limit the financial exposure of the broker or dealer that could arise as a result of market access, including being reasonably designed to:

(i) Prevent the entry of orders that exceed appropriate pre-set credit or capital thresholds in the aggregate for each customer and the broker or dealer and, where appropriate, more finely-tuned by sector, security, or otherwise by rejecting orders if such orders would exceed the applicable credit or capital thresholds; and

(ii) Prevent the entry of erroneous orders, by rejecting orders that exceed appropriate price or size parameters, on an order-by-order basis or over a short period of time, or that indicate duplicative orders. [...]

Em setembro de 2016, a Merryl Lynch celebrou acordo com a SEC no valor de USD 12,5 milhões pela insuficiência de seus controles internos no sentido de prevenir o envio de ofertas errôneas para o mercado, causando diversos *"mini-flash crashes"*, sendo 15 eventos entre 2012 e 2014 (SECURITIES AND EXCHANGE COMMISSION, 2016c). Os limites máximos de quantidades para certos ativos se mostraram inadequados para a quantidade diária total negociada daqueles ativos. Com isso, foram observados movimentos dos preços em percentuais elevados, da ordem de 20% ou mais e com quedas desde -10% até 99%, seguidos de imediata recuperação.

Outro caso interessante sobre a capacidade de rápida disseminação da informação nos preços por HFTs foi o "twit de 130 bilhões de dólares", quando um *hacker* invadiu a conta da Associated Press e divulgou que duas bombas explodidas na Casa Branca e o presidente norte-americano Barak Obama estava ferido (PRIGG, 2015). Em três minutos, houve caos no mercado norte-americano, com o índice S&P500 perdendo 136 bilhões em valor de mercado. Quando a notícia foi desmentida, os preços voltaram rapidamente ao normal. Há algoritmos especializados em processar o conteúdo de notícias para tomar decisões, juntamente com informações do livro de oferta e divulgações oficiais das companhias (SELYUKH, 2013).

Na seção a seguir, veremos possíveis respostas regulatórias aos problemas discutidos nos parágrafos anteriores.

3.4. Repostas regulatórias: "freios" à atividade de HFT

Nesta seção, elencamos medidas relacionadas à mitigação de eventuais impactos negativos da atividade de HFT sobre o processo de formação de preços, a eficiência informacional do mercado, liquidez e volatilidade, conforme as discussões da seção anterior. Com isso, oferecemos uma sistematização de mecanismos propostos em estudos realizados por reguladores, que consolidaram pesquisas teóricas e empíricas em diversos mercados. Merecem destaque o relatório *Foresight: The Future of Computer Trading in Financial Markets* do *The Government Office for Science* do Reino Unido, publicado em 2012 (UNITED KINGDON, 2012)[103] e também o relatório da IOSCO intitulado *Regulatory Issues Raised by Changes in Market Structure*, publicado em 2013 (INTERNATIONAL ORGANIZATION OF SECURITIES COMMISSIONS, 2013).

Vimos anteriormente que não há consenso sobre a real contribuição dos HFTs à qualidade do mercado, havendo discrepância entre estudos teóricos e evidências empíricas. Ainda, mesmo em estudos empíricos, são formuladas conclusões contraditórias, conforme a base de dados utilizada, as métricas escolhidas (como os conceitos são operacionalizados) e a definição de HFT adotada (se com base nas características estruturais, medidas de posição ou marcações fornecidas pela fonte de dados ou uma mistura desses critérios).

Desse modo, as respostas regulatórias aqui catalogadas complementam a discussão sobre ilícitos de mercado e sua supervisão, formando um conjunto completo de alternativas a serem consideradas – uma caixa de ferramentas para o regulador (*regulatory toolbox*).

Destacamos três grupos de mecanismos regulatórios possíveis.

Primeiro, apresentamos um *regime de informação* específico para a negociação algorítmica, com a imposição de deveres de informação e propostas para a intensificação da supervisão de mercado.

Segundo, há regras destinadas a controlar a velocidade de negociação, conformando a microestrutura de mercado, de modo a desestimular um provimento aparente de liquidez e a sobrecarga dos sistemas de informação

---

[103] Todos os estudos que levaram a elaboração desse relatório podem ser encontrados em https://www.gov.uk/government/collections/future-of-computer-trading.

HIGH FREQUENCY TRADING (HFT) EM CÂMERA LENTA

com o excesso de mensagens. Temos, portanto, um grupo de *controles de velocidade*.

Terceiro, discutimos *controles de risco operacional e volatilidade*.

Recuperando uma analogia utilizada previamente, o primeiro grupo de mecanismos regulatórios equivale à previsão de credenciamento de veículos e inspeções periódicas para aferir suas condições de tráfego e também à colocação de "radares" em vias públicas para fiscalizar infratores.

O segundo grupo equivale à colocação de "lombadas" para forçar a redução de velocidade e à instituição de pedágios para financiar os custos operacionais.

Fazendo jus ao trocadilho constante no título deste capítulo (*too fast to stop?*), as medidas antivolatilidade do terceiro grupo corresponderiam a um sistema de *airbags* e muros de contenção (*guard rails*), para amortizar o impacto em colisões, minimizando prejuízos.

Por fim, a fiscalização e a punição de ilícitos de mercado já discutidos anteriormente representariam o regime tradicional de fiscalização de condutas no trânsito e aplicação de multas.

3.4.1. Regime de informação para algoritmos: *"conheça seu robô"*

Podemos resumir a proposta de um regime de informação para a negociação algorítmica com a expressão *"conheça seu robô"*.[104] Se uma entidade administradora de mercados organizados de valores mobiliários ou um intermediário decidem permitir que um dado participante de mercado se valha de algoritmos para enviar ofertas aos sistemas de negociação, então devem poder contar com um conjunto de informações que permitam fiscalizar esse tipo de atuação e assegurar que existam salvaguardas para erros operacionais.

Trata-se de uma medida aplicável à negociação algorítmica em geral e não apenas à atividade de HFT, até mesmo porque essa qualificação, dependendo do conceito operacional escolhido, pode depender de uma análise dos dados de negociação para que sejam segregados os HFTs dos demais investidores.

---

[104] Já mencionamos a expressão anteriormente neste texto, creditando-a Ilene Najjarian, advogada da União e professora.

TOO FAST TO STOP? FORMULANDO RESPOSTAS REGULATÓRIAS

Cada algoritmo a ser utilizado deveria ser submetido a um credenciamento prévio que poderia exigir informações sobre (UNITED KINGDOM, 2012, p. 101):

(a) descrição geral da estratégia implementada;
(b) parâmetros de atuação geral e em cenários extremos;
(c) controles de erros operacionais;
(d) plano de testes e relatórios de controle de qualidade do software;
(e) identificação dos desenvolvedores responsáveis.

Para cada mercado em que o HFT for atuar, o regulador poderia exigir também da entidade administradora e do intermediário um relatório de avaliação das informações submetidas pelo investidor sobre o algoritmo, juntamente com a memória de cálculo dos limites operacionais concedidos. Entidades administradoras e intermediários também deveriam ter rotinas de supervisão e controles internos para garantir que as informações fornecidas sejam compatíveis com a negociação que vier a ser realizada por meio de algoritmos.

Adicionalmente, cada oferta enviada aos sistemas de negociação deveria ser acompanhada do identificador do algoritmo. Periodicamente ou sob demanda, o investidor deveria ser capaz de fornecer relatórios contendo, para cada algoritmo:

(a) todas as ofertas enviadas aos sistemas de negociação;
(b) todos os negócios realizados;
(c) falhas de execução e de conformidade com os parâmetros de atuação (se houve casos em que o algoritmo deveria desativar a si mesmo e continuou a negociar);
(d) estatísticas de execução, tais como instrumentos negociados, quantidades e volumes por instrumento ou segmento, volume médio das ofertas canceladas e volume médio dos negócios realizados por instrumento (para facilitar o monitoramento de *spoofing* e *layering*) taxa de cancelamento ou mesmo resultados brutos e líquidos das operações.

Tais dados podem ser usados na supervisão de mercado em conjugação com os dados de negociação envolvendo ofertas e negócios, com a

HIGH FREQUENCY TRADING (HFT) EM CÂMERA LENTA

identificação dos intermediários envolvidos e do beneficiário final associado a cada oferta e negócio. No Brasil, as informações dos negócios realizados pela B3 são enviadas para a CVM, que as consolida em um Sistema de Acompanhamento de Mercado (SAM) (NEDER, 2013).[105] Com isso, podem ser criadas rotinas de detecção da prática de ilícitos, selecionando investidores que podem ter negociado de modo irregular.

De posse do mesmo conjunto de dados, a B3 e a BSM também realizam rotinas de supervisão de mercado, havendo comunicação constante com a CVM acerca das detecções e dos processos sancionadores em andamento. Os intermediários devem se submeter à supervisão implementada pela B3 e pela BSM.[106]

A B3 e a BSM contam atualmente com a ferramenta SAS Smarts para analisar o fluxo de ofertas. O Sistema de Acompanhamento de Mercado da CVM ainda não recebe os dados de ofertas, de modo que a supervisão do mercado no nível do livro de ofertas é feita de modo coordenado entre a autarquia, a entidade administradora do mercado e a entidade de autorregulação.[107]

Em um mercado fragmentado, cada ambiente de negociação (*exchange* ou ATS) tem seu próprio conjunto de dados de mercado (*market data*). Uma das maiores dificuldades enfrentadas pela SEC e pela CFTC na investigação do *Flash Crash* foi exatamente a consolidação desses dados, de modo a permitir a criação de uma linha do tempo das negociações, a fim de identificar quem causou o evento e quem foi responsável por potencializar seus efeitos.

Nos Estados Unidos, foram implementados o sistema *Market Information Data Analytics System* (MIDAS) para processar informações de mercado e foi criada a *Consolidated Audit Tape* (CAT), agregando dados de ofertas

---

[105] Em 2011, a CVM contratou a empresa italiana SIA-SSB para adaptar o produto *SIA Eagle* para a supervisão de mercado. A partir de 2016, essa solução foi descontinuada, sendo substituída por um *data warehouse* desenvolvido pela empresa brasileira Five Acts, no contexto de uma solução de *business intelligence*. Cf. Comissão de Valores Mobiliários (2018).

[106] O dever de manter um sistema para armazenamento e recuperação desses dados é previsto no art. 46 da ICVM 461/2007. Os deveres de informação atribuídos às entidades de autorregulação encontram-se no art. 44 e 45 da mesma instrução. Cf. também arts. 52 e 106 da ICVM 461/2007.

[107] Informação fornecida pelo autor, por ter trabalhado diretamente com o Sistema de Acompanhamento de Mercado da CVM entre 2012 e 2015 e, depois disso, colaborar de modo pontual com soluções para a migração para uma nova plataforma.

TOO FAST TO STOP? FORMULANDO RESPOSTAS REGULATÓRIAS

e negócios de todas as bolsas e *alternative trading systems*, viabilizando a supervisão de um mercado significativamente fragmentado (LINTON, O'HARA e ZIGRAND, 2013, p. 215 e ss.).[108] Em 2012, a SEC contratou a empresa Tradeworx, especializada em HFT, para coletar e processar informações sobre ofertas, cancelamentos e negócios em tempo real (POPPER e PROTESS, 2012).

No âmbito da União Europeia, regras trazidas pela MiFID II buscaram aumentar a transparência da atuação de investidores por meio da negociação algorítmica, seja ela de alta ou de baixa frequência. Nos Estados Unidos, a SEC e a CFTC não adotaram regras semelhantes, de modo que a regulação prevista pela ESMA pode servir de referência para a adoção de regras semelhantes no Brasil.[109] Tais regras envolvem:[110]

(a) a "empresa de investimento que desenvolva negociação algorítmica" deve comunicar o fato às autoridades competentes e à plataforma de negociação;

(b) a autoridade competente pode exigir que o investidor lhe forneça regularmente ou sob demanda uma "descrição da natureza das suas estratégias de negociação algorítmica", bem como parâmetros de negociação e limites;

(c) deve haver um mecanismo que possibilite à autoridade competente identificar as ordens geradas por negociação algorítmica, os diferentes algoritmos utilizados para a criação das ordens e as pessoas pertinentes que dão essas ordens [art. 48º, (10)];

(d) o investidor deve manter "registros precisos e cronológicos de todas as suas ordens, incluindo cancelamentos de ordens, ordens executadas e ofertas em plataformas de negociação";

(e) se um investidor que negocie por meio de algoritmos deseja atuar como formador de mercado, deve fazê-lo "continuamente durante

---

[108] A página oficial do sistema MIDAS com informações adicionais pode ser acessada em https://www.sec.gov/marketstructure/midas.html#.Wm-Pra6nHIU. Acesso em: 10 dez. 2017. Um vídeo contendo detalhes sobre a implementação – indicando a capacidade de processamento de 3 bilhões de *"data points"* em menos de 3 segundos – pode ser encontrado em: https://aws.amazon.com/pt/solutions/case-studies/tradeworx/. Acesso em: 10 dez. 2017. Na solução foi utilizado o serviço AWS Cloud da Amazon Web Services.

[109] A sistematização das regras se baseou na apresentação feita por (Gonçalves, 2017, p. 59 e ss.).

[110] MiFID II (Diretiva 2014/65/UE), Art. 17º.

HIGH FREQUENCY TRADING (HFT) EM CÂMERA LENTA

uma proporção específica do horário de negociação da plataforma de negociação, exceto em circunstâncias excepcionais, com o objetivo de proporcionar a essas plataformas de negociação liquidez em uma base periódica e previsível" e, ainda, celebrar um acordo escrito vinculativo com a plataforma de negociação que especifique, pelo menos, as suas obrigações;

(f) dever de implementação de sistemas e controle de risco adequados pela "mpresa de investimento que desenvolva negociação algorítmica, com limites de negociação que impeçam o envio de 'ordens erradas' ou causem impacto nos sistemas de negociação de modo a criar ou contribuir para uma perturbação de mercado".

É importante destacar que tais deveres de informação se aplicam aos investidores que utilizam algoritmos em geral ("empresa de investimento que desenvolva negociação algorítmica") e não apenas negociação algorítmica de alta frequência. Ainda, a norma se aplica apenas a "empresas de investimento", assim definidas como "qualquer pessoa coletiva cuja ocupação ou atividade habitual consista na prestação de um ou mais serviços de investimento a terceiros e/ou na execução de uma ou mais atividades de investimento a título profissional" (Artigo 4º (1)).

Em síntese, no leque de mecanismos regulatórios, temos as opções de exigência de registro prévio do investidor como HFT (ou, de um modo geral, algoritmo), exigência de registro de cada algoritmo por meio do qual irá atuar, a identificação do algoritmo junto a cada oferta enviada aos sistemas de negociação, o dever de manutenção de registros sobre ofertas e operações e o envio de informações periódicas ou eventuais sobre sua atuação.

A concessão do registro pode estar condicionada à exigência de mecanismos de controle de risco operacional e risco de crédito, à verificação da realização de testes de conformidade e testes de cenários extremos, a fim de assegurar que aquele algoritmo não irá comprometer a integridade do mercado e, no caso de sua finalidade ser a formação de mercado, que haverá condições mínimas de obrigatoriedade de provimento de liquidez.[111]

---

[111] Tais condicionamentos estão diretamente ligados à preocupação com o impacto da atividade sobre o risco de liquidez, risco de crédito e risco operacional, conforme discutiremos oportunamente.

Tais deveres certamente resultarão no aumento do custo de negociação para esses investidores e tornarão mais difícil a atividade de supervisão de mercado. Cada vez mais, a equipe técnica responsável por essa tarefa deverá ser capaz de analisar uma enorme quantidade de dados, com vistas à detecção da prática de condutas ilícitas e à mensuração do impacto da atividade de negociação algorítmica, a fim de concretizar a aplicação das regras sobre a matéria e subsidiar seu aprimoramento.

A sofisticação dos instrumentos financeiros e o uso de novas tecnologias para implementar estratégias de negociação tornam a microestrutura de mercado progressivamente complexa. Com isso, faz-se necessário rever o perfil do *staff* das autoridades de regulação e autorregulação, com a capacitação de pessoal para lidar com questões interdisciplinares, envolvendo economia, finanças, estatística, computação e direito (UNITED KINGDOM, 2012, p. 101).[112] Os mesmos requisitos aplicam-se também a advogados públicos e a membros do Ministério Público, que terão de elaborar peças acusatórias pouco triviais (vimos alguns exemplos nos casos de *spoofing* e *layering*, anteriormente). Isso vale também para os advogados privados e as peças de defesa e eventuais pareceres.

Ainda, os julgadores – no caso brasileiro, o Colegiado da CVM, Conselheiros do CRSFN e juízes – também devem estar capacitados para formular sua convicção com base em argumentos intrincados, que se assemelham aos encontrados em estudos acadêmicos não jurídicos (principalmente valendo-se de métodos quantitativos), acompanhados de um conjunto probatório sofisticado, com a missão de interpretar normas com conceitos indeterminados cujo conteúdo enseja intensas controvérsias. Caberá a esses julgadores delimitar o campo semântico desses conceitos de modo a orientar os destinatários da norma, definindo quais são as formas de negociar proibidas e quais são as permitidas.

Compreender os algoritmos e avaliar os riscos não é tarefa trivial. Adicionalmente, pode não haver interesse por parte do desenvolvedor em detalhar a estratégia de negociação, que representa uma vantagem competitiva no mercado. Ainda, o código pode ser atualizado frequentemente,

---

[112] No original: *"One additional benefit is that regulators will have to acquire greater technical sophistication to understand and evaluate the algorithms being used in trading, which would improve their ability to investigate abusive practices. However, this would require substantial increases in personnel and greater investments in technology"*.

o que demandaria revisões periódicas. Diante dessas dificuldades, talvez seja inviável a realização de uma análise adequada pelo regulador a um custo minimamente razoável.

Uma possibilidade adicional seria a construção de um "mercado simulado", que poderia ajudar na realização desses testes, procurando reproduzir o comportamento do livro de ofertas de certos instrumentos e até mesmo permitindo a verificação da rentabilidade do algoritmo e de sua confiabilidade ao longo do tempo.

Um mercado simulado poderia ser um produto interessante a ser oferecido pela bolsa a investidores que pretendem atuar por meio de algoritmos. Sua lógica seria semelhante à de um túnel de vento para teste de aeronaves.[113] Se fosse viável a criação de um ambiente de simulação nesses termos, a verificação do comportamento do algoritmo com a provocação de falhas ou de eventos de extrema volatilidade, permitiria a quantificação de alguns parâmetros para o estabelecimento de limites operacionais e autorização para negociação.

3.4.2. Controles de velocidade

Os mecanismos descritos a seguir trazem consigo o pressuposto de que o envio excessivo de mensagens aos sistemas de negociação pode ser prejudicial e a maior rapidez de alguns investidores deve encontrar limites. Temos um grupo relativamente heterogêneo de alternativas que buscam levar aqueles que atuam como HFTs a arcar com os custos de externalidades negativas que possam gerar, procurando também conformar a microestrutura do mercado de modo a garantir a isonomia entre investidores e a integridade do processo de formação de preços, bem como o adequado provimento de liquidez.

---

[113] Em United Kingdom (2012, p. 102), a ideia é trazida e uma ressalva importante é feita: *"The reason systemic risk may not be reduced significantly even if algorithms were carefully analyzed by regulators is that much of the risk arises from the nonlinear interactions of many algorithms. Different algorithms may be present in the markets at different times, setting up what could be infinite combinations of algorithms to consider for regulatory review. Furthermore, even if a 'wind tunnel' 4 for testing algorithmic interaction were constructed, it would not capture all of the systemic risks if algorithms learn and rewrite themselves dynamically over time".* Em qualquer caso, *alguma* estimativa é melhor que *nenhuma* estimativa do risco.

Esses objetivos se revelam contraditórios porque, como vimos, a presença de HFTs pode ser benéfica para o provimento de liquidez e para o processo de formação dos preços, que podem restar comprometidos pela limitação de sua atuação.

Dividimos os mecanismos aqui descritos em três grupos. No primeiro, temos medidas que procuram mitigar o envio excessivo de mensagens aos sistemas de negociação e abusos no cancelamento de ofertas. No segundo, encontramos regras bastante específicas de microestrutura de mercado que têm em comum o efeito de desestimular a atividade de HFT. No terceiro, discutimos medidas que procuram aprimorar o processo de formação de preços.

3.4.2.1. Controle do excesso de ofertas e cancelamentos

Para evitar um envio excessivo de mensagens aos sistemas de negociação, podemos cogitar inicialmente da estipulação de uma taxa por envio de mensagem ou taxa por cancelamento. No entanto, para facilitar a operacionalização desse mecanismo, pode ser adotada uma política de penalização por excessos, considerando faixas de números de mensagens ou de números de cancelamentos para estipular franquias periódicas e seus respectivos custos e penalidades pelo consumo de franquia adicional durante o período de medição.

Assim, nos custos regulares de negociação, cada investidor teria direito a um certo número de mensagens (envio, atualização ou cancelamento de ofertas) ou de cancelamentos, para um certo instrumento, conforme o histórico de mensagens e negócios realizados. Ultrapassado um dado limite, seria efetuada uma cobrança de penalidade ou taxa adicional a ser paga pelo investidor.

Poderíamos pensar até mesmo em um mercado de negociação de saldos não utilizados de franquias, tal como ocorre no mercado de créditos de carbono, a fim de permitir uma compensação que atenda a investidores que, por qualquer razão, precisarem efetuar um cancelamento excessivo em determinado período.

Para incentivar a supervisão e desestimular o excesso de mensagens ou cancelamentos, também podem ser estipuladas franquias para os intermediários, a fim de que verifiquem a atuação de seus clientes e os notifiquem quando se aproximarem de seu limite e, ainda, para garantir a isonomia entre os diferentes participantes de negociação em determinada bolsa. Faria sentido, por exemplo, que, digamos, 60% do tráfego de mensagens na bolsa fosse proveniente de um único intermediário?

Por mais eficiente que seja um participante de negociação para conseguir atender a uma política comercial agressiva, uma concentração de investidores que se valham de negociação algorítmica – seja ela de alta ou baixa frequência – pode aumentar significativamente o risco operacional associado àquele intermediário e, ainda, comprometer a concorrência no mercado de prestação de serviços de intermediação.

A cobrança de franquia adicional pode tomar como métrica, por exemplo, o número de cancelamentos, uma razão entre o número de ofertas canceladas e o número de ofertas enviadas ou uma razão entre o número de ofertas enviadas e negócios realizados (UNITED KINGDOM, 2012, p. 113). Tais métricas podem ser calculadas por instrumento, por instrumento equivalente (p. ex., todos os contratos futuros de índice com vencimento aberto) ou por segmento (p. ex., opções de ações, futuros de índice, futuros de *commodities*, etc.).

Podemos destacar ainda dois mecanismos adicionais.

Para desestimular o cancelamento deliberado de ofertas, pode ser exigido que ofertas acima de certa quantidade em certo ativo devam permanecer por um tempo mínimo no livro de ofertas (*minimum resting time*) (UNITED KINGDOM, 2012, p. 111).

Uma regra semelhante, conhecida como *oferta firme*, já existiu no pregão viva-voz, destinada exatamente a prevenir *blefes*,[114] um ancestral analógico do ilícito digital e pós-moderno de *spoofing*, com a mesma lógica de criar uma demanda ou oferta artificial, uma liquidez aparente, a fim de iludir os demais operadores.

É importante frisar que nem todo cancelamento de oferta é ilegítimo. A exigência de ofertas firmes pode prejudicar a implementação de estratégias de formação de mercado e de arbitragem. O estabelecimento de uma duração mínima conforme a quantidade e a exceção para certos participantes do mercado podem ser opções para a implementação dessa medida que mitiguem eventuais efeitos colaterais.

---

[114] Informação obtida junto a ex-operadores que atuavam no pregão viva-voz. A oferta era colocada pelo diretor de pregão em um local específico e ficava em destaque por certo tempo.

TOO FAST TO STOP? FORMULANDO RESPOSTAS REGULATÓRIAS

Por outro lado, o conhecimento acerca da permanência de determinada oferta no livro pode dar ensejo a novas estratégias de *latency arbitrage* pelos HFTs, que podem explorar discrepâncias em diferentes livros de ofertas em um mercado fragmentado (UNITED KINGDOM, 2012, p. 112).

Uma segunda alternativa seria exigir um tempo de espera mínimo entre duas mensagens para o mesmo ativo, o que, além de ter o efeito de manter uma oferta enviada por certo período no livro, poderia prevenir o envio de ofertas em várias camadas de preços para uma eventual prática de *layering*.

3.4.2.2. Medidas de desestímulo

No capítulo precedente, destacamos que a B3 estabeleceu uma política de custos decrescentes com o aumento do número de negócios para HFTs, além de uma política de controle de excesso de mensagens. Com isso, procurou-se desestimular o envio de ofertas em número excessivo e privilegiar uma negociação mais ativa, justificada como sinônimo de liquidez.

Podemos formular uma questão apta a ser explorada por pesquisas adicionais: considerando que o excesso de liquidez ou de certo tipo de liquidez (negociação de curto prazo e lotes menores) pode ser prejudicial ao mercado, é realmente admissível uma política de descontos progressivos que estimule um maior número de *negócios*?

Nesse sentido, podemos cogitar de mecanismos que procurem desestimular não apenas o envio excessivo de mensagens aos sistemas de negociação, mas também a *negociação excessiva*.

A criação de um tributo – *Financial Transaction Tax* (FTT) – é outra resposta regulatória possível e a medida já foi implementada na França em 2012 e na Itália em 2013, como mencionado anteriormente. Em 2011, essa medida chegou a ser proposta para adoção em toda a União Europeia (UNITED KINGDOM, 2012, p. 127), mas foi retirada em razão de preocupações,[115] como a possível diminuição do volume de negócios com a migração do fluxo de ofertas para mercados de outros Estados nos quais não havia tal taxa e também o eventual aumento do custo de capital.

A medida toma como premissa a noção de que a especulação de curto prazo não guarda relação com os fundamentos econômicos dos ativos,

---

[115] Alguns desses argumentos podem ser encontrados em Oxera (2012).

HIGH FREQUENCY TRADING (HFT) EM CÂMERA LENTA

aumenta a volatilidade dos preços e contribui para a formação de bolhas especulativas.

Um estudo realizado após a implementação do tributo na França indicou diminuição da liquidez, apesar da isenção concedida a formadores de mercado (GOMBER, HAFERKORN e ZIMMERMANN, 2016).[116]

Em um cenário de ajuste fiscal, a instituição de um imposto sobre operações financeiras dessa natureza seria atraente para governantes dispostos a aumentar sua arrecadação. É imprescindível discutir os efeitos dessa medida no mercado, juntamente a compreensão do papel do mercado no desenvolvimento econômico do país, que pode aumentar a arrecadação de modo menos imediatista e mais sustentável.

Uma segunda medida de desestímulo à atividade de HFT, voltado especificamente a um mercado fragmentado, pode ser a vedação a modelos de taxas de corretagem que propiciem a realização de negócios puramente com o intuito de explorar rebates entre diferentes intermediários (YOON, 2010, p. 923).[117] É o caso do modelo *maker-taker* em que algumas bolsas oferecem rebate a investidores que enviam ofertas limitadas (provedores de liquidez) e cobram de investidores que enviam ofertas a mercado (tomadores de liquidez), visando atrair fluxo de ofertas limitadas e acumular liquidez.

Tal vedação poderia ser considerada desproporcional, dado que há evidências, ainda que limitadas, de que esse modelo contribuiu para o aumento do provimento de liquidez e para fomentar a concorrência entre bolsas em um mercado fragmentado (UNITED KINGDOM, 2012, p. 115-116).

Uma terceira medida de desestímulo à atividade de HFT seria o aumento do *tick*[118] de negociação, isto é, a unidade mínima de negociação. Quando descrevemos a estratégia de *spread scalping* no primeiro capítulo, vimos que um *tick* de $ 0,01 permite que um algoritmo extremamente rápido tenha prejuízos mínimos quando seu objetivo não é alcançado.

---

[116] Gomber, Haferkorn e Zimmermann (2016) apresentam uma revisão dos estudos realizados entre 2013 e 2015, com conclusões diferentes e contraditórios sobre os efeitos do tributo.

[117] No original: *"Passive market strategies involve proprietary traders using their high-speed trading systems to submit non-marketable orders to capture rebates offered by exchanges. Exchanges, therefore, seek to profit from the difference between access fees and liquidity rebates".*

[118] Para uma revisão da literatura sobre qualidade de mercado e tamanho do *tick*, cf. Verousis, Perotti e Sermpinis (2018).

O aumento do *tick* desestimula o envio de ofertas a mercado e, com uma maior quantidade de ofertas limitadas, o livro de ofertas tende a ser mais estável e oferecer maior profundidade (*depth*) (UNITED KINGDOM, 2012, p. 107).

Para HFTs, quanto menor o tamanho do *tick*, melhor. Inclusive, um dos fatores considerados determinantes para a proliferação da negociação algorítmica no mercado norte-americano foi a regra de *tick* decimal (*decimalization*) em 2000, quando os ativos passaram a ser negociados com unidade mínima de $ 0,01 e não mais em frações de 1/8 ($ 0,125) (VEROUSIS, PEROTTI e SERMPINIS, 2018).

No mercado brasileiro, o *tick* de negociação de minicontratos futuros de índice Ibovespa é de 5 pontos no segmento BMF da B3. De acordo com a base de dados operacionais da B3 (2020c), poderíamos comparar o percentual da média diária de contratos padrão de índice (que tem *tick* de 10 pontos) negociados por HFTs com o mesmo percentual nos minicontratos (com *tick* de 5 pontos). O primeiro percentual varia entre 37,3% e 70% para o ano de 2015. Infelizmente, há uma inconsistência na planilha disponibilizada pela B3, que informa que a média diária de negócios realizados por HFTs nos minicontratos para o ano de 2015 é superior à média de negócios nos minicontratos (o que resultaria em uma participação maior que 100%), o que impossibilita a comparação.

Adicionalmente, a B3 decidiu mesclar as informações de médias de contratos negociados para o contrato padrão e os minicontratos a partir de 2016, dificultando a análise. Em qualquer caso, é uma hipótese bastante plausível que a participação de HFTs no número de contratos negociados seja maior para os minicontratos do que para os contratos padrão de índice Ibovespa, pois estes têm *tick* maior.

O efeito colateral de um maior tamanho do *tick* é o aumento dos custos de negociação, porque o *spread* se tornará naturalmente mais elevado (UNITED KINGDOM, 2012, p. 106). Em um ativo muito líquido, a diferença entre a melhor oferta de compra e a melhor oferta de venda pode chegar a $ 0,01 (*spread* fechado), mas com um *tick* maior, essa diferença corresponderá ao tamanho desse *tick*. Em contrapartida, a estratégia de formação de mercado fica mais atrativa pela maior probabilidade de obtenção de ganhos com um *spread* mais elevado.

Na União Europeia, cada entidade administradora de mercado pode fixar seu próprio tamanho de *tick*. Nos Estados Unidos, o *tick* mínimo é de $ 0,01, assim como no Brasil (derivativos têm seus próprios valores de *ticks*).

Desse modo, há duas decisões regulatórias a serem consideradas: qual deve ser o *tick* mínimo para determinado ativo ou conjunto de ativos e se esse tamanho deve ser padronizado em todas as bolsas no caso de um mercado fragmentado.

3.4.2.3. Regras relativas ao processo de formação de preços

Em cenários de extrema volatilidade, quando os limites de oscilação de preços de determinado ativo são violados, vimos que são iniciados leilões automáticos de duração que varia conforme a liquidez e volatilidade típicas do ativo. Ainda, a sessão de negociação contínua é precedida por um *call* de abertura e sucedida por um *call* de fechamento, para a adequada formação dos preços de abertura e fechamento naquele dia.

Essas fases do pregão se desenvolvem por meio de um leilão no qual as ofertas limitadas existentes no livro são acompanhadas de novas ofertas a mercado e ofertas limitadas enviadas durante o leilão para que se calcule o preço de equilíbrio entre demanda e oferta. Com isso, os investidores têm uma informação mais detalhada sobre a real demanda e oferta pelo ativo.

Uma das medidas possíveis para desestimular a atividade de HFT é a realização de leilões frequentes ou mesmo contínuos, modificando a dinâmica atual do livro de ofertas (UNITED KINGDOM, 2012, p. 122).[119] Desse modo, seria muito mais difícil enviar ofertas sem a intenção de que sejam executadas porque durante o leilão as regras de cancelamento são mais rígidas e a própria quantidade da oferta influencia o preço que resultará da interação entre os investidores ao final do período.

Essa medida aumenta a incerteza relativa à efetiva execução da oferta enviada e do preço pelo qual será executada. Adicionalmente, as estratégias de formação de mercado precisarão ser revistas para se acomodar a esse modelo, podendo ocorrer, como efeito colateral, a diminuição no provimento de liquidez.

Uma segunda medida de desestímulo aos HFTs, seria a imposição de obrigações próprias de formadores de mercado àqueles investidores que atuam como formadores de mercado independentes (UNITED KINGDOM, 2012, p. 108). O objetivo principal dessa medida é garantir

---

[119] Adicionalmente, cf. Budish, Cramton e Shim (2015).

TOO FAST TO STOP? FORMULANDO RESPOSTAS REGULATÓRIAS

o provimento de liquidez justamente quando mais se precisa dela: em cenários de volatilidade extrema. Ao discutirmos o *Flash Crash*, vimos que os HFTs aceleraram a propagação da variação dos ativos em mercados de todo o mundo porque deixaram de ser provedores de liquidez e se tornaram tomadores de liquidez.

Para ativos menos líquidos, formadores de mercado contratados podem dispor de descontos ou isenção de taxas de negociação ou até mesmo pagamentos pelas companhias emissoras ou da própria bolsa.

A ausência de obrigações contratuais faz com que formadores de mercado independentes não se sintam compelidos a prover liquidez em cenários desfavoráveis ou, como enunciado por representantes da Optiver, uma empresa holandesa que atua como HFT em vários mercados, ninguém pode ser obrigado a fornecer uma liquidez suicida.[120] Exigir o cumprimento das obrigações típicas de um formador de mercado contratado para formadores de mercado independentes parece ser um contrassenso, dadas as perdas a que estes podem estar expostos sem que destas sejam ressarcidos. O fato de eventualmente obterem lucro em condições normais de mercado não parece ser suficiente para justificar a adoção de tal medida.

Para mercados fragmentados, uma terceira medida possível para aprimorar o processo de formação de preços e garantir o dever de melhor execução envolve a consolidação dos livros de ofertas dos diversos ambientes de negociação e o cálculo de preços consolidados de *bid* e *ask* para cada ativo (como a NBBO no mercado norte-americano).

Como discutimos anteriormente, com a criação de um mercado nacional em 1975, a SEC procurou consolidar as informações de negociação nas múltiplas bolsas norte-americanas e em 2005 foi previsto um sistema de preço nacional (GOULD, 2011, p. 290).[121] Não podemos afirmar que haja exatamente um livro central de ofertas, mas apenas que os melhores preços estão disponíveis a todos os ambientes de negociação e devem ser

---

[120] *"No company can simply be asked to commit suicide voluntarily"* (RIJPER, SPRENKELER e KIP, 2011).

[121] Ainda, cf. McGowan (2010): *"Reg. NMS is a series of initiatives promulgated by the SEC which were designed to modernize and strengthen the national equity markets. Through Reg. NMS, the SEC has promoted a national market system, which includes rules such as the Trade Through Rule (Rule 611), the Access Rule (Rule 610), the Sub-Penny Rule (Rule 612) and the Market Data Rules. Before Reg. NMS, brokerages had plenty of wiggle room to match buy and sell orders internally and pocket the spread, or to "send them to exchanges that paid kickbacks for order flow"".*

HIGH FREQUENCY TRADING (HFT) EM CÂMERA LENTA

utilizados como referência para o cumprimento do dever de melhor execução pelos intermediários.

Contudo, foram estabelecidas taxas de roteamento de ofertas, cobradas quando uma oferta não pode ser atendida em uma bolsa e deve ser encaminhada para outra que tem o melhor preço. Com isso, o cálculo dos custos de negociação se torna mais complexo e surgem dúvidas acerca da efetiva obtenção do melhor preço, quando considerados os custos de corretagem envolvidos. Esse modelo não existe na União Europeia, onde não há um livro de ofertas único nem um preço consolidado (UNITED KINGDOM, 2012, p. 117).

Em um mercado fragmentado, se a atuação dos arbitradores for eficiente, eventuais discrepâncias nos preços poderão ser mitigadas, diminuindo a necessidade de consolidação do livro de ofertas ou de um preço consolidado.

A criação de um livro de ofertas único também suscita várias preocupações em termos de custos e complexidade de desenvolvimento de sistemas de informação. Ao descrever as regras de microestrutura de mercado da B3, pudemos constatar que um dos ativos mais valiosos da bolsa brasileira, senão o mais valioso, é o seu sistema de negociação. Não seria de todo inadequado afirmar que a B3 é hoje uma empresa cujo objeto social é a prestação de serviços em tecnologia de informação em um setor extremamente especializado de finanças.

Seria difícil imaginar um mercado em que várias bolsas compartilhassem um mesmo sistema de negociação ou, então, que seus sistemas de negociação tivessem que, obrigatoriamente, interagir com um sistema externo de consolidação do livro de ofertas. As bolsas, nesse caso, ficariam reduzidas a intermediários, ao menos no tocante à prestação de serviços de negociação. Ainda, outra decisão relevante seria a atribuição da propriedade desse sistema central: deveria ser um condomínio mantido por todas as bolsas? Uma empresa estatal? No Brasil, por ora, temos um monopólio privado. Essa discussão pode ser expandida em pesquisas adicionais.

3.4.3. Controles de risco operacional e volatilidade

Anteriormente, discorremos sobre a relação entre risco operacional, volatilidade e risco sistêmico. A regulação deve se preocupar com a possibilidade de que algoritmos falhem durante sua execução e venham a gerar ofertas

TOO FAST TO STOP? FORMULANDO RESPOSTAS REGULATÓRIAS

de grandes quantidades que causem novos *flash crashes* em instrumentos isolados ou no mercado como um todo.

No conjunto de medidas relativas ao regime de informação dos algoritmos, a exigência de um plano de testes e de controles de qualidade, bem como de relatórios periódicos de execução, pode auxiliar a mitigar riscos operacionais. No entanto, é necessário que as informações sejam efetivamente analisadas e que a atividade do algoritmo seja supervisionada e se mostre compatível com os dados fornecidos.

A existência de ferramentas de controle de risco pré-negociação permite supervisionar o envio de ofertas, verificando não apenas as quantidades que se pretende negociar, mas também os limites operacionais atribuídos a cada investidor, conforme seu perfil de risco.

No caso brasileiro, como descrevemos no capítulo anterior, a existência de uma única bolsa facilita a implementação dessa ferramenta de controle, que processa as ofertas de certos investidores considerados HFTs pela B3.

Em um mercado fragmentado, a situação torna-se extremamente complexa. Cada bolsa só consegue ter acesso às ofertas, aos negócios e limites operacionais no seu próprio sistema de negociação. Determinado investidor pode enviar ofertas ou deter posições sem que nenhum limite global lhe seja imposto, pois não há como consolidar sua atuação em todas as bolsas.

Os intermediários poderiam ser *gatekeepers* mais eficientes nesse caso, possibilitando ao menos a consolidação das ofertas e posições nas bolsas pelas quais o investidor atua nas contas detidas em certo intermediário.

Ainda assim, o investidor pode atuar por diversos intermediários. Portanto, uma solução como a ferramenta LINE em um mercado fragmentado não seria de fácil implementação, sendo bastante complexa a existência de uma ferramenta de controle de risco de pré-negociação.

É importante frisar que a responsabilidade pela supervisão da atuação de um investidor por meio de algoritmos é compartilhada entre o intermediário, as bolsas em que atua (ou, *a bolsa*, no caso brasileiro) e as entidades de autorregulação, bem como o regulador estatal. Em teoria, essa multiplicidade de responsáveis tem uma contradição inerente, pois interesses comerciais podem contribuir para que intermediários e bolsas ajam com maior leniência com respeito a certos clientes.

Além disso, a sobreposição de instâncias de supervisão de mercado não necessariamente elimina a existência de "pontos cegos", surgindo um

HIGH FREQUENCY TRADING (HFT) EM CÂMERA LENTA

problema de coordenação no bojo do desenho institucional da regulação: *cão que tem dois donos ou fica obeso ou morre de fome*, diz o ditado popular.

O estabelecimento de limites operacionais e a exigência de depósitos de garantias dependem de estudos quantitativos de risco, os quais devem ser compartilhados entre intermediários, bolsas, autorreguladores e reguladores.

No tocante aos controles de volatilidade, podemos destacar a existência de limites de oscilação que, se violados, disparam leilões automáticos para melhorar a formação dos preços ou, ainda, podem suspender a negociação em dado instrumento ou no mercado como um todo (*circuit breaker*). Más notícias podem fazer os preços caírem significativamente e *circuit breakers* apenas adiam o inevitável (UNITED KINGDOM, 2012, p. 102-104). Em alguns casos, as bolsas optam por não divulgar os limites que acionam os controles de volatilidade (é o caso da Deustche Börse), a fim de evitar uma aceleração dos negócios quando o preço se encontra na vizinhança das faixas--limites, provocando seu acionamento em uma espécie de "efeito manada".

Em um mercado fragmentado, surge a dificuldade adicional de coordenar a suspensão da negociação em múltiplas bolsas. Ainda, na ausência de arbitradores, certos instrumentos podem apresentar níveis diferentes de liquidez em bolsas diferentes, resultando em túneis de negociação diversos, o que pode levar a discrepâncias significativas, prejudicando o processo de formação dos preços. Durante o *Flash Crash*, as tentativas de suspensão de negociação na NYSE fracassaram pela possibilidade de negociação em outros ambientes que não tinham controles de volatilidade (UNITED KINGDOM, 2012, p. 106).

A estipulação de túneis de negociação, com seus limites inferior e superior, permite rejeitar ofertas de quantidades inadequadas, iniciar leilões automáticos e evitar distorções durante leilões e *calls* de abertura e fechamento.

Tais medidas dependem de estudos quantitativos relativos à liquidez e à volatilidade histórica de cada instrumento e de índices do mercado. Para instrumentos pouco líquidos, a construção desses modelos e a fixação de limites de oscilação se torna ainda mais complexa.

Assim como os outros mecanismos regulatórios discutidos até aqui, tudo fica mais fácil em um mercado no qual há uma única bolsa. A multiplicidade de bolsas torna necessário verificar a diligência da entidade administradora do mercado no cálculo desses limites e, principalmente, no seu cumprimento efetivo. Por exemplo, se um leilão deveria ter sido iniciado e não foi, a bolsa deve ser responsabilizada. A supervisão de eventos como esse não é trivial.

Em síntese, os controles de risco operacional e volatilidade podem envolver:

(a) limitação de quantidades nas ofertas enviadas;
(b) limitação das posições detidas;
(c) fixação de limites operacionais por investidor, conforme seu perfil de risco;
(d) exigência de depósito de garantias;
(e) filtro de ofertas por ferramentas de controle de risco de pré-negociação;
(f) exigência de informações sobre controle de qualidade dos algoritmos;
(g) limites de oscilação por instrumento (túneis de negociação);
(h) leilões automáticos para melhorar a formação de preços em casos extremos;
(i) suspensão da negociação em cenários de excessiva volatilidade (*circuit breakers*).

3.4.4. A impossibilidade de *laissez-faire* como resposta

Considerando que, entre 2010, quando o tema HFT começou a ser discutido e até o final do ano de 2019, a CVM não editou nenhuma norma específica, poderíamos afirmar que no mercado brasileiro foi adotada a solução de *laissez-faire*? Em outros termos, teria a CVM deixado a cargo do "livre mercado" corrigir eventuais distorções causadas pela presença de investidores atuando como HFTs no Brasil?

De acordo com o art. 15 da ICVM 461/2007, a CVM deve aprovar regras criadas pela entidade administradora de mercado organizado e foi exatamente o que ocorreu no período indicado: regulamentos, manuais, ofícios circulares e comunicados externos da B3 foram discutidos e aprovados juntamente com o regulador. No desenho institucional do mercado de capitais brasileiro, a existência de uma única bolsa (a B3) – e de uma única entidade autorreguladora do mercado de bolsa (a BSM) favorece a criação de regras mais específicas por meio da autorregulação.

HIGH FREQUENCY TRADING (HFT) EM CÂMERA LENTA

Poderíamos considerar essas regras como a atuação do "livre mercado"? A regulação deixa de ser regulação quando não é estatal? As regras de microestrutura de mercado que discutimos são *jurídicas* ou não?

O que queremos dizer com *impossibilidade de laissez-faire*? O adequando funcionamento do mercado precisa de *regras* que permitam controlar os incentivos de seus participantes, fomentar o provimento de liquidez, prevenir volatilidades extremas, assegurar que a informação será disseminada rapidamente nos preços e que todos serão tratados de forma isonômica (ao menos em uma igualdade formal), entre outros objetivos da regulação.

Não é trivial definir quais serão as regras a cargo do Estado e quais a cargo dos participantes do mercado. A autorregulação, nesse sentido, é um meio-termo entre o que poderia ser considerado uma regulação estatal pura e uma livre atuação dos agentes do mercado, quando, por exemplo, a competição entre bolsas possibilitaria o abandono daquelas nas quais os investidores fossem prejudicados pela presença de HFTs com maiores custos de negociação, em favor de ambientes mais transparentes e que desestimulassem a atividade de HFT (proposta de Brad Katsuyama com a IEX).

Outro exemplo de solução de problemas causados por HFTs pela livre atuação de agentes de mercado seria o desenvolvimento de algoritmos mais eficientes para implementar estratégias de formação de mercado ou arbitragem, de modo a evitar perdas por práticas predatórias de HFTs de detecção de liquidez ou ilícitos de *spoofing* e *layering*.

Os próprios agentes podem realmente contribuir para a mitigação de eventuais efeitos deletérios decorrentes da atividade de HFT, mas vimos que há riscos que precisam de regras para serem mitigados, tais como controles de volatilidade, medidas de prevenção a erros operacionais, estabelecimento de limites operacionais e depósito de garantias, bem como regras atinentes à própria dinâmica de pregão e de transparência nas informações de pré-negociação.

Uma das perguntas que colocamos na introdução deste trabalho foi exatamente se seria necessário criar normas ou adaptar as normas existentes para lidar com eventuais problemas causados pela atividade de HFT.

Considerando o exposto até aqui, entendemos que, após compreender as estratégias de atuação que podem ser implementadas por meio de HFT, os pressupostos e objetivos da regulação e os riscos associados a essa atividade, é necessário que o foco da regulação se volte à microestrutura de mercado para poder lidar com as preocupações e desafios relacionados aos HFTs.

Se contrastarmos o conteúdo das seções precedentes com o do capítulo anterior, veremos que as normas da CVM e as regras da B3 já implementam boa parte dos mecanismos sugeridos para disciplinar a atividade de HFT que foram catalogados por esta pesquisa.

As regras da CVM relativas à organização e aos deveres das entidades administradoras de mercados organizados (ICVM 461/2007) e aos intermediários (ICVM 505/2011) são o ponto de partida para a disciplina da negociação algorítmica. No entanto, há uma série de regras editadas no âmbito da B3, por meio de regulamentos, manuais, ofícios circulares e comunicados externos cujo conteúdo precisa ser debatido e, eventualmente, parte dele pode ser migrada para normas estatais.

Merece destaque a edição da ICVM 612/2019, que alterou dispositivos da ICVM 505/2011, para impor aprimoramentos aos controles internos dos intermediários, a fim de lidar com (a) o risco de eventos de qualquer natureza que possam provocar a parada da execução de suas atividades, em decorrência da interrupção de seus processos críticos, e (b) o risco de falhas relacionadas à segurança da informação associadas aos processos, sistemas e infraestrutura de tecnologia da informação (COMISSÃO DE VALORES MOBILIÁRIOS, 2019b). Merecem destaque as seguintes alterações na ICVM 505/2011 (destacamos), que se relacionam com a discussão acerca de risco operacional nas seções anteriores:

> Art. 15. O intermediário pode receber ordens de seus clientes por meio de sistemas eletrônicos de negociação de acesso direto ao mercado de acordo com as condições e regras estabelecidas pelas entidades administradoras de mercados organizados. § 1º O intermediário que receba ordens de seus clientes nas condições previstas no caput deve: I – adotar procedimentos para buscar a identificação da origem das ordens e assegurar o rastreamento de seu emissor; e II – *manter sistema de controle de gerenciamento de riscos pré-operacionais, incluindo o estabelecimento e monitoramento de limites operacionais e parâmetros para identificar transmissão de ordens decorrente de erro.* § 2º Os sistemas de controles de gerenciamento de risco devem permitir o monitoramento, o controle e a *adoção de medidas visando adequar as ordens que excedam os limites operacionais estabelecidos pelo intermediário para cada cliente.*
>
> Art. 35-B. Sistemas críticos são todos computadores, redes e sistemas eletrônicos e tecnológicos que se vinculam aos processos críticos de negócios e

que diretamente executam ou indiretamente fornecem suporte a funcionalidades *cujo mau funcionamento ou indisponibilidade pode provocar impacto significativo nos negócios do intermediário.* Art. 35-C. O intermediário deve: I – desenvolver e implementar políticas e práticas visando garantir a integridade, a segurança e a disponibilidade de seus sistemas críticos; e II – estabelecer diretrizes para a avaliação da relevância dos incidentes. *§ 1º O intermediário deve, tempestivamente, comunicar à SMI e aos órgãos de administração a ocorrência de incidentes relevantes que afetem seus sistemas críticos e tenham impacto significativo sobre os clientes. § 2º* A comunicação de que trata o § 1º deste artigo deve incluir: I – a descrição do incidente, indicando de que forma os clientes foram afetados; II – avaliação sobre o número de clientes potencialmente afetados; III – medidas já adotadas pelo intermediário ou as que pretende adotar; IV – tempo consumido na solução do evento ou prazo esperado para que isso ocorra; e V – qualquer outra informação considerada importante.

Em 27/12/2019, a CVM divulgou em seu *site* a Audiência Pública SDM n. 9/2019.[122] A proposta é uma das mais importantes a ser empreendida pela autarquia no futuro próximo, pois cria uma disciplina jurídica do mercado secundário de capitais diante de um cenário de concorrência entre bolsas. São propostas alterações na ICVM 461/2007 – norma que disciplina os mercados de bolsa e de balcão – e na ICVM 505/2011 – norma que regula os intermediários – e, ainda, uma minuta de Instrução que propõe um modelo de autorregulação unificada para as entidades que atuam na negociação e pós-negociação.

Após o ato de concentração entre BM&FBovespa e Cetip, que resultou na criação da B3 em maio de 2017, sujeita a certas condições pelo CADE, e a realização de estudos sobre o fomento da concorrência no mercado secundário, a CVM procura endereçar um possível cenário de novos entrantes como entidades administradoras de mercado.

Em 23/12/2019, a B3 divulgou Comunicado ao Mercado sobre ter acordado uma taxa de 0,26 *basis points* na prestação de serviço de transferência de valores mobiliários para o mercado de renda variável em disputa com a

---

[122] SDM é a sigla da Superintendência de Desenvolvimento de Mercado da CVM, responsável pelo procedimento de elaboração de novas normas e reforma das normas existentes. A reforma proposta se insere na Agenda Regulatória da CVM de 2019, divulgada em 04/02/2019, disponível em: http://www.cvm.gov.br/noticias/arquivos/2019/20190204-1.html. A autarquia divulgou sua Agenda Regulatória para 2020 em 06/01/2020, disponível em: http://www.cvm.gov.br/noticias/arquivos/2020/20200106-1.html.

Americas Trading Systems (ATS), encerrando uma controvérsia que se apresentava desde 2017. Abre-se, em teoria, um caminho para uma nova bolsa no mercado brasileiro.

A existência de múltiplas bolsas representa um desafio para a CVM no tocante à supervisão de mercado, particularmente no que concerne à consolidação de informações sobre ordens, negócios e posições, bem como à garantia da melhor execução dos negócios no interesse dos clientes.

As questões tratadas no presente trabalho também merecem análise em face de uma eventual fragmentação do mercado brasileiro: uma nova bolsa deveria copiar as regras da B3? Qual seria o conteúdo mínimo que a CVM poderia exigir de uma nova bolsa em face das regras da B3? Se uma nova bolsa possuir regras mais flexíveis de negociação, poderá atrair um maior fluxo de ofertas – poderia haver uma espécie de *arbitragem regulatória* –, prejudicando a B3, que, até aqui, tem se mostrado diligente no tocante à criação de regras para garantir a integridade de seu ambiente de negociação.

Ao mesmo tempo, a abrangência e a complexidade das regras de microestrutura poderiam representar uma barreira de entrada significativa para uma nova bolsa, impondo-lhe custos operacionais relevantes no início de suas atividades, a ponto de inviabilizar seu modelo de negócios.

Outra questão importante diante da possível fragmentação do mercado brasileiro envolve a posição institucional da autorregulação: devemos ter uma entidade de autorregulação para cada bolsa, tal como previsto pela ICVM 461/2007? Ou poderíamos contar com uma entidade central de autorregulação, à semelhança da *Financial Industry Regulatory Authority* (FINRA) no mercado norte-americano, que congrega múltiplos intermediários e não bolsas?

Em julho de 2016, o Grupo de Trabalho sobre Concorrência entre Bolsas constituído pela CVM apresentou ao Colegiado da autarquia um relatório sobre a autorregulação em um cenário de fragmentação do mercado brasileiro (COMISSÃO DE VALORES MOBILIÁRIOS, 2016b). Dentre as conclusões apresentadas, destacamos a constatação de que uma entidade autorreguladora única e independente das entidades administradoras de mercado possa ser mais eficiente nesse cenário, sinalizando uma iminente reforma da ICVM 461/2007:[123]

---

[123] Adicionalmente, sobre a independência do novo autorregulador único: "22. O GT também considera fundamental o desenvolvimento de mecanismos que assegurem a independência da

HIGH FREQUENCY TRADING (HFT) EM CÂMERA LENTA

9. Embora contenha um dispositivo que autoriza a constituição de associação, sociedade controlada, ou submetida a controle comum, de propósito específico, que exerça as funções de fiscalização e supervisão atribuídas à autorregulação, ou mesmo a contratação de terceiro independente para o exercício de tais funções, a Instrução CVM nº 461/2007 claramente privilegia a prática da autorregulação pelas entidades administradoras individualmente consideradas.

14. As manifestações apresentadas na [Audiência Pública nº 05/2013] foram em sua maioria favoráveis à modificação do padrão regulatório atual no caso da existência de concorrência entre bolsas, sendo a adoção de um autorregulador único para todos os ambientes de negociação apontada como o modelo mais eficiente.

Manifestando-se sobre esse relatório, a B3 concordou com as conclusões nele contidas e indicou que "a BSM é a entidade mais adequada para atuar como autorregulador único e para assegurar um desenvolvimento consistente das estruturas de mercado no Brasil".[124]

Vimos, contudo, que as regras *materiais* de microestrutura de mercado são editadas exclusivamente pela B3, cabendo à BSM apenas as regras *processuais* e o *enforcement* das regras da B3.

Ciente da importância da autorregulação para a supervisão de mercado, a CVM propôs na Audiência Pública SDM nº 9/2019 a adoção de um autorregulador único se houver múltiplas bolsas, de modo a reduzir custos de observância pelos regulados, evitar a duplicação de estruturas nas entidades administradoras, a harmonizar procedimentos e permitir à autorregulação atuar sobre as operações cursadas em todos os ambientes.

As entidades administradoras poderão se associar à autorreguladora única ou, então, celebrar contrato de prestação de serviços de regulação e supervisão. Nesse último caso, a proposta traz requisitos formais sobre a contraprestação a ser paga pelas entidades que pleiteiam a celebração de

---

entidade autorreguladora em relação às entidades administradoras que venham a institui-la. A independência aqui referida abrange a autonomia funcional e orçamentária já mencionadas na Instrução CVM nº 461/2007. 23. Dito isso, é importante que a entidade autorreguladora unificada esteja segregada física e funcionalmente de seus instituidores e que o exercício de suas funções não inclua atividades que possam ser consideradas como prestação de serviços de cunho puramente comercial às entidades administradoras de mercado organizado" (COMISSÃO DE VALORES MOBILIÁRIOS, 2016b).

[124] Comunicado Externo 005/2017-DP, de 10 de fevereiro de 2017.

TOO FAST TO STOP? FORMULANDO RESPOSTAS REGULATÓRIAS

contrato de prestação de serviços, mas, à semelhança da discussão sobre a taxa de utilização dos serviços de infraestrutura de mercado que preocupou o CADE no ato de concentração entre BM&FBovespa e Cetip, esse ponto pode suscitar interessantes debates sobre a prevenção de práticas anticoncorrenciais.

Outro destaque na proposta é o de que o conselho de autorregulação deve ser composto apenas por conselheiros independentes. Ainda, a norma proposta pela CVM prevê a unificação do mecanismo de ressarcimento de prejuízos, trazendo uma questão muito importante para a maior efetividade desse mecanismo: a "ampliação das hipóteses de ressarcimento em caso de intervenção ou decretação de liquidação extrajudicial do intermediário pelo Banco Central do Brasil, considerando o saldo em conta corrente independentemente de sua origem".

O novo modelo de autorregulação que vier a ser desenvolvido deverá considerar quem (CVM, autorregulador único, entidades administradoras) será competente para editar regras que incluam, dentre outros, os mecanismos discutidos nesta seção que representam possíveis respostas regulatórias à atividade de HFT.

Em qualquer caso, ao menos no mercado brasileiro, podemos concluir que não é adequado ou mesmo possível falar em *laissez-faire*, ainda que nenhuma lei ou norma infralegal da CVM tenha sido editada especificamente para a disciplina dos HFTs. As falhas de mercado e os riscos que discutimos demandam intervenção regulatória, quer emanada do próprio Estado quer dos participantes do mercado.

Conclusão

Os sistemas de informação e a internet viabilizaram o envio de ofertas, o registro de negócios e o controle das operações, posições e saldos de investidores com o auxílio de computadores, conectando pessoas, recursos e mercados.

Valendo-se dessa infraestrutura de *negociação eletrônica*, certos participantes de mercado automatizaram o processo de tomada de decisão e de execução de ofertas, dando origem a uma atividade hoje conhecida como *negociação algorítmica (algorithmic trading)*. Algoritmos tornaram-se lugar-comum no dia a dia de muitos investidores, com diferentes níveis de sofisticação e complexidade.

Para implementar certas estratégias de negociação, a lógica e a execução desses algoritmos podem resultar em uma atividade intensa, com o envio, a atualização e o cancelamento de ofertas em uma escala de tempo outrora inimaginável. Um piscar de olhos dura de 300 a 400 milissegundos (1 milissegundo = 1 milésimo de segundo) e já há notícias de que a disputa entre algoritmos é travada na escala de microssegundos (milionésimos de segundo).

Como um músico orientado pelo ritmo de um metrônomo, seguindo um ritmo cada vez mais rápido, os algoritmos implementam estratégias de formação de mercado em busca do *spread* como um alvo que se move, estratégias de arbitragem ao lutar por oportunidades efêmeras de discrepâncias entre preços e estratégias direcionais ao tentar prever o movimento dos preços com sua bola de cristal de métodos quantitativos.

Na física clássica, aprendemos que o a duração de ciclos (períodos) em um movimento periódico é inversamente proporcional à frequência desse

HIGH FREQUENCY TRADING (HFT) EM CÂMERA LENTA

movimento. Quanto menor a escala de tempo dessa atividade, maior o ritmo, maior a frequência, do que decorre a expressão *negociação algorítmica de alta frequência* (*high frequency trading*).

High frequency traders são os que negociam por meio dessa técnica, aqueles que exercem a atividade de HFT, que não é uma estratégia em si, mas uma nova forma de implementar estratégias de negociação, algumas delas já conhecidas de longa data.

Há dois critérios possíveis para segregar o que é alta frequência do que não é.

Primeiro, podemos utilizar características *estruturais*, como a contratação de conexões de alta velocidade, a instalação de equipamentos no próprio ambiente dos sistemas de negociação (*co-location*), a utilização de algoritmos que são executados praticamente sem intervenção humana, conjugados com certos padrões de negociação típicos de investidores de curto ou curtíssimo prazo, como *daytraders* (nenhuma posição líquida ao final do pregão, grande volume intradiário de negociação, busca por ativos líquidos, entre outros).

Uma alternativa é a utilização de critérios *estatísticos*, em que os investidores são ordenados segundo o número de mensagens enviadas aos sistemas de negociação e o número de negócios realizados. HFTs seriam aqueles em percentis mais elevados dessa distribuição. No primeiro caso, temos um critério *absoluto* e, no segundo, um critério *relativo.*

A combinação de aspectos estruturais e estatísticos pode nos ajudar a construir um conceito *econômico* de HFT que, por seu turno, pode ser apropriado pela regulação para a formulação de um conceito *jurídico*. No mercado norte-americano, as características mais comuns associadas à atividade de HFT foram enunciadas sem que um conceito jurídico taxativo tenha sido adotado, ao contrário da União Europeia, quando a MiFID II definiu com algum nível de detalhe o que é negociação algorítmica de alta frequência.

Um conceito de HFT pode ser útil como critério de incidência da norma jurídica, como um referencial para os participantes de mercado e como um mínimo denominador comum na comunicação entre acadêmicos, agentes econômicos e reguladores.

Algumas estratégias hoje implementadas por HFTs podem ser benéficas para o mercado e assim eram consideradas antes de o tema ter despontado na agenda regulatória após o *Flash Crash* de 2010, as investigações sobre o evento e a publicação do livro *Flash Boys* de Michael Lewis em

CONCLUSÃO

2014, com enorme repercussão na mídia especializada e nos fóruns regulatórios. Formação de mercado (*market making*), arbitragem e estratégias direcionais baseadas em métodos quantitativos (*quantitative trading*) não são *inovações disruptivas*. Pelo contrário, são práticas corriqueiras (e desejáveis) no mercado.

No entanto, especialmente pela possibilidade de utilização de HFT para certas práticas predatórias e ilícitos de mercado, houve enorme controvérsia quanto à real contribuição dessa nova forma de negociar à qualidade e integridade do mercado.

Se o mercado fosse um paciente em um consultório médico, nos exames prescritos para avaliação de sua saúde encontraríamos pedidos de avaliação de liquidez, volatilidade, eficiência informacional, equidade e transparência – para não esquecer: *um bom mercado* é como a água em temperatura ambiente: transparente, líquido e pouco volátil.

Esses conceitos, que podem ser mensurados (operacionalizados) de diversas formas, orientaram os debates acerca das contribuições positivas e negativas da presença dos HFTs no mercado.

Como era de esperar em um debate entre economistas, não houve consenso – nunca devemos esquecer que em 2013 foram laureados dois economistas que afirmaram, cada um a seu tempo, que o mercado é eficiente (Eugene Fama) e que o mercado não é eficiente (Robert Shiller).

Algumas hipóteses foram comprovadas por meio de estudos empíricos. HFTs auxiliariam o processo de formação de preços ao disseminar rapidamente novas informações e ao diminuir discrepâncias por meio de arbitragem, aumentariam o provimento de liquidez, diminuindo o *spread* do livro de ofertas e reduzindo os custos de negociação.

No entanto, outros estudos empíricos e também estudos teóricos baseados em modelos e simulações chegaram a resultados inconclusivos ou a um diagnóstico de que HFTs não seriam benéficos à integridade do mercado.

Em casos de extrema volatilidade como o *Flash Crash*, a liquidez usualmente fornecida por HFTs poderia desaparecer e, pior, estes poderiam amplificar o efeito de movimentos abruptos, propagando-os nos diferentes mercados.

A liquidez fornecida pelos HFTs também poderia ser considerada insuficiente ou mesmo *aparente* ou *ilusória*, com uma atuação mais próxima dos melhores preços e em quantidades modestas, o que não contribuiria para a profundidade e estabilidade do livro de ofertas.

HIGH FREQUENCY TRADING (HFT) EM CÂMERA LENTA

Adicionalmente, por se valerem de informações de curto prazo e não de fundamentos econômicos, a contribuição dos HFTs para a formação dos preços seria questionável, pois sua atuação causaria "ruído" ou "poluição", afastando os preços dos seus valores intrínsecos – a liquidez oferecida seria, portanto, *tóxica*.

Assim como os seres humanos que os programam, algoritmos também podem falhar. Um envio de ofertas de grandes quantidades pode deflagrar um movimento intenso de preços, aumentando a volatilidade do mercado, o risco de inadimplemento das obrigações assumidas, podendo provocar uma crise sistêmica.

O excessivo número de mensagens enviadas aos sistemas de negociação pode significar uma externalidade negativa pela imposição de custos às bolsas, aos intermediários, aos reguladores e aos demais investidores.

A equidade do mercado restaria comprometida pela possibilidade de um grupo seleto de investidores conseguir ter acesso a dados de negociação antes dos demais ou mesmo a poder pagar por acesso privilegiado a informações de provedores de notícias. HFT seria, nesse sentido, sinônimo de uma nova forma de *insider trading* – um *insider trading 2.0*.

As denúncias trazidas em *Flash Boys* provocaram uma associação imediata entre HFT e ilícitos de mercado. A frase *"the market is rigged"*, repetida algumas vezes no livro, tornou-se um mantra: o mercado é um jogo de dados viciados. Novas formas de manipulação de mercado – uma *manipulação de mercado 2.0*, por assim dizer – passaram a preocupar investidores e reguladores, cujo vocabulário foi ampliado para acomodar termos como *layering, spooing, quote stuffing, pinging* e outros.

A gritaria dos pregões de outrora hoje deu lugar a *data centers* sofisticados com estantes (*racks*) repletas de computadores empilhados, nos quais são executados algoritmos que automatizam as estratégias que seres humanos já utilizavam ou, então, novas formas de negociar que se tornaram possíveis apenas em razão dos avanços tecnológicos.

Contudo, os seres humanos continuam sendo os protagonistas, pois têm controle sobre o modo pelo qual se dá a negociação algorítmica. Essa afirmação nos leva à dúvida sobre HFT ser um mal em si – se sua *estrutura* é nociva – ou se devemos nos preocupar com o modo como essa técnica de negociação é utilizada – se as *condutas* podem ser nocivas e não a estrutura.

Em outros termos, diante da heterogeneidade de estratégias de investimento implementadas via HFT e da dificuldade de se obter um conceito

CONCLUSÃO

preciso para essa atividade, talvez fosse mais adequado centrar os esforços regulatórios no estudo e na fiscalização de práticas que possam ser danosas ao mercado de capitais.

Logo, a associação imediata entre ilícitos de mercado e HFT não se justifica. No máximo, há uma relação de *afinidade eletiva* (no sentido da expressão utilizada por Max Weber, que a emprestou de Goethe), o que significa que HFT é uma excelente e eficiente forma de praticar ilícitos de mercado. Mas a balança não precisa pesar para o lado dos ilícitos, ao considerarmos as atividades legítimas também conduzidas por meio de HFTs e os benefícios decorrentes.

A presença de HFTs no mercado, sem dúvida, intensifica alguns riscos, os quais precisam ser mitigados. Mas qualquer intervenção regulatória precisa ser avaliada de acordo com os pressupostos e objetivos da regulação.

Dedicamos um bom número de páginas neste trabalho ao debate sobre quais seriam as informações relevantes para a tomada de decisão pelos investidores, relacionando-as com uma classificação dos tipos de investidores (*insiders*, investidores informados, investidores de liquidez e investidores irracionais) e com as versões da hipótese do mercado eficiente. Esse esforço se justifica porque, se o mercado é irracional e a maioria dos investidores não sabe o que está fazendo, todo o regime de informação que serve de diretriz para a regulação do mercado de capitais desde a edição do *Securities Act* de 1933 nos Estados Unidos (que consideramos ser o marco histórico mais relevante sobre a matéria) se torna simplesmente um *espantalho* – e um espantalho extremamente caro para os investidores e para os contribuintes.

Em vez de questionarmos se o modelo de escolha irracional é imperfeito e se o mercado é mesmo eficiente, podemos pensar em uma regulação que tome a racionalidade e a eficiência não apenas como pressuposto, mas também como objetivo a ser alcançado. Há uma diferença sutil entre afirmar que "os preços *refletem* o valor econômico dos ativos" e os "preços *devem refletir* o valor econômico dos ativos".

O mercado de capitais não é um cassino e, para além da possibilidade de financiamento da atividade econômica, a dinâmica dos preços tem um papel importante para orientar a decisão dos agentes econômicos, a troca de riscos entre eles e para viabilizar a eficiência alocativa.

Quando discutimos a relevância das informações contidas no livro de ofertas para um investidor de longo prazo, precisamos estar atentos para o fato de que a preocupação regulatória não se dá *apenas por alguns centavos*

HIGH FREQUENCY TRADING (HFT) EM CÂMERA LENTA

a mais que esse investidor vai pagar quando montar a operação e que não farão diferença no resultado do seu investimento dali a alguns meses ou anos.

Perturbações recorrentes na oferta de liquidez, nos níveis de volatilidade e na dinâmica da formação de preços comprometem a capacidade de o mercado secundário de capitais desempenhar as suas funções, o que mina a credibilidade dos investidores. Quando isso ocorre, os preços tornam-se números sem sentido e nada dizem sobre o valor dos ativos negociados.

Frise-se: o mercado de capitais permite a troca de riscos entre os agentes econômicos, serve de mecanismo de proteção do patrimônio dos indivíduos em face da inflação, fornece alternativas de investimento que viabilizam a operacionalização da previdência privada e desempenha uma função de coordenação da inovação tecnológica e expansão da atividade econômica ao concretizar a competição de empreendimentos por recursos financeiros.

Os preços consubstanciam informação fundamental para a tomada de decisão pelos agentes econômicos, traduzindo e, ao mesmo tempo, influenciando suas expectativas. O mercado secundário desempenha um papel central no processo de formação de preços e, por meio da liquidez dos ativos, os investidores conseguem iniciar e encerrar posições com maior facilidade, incorrendo em riscos menores e variações de preços menos abruptas (menor volatilidade), o que diminui o custo de negociação e, consequentemente, o custo de captação pelas companhias.

Embora os investimentos realizados em mercado sejam decisões tomadas sob incerteza, estes não se confundem com as apostas realizadas em um cassino ou em jogos de loteria. Os retornos esperados pelos investidores, os custos de negociação e a integridade do mercado são objeto de tutela jurídica especial porque são essenciais para o bom funcionamento do sistema econômico.

Com esse quadro teórico em mente, podemos nos voltar às preocupações regulatórias, que envolvem a prática de condutas ilícitas (principalmente manipulação de mercado), o comprometimento da equidade no tratamento de investidores e da transparência das informações disponíveis para tomada de decisão, o aumento dos riscos operacional e sistêmico, associados ao impacto na volatilidade do mercado e outras externalidades negativas geradas pela presença dos HFTs e o aumento do risco à integridade do mercado, associado ao impacto na formação de preços, na eficiência e na liquidez.

CONCLUSÃO

As respostas regulatórias específicas para mitigar riscos associados à negociação algorítmica e à atividade de HFT envolvem predominantemente regras de *microestrutura de mercado* em conjugação com a repressão de condutas ilícitas. A par do desenho institucional da regulação do mercado de capitais, com a definição de mercados organizados, entidades administradoras e intermediários e a atribuição de deveres a esses atores, a dinâmica da negociação demanda regras específicas para o adequado funcionamento do mercado.

O sacrifício da equidade pela oferta de serviços como acesso direto ao mercado e *co-location*, permitindo aos HFTs um acesso privilegiado a dados de negociação, parece ser legitimado por uma ideia de igualdade formal: quem pode pagar, tem acesso. O mercado parece tolerar algumas assimetrias de informação como estas. Já a venda de acesso privilegiado a notícias ou pesquisas por provedores de notícias parece ser alvo de uma reprovação mais intensa (a prática foi suspensa nos Estados Unidos após acordos celebrados entre provedores e autoridades).

A prática de detecção de liquidez (*liquidity detection*) associada à maior velocidade dos algoritmos (*latency arbitrage*) gera controvérsias, sendo considerada uma estratégia predatória por alguns, mas não conseguimos identificar casos em que indivíduos ou empresas tenham sido indiciados por essa conduta. Inferir a presença de ofertas relevantes no livro é uma prática que certamente ameaça investidores institucionais porque pode aumentar seus custos de negociação. Essa preocupação foi determinante para a criação de *dark pools*, inadmissíveis no contexto regulatório atual no Brasil. Mencionamos alguns casos em que investidores em *dark pools* foram lesados pela venda de informações sobre suas ofertas a HFTs, em uma patente violação do dever de melhor execução pelos intermediários.

Com respeito ao cumprimento desse dever de *best execution*, exploramos em algum detalhe a dinâmica das *flash orders*, da qual nos apropriamos para debater questões de internalização de ofertas e outras práticas mais próximas do mercado brasileiro, que não é fragmentado. Com isso, procuramos destacar a importância das regras de transparência nas operações com carteira própria por intermediários e nas operações de pessoas vinculadas.

No tocante a ilícitos de mercado, constatamos que a presença de conceitos indeterminados na descrição das proibições possibilita o enquadramento de novas condutas como *layering* e *spoofing*, mas isto não ocorre sem dificuldades relevantes, pois o embate entre acusação e defesa passa a

HIGH FREQUENCY TRADING (HFT) EM CÂMERA LENTA

envolver discussões mais complexas, por vezes sendo necessário o recurso a estudos estatísticos ou a produção de provas pouco usuais para demonstrar, por exemplo, que certas ofertas foram enviadas sem a intenção de serem executadas.

Catalogamos as respostas regulatórias possíveis em três grupos, valendo-nos de uma analogia para facilitar a compreensão. Dado que estamos falando de *limites de velocidade*, podemos considerar o sistema de regras de trânsito.

Em primeiro lugar, consideramos a possibilidade de instituição de um regime de informação para a negociação algorítmica, permitindo avaliar os riscos específicos associados a cada investidor. É dever da bolsa e do intermediário conhecer seus clientes e também os algoritmos por eles utilizados. Com isso, o regulador também pode contar com dados relevantes para auxiliar a tarefa de supervisão de mercado. Esse grupo de medidas equivale à previsão de credenciamento de veículos e inspeções periódicas para aferir suas condições de tráfego e também à colocação de "radares" em vias públicas para fiscalizar infratores.

Em segundo lugar, temos regras específicas para controlar a velocidade de negociação, procurando diminuir o excesso de mensagens enviadas aos sistemas de negociação por meio de um sistema de franquia de mensagens ou o estabelecimento de tempo mínimo de permanência de oferta no livro ou intervalo mínimo para envio de duas mensagens. Outras medidas de desestímulo compreendem a criação de um controvertido tributo para inibir negociações de curto prazo, a vedação ao modelo de corretagem que privilegia ofertas limitadas e o aumento e uniformização do *tick* de negociação.

Nesse grupo ainda podemos incluir mecanismos destinados a aprimorar o processo de formação de preços, como a realização de leilões periódicos ou contínuos de negociação, a imposição de obrigações a formadores de mercado independentes e, para mercados fragmentados, a criação de um livro central de ofertas e de um preço consolidado (caso da NBBO norte-americana).

Esse grupo equivale à colocação de "lombadas" para forçar a redução de velocidade e à instituição de pedágios para financiar custos operacionais.

O terceiro e último grupo congrega controles de risco de pré-negociação e de volatilidade, como a instituição de *circuit breakers* e de limites intradiários de oscilação que, se violados, deflagram leilões automáticos

CONCLUSÃO

para amortecer o impacto de choques de volatilidade nos preços. Vimos que em um cenário de mercado fragmentado, o controle do risco de pré--negociação se torna um problema relevante.

Esse último grupo de mecanismos regulatórios corresponderia a um sistema de *airbags* e muros de contenção (*guard rails*), para amortizar o impacto em colisões, minimizando prejuízos.

Nesse contexto, o escopo da regulação seria complementado pela fiscalização e punição de ilícitos de mercado, que representariam o regime tradicional de fiscalização de condutas no trânsito e aplicação de multas.

As consequências econômicas e implicações jurídicas de cada medida podem ser objeto de pesquisas adicionais, especialmente voltadas ao mercado brasileiro.

Discordamos da possibilidade de se adotar um discurso de *laissez-faire* para a disciplina dos HFTs: no Brasil, embora as regras de microestrutura tenham sido editadas quase que exclusivamente pela B3, a CVM teve papel importante na aprovação dessas regras, apesar de nenhum caso envolvendo algoritmos ter sido julgado até 2017. O adequado funcionamento do mercado precisa de *regras*, que permitam controlar os incentivos de seus participantes, fomentar o provimento de liquidez, prevenir volatilidades extremas, assegurar que a informação seja disseminada rapidamente nos preços e que todos sejam tratados de forma isonômica (ao menos em uma igualdade formal), entre outros objetivos da regulação. Independentemente da origem dessa regulação (se estatal ou não), as falhas de mercado existentes – especialmente a assimetria de informação entre participantes – sugerem que uma intervenção regulatória é essencial.

A conjugação das normas da CVM – especialmente a ICVM 461/2007 e a ICM 505/2011 – com as regras de microestrutura de mercado da B3 referentes a acesso de mercado, negociação e pós-negociação já incorpora algumas dessas medidas. Parece-nos mais adequado no futuro próximo empreender esforços para avaliar a qualidade da aplicação dessas normas – e a eventual incorporação das regras da B3 em instruções da CVM – e não apenas discutir a criação de novas normas.

Por fim, vimos que a discussão é relevante para o Brasil, ainda que tenhamos uma única bolsa (por ora, ao menos) e problemas de liquidez. O volume de negociação e o número de mensagens no mercado brasileiro têm aumentado significativamente ao longo dos últimos anos. Modelos de conectividade como o acesso direto ao mercado (DMA) viabilizaram a negociação algorítmica e a preocupação com o controle de risco de pré-negociação para certos investidores pela B3, como vimos, sugere que HFTs estão entre nós – indícios que são corroborados pelos dados de negociação por HFT publicados pela B3, ainda que incompletos para o segmento Bovespa e insuficientes para o segmento BM&F.

O estudo dos HFTs possibilitou ainda uma discussão abrangente sobre o estado atual da microestrutura do mercado no Brasil, identificando alguns pontos importantes para futuros estudos, especialmente a relação entre fragmentação de mercado e a sua integridade para além da minimização de custos de negociação e também a divisão de trabalho entre regulador, autorregulador e entidade administradora, no tocante ao conteúdo das normas a serem criadas e à supervisão de mercado.

Apesar de o tema ter sido recentemente ofuscado por outras preocupações regulatórias (desde 2017, os holofotes se voltaram para a emissão e negociação de criptomoedas), a inserção do estudo da negociação algorítmica na agenda de pesquisas sobre o mercado de capitais é um convite à revisão de conceitos e regras de microestrutura de mercado, permitindo discutir a divisão de competências e esforços entre CVM, B3, BSM, Anbima e Ancord para aprimorar o escopo e mecanismos da regulação, com a avaliação prévia de seu impacto na qualidade do mercado e nas receitas auferidas pelos integrantes do sistema de distribuição.

Nada mais conveniente e confortável do que conduzir esses trabalhos sem a pressão midiática ou o clamor decorrentes de escândalos que normalmente acompanham a produção legislativa em nosso país. A pressa dos HFTs e a pressa por uma resposta regulatória não precisam apressar o regulador.

No momento em que estas derradeiras palavras são escritas, o evento do *Flash Crash* e o livro *Flash Boys* podem ser interpretados como um "*flash*" que iluminou por algum tempo certos "pontos cegos" da produção acadêmica de Economia, Finanças e Direito no tocante ao mercado de capitais, especialmente no que diz respeito ao mercado secundário. Este texto procura, assim, ajudar outros pesquisadores a se debruçarem sobre esses temas, usualmente áridos e pouco enfrentados, para que seja possível compreendê-los e, com isso, regulá-los adequadamente.

REFERÊNCIAS

ADLER, Adam. High Frequency Regulation: A New Model for Market Monitoring. *Vermont Law Review*, v. 39, n. 1, p. 162-205, 2014. Disponível em: http://lawreview.vermontlaw.edu/wp-content/uploads/2011/09/39-08_Adler.pdf. Acesso em: 1 fev. 2017.

AKERLOF, George A. The Market for "Lemons": Quality Uncertainty and the Market Mechanism. *The Quarterly Journal of Economics*, v. 84, n. 3, Aug. 1970.

ALDRICH, Eric M.; GRUNDFEST, Joseph A.; LAUGHLIN, Gregory. *The Flash Crash*: a New Deconstruction. Working Paper, 2017. Disponível em: https://ssrn.com/abstract=2721922. Acesso em: 30 set. 2017.

ALDRIDGE, Irene. *High Frequency Trading*: A Practical Guide to Algorithmic Strategies and Trading Systems. 2. ed. New Jersey: Wiley, 2013.

ALMEIDA, Miguel Santos. Introdução à Negociação de Alta Frequência. *Cadernos do Mercado de Valores Mobiliários*, n. 54, ago. 2016.

ALONSO, Leonardo. *Crimes contra o Mercado de Capitais*. 2009. Dissertação (Mestrado em Direito Penal) – Faculdade de Direito, Universidade de São Paulo, São Paulo, 2009.

AMERICAS CLEARING SYSTEM. *Manifestação à Consulta Pública da BM&FBovespa* – Acesso de Outras Infraestruturas de Mercado Financeiro aos Serviços de Compensação e Liquidação e de Depósito Centralizado. Rio de Janeiro, 9 jun. 2017. Disponível em: http://www.atsbr.com/pdfs/ACS_Manifestacao_Consulta_Publica_B3.pdf. Acesso em: 12 set. 2017.

ANBIMA. *Boletim de Mercado de Capitais*, 08 jan. 2018. Disponível em: http://www.anbima.com.br/pt_br/informar/relatorios/mercado-de-capitais/boletim-de-mercado-de-capitais/boletim-de-mercado-de-capitais.htm. Acesso em: 10 fev. 2018.

ANCORD. *Histórico*. São Paulo, 2018. Disponível em: http://www.ancord.org.br/ancord/historico/. Acesso em: 11 fev. 2018.

ANDREZO, Andrea Fernandes; LIMA, Iran Siqueira. *Mercado financeiro*: aspectos históricos e conceituais. São Paulo: Pioneira, 2007.

ANGEL, James J.; MCCABE, Douglas M. Fairness in Financial Markets. *Journal of Business Ethics*, v. 112, n. 4, Feb. 2013.

ANGEL, James J.; MCCABE, Douglas M. Insider Trading 2.0? The Ethics of Information Sales. *Journal of Business Ethics*, First Online, Jan. 2017.

ARMOUR, John *et al. Principles of Financial Regulation*. Oxford: Oxford University, 2016.

ARNUK, Sal; SALUZZI, Joseph. *Broken Markets*: How High Frequency Trading and Predatory Practices on Wall Street are Destroying Investor Confidence and Your Portfolio. Upper Saddle River: Pearson, 2012.

ASSAF NETO, Alexandre. *Mercado Financeiro*. 9. ed. São Paulo: Atlas, 2009.

AUTORITÉ DES MARCHÊS FINANCIERS – AMF. *First Amending Finance Act for 2012*: taxation of financial transactions and other company law provisions. Paris, mars 2012. Disponível em: http://www.amf-france.org/en_US/Reglementation/Dossiers-thematiques/l-AMF/Fonctionnement-del-AMF-et-reformes-du-secteur-financier/Premiere-loi-de-finances-rectificative-pour-2012-taxationdestransactions-financieres-et-autres-dispositions-de-droit-des-societes. Acesso em: 10 dez. 2017.

AUSTIN, Janet. What Exactly is Market Integrity? An Analysis of One of the Core Objectives of Securities Regulation. *William & Mary Business Law Review*, v. 8, n. 2, 2017. Disponível em: https://ssrn.com/abstract=2814986. Acesso em: 13 jul. 2017.

AUSTRALIAN SECURITIES AND INVESTMENTS COMMISSION – ASIC. *Dark liquidity and high-frequency trading* (Report 331). Sydney, 2013. Disponível em: http://asic.gov.au/regulatory-resources/find-a-document/reports/rep-331-dark-liquidity-and-high-frequency-trading/. Acesso em: 3 abr. 2017.

AUSTRALIAN SECURITIES AND INVESTMENTS COMMISSION – ASIC. *Review of high-frequency trading and dark liquidity* (Report 452). Sydney, 2015. Disponível em: http://asic.gov.au/regulatory-resources/find-a-document/reports/rep-452-review-of-high-frequency-trading-and-dark-liquidity/. Acesso em: 3 abr. 2017.

B3. *Ofícios e Comunicados Externos* (a partir de junho de 2017). São Paulo, jun. 2017a. Disponível em: http://www.b3.com.br/pt_br/regulacao/oficios-e-comunicados/oficios-e-comunicados/. Acesso em: 29 jul. 2020.

B3. *Política Comercial de Co-Location*. São Paulo, 5 jul. 2017b. Disponível em: http://www.bmfbovespa.com.br/pt_br/servicos/negociacao/data-center/data-center/co-location-em-spa.htm. Acesso em: 1 fev. 2018.

B3. *B3 migra as operações dos mercados de renda variável e renda fixa privada para a clearing multiativos*. São Paulo, 28 ago. 2017c. Disponível em: http://www.bmfbovespa.com.br/pt_br/institucional/imprensa/ultimos-releases/2-fase-do-projeto-de-integracao-da-pos-negociacao.htm. Acesso em: 01 dez. 2017.

B3. *Manual* – Túneis de Leilão do Trader. São Paulo, jan. 2018. Disponível em: http://www.b3.com.br/pt_br/regulacao/estrutura-normativa/operacoes/. Acesso em: 10 fev. 2020.

B3. *Sobre o formador de mercado*. São Paulo, set. 2019a. Disponível em: http://www.b3.com.br/pt_br/produtos-e-servicos/negociacao/formador-de-mercado/como-funciona/sobre-o-formador-de-mercado.htm. Acesso em: 10 fev. 2020.

B3. *Programa de Qualificação Operacional (PQO)*. São Paulo, jan. 2019b. Disponível em: http://www.b3.com.br/pt_br/antigo/s_regul-antigo/programa-de-qualificacao-operacional-pqo/roteiros/. Acesso em: 10 fev. 2020.

B3. *Roteiro Básico do Programa de Qualificação Operacional (PQO)*. São Paulo, jan. 2019c.

REFERÊNCIAS

Disponível em: http://www.b3.com.br/pt_br/b3/qualificacao-e-governanca/selos-pqo/roteiros.htm. Acesso em 10 fev. 2020.

B3. *Manual de Acesso*. São Paulo, 16 set. 2019d. Disponível em: http://www.b3.com.br/pt_br/regulacao/estrutura-normativa/acesso/. Acesso em: 10 fev. 2020.

B3. *Regulamento de Operações*. *São Paulo, 5 ago. 2019e*. Disponível em: http://www.b3.com.br/pt_br/regulacao/estrutura-normativa/operacoes/ . Acesso em: 10 fev. 2020.

B3. *Regulamento de Acesso*. São Paulo, 16 set. 2019f. Disponível em: http://www.b3.com.br/pt_br/regulacao/estrutura-normativa/acesso/. Acesso em: 10 fev. 2020.

B3. *Manual de procedimentos operacionais de negociação da B3*. São Paulo, 16 dez. 2019g. Disponível em: http://www.b3.com.br/pt_br/regulacao/estrutura-normativa/operacoes/. Acesso em: 10 fev. 2020.

B3. *Manual de procedimentos operacionais da Central Depositária*. São Paulo, 16 dez. 2019h. Disponível em: http://www.b3.com.br/pt_br/regulacao/estrutura-normativa/pos-negociacao/. Acesso em: 10 fev. 2020.

B3. *Regulamento da Câmara de Compensação e Liquidação*. São Paulo, 30 dez. 2019i. Disponível em: http://www.b3.com.br/pt_br/regulacao/estrutura-normativa/pos-negociacao/. Acesso em: 10 fev. 2020.

B3. *Glossário de Serviços e Tarifas*. São Paulo: fev. 2020a. Disponível em: http://www.b3.com.br/pt_br/produtos-e-servicos/tarifas/. Acesso em: 10 fev. 2020.

B3. *Manual de Administração de Risco da Câmara de Compensação e Liquidação*. São Paulo, 20 jan. 2020b. Disponível em: http://www.b3.com.br/pt_br/regulacao/estrutura-normativa/pos-negociacao/. Acesso em: 10 fev. 2020.

B3. *Banco de Dados (Operational Figures)*. São Paulo, fev. 2020c. Disponível em: https://ri.b3.com.br/. Acesso em: 10 fev. 2020.

B3. *Regulamentos e Manuais*. São Paulo, fev. 2020d. Disponível em: http://www.b3.com.br/pt_br/regulacao/estrutura-normativa/regulamentos-e-manuais/. Acesso em: 10 fev. 2020.

B3. *PUMA Trading System*. São Paulo, fev. 2020e. Disponível em: http://www.b3.com.br/pt_br/solucoes/plataformas/puma-trading-system/. Acesso em: 10 fev. 2020.

B3. *Unified Market Data Feed (UMDF)* – sinal de difusão. São Paulo, fev. 2020f. Disponível em: http://www.b3.com.br/pt_br/solucoes/plataformas/puma-trading-system/para-desenvolvedores-e-vendors/umdf-sinal-de-difusao/. Acesso em: 10 fev. 2020.

BALP, Gaia; STRAMPELLI, Giovanni. Preserving Capital Markets Efficiency in the High-Frequency Trading Era. *The CLS Blue Sky Blog (Columbia Law School)*, 25 Jan. 2018. Disponível em: https://clsbluesky.law.columbia.edu/2018/01/25/preserving-capital-markets-efficiency-in-the-high-frequency-trading-era/. Acesso em: 29 jul. 2020.

BANDT, Oliver de; HARTMANN, Philipp; PEYDRÓ, José Luis. Systemic Risk in Banking: An Update. *In*: BERGER, Allen N.; MOLYNEUX, Philip; WILSON, John O. S. (ed.). *The Oxford Handbook of Banking*. Oxford: Oxford University Press, 2010.

BANKS, Erik. *Dark Pools*: The Structure and Future of Off-Exchange Trading and Liquidity. Hampshire: Palgrave Macmillan, 2010.

BISHOP, Matt. *Computer Security*: Art and Science. Boston: Addison-Wesley, 2002.

BITENCOURT, Cezar Roberto; BREDA, Juliano. *Crimes contra o Sistema Financeiro Nacional e contra o Mercado de Capitais*. 3. ed. São Paulo: Saraiva, 2014.

BLOCHER, Jesse; COOPER, Rick; SEDDON, Jonathan; VLIET, Ben Van. Phantom Liquidity and High-Frequency Trading. *The Journal of Trading*, v. 11, n. 3, Summer 2016.

BM&FBOVESPA. *Ofícios e Comunicados (até junho de 2017)*. São Paulo, maio 2018. Disponível em: http://www.bmfbovespa.com.br/pt_br/regulacao/oficios-e-comunicados/. Acesso em: 4 jun. 2017.

BM&FBOVESPA SUPERVISÃO DE MERCADO – BSM. *Determinação dos parâmetros para a caracterização da prática de churning no Brasil* – Relatório de Análise 001/211. São Paulo, 30 ago. 2011. Disponível em: https://www.bsmsupervisao.com.br/Noticias/2011-08-30-determinacao-dos-parametros-para-a-caracterizacao-da-pratica-de-churning. Acesso em: 29 jul. 2020.

BM&FBOVESPA SUPERVISÃO DE MERCADO – BSM. *Painel*: Monitoração de ofertas – Spoofing e Layering Workshop sobre Monitoração de Práticas Abusivas de Ofertas, de Prevenção à Lavagem de Dinheiro e de Controles Internos de Suitability. São Paulo, 23 nov. 2016. Disponível em: https://www.bsmsupervisao.com.br/assets/file/noticias/APRESENTACAO_Suitability_23nov_2016.pdf. Acesso em: 29 jul. 2020.

BM&FBOVESPA SUPERVISÃO DE MERCADO – BSM. *Processo Administrativo Ordinário n. 05/2016*. São Paulo, 2017a. Disponível em: https://www.bsmsupervisao.com.br/atividades-disciplinares-e-processos/acompanhe-os-processos/parecer/2016-005-pad. Acesso em: 29 jul. 2020.

BM&FBOVESPA SUPERVISÃO DE MERCADO – BSM. *Caso 4*: Spoofing (geração de condições artificiais de demanda). Supervisão de Mercado – Casos. São Paulo, 2017b. Disponível em: https://www.bsmsupervisao.com.br/supervisao-de-mercado/casos/4. Acesso em: 29 jul. 2020.

BM&FBOVESPA SUPERVISÃO DE MERCADO – BSM. *Regulamento Processual*. São Paulo, 24 maio 2018. Disponível em: https://www.bsmsupervisao.com.br/assets/file/leis-normas-regras/Regulamento-Processual-da-BSM-25062018.pdf. Acesso em: 29 jul. 2020.

BODIE, Zvi; KANE, Alex; MARCUS, Alan J. *Investments*. 10th. ed. New York: McGraw-Hill, 2014.

BOEHMER, Ekkehart; FON, Kingsley; WU, Julie. *International Evidence on Algorithmic Trading*. AFA 2013 San Diego Meetings Paper, 2015. Disponível em: https://ssrn.com/abstract=2022034. Acesso em: 13 jul. 2017.

BOLINA, Helena. A Manipulação de Mercado e o Abuso de Informação Privilegiada na Nova Directiva sobre Abuso de Mercado 92003/6/CE). *Caderno de Valores Mobiliários*, n. 18, ago./nov. 2004.

BOLINA, Helena. A Revisão das Diretivas do Abuso de Mercado: Novo Âmbito, o Mesmo Regime. *Cadernos do Mercado de Valores Mobiliários*, v. II, n. 51, ago./nov. 2015.

BRAUDEL, Fernand. *Civilização material, economia e capitalismo*: séculos XV-XVIII. São Paulo: WMF Martins Fontes, 2009. V. 2. Os jogos das trocas.

BROGAARD, Jonathan *et al*. High frequency trading and its impact on market quality. *Northwestern University Kellogg School of Management Working Paper*, v. 66, 2010. Disponível em: https://secure.fia.org/ptg-downloads/hft_trading.pdf. Acesso em: 31 out. 2014.

REFERÊNCIAS

BROWN, Gregory. Volatility, Sentiment, and Noise Traders. *Financial Analysts Journal*, v. 55, n. 2, Mar. 1999.

BUDISH, Eric; CRAMTON, Peter; SHIM, John. The High-Frequency Trading Arms Race: Frequent Batch Auctions as a Market Design Response. *The Quarterly Journal of Economics*, v. 130, n. 4, Jul. 2015. Disponível em: https://ssrn.com/abstract=2388265. Acesso em: 6 jun. 2014.

BUHPHATI, Tara L. Technology's Latest Market Manipulator? High Frequency Trading: the Strategies, Tools, Risks, and Responses. *North Carolina Journal of Law and Technology*, v. 11, i. 2, Jun. 2010.

BUNDESANSTALT FÜR FINANZ-DIENSTLEISTUNGSAUFSICHT (BAFIN). *Translation of the main provisions of the High Frequency Trading Act.* Bonn, 2014a. Disponível em: https://www.bafin.de/SharedDocs/Veroeffentlichungen/EN/Meldung/2013/meldung_130322_hft-gesetz_en.html. Acesso em: 10 jun. 2014.

BUNDESANSTALT FÜR FINANZ-DIENSTLEISTUNGSAUFSICHT (BAFIN). *Frequently asked questions (FAQs) relating to the High-frequency Trading Act.* Bonn, 2014b. Disponível em: https://www.bafin.de/SharedDocs/Downloads/EN/FAQ/dl_faq_hft_en.html. Acesso em: 10 jun. 2014.

BUSSAB, Wilton de O.; MORETTIN, Pedro A. *Estatística Básica.* 6. ed. São Paulo: Saraiva, 2010.

CALABRÓ, Luiz Felipe Amaral. *Regulação e Autorregulação do Mercado de Bolsa*: Teoria Palco-Plateia. São Paulo: Almedina, 2011.

CÂMARA, Paulo. *Manual de Direito dos Valores Mobiliários.* Lisboa: Almedina, 2018.

CARREIRA, Marcos; BROSTOWICZ, Richard. *Brazilian Derivatives and Securities*: Pricing and Risk Management of FX and Interest Rate Portfolios for Local and Global Markets. London: Palgrave McMillian, 2016.

CARTEA, Alvaro; PENALVA, José. Where is the Value in High Frequency Trading? *Quarterly Journal of Finance*, v. 2, n. 3, p. 1-46, Sep. 2012. Disponível em: https://ssrn.com/abstract=1855555. Acesso em: 26 jan. 2017.

CARTEA, Alvaro; JAIMUNGAL, Sebastian; PENALVA, José. *Algorithmic and High Frequency Trading.* Cambridge: Cambridge University Press, 2015.

CASTELLAR, João Carlos. *Insider trading e os novos crimes corporativos.* Rio de Janeiro: Lumen Juris, 2008.

CAVALI, Marcelo Costenaro. *Fundamento e limites da repressão penal da manipulação do mercado de capitais*: uma análise a partir do bem jurídico da capacidade funcional alocativa do mercado. 2017. Tese (Doutorado em Direito Penal) – Faculdade de Direito, Universidade de São Paulo, São Paulo, 2017.

COASE, Ronald. The nature of the firm. *Economica*, London, v. 4, n. 16, 1937.

COFFEE, John C.; SELIGMAN, Joel; SALE, Hillary. *Securities Regulation.* Cases and Materials. 10. ed. New York: Foundation Press, 2007.

COMISSÃO DE VALORES MOBILIÁRIOS. *Processo Administrativo Sancionador 6/94*, Rel. Dir. Wladimir Castelo Branco Castro, j. 21 mar. 2002.

COMISSÃO DE VALORES MOBILIÁRIOS. *Processo Administrativo Sancionador 4/2000*, Diretor Relator Wladimir Castelo Branco Castro, j. 17 fev. 2005.

COMISSÃO DE VALORES MOBILIÁRIOS. *Processo Administrativo RJ2007/11593.* Dispensa de Registro de Oferta Pública de Distribuição de CCB de Emissão de Bracor Investimentos Imobiliários Ltda. Voto do Dir. Marcos Pinto, j. 22 jan. 2008. Disponível em: http://www.cvm.gov.br/deci-soes/2008/20080122_R1.html. Acesso em: 20 fev. 2017.

COMISSÃO DE VALORES MOBILIÁRIOS. Solicitação para autorização de DMA – Segmento de Ações – BM&FBovespa S. A. *Processo SP2009/0125*, 3 ago. 2010. Disponível em: http://www.cvm.gov.br/decisoes/2010/20100803_R1/20100803_D09.html. Acesso em: 7 jan. 2018.

COMISSÃO DE VALORES MOBILIÁRIOS. BM&FBovespa – Acesso Direto ao Mercado (DMA) via co-location modalidade corretora – Segmento Bovespa. *Processo SP 2009/0125*, 1 mar. 2011. Disponível em: http://www.cvm.gov.br/decisoes/2011/20110301_R1/20110301_D17.html. Acesso em: 8 jan. 2018.

COMISSÃO DE VALORES MOBILIÁRIOS. Autorização para entidade credenciadora de Agentes Autônomos de Investimento – ANCORD. *Processo RJ2012/6514*, 28 ago. 2012. Disponível em: http://www.cvm.gov.br/deci-soes/2012/20120828_R1/20120828_D04.html. Acesso em: 11 fev. 2018.

COMISSÃO DE VALORES MOBILIÁRIOS. *Livro TOP – Mercado de Valores Mobiliários*. 3. ed. Rio de Janeiro: CVM, 2014a. Disponível em: http://www.por-taldoinvestidor.gov.br/publicacao/LivrosCVM.html. Acesso em: 27 jan. 2017.

COMISSÃO DE VALORES MOBILIÁRIOS. *Processo Administrativo Sancionador 12/2010*, Rel. Dir. Luciana Dias, j. 07 out. 2014b. Disponível em: http://www.cvm.gov.br/sancionadores/san-cionador/2014/20141007_122010.html. Acesso em: 06 nov. 2014.

COMISSÃO DE VALORES MOBILIÁRIOS. *Relatório Anual 2014*. Rio de Janeiro: CVM, 2015. Disponível em: http://www.cvm.gov.br/publicacao/relatorio_anual.html. Acesso em: 10 jan. 2017.

COMISSÃO DE VALORES MOBILIÁRIOS. *Processo Administrativo Sancionador 24/2010*, Rel. Dir. Ana Dolores Moura Carneiro de Novaes, j. 27 maio 2015.

COMISSÃO DE VALORES MOBILIÁRIOS. *Contrato n. 21/2015*, 4 jan. 2016a. Disponível em: http://www.cvm.gov.br/licitacao/contrato/2015/ct21.html. Acesso em: 10 jan. 2018.

COMISSÃO DE VALORES MOBILIÁRIOS. Apresentação das conclusões do Grupo de Trabalho Concorrência entre Bolsas sobre autorregulação. *Ata da reunião do Colegiado de 19 jul. 2016*, 11 ago. 2016b. Disponível em: http://www.cvm.gov.br/decisoes/2016/20160719_R1.html. Acesso em: 22 dez. 2017.

COMISSÃO DE VALORES MOBILIÁRIOS. *Processo Administrativo Sancionador SP2013/0094*, Rel. Dir. Gustavo Borba, j. 14 dez. 2017a.

COMISSÃO DE VALORES MOBILIÁRIOS. *Livro TOP – Direito do Mercado de Valores Mobiliários*. Rio de Janeiro: CVM, 2017b. Disponível em: http://www.investidor.gov.br/publicacao/LivrosCVM.html. Acesso em: 10 jan. 2018.

COMISSÃO DE VALORES MOBILIÁRIOS. *Processo Administrativo Sancionador 11/2013*, Rel. Dir. Gustavo Gonzalez, j. 30 jan. 2018a.

COMISSÃO DE VALORES MOBILIÁRIOS. *Processo Administrativo Sancionador RJ2015/6143*, Rel. Dir. Gustavo Gonzalez, j. 24 abr. 2018b.

COMISSÃO DE VALORES MOBILIÁRIOS. *Processo Administrativo Sancionador 22/2013*, Rel. Dir. Gustavo Gonzalez, j. 18 set. 2018c.

COMISSÃO DE VALORES MOBILIÁRIOS. *Administrador de carteira e investidora são punidos pela prática de spoofing*. Rio de Janeiro, 13 mar. 2018d. Disponível em: http://www.cvm.gov.br/noticias/arquivos/2018/20180313-2.html. Acesso em 28 mar. 2018.

COMISSÃO DE VALORES MOBILIÁRIOS. *Edital de Audiência Pública nº 9/2019*. Rio de Janeiro, 27 dez., 2019a. Disponível em: http://www.cvm.gov.br/audiencias_publicas/ap_sdm/2019/sdm0919.html. Acesso em 13 fev. 2020.

COMISSÃO DE VALORES MOBILIÁRIOS. *Relatório de Audiência Pública SDM 05/2018*. Rio de Janeiro, 21 ago. 2019b. Disponível em: http://www.cvm.gov.br/audiencias_publicas/ap_sdm/2018/sdm0518.html. Acesso em: 13 fev. 2020.

COMMODITY FUTURES TRADING COMMISSION – CFTC. *Moneyball*. Speech by Commissioner Bart Chilton before the Golden Networking High-Frequency Trading Leaders Forum 2011, Chicago, IL. Washington: 4 Oct. 2011. Disponível em: http://www.cftc.gov/PressRoom/SpeechesTestimony/opachilton-53. Acesso em: 20 out. 2017.

COMMODITY FUTURES TRADING COMMISSION – CFTC. *TAC Subcommittee on Automated and High Frequency Trading, Working Group 1, Presentation to the TAC*. Washington, 30 Oct. 2012. Disponível em: http://www.cftc.gov/ucm/groups/public/@newsroom/documents/file/tac103012_wg1.pdf. Acesso em: 13 jun. 2014.

COMMODITY FUTURES TRADING COMMISSION – CFTC. CFTC Orders Panther Energy Trading LLC and its Principal Michael J. Coscia to Pay $2.8 Million and Bans Them from Trading for One Year, for Spoofing in Numerous Commodity Futures Contracts. *RELEASE: pr6649-13*. Washington, 22 Jul. 2013. Disponível em: http://www.cftc.gov/PressRoom/PressReleases/pr6649-13. Acesso em: 10 jan. 2018.

COMMODITY FUTURES TRADING COMMISSION – CFTC. CFTC Charges U.K. Resident Navinder Singh Sarao and His Company Nav Sarao Futures Limited PLC with Price Manipulation and Spoofing. *Press Release pr7156-15*. Washington, 21 Apr. 2015a. Disponível em: http://www.cftc.gov/PressRoom/PressReleases/pr7156-15. Acesso em: 15 jan. 2018.

COMMODITY FUTURES TRADING COMMISSION – CFTC. *CFTC vs. Naving Sarao Complaint*, No. 15-cv-3398. Washington, 17 Apr. 2015b. Disponível em: http://www.cftc.gov/idc/groups/public/@lrenforcementactions/documents/legalpleading/enfsaraocomplaint041715.pdf. Acesso em: 15 jan. 2018.

COMMODITY FUTURES TRADING COMMISSION – CFTC CFTC Charges Chicago Trader Igor B. Oystacher and His Proprietary Trading Company, 3 Red Trading LLC, with Spoofing and Employment of a Manipulative and Deceptive Device while Trading E-Mini S&P 500, Copper, Crude Oil, Natural Gas, and VIX Futures Contracts. *RELEASE: pr7264-15*. Washington, 19 Oct. 2015c. Disponível em: http://www.cftc.gov/PressRoom/PressReleases/pr7264-15. Acesso em: 10 jan. 2018.

COMMODITY FUTURES TRADING COMMISSION – CFTC. *CFTC vs. Oystacher Complaint, Case No. 15-CV-9196*. Washington, 19 Oct. 2015d. Disponível em: http://www.cftc.gov/idc/groups/public/@lrenforcementactions/documents/legalpleading/enfigorcomplnt101915.pdf. Acesso em: 10 jan. 2018.

COMMODITY FUTURES TRADING COMMISSION – CFTC. Federal Court in Chicago Orders U.K. Resident Navinder Singh Sarao to Pay More than $38

Million in Monetary Sanctions for Price Manipulation and Spoofing, *RELEASE: pr7486-16*. Washington, 17 Nov. 2016a. Disponível em: http://www.cftc.gov/PressRoom/PressReleases/pr7486-16. Acesso em: 13 jan. 2018.

COMMODITY FUTURES TRADING COMMISSION – CFTC. Federal Court Orders Chicago Trader Igor B. Oystacher and 3Red Trading LLC to Pay $2.5 Million Penalty for Spoofing and Employment of a Manipulative and Deceptive Device, while Trading Futures Contracts on Multiple Futures Exchanges. *RELEASE: pr7504-16*. Washington, 20 Dec. 2016b. Disponível em: http://www.cftc.gov/PressRoom/PressReleases/pr7504-16. Acesso em: 10 jan. 2018.

CONSELHO ADMINISTRATIVO DE DEFESA ECONÔMICA. Ato de Concentração n. 08700.004860/2016-11. Departamento de Estudos Econômicos. *Nota Técnica n. 38/2016/DEE/CADE*, 29 nov. 2016a.

CONSELHO ADMINISTRATIVO DE DEFESA ECONÔMICA. Ato de Concentração n. 08700.004860/2016-11. *Anexo ao Parecer Técnico n. 25/2016/CGAA2/SGA1/SG/CADE (Sei nº 0272994)*, 29 nov. 2016b.

CONSELHO ADMINISTRATIVO DE DEFESA ECONÔMICA. Ato de Concentração n. 08700.004860/2016-11. *Voto-Vogal do Cons. Paulo Burnier da Silveira*, 14 mar. 2017a.

CONSELHO ADMINISTRATIVO DE DEFESA ECONÔMICA. Ato de Concentração n. 08700.004860/2016-11. *Relatório da Cons. Cristiane Alkmin Junqueira Schmidt*, 14 mar. 2017b.

CONSELHO ADMINISTRATIVO DE DEFESA ECONÔMICA. Ato de Concentração n. 08700.004860/2016-11, *Acordo em Controle de Concentração*, 27 mar. 2017c.

CORMEN, Thomas *et al. Algoritmos*: Teoria e Prática. Rio de Janeiro: Elsevier, 2002. Trad. da 2. ed. americana por Vandenberg B. de Souza.

COSTA, Helena Regina Lobo da. *Direito Penal Econômico e Direito Administrativo Sancionador: ne bis in idem* como medida de política sancionadora integrada. 2013. Tese (Livre Docência em Direito Penal, Medicina Forense e Criminologia) – Universidade de São Paulo, São Paulo, 2013.

DONAGGIO, Angela Rita Franco. *Regulação e Autorrregulação no Mercado de Valores Mobiliários*: o caso dos segmentos especiais de listagem da BM&FBovespa. 2016. Tese (Doutorado em Direito Comercial) – Faculdade de Direito da Universidade de São Paulo, São Paulo, 2016.

EASLEY, David; PRADO, Marcos Lopez de; O'HARA, Maureen. The Volume Clock: Insights into the High Frequency Paradigm. *The Journal of Portfolio Management*, v. 39, n. 1, Fall 2012. Disponível em: https://ssrn.com/abstract=2034858. Acesso em: 1 fev. 2017.

EIZIRIK, Nelson; GAAL, Ariádna B.; PARENTE, Flávia; HENRIQUES, Marcus de Freitas. *Mercado de Capitais*: Regime Jurídico. 3. ed. Rio de Janeiro: Renovar, 2011.

ELTON, Edwin G. *et al. Modern Portfolio Theory and Investment Analysis*. 5th. ed. New York: Wiley, 1995.

EUROPEAN SECURITIES AND MARKETS AUTHORITY – ESMA. *High-frequency trading activity in EU equity markets*. Economic Report n. 1. Paris, 2014. Disponível em: https://www.esma.europa.eu/document/esmas-economic-report-no-1-2014-high-frequency-trading-activity-in-eu-equity-markets. Acesso em: 13 set. 2017.

EUROPEAN SECURITIES AND MARKETS AUTHORITY – ESMA. *ESMA's technical advice on possible delegated acts concerning the Market Abuse Regulation*. Final Report. Paris, Feb, 3 2015. Disponível em: https://www.esma.europa.eu/document/esma%E2%80%99s-technical-advice-possible-delegated-acts-concerning-market-abuse-regulation. Acesso em: 10 fev. 2020.

FABOZZI, Frank J. Fundamentals of Investing. *In*: FABOZZI, Frank J. (ed.). *The Handbook of Financial Instruments*. Hoboken: Wiley, 2002.

FAMA, Eugene F. The Behavior of Stock-Market Prices. *Journal of Business*, v. 38, n. 1, Jan. 1965.

FAMA, Eugene F. Efficient Capital Markets: A Review of Theory and Empirical Work. *Journal of Finance*, Nova York, v. 25, n. 2, May 1970.

FIA PRINCIPAL TRADERS GROUP. *FIA Principal Traders Group Comments at the CFTC's Technology Advisory Committee Meeting*. [Chicago], 10 Feb. 2014a. Disponível em: http://www.cftc.gov/ucm/groups/public/@newsroom/documents/file/tac021014_fia_ptg.pdf. Acesso em: 10 jun. 2014.

FIA PRINCIPAL TRADERS GROUP. *Debunking the myths of High Frequency Trading*: Opinions published in response to Michael Lewis' Flash Boys and recent comments made by NY Attorney General Eric Schneiderman. [Chicago], 1 Apr. 2014b. Disponível em: https://secure.fia.org/ptg-downloads/Debunking_the_Myths_of_HFT.pdf. Acesso em: 29 jul. 2020.

FLECKNER, Andreas M. Regulating Trading Practices. *In*: MOLONEY, Niamh; FERRAN, Eilís; PAYNE, Jennifer. *The Oxford Handbook of Financial Regulation*. Oxford: Oxford University Press, 2015.

FOUCAULT, Thierry; PAGANO, Marco; RÖELL, Ailsa. *Market Liquidity*: Theory, Evidence and Policy. Oxford: Oxford University Press, 2013.

FOX, Justin. *The Myth of the Rational Markets*: a History of Risk, Reward and Delusion on Wall Street. New York: Harper Collins, 2009.

FOX, Edward; FOX, Merritt B.; GILSON, Ronald J. Economic Crises and the Integration of Law and Finance: The Impact of Volatility Spikes. *Columbia Law Review*, v. 116, n. 2, Apr. 2016.

FRANCO, Gustavo. *As Leis Secretas da Economia*. São Paulo: Zahar, 2012.

FROOT, Kenneth A.; SCHARFSTEIN, David S.; STEIN, Jeremy C. Herd on the street: Informational inefficiencies in a market with short-term speculation. *Journal of Finance*, v. 47, n. 4, Sep. 1992. Disponível em: https://scholar.harvard.edu/stein/publications/herd-street-informational-inefficiencies-market-short-term-speculation. Acesso em: 29 jul. 2020.

GAI, Jiading; YAO, Chen; YE, Mao. *The Externalities of High-Frequency Trading*. Working Paper, Department of Finance, University of Illinois at Urbana-Champaign, 2013. Disponível em: https://ssrn.com/abstract=2066839. Acesso em: 26 jan. 2017.

GERIG, Austin. High-Frequency Trading Synchronizes Prices in Financial Markets. *DERA Working Paper Series*. Washington: SEC, 2015. Disponível em: https://www.sec.gov/dera/staff-papers/working-papers/dera-wp-hft-synchronizes.pdf. Acesso em: 1 fev. 2017.

GILSON, Ronald J.; KRAAKMAN, Reinier H. The Mechanisms of Market Efficiency. *Virginia Law review*, v. 70, 1984.

GILSON, Ronald J.; KRAAKMAN, Reinier H. The Mechanisms of Market Efficiency

Twenty Years Later: The Hindsight Bias. *Stanford Law & Economics Working Paper No. 240*, 2013. Disponível em: https://ssrn.com/abstract=462786. Acesso em: 15 jul. 2020.

GOMBER, Peter; HAFERKORN, Martin; ZIMMERMANN, Kai. Securities Transaction Tax and Market Quality – the Case of France. *European Financial Management*, v. 22, n. 2, 2016.

GONÇALVES, Telma Filipa Batista. Estudo sobre os desafios da negociação algorítmica e de alta frequência na eficiência financeira e na integridade do mercado – novos desenvolvimentos regulatórios. *Estudos do Instituto dos Valores Mobiliários*, 2017. Disponível em: https://institutovaloresmobiliarios.pt/estudos/pdfs/1485789524negocia%C3%A7%C3%A3o_algor%C3%ADtmica_tg.pdf. Acesso em: 7 mar. 2017.

GOSHEN, Zohar; PARCHOMOVSKY, Gideon. The essential role of securities regulation. *Duke Law Journal*, v. 55, 2006. Disponível em: https://ssrn.com/abstract=600709. Acesso em: 30 jan. 2017.

GOULD, Alyse L. Regulating High-Frequency Trading: Man v. Machine. *The Journal of High Technology Law*, v. XII, n. 1, 2011.

GROSSMAN, Stanford J.; STIGLITZ, Joseph E. On the Impossibility of Informationally Efficient Markets. *The American Economic Review*, v. 70, n. 3, Jun. 1980.

HAENSEL, Taimi. *A Figura dos Gatekeepers*. São Paulo: Almedina, 2014.

HAENSEL, Taimi. *Os desafios da regulação do high frequency trading no Brasil* – uma abordagem prudencial à luz das transformações operadas pela inovação tecnológica no mercado de valores mobiliários. 2019. Tese (Doutorado em Direito Comercial) – Faculdade de Direito da Universidade de São Paulo, São Paulo, 2019.

HAGIN, Robert L. *Investment Management*: Portfolio Diversification, Risk and Timing – Fact and Fiction. Hoboken: Wiley, 2004.

HAGSTRÖMER, B.; NORDÉN, L. The diversity of high-frequency traders. *Journal of Financial Markets*, v. 16, i. 4, May 2013.

HARDIN, Garrett. The tragedy of the commons. *Science*, v. 162, 1968.

HARRIS, Larry. *Trading & Exchanges*: Market Microstructure for Practicioners. Oxford: OUP, 2003.

HARRIS, Lawrence; NAMVAR, Ethan. The Economics of Flash Orders and Trading. *Journal of Investment Management*, v.14, n. 4, Sep. 2016. Disponível em: https://ssrn.com/abstract=1953524. Acesso em: 15 maio 2017.

HASBROUCK, Joel; SAAR, Gideon. Technology and liquidity provision: the blurring of traditional definitions. *Journal of Financial Markets*, v. 12, n. 2, 2009. Disponível em: https://ssrn.com/abstract=994369. Acesso em: 12 jan. 2017.

HASBROUCK, Joel; SAAR, Gideon. Low-Latency Trading. *Journal of Financial Markets*, v. 16, i. 4, May 2013.

HENDERSHOTT, Terrence; JONES, Charles M.; MENKVELD, Albert J. Does Algorithmic Trading Improve Liquidity? *The Journal of Finance*, v. 66, n. 1, Feb. 2011. Disponível em: http://faculty.haas.berkeley.edu/hender/algo.pdf. Acesso em: 1 fev. 2017.

INTERNATIONAL ORGANIZATION OF SECURITIES COMMISSIONS – IOSCO. *Objectives and Principles of Securities Regulation*. Madrid, 2010. Disponível em: https://www.iosco.org/library/pubdocs/pdf/IOSCOPD323.pdf. Acesso em: 30 jan. 2017.

INTERNATIONAL ORGANIZATION OF SECURITIES COMMISSIONS – IOSCO. *Principles for Dark Liquidity*. Madrid,

2011a. Disponível em: https://www. iosco.org/library/pubdocs/pdf/IOS-COPD353.pdf. Acesso em: 6 jan. 2017.

INTERNATIONAL ORGANIZATION OF SECURITIES COMMISSIONS – IOSCO. *Regulatory Issues Raised by the Impact of Technological Changes on Market Integrity and Efficiency – Final Report*. Madrid, 2011b. Disponível em: https://www.iosco. org/library/pubdocs/pdf/IOSCOPD354. pdf. Acesso em: 29 jul. 2020.

INTERNATIONAL ORGANIZATION OF SECURITIES COMMISSIONS – IOSCO. *Regulatory Issues Raised by Changes in Market Structure*. Madrid, 2013. Disponível em: http://www.iosco.org/ library/pubdocs/pdf/IOSCOPD431.pdf. Acesso em: 6 jan. 2017.

INTERNATIONAL ORGANIZATION OF SECURITIES COMMISSIONS – IOSCO. *Securities Market Risk Outlook 2016*. Madrid, 2016. Disponível em: https:// www.iosco.org/library/pubdocs/pdf/ IOSCOPD527.pdf. Acesso em: 7 abr. 2016.

IRTI, Natalino. A ordem jurídica do mercado. Trad. de Alfredo Copetti Neto e André Karam Trindade. *Revista de Direito Mercantil, Industrial, Econômico e Financeiro*. São Paulo, n. 145, jan./mar. 2007.

JOHNSON, Barry. *Algorithmic Trading and DMA*: An introduction to direct access trading strategies. London: 4Myeloma Press, 2010.

JORION, Phillipe. *Value-at-risk*: the new benchmark for managing financial risk. 2nd. ed. New York: McGraw-Hill, 2001.

KAHNEMAN, Daniel; TVERSKY, Amos. *Rápido e Devagar*: Duas Formas de Pensar Trad. de Cássio de Arantes Leite. São Paulo: Objetiva, 2011.

KEARNS, Michael; KULESZA, Alex; NEVMYVAKA, Yuriy. *Empirical Limitations on High Frequency Trading Profitability*.

Working Paper, 2010. Disponível em: https://ssrn.com/abstract=1678758. Acesso em: 13 jul. 2017.

KELLSTEDT, Paul M.; WHITTEN, Guy D. *Fundamentos da Pesquisa em Ciência Política*. Tradução de Lorena G. Barberia, Patrick Silva e Gilmar Masiero. São Paulo: Blucher, 2015.

KENDALL, Maurice George; HILL, Austin Bradford. The Analysis of Economic Time-Series-Part I: Prices. *Journal of the Royal Statistical Society*. Series A (General), v. 116, n. 1, 1953.

KIM, Kendall. *Electronic and Algorithmic Trading Technology*: The Complete Guide. Burlington: Academic Press, 2007.

KIRILENKO, Andrei A.; KYLE, Albert S.; SAMADI, Mehrdad; TUZUN, Tugkan, The Flash Crash: The Impact of High Frequency Trading on an Electronic Market. *Journal of Finance*, v. 72, i. 3, Jun. 2017. Disponível em: http://ssrn.com/abstract=1686004. Acesso em: 20 jan. 2017.

KNIGHT, Frank. *Risk, Uncertainty and Profit*. New York: Augustus M. Kelley, 1964.

KORSMO, Charles R. High-Frequency Trading: a Regulatory Strategy. *University of Richmond Law Review*, v. 48, n. 2, 2014. Disponível em: https://ssrn.com/abstract=2395915. Acesso em: 01 jun. 2016.

KNUTH, Donald. *The Art of Computer Programming*: Fundamental Algebra. Reading: Addison-Wesley, 1968. V. 1.

KÜMPEL, Siegfried. *Direito do mercado de capitais*: do ponto de vista do direito europeu, alemão e brasileiro. Rio de Janeiro: Renovar, 2007.

LAUGHLIN, Gregory; AGUIRRE, Anthony; GRUNDFEST, Joseph. Information Transmission between Financial Markets in Chicago and New York. *The Financial Review*, v. 49, n. 2, May 2014. Disponível em: http://ssrn.com/abstract=2227519. Acesso em: 13 jul. 2017.

LESHIK, Edward; CRALLE, Jane. *An Introduction to Algorithmic Trading*. West Sussex: Wiley, 2011.

LEWIS, Michael. *Flash Boys*: A Wall Street Revolt. New York: W. W. Norton & Company, 2014.

LHABITANT, François-Serge; GREGORIOU, Greg N. High-Frequency Trading: Past, Present, and Future. *In*: GREGORIOU, Greg N. (org.). *Handbook of High Frequency Trading*. London: Academic Press, 2015.

LILLO, Fabrizio; MICCICHÈ, Salvatore. High-Frequency Data. *In*: CONT, Rama (ed.). *Encyclopedia of Quantitative Finance*. New Jersey: Wiley, 2010.

LIN, Tom W. The New Market Manipulation. *Emory Law Journal*, v. 66, n. 6, 2017. Disponível em: https://ssrn.com/abstract=2996896. Acesso em: 15 ago. 2017.

LINTON, Oliver; O'HARA, Maureen; ZIGRAND, J. P. The Regulatory Challenge of High-Frequency Markets. *In*: EASLEY, David; PRAZO, Marcos López de; O'HARA, Maureen (ed.). *High-Frequency Trading*: New Realities for Traders, Markets and Regulators. London: Risk Books, 2013.

LOSS, Louis; SELIGMAN. *Fundamentals of Securities Regulation*. 5th. ed. New York: Aspen, 2004.

MACKAAY, Ejan; ROUSSEAU, Stéphane. *Análise Econômica do Direito*. 2. ed. Tradução de Rachel Sztjan. São Paulo: Atlas, 2015.

MATTOS FILHO, Ary Oswaldo. *Direito dos Valores Mobiliários*. Rio de Janeiro: FGV, 2015. v. 1, t. I e II.

MENEZES CORDEIRO, A. Barreto. *Manual de Direito dos Valores Mobiliários*. Lisboa: Almedina, 2018.

MCCONNEL, Steve. *Code Complete*. 2nd. ed. Microsoft Press, 2004.

MCGOWAN, Michael J. The Rise of Computerized High Frequency Trading: Use and Controversy. *Duke Law & Technology Review*, 2010. Disponível em: https://dltr.law.duke.edu/2010/11/08/the-rise-of-computerized-high-frequency-trading-use-and-controversy/. Acesso em: 1 mar. 2017.

MCNAMARA, Steven. HFT Class Action Defeats and the Challenge to Regulators. *The CLS Blue Sky Blog*, 12 Nov. 2015. Disponível em: http://clsbluesky.law.columbia.edu/2015/11/12/hft-class-action-defeats-and-the-challenge-to-regulators/. Acesso em: 1 fev. 2018.

MCNAMARA, Steven. The Law and Ethics of High-Frequency Trading. *Minnesota Journal of Law, Science & Technology*, v. 17, n. 1, 2016. Disponível em: https://ssrn.com/abstract=2565707. Acesso em: 01 jun. 2016;

MENKVELD, Albert J. High Frequency Trading and the New-Market Makers. *Journal of Financial Markets*, v. 16, i. 4, May 2013. Disponível em: http://ssrn.com/abstract=1722924. Acesso em: 1 fev. 2017.

MISHKIN, Frederic S.; EAKINS, Stanley G. *Financial Markets & Institutions*. 7th. ed. Boston: Prentice-Hall, 2012.

MOOSA, Imad; RAMIAH, Vikash. The Profitability of High-Frequency Trading: Is It for Real? *In*: GREGORIOU, Greg N. (org.). *Handbook of High Frequency Trading*. London: Academic Press, 2015.

MORELLI, Denis. Comentários aos arts. 27-C, 27-D, 27-E e 27-F. *In*: CODORNIZ, Gabriela; PATELLA, Laura. *Comentários à Lei do Mercado de Capitais*. Lei n. 6.385/1976. São Paulo: Quartier Latin, 2015.

MORGAN, Megan. Fact vs. Fiction: Defining the HFT Debate. *Tabb Forum*, 11 Apr. 2014. Disponível em: https://perma.cc/KN83-XSVE. Acesso em: 10 jun. 2015.

MUN, Jonathan. *Modeling Risk*. Hoboken: Wiley, 2006.

MURPHY, John J. *Technical Analysis of the Financial Markets*: A Comprehensive Guide to Trading Methods and Applications. New York: New York Institute of Finance, 1999.

MURPHY, David. *OTC Derivatives*: Bilateral Trading and Central Clearing. London: Palgrave MacMillian, 2013.

NAJJARIAN, Ilene Patrícia de Noronha. *Securitização de Recebíveis Mercantis*. São Paulo: Quartier Latin, 2010.

NARANG, Rishi K. *Inside the Black Box*: A Simple Guide to Quantitative and High-Frequency Trading. 2nd. ed. Hoboken: Wiley, 2013.

NETHERLANDS AUTHORITY FOR THE FINANCIAL MARKETS – AFM. *High frequency trading*: The application of advanced trading technology in the European marketplace. Amsterdam, 2010. Disponível em: https://www.afm.nl/en/nieuws/rapporten/2010/hft-rapport. Acesso em: 2 maio 2014.

NEW YORK STATE OFFICE OF THE ATTORNEY GENEREAL. *Remarks by Attorney General Eric T. Schneiderman to the 2013 Bloomberg Markets 50 Summit*, 24 Sep. 2013. Disponível em: https://ag.ny.gov/press-release/remarks-attorney-general-eric-t-schneiderman-2013-bloomberg-markets-50-summit. Acesso em: 4 jan. 2018.

NODA, Margareth. *Acesso eletrônico e tendências para a intermediação no mercado de valores mobiliários*. 2017. Dissertação (Mestrado em Direito Comercial) – Universidade de São Paulo, São Paulo, 2010. Disponível em: http://www.teses.usp.br/teses/disponiveis/2/2132/tde-01122010-134441/pt-br.php. Acesso em: 19 set. 2017.

NODA, Margareth. *Fragmentação do Mercado Secundário*: Desafios para a Regulação no Brasil. 2015. Tese (Doutorado em Direito Comercial) – Faculdade de Direito da Universidade de São Paulo, São Paulo, 2015.

OLIVEIRA, Marcelle Colares; GARCIA, Editinete André da Rocha; MARQUES, Edite Oliveira. O Caso Barings: Lições Aprendidas? *In*: XXXVII ENCONTRO DA ANPAD, Rio de Janeiro, 7 a 11 de setembro de 2013. *Anais [...]*. Rio de Janeiro: Anpad, 2013. Disponível em: http://www.anpad.org.br/admin/pdf/2013_EnANPAD_EPQ1900.pdf. Acesso em: 25 jan. 2017.

OXERA. *What would be the economic impact on the EU of the proposed financial transaction tax?* Review of the European Commision's latest commentary, prepared for Association of Financial Markets in Europe, Italian Association of Financial Intermediaries (ASSOSSIM) and Nordic Securities Association (NSA). London, Jun. 20 2012.

PASQUALE, Frank. Law's Acceleration of Finance: Redefining the Problem of High-Frequency Trading. *Cardozo Law Review*, v. 36, n. 6, 2015. Disponível em: https://ssrn.com/abstract=2654269. Acesso em: 1 jun. 2016.

PATTERSON, Scott. *The Quants*: how a new breed of math whizzes conquered wall street and nearly destroyed it. New York: Crown Business, 2011.

PATTERSON, Scott. *Dark Pools*: High-Speed Traders, A.I. Bandits and the Threat to the Global Financial System. New York: Crown Business, 2012.

PEREIRA FILHO, Valdir Carlos. *Aspectos Jurídicos da Pós-Negociação de Ações*. São Paulo: Almedina, 2013.

PETRESCU, Monica; WEDEW, Michael. *Dark pools in European equity markets*: emergence, competition and implications. Occasional Paper Series n. 193.

Frankfurt: European Central Bank, 2017. Disponível em: https://ssrn.com/abstract=3008485. Acesso em: 6 set. 2017.

PITTA, André Grünspun. *O Regime de Informação das Companhias Abertas*. São Paulo: Quartier Latin, 2013.

POLISE, John. A Bridge Too Far: A Critical Analysis of the Securities and Exchange Commission's Approach to Equity Market Regulation. *Brooklyn Journal of Corporate Finance & Commercial Law*, v. 11, i. 2, Jun. 2017. Disponível em: https://brooklynworks.brooklaw.edu/bjcfcl/vol11/iss2/3/. Acesso em: 01 out. 2017.

PRADO, Viviane Muller; RACHMAN, Nora; COELHO, Alexandre. Internalização dos padrões regulatórios internacionais no Brasil: o caso IOSCO. *Revista de Direito Internacional Econômico e Tributário*, v. 10, 2015.

PRIVITERA, Gregory J. *Statistics for the Behavioral Sciences*. 2nd. ed. Thousand Oaks: SAGE, 2014.

RECHTSCHAFFEN, Alan N. *Capital Markets, Derivatives and the Law*: Evolution After Crisis. 2. ed. New York: Oxford University Press, 2014.

REILLY, Frank K.; BROWN, Keith C. *Investment Analysis & Portfolio Management*. 10. ed. Mason: CENGAGE Learning, 2012.

RIJPER, Thierry; SPRENKELER, Willem; KIP, Stefan. *Optiver Position Paper*. Amsterdam: Optiver, 2011. Disponível em: https://perma.cc/76WA-75MR. Acesso em: 29 jun. 2020.

ROUSSEAU, Peter L.; WACHTEL, Paul. Financial Intermediation and Economic Performance: Historical Evidence from Five Industrialized Countries. *Journal of Money, Credit and Banking*, v. 30, n. 3, Part 2, Nov. 1998.

SANTOS, Alexandre Pinheiro dos; WELLISCH, Julya Sotto Mayor; OSÓRIO, Alexandre Medina. *Mercado de Capitais*: Regime Sancionador. São Paulo: Saraiva, 2012.

SAR, Meric. Dodd-Frank and the Spoofing Prohibition in Commodities Markets. *Fordhman Journal of Corporate & Financial Law*, v. 22, n. 3, Sep. 2017. Disponível em: http://ir.lawnet.fordham.edu/jcfl/vol22/iss3/3/. Acesso em: 01 out. 2017.

SCHMIDT, Anatoly B. *Financial Markets and Trading*. Hoboken: Wiley, 2011.

SCHWARTZ, Robert A.; FRANCIONI, Reto. *Equity Markets in Action*: The Fundamentals of Market Structure, Liquidity and Trading. Hoboken: Wiley, 2004.

SCOPINO, Gregory. The (Questionable) Legality of High-Speed "Pinging" and "Front Running" in the Futures Markets. *Connecticut Law Review*, v. 47, i. 4, Oct. 2015. Disponível em: https://ssrn.com/abstract=2432359. Acesso em: 20 nov. 2017.

SERBERA, Jean-Philippe; PAUMARD, Serbera Pascal. The fall of high-frequency trading: A survey of competition and profits. *Research in International Business and Finance*, v. 36, Jan. 2016.

SHORTER, Gary; MILLER, Rena S. *High-Frequency Trading*: Background, Concerns and Regulatory Developments. Washington: United States Congressional Research Service, 2014. Disponível em: https://fas.org/sgp/crs/misc/R43608.pdf. Acesso em: 27 ago. 2015.

SECURITIES AND EXCHANGE COMMISSION. Elimination of Flash Order Exception from Rule 602 of Regulation NMS, *Release No. 34-60684*. File N. S7-21-09. Washington, 18 Sep. 2009. Disponível em: https://www.sec.gov/rules/proposed/2009/34-60684.pdf. Acesso em: 10 dez. 2017.

SECURITIES AND EXCHANGE COMMISSION. *Concept Release on Equity*

REFERÊNCIAS

Market Structure. File No.: S7-02-10. Release 34-61358. Washington, 14 Jan. 2010a. Disponível em: https://www.sec.gov/rules/concept/2010/34-61358.pdf. Acesso em: 10 jun. 2014.

SECURITIES AND EXCHANGE COMMISSION. SEC Adopts New Rule Preventing Unfiltered Market Access. *Press Release 2010-2010*. Washington, 3 Nov. 2010b. Disponível em: https://www.sec.gov/news/press/2010/2010-210.htm. Acesso em: 10 jan. 2018.

SECURITIES AND EXCHANGE COMMISSION. *Comments on Proposed Rule*: Elimination of Flash Order Exception from Rule 602 of Regulation NMS. Washington, 20 Jan. 2011. Disponível em: https://www.sec.gov/comments/s7-21-09/s72109.shtml. Acesso em: 20 dez. 2017.

SECURITIES AND EXCHANGE COMMISSION. *Current Guidance on Economic Analysis in SEC Rulemakings*. Washington, 16 Mar. 2012. Disponível em: https://www.sec.gov/divisions/riskfin/rsfi_guidance_econ_analy_secrulemaking.pdf. Acesso em: 8 jan. 2017.

SECURITIES AND EXCHANGE COMMISSION. *What is MIDAS?* Washington, 9 Oct. 2013. Disponível em: https://www.sec.gov/marketstructure/midas.html. Acesso em: 1 set. 2017.

SECURITIES AND EXCHANGE COMMISSION. SEC Charges Knight Capital with Violations of Market Access Rule. *Press Release 2013-222*. Washington, 16 Oct. 2013. Disponível em: https://www.sec.gov/news/press-release/2013-222. Acesso em: 20 out. 2017.

SECURITIES AND EXCHANGE COMMISSION. *Shedding Light on Dark Pools*. Public Statement of Commissioner Luis A. Aguilar. Washington, 28 Nov. 2015. Disponível em: https://www.sec.gov/news/statement/shedding-light-on-dark-pools.html. Acesso em: 1 set. 2017.

SECURITIES AND EXCHANGE COMMISSION. Barclays, Credit Suisse Charged with Dark Pool Violations. *Press Release 2016-16*. Washington, 31 Jan. 2016a. Disponível em: https://www.sec.gov/news/pressrelease/2016-16.html. Acesso em: 10 dez. 2017.

SECURITIES AND EXCHANGE COMMISSION. *Proposed Rule 34-76474*. Regulation of NMS Stock Alternative Trading Systems. File N. S7-23-15. Washington, 26 Feb. 2016b. Disponível em: https://www.sec.gov/rules/proposed/proposedarchive/proposed2015.shtml. Acesso em: 6 set. 2017.

SECURITIES AND EXCHANGE COMMISSION. Merrill Lynch Charged with Trading Controls Failures That Led to Mini-Flash Crashes. *Press Release 2016-192*. Washington, 26 Sep. 2016c. Disponível em: https://www.sec.gov/news/pressrelease/2016-192.html. Acesso em: 15 out. 2017.

SECURITIES AND EXCHANGE COMMISSION; COMMODITY FUTURES TRADING COMMISSION. *Findings Regarding the Market Events of May 6, 2010*. Washington, 30 Sep. 2010. Disponível em: https://www.sec.gov/news/studies/2010/marketevents-report.pdf. Acesso em: 10 jun. 2014.

SIERING, Michael; CLAPHAM, Benjamin; ENGEL, Oliver; GOMBER, Peter. A taxonomy of financial market manipulations: establishing trust and market integrity in the financialized economy through automated fraud detection. *Journal of Information Technology*, v. 32, n. 3, 2017.

SILVER, Nate. *O Sinal e o Ruído*: por que tantas previsões falham e outras não. Trad. Ana Beatriz Rodrigues e Claudio Figueiredo. Rio de Janeiro: Intrínseca, 2013.

SIMON, Herbert. Theories of Bounded Rationality. *In*: MCGUIRE, C. B.; RADNER, Roy (ed.). *Decision and Organization*. Amsterdam: North Holland, 1972.

SORNETTE, Didier; VON DER BECKE, Susanne. *Crashes and High Frequency Trading*. Swiss Finance Institute Research Paper No. 11-63, 2011. Disponível em: https://ssrn.com/abstract=1976249. Acesso em: 8 ago. 2017.

ST. JOHN, Julie. Slowing down High-Speed Trading: Why the SEC Should Allow a New Exchange a Chance to Compete. *Tulane Journal of Technology and Intellectual Property*, v. 209, 2016.

STIGLITZ, Joseph E. Government Failure vs. Market Failure: Principles of Regulation. *In*: BALLEISEN, Edward; MOSS, David (ed.). *Government and Markets*: Toward a New Theory of Regulation. New York, NY: Cambridge University Press, 2009.

TADIELLO, Guilherme. *High-Frequency Trading e Eficiência Informacional*: uma Análise Empírica do Mercado de Capitais Brasileiro no Período 2007-2015. 2016. Dissertação (Mestrado Profissional em Administração) – Faculdade de Economia, Administração e Contabilidade da Universidade de São Paulo, São Paulo, 2016.

TRAFLET, Jan; WILLIAM, Gruver R. The Quixotic Quest for Fairness: The SEC's Role in the Rise of High Frequency Trading. *Essays in Economic and Business History*, v. 33, n. 1, 2015. Disponível em: http://digitalcommons.bucknell.edu/fac_journ/1182/. Acesso em: 6 abr. 2017.

UNITED KINGDOM. The Government Office for Science. *Foresight*: the future of computer trading in financial markets. Final Project Report. London, 2012. Disponível em: https://www.gov.uk/government/uploads/system/uploads/attachment_data/file/289431/12-1086-future-of-computer-trading-in-financial-markets-report.pdf. Acesso em: 2 maio 2014.

UNIVERSITY OF MICHIGAN. *Surveys of Consumers*. Ann Arbor, 2018. Disponível em: https://data.sca.isr.umich.edu/. Acesso em: 4 jan. 2018.

UNITED STATES COURT OF APPEALS FOR THE SEVENTH CIRCUIT. United States of America, Plaintiff-Appellee v. Michael Coscia, Defendant-Apellant. *Case No. 16-3017*. Appeal from the United States District Court for the Northern District of Illinois, Eastern Division. No. 1:14-cr-00551-1. Chicago, 7 Aug. 2017. Disponível em: http://media.ca7.uscourts.gov/cgi-bin/rssExec.pl?Submit=Display&Path=Y2017/D08-07/C:163017:J:Ripple:aut:T:fnOp:N:2006533:S:0. Acesso em: 10 jan. 2018.

UNITED STATES DEPARTMENT OF JUSTICE. U.S. Attorney's Office. Northern District of Illinois. *High-Frequency Trader Indicted for Manipulating Commodities Futures Markets In First Federal Prosecution For "Spoofing"*, Press Release, 2 Oct. 2014. Disponível em: https://www.justice.gov/usao-ndil/pr/high-frequency-trader-indicted-manipulating-commodities-futures-markets-first-federal. Acesso em: 10 jan. 2018.

UNITED STATES DEPARTMENT OF JUSTICE. U.S. Attorney's Office. Northern District of Illinois. Futures Trader Charged with Illegally Manipulating Stock Market, Contributing to the May 2010 Market 'Flash Crash'. *Press Release 15-481*, 21 Apr. 2015. Disponível em: https://www.justice.gov/opa/pr/futures-trader-charged-illegally-manipulating-stock-market-contributing-may-2010-market-flash. Acesso em: 13 jan. 2018.

UNITED STATES DEPARTMENT OF JUSTICE. U.S. Attorney's Office. Northern District of Illinois. Futures Futures Trader Pleads Guilty to Illegally Manipulating the Futures Market in Connection With 2010 "Flash Crash". *Press Release 16-1314*, 9 Nov. 2016. Disponível em: https://www.justice.gov/opa/pr/futures-trader-pleads-guilty-illegally-manipulating-futures-market-connection-2010-flash. Acesso em: 13 jan. 2018.

UNITED STATES DISTRICT COURT. Northern District of Illinois. Eastern Division. United States of America, Plaintiff v. Michael COSCIA, Defendant. Motion to Dismiss the Indictment. Case No. 14 CR 551, *100 F. Supp. 3d 653*, 16 Apr. 2015. Disponível em: https://www.leagle.com/decision/infdco20150507916. Acesso em: 1 dez. 2017.

UNITED STATES DISTRICT COURT. Northern District of Illinois. Eastern Division. United States of America, Plaintiff v. Michael COSCIA, Defendant. Motion for Judgment of Acquittal and for a New Trial. Case N. 14 CR 551, *177 F. Supp. 3d 1087*, 6 Apr. 2016. Disponível em: https://www.leagle.com/decision/infdco20160408g52. Acesso em: 1 dez. 2017.

VASQUEZ, Lazaro I. High Frequency Trading: Is Regulation the Answer? *Wake Forest Journal of Business and Intellectual Property Law*, v. 17, n. 2, Winter 2017.

VEROUSIS, Thanos; PEROTTI, Pietro; SERMPINIS, Georgios. One size fits all? High frequency trading, tick size changes and the implications for exchanges: market quality and market structure considerations. *Review of Quantitative Finance and Accounting*, v. 50., i. 2, Feb. 2018. Disponível em: https://ssrn.com/abstract=2934848. Acesso em: 13 jul. 2017.

WALKER, George. Financial Markets and Exchanges. *In*: BLAIR, Michael; WALKER, George; WILLEY, Stuart. *Financial Markets and Exchanges Law*. Oxford: Oxford University Press, 2012.

WEEMS, Marlon; TABB, Alexander. *Electronic Trading in Brazil*: Trading Faster, Trading Smarter. TABB Group, Nov. 2014.

XAVIER, André. Desafios e Tendências do Setor de Distribuição/Intermediação no Brasil. *Resenha da Bolsa*, São Paulo, n. 3, jun. 2016. Disponível em: http://resenhadabolsa.com.br/. Acesso em: 10 jan. 2017.

YADAV, Yesha. How Algorithmic Trading Undermines Efficiency in Capital Markets. *Vanderbilt Law Review*, v. 68, n. 6, Nov. 2015.

YAZBEK, Otávio. *Regulação do Mercado Financeiro e de Capitais*. 2. ed. Rio de Janeiro: Elsevier, 2009.

YOON, Mi Hyun. Trading in a Flash: Implication of High-Frequency Trading for Securities Regulators Worldwide. *Emory International Law Review*, v. 24, n. 2, 2010.

YOUNG, Tom; THOMAS, Zoe. How to regulate a secret? *International Financial Law Review*, v. 33, n. 5, Jun. 2014.

NOTÍCIAS

AN INTRODUCTION to the HFT industry and its key players, *Planet Compliance*, 26 Mar. 2017. Disponível em: http://www.planetcompliance.com/2017/03/26/introduction-hft-industry-top-20-hft-firms-world/. Acesso em: 2 set. 2017.

ARAGÃO, Marianna. BM&F se despede do pregão viva-voz. *O Estado de S. Paulo*, São Paulo, 20 jun. 2009. Disponível em: http://economia.estadao.com.br/noticias/geral,bmef-se-despede-do-pregao-viva-voz,390521. Acesso em: 15 jan. 2017.

BARBOSA, Rodolfo. Após susto, Ibovespa contém baixa mas ainda perde 2,3%. *G1 Economia e Negócios*, São Paulo, 6 maio 2010. Disponível em: http://g1.globo.com/economia-e-negocios/noticia/2010/05/apos-susto-ibovespa-contem-baixa-mas-ainda-perde-23-3.html. Acesso em: 20 jan. 2017.

BRAZIL'S MARKET Surveillance Project Goes Live Across All Markets At BM&FBovespa. *NASDAQ*, 17 Apr. 2013. Disponível em: http://ir.nasdaq.com/releasedetail.cfm?releaseid=757045. Acesso em: 31 mar. 2016.

COMSTOCK, Courtney. HUGE: First High Frequency Trading Firm Is Fined for Quote Stuffing And Manipulation. *Business Insider*, New York, 13 Sep. 2010. Disponível em: http://www.businessinsider.com/huge-first-high-frequency-trading-firm-is-charged-with-quote-stuffing-and-manipulation-2010-9. Acesso em: 31 out. 2014.

DETRIXHE, John. The Race to the Speed of Light is Accelerating. *Bloomberg*, 8 Feb. 2017. Disponível em: https://www.bloomberg.com/news/articles/2017-02-08/high-speed-trader-tower-research-buys-stake-in-microwave-network. Acesso em: 01 mar. 2017.

DUHIGG, Charles. Stock Traders Find Speed Pays, in Milliseconds. *New York Times*, New York, 23 Jul. 2009. Disponível em: http://www.nytimes.com/2009/07/24/business/24trading.html. Acesso em: 31 out. 2014.

DURÃO, Mariana. CVM irá detectar crimes no mercado de capitais. *Estadão*, São Paulo, 1 mar. 2012. Disponível em: http://economia.estadao.com.br/noticias/mercados,cvm-ira-detectar-crimes-no-mercado-de-capitais,104659e. Acesso em: 31 mar. 2016.

DURÃO, Mariana. CVM barra atuação de site especializado em 'astrologia financeira'. *Estadão*, São Paulo, 27 abr. 2017. Disponível em: http://economia.estadao.com.br/noticias/geral,cvm-barra-atuacao-de-site-especializado-em-

-astrologia-financeira,70001754216. Acesso em: 31 maio 2017.

GANDEL, Stephen. SEC: Everything about high-frequency trading is under review, everything. *Fortune*, 5 Jun. 2014. Disponível em: http://fortune.com/2014/06/05/sec-high-frequency-trading/. Acesso em: 31 out. 2014.

GLOVIN, David; HARPER, Christine. Goldman Trading-Code Investment Put at Risk by Theft. *Bloomberg*, 6 Jun. 2009.

ILAS, Miko. 10 Biggest HFT Firms in the World. *Insider Monkey*, 18 Jun. 2017. Disponível em: http://www.insidermonkey.com/blog/10-biggest-hft-firms-in-the-world-586528/. Acesso em: 2 set. 2017.

JONES, Cheryl. Italy's FTT on HFT: catching up with high-frequency trading. *LexisNexis*, 28 Oct. 2013. Disponível em: http://blogs.lexisnexis.co.uk/fs/italys-ftt-on-hft-catching-up-with-high-frequency-trading/. Acesso em: 10 jun. 2014.

LABATON, SUCHAROW. *City of Providence, Rhode Island v. BATS Global Markets, Inc.*, 20 Dec. 2017. Disponível em: http://www.labaton.com/en/cases/City-of-Providence-Rhode-Island-v-BATS-Global-Markets-Inc.cfm. Acesso em: 01 fev. 2018.

LATTMAN, Peter. Thomson Reuters to Suspend Early Peeks at Key Index. *The New York Times*, New York, 7 Jul. 2013. Disponível em: https://dealbook.nytimes.com/2013/07/07/thomson-reuters-to-suspend-early-peeks-at-key-index/. Acesso em: 4 jan. 2018.

LEISING, Matthew; MASSA, Annie. Virtu Agrees to Buy Speed-Trading Rival KCG for $1.4 Billion. *Bloomberg*, 19 Apr. 2017. Disponível em: https://www.bloomberg.com/news/articles/2017-04-20/virtu-said-poised-to-announce-deal-to-acquire-trading-rival-kcg. Acesso em: 8 set. 2017.

LEITE, Julia Ramos M. 365 dias, 247 pregões e 10 dias que marcaram a bolsa em 2010, por bem ou por mal. *InfoMoney*, 31 dez. 2010. Disponível em: http://www.infomoney.com.br/mercados/noticia/2009611/365-dias-247-pregoes-dias-que-marcaram-bolsa-2010-por. Acesso em: 15 jan. 2018.

LEONDIS, Alexis. SEC Chair White Concedes Reining in Flash Boys Is Difficult. *Bloomberg*, 14 Sep. 2016. Disponível em: https://www.bloomberg.com/news/articles/2016-09-14/sec-chair-concedes-reining-in-flash-boys-is-harder-than-expected. Acesso em: 1 fev. 2017.

LEWIS, Michael. The Wolf Hunters of Wall Street an Adaptation From 'Flash Boys: A Wall Street Revolt'. *New York Times*, New York, 31 Mar. 2014. Disponível em: https://www.nytimes.com/2014/04/06/magazine/flash-boys-michael-lewis.html. Acesso em: 29 jul. 2020.

LOPES, Linette. New York's Attorney General Has Declared War on Cheating High-Frequency Traders. *Business Insider*, 24 Sep. 2013. Disponível em: http://www.businessinsider.com/schneiderman-targets-hft-front-running-2013-9. Acesso em: 2 jun. 2015.

MARCO, André de. A gritaria acabou: do pregão viva voz à negociação eletrônica. *BM&Bovespa*, 18 mar. 2016. Disponível em: http://vemprabolsa.com.br/2016/03/18/gritaria-acabou-do-pregao-viva-voz-negociacao-eletronica/. Acesso em: 15 jan. 2017.

MARTINS, Danylo. Brasileiros descobrem os robôs para ajudar em aplicações. *Noomis*, 22 jul. 2020. Disponível em: https://noomis.febraban.org.br/temas/inteligencia-artificial/brasileiros-descobrem-os-robos-para-ajudar-em-aplicacoes-financeiras. Acesso em: 29 jul. 2020.

MASLIN, Janet. Hobbling Wall Street Cowboys: 'Flash Boys' by Michael Lewis, a Tale of HighSpeed Trading. *New York Times*, New York, 31 Mar. 2014. Disponível em: https://www.nytimes.com/2014/04/01/books/flash-boys-by-michael-lewis-a-tale-of-high-speed-trading.html. Acesso em: 29 jul. 2020.

MCCRANK, John. 'Flash Boys' exchange IEX aims to price out predatory traders. *Reuters*, 11 Aug. 2017. Disponível em: https://www.reuters.com/article/us-usa-trading-iex-group/flash-boys-exchange-iex-aims-to-price-out-predatory-traders-idUSKBN1AR2CH. Acesso em: 1 dez. 2017.

MEISTER, David *et al.* CFTC Case Updates: Settlement Highlights Agency's New Premium on Cooperation; 7th Circuit Upholds Criminal Spoofing Conviction. *Sakadden, Arps, Slate, Meagher & Flom LLP*, 15 Aug. 2017. Disponível em: https://www.skadden.com/insights/publications/2017/08/cftc-case-updates-settlement-highlights. Acesso em: 10 jan. 2018.

OGX FAZ o maior IPO da história da bolsa brasileira. *Exame*, 14 out. 2010. Disponível em: https://exame.com/mercados/ogx-faz-o-maior-ipo-da-historia-da-bolsa-brasileira-m0161973/. Acesso em: 03 mar. 2017.

NEDER, Vinicius. CVM: tecnologia combate uso de informação privilegiada. *Estadão*, São Paulo, 23 out. 2013. Disponível em: http://economia.estadao.com.br/noticias/negocios,cvm-tecnologia-combate-uso-de-informacao-privilegiada,168273e. Acesso em: 10 jan. 2018.

PIMENTA, Guilherme. MPF acusa ex-membros de bancos de manipulação de mercado. *JOTA*, 27 set. 2017a. Disponível em: https://jota.info/justica/mpf-denuncia-ex-membros-de-bancos-por-manipulacao-27092017. Acesso em: 29 set. 2017.

PIMENTA, Guilherme. Spoofing: nova forma de manipular o mercado de ações. *JOTA*, 3 set. 2017b. Disponível em: https://jota.info/justica/spoofing-nova-forma-de-manipular-o-mercado-de-acoes-03092017. Acesso em: 4 set. 2017.

PIMENTA, Guilherme. CVM: Diretor busca Direito Penal para classificar spoofing como manipulação. *JOTA*, 26 mar. 2018. Disponível em: https://www.jota.info/tributos-e-empresas/cvm-diretor-busca-direito-penal-para-classificar-spoofing-como-manipulacao-26032018. Acesso em: 29 jul. 2020.

POPPER, Nathaniel; PROTESS, Ben. To Regulate Rapid Traders, S.E.C. Turns to One of Them. *The New York Times*, New York, 7 Oct. 2012. Disponível em: http://www.nytimes.com/2012/10/08/business/sec-regulators-turn-to-high-speed-trading-firm.html. Acesso em: 10 fev. 2017.

PRIGG, Mark. The tweet that cost $139 BILLION: Researchers analyse impact of hacked 2013 message claiming President Obama had been injured by White House explosion. *Daily Mail Online*, 21 May 2015. Disponível em: http://www.dailymail.co.uk/sciencetech/article-3090221/The-tweet-cost-139-BILLION-Researchers-analyse-impact-hacked-message-claiming-President-Obama-injured-White-House-explosion.html. Acesso em: 1 dez. 2017.

REUTERS. Ibovespa cai mais de 10% e circuit breaker é acionado, *Exame*, 18 maio 2017. Disponível em: https://exame.abril.com.br/mercados/ibovespa-cai-mais-de-10-e-circuit-breaker-e-acionado/. Acesso em: 15 jan. 2018.

ROBBINS GELLER, RUDMAN & DOWD LLP. *Robbins Geller Wins Appeal in Se-*

cond Circuit for High Frequency Trading Investors, 19 Dec. 2017. Disponível em: https://www.rgrdlaw.com/news-item--Wins-Appeal-Second-Circuit-for-High-Frequency-Trading-Investors-121917.html. Acesso em: 1 fev. 2018.

ROSOV, Sviatolav. SEC OKs IEX Application; Can "Flash Boys" Hero Improve Market for Investors? *CFA Market Inegrity Insights*, 24 Jun. 2016. Disponível em: https://blogs.cfainstitute.org/marketintegrity/2016/06/24/sec-oks--iex-application-can-flash-boys-hero--improve-market-for-investors/. Acesso em: 8 set. 2017.

ROSOV, Sviatoslav. What Fintech Can Learn from Decline and Reinvention of High-Frequency Trading. *CFA INSTITUTE – Market Integrity Insights*, 1 Aug. 2017. Disponível em: https://blogs.cfainstitute.org/marketintegrity/2017/08/01/what-fintech-can-learn--from-decline-and-reinvention-of-high--frequency-trading/. Acesso em: 8 set. 2017.

SELYUKH, Alina. Hackers send fake market-moving AP tweet on White House explosions. *Reuters*, 23 Apr. 2013. Disponível em: https://www.reuters.com/article/net-us-usa-whitehouse-ap/hackers-send-fake-market-moving--ap-tweet-on-white-house-explosions--idUSBRE93M12Y20130423. Acesso em: 01 dez. 2017.

SPICER, Jonathan. High-frequency firm fined for trading malfunctions. *Reuters*, 25 nov. 2011. Disponível em: https://www.reuters.com/article/us-cme-infinium-fine-idUSTRE7AO1Q820111125. Acesso em: 10 abr. 2017.

TAKKAR, Teo; PINHEIRO, Vinicius. BM&FBovespa aposentará plataforma Mega Bolsa no fim de maio. *Valor*, São Paulo, 12 maio 2015. Disponível em: http://www.valor.com.br/financas/4046774/bmfbovespa-aposentara--plataforma-mega-bolsa-no-fim-de--maio. Acesso em: 04 jan. 2018.

VAUGHAN, Liam. How the Flash Crash Trader's $50 Million Fortune Vanished. *Bloomberg*, 10 Feb. 2017. Disponível em: https://www.bloomberg.com/news/features/2017-02-10/how-the-flash-crash--trader-s-50-million-fortune-vanished. Acesso em: 13 jan. 2018.

WEARDEN, Graeme. Nick Leeson's jacket raises £21,000. The Guardian, 5 Apr. 2007. Disponível em: https://www.theguardian.com/business/2007/apr/05/money1. Acesso em: 25 jan. 2017.

WITZMAN, Hal; MEYER, Gregory. Infinum fined $850,000 for computer malfunctions. *Financial Times*, 25 Nov. 2011. Disponível em: https://www.ft.com/content/f97e0668-1783-11e1-b157-00144feabdc0. Acesso em: 10 abr. 2017.

WORSTALL, Tim. Don't Worry, Be Happy – High Frequency Trading Is Over, Dead, It's Done. *Forbes*, 25 Mar. 2017. Disponível em: https://www.forbes.com/sites/timworstall/2017/03/25/dont-worry-be-happy-high-frequency--trading-is-over-dead-its-done/. Acesso em: 29 jul. 2020.